कुण्डलिनी महाविद्या

सद् गुरुदेव श्री श्री 1008 आचार्य
श्री केशव देव जी महाराज

संचालक
विवेकानन्द प्रतिष्ठान परिषद
पराविद्या रिसर्च फाउण्डेशन

मुद्रक
आचार्य श्री एन्टरप्राईज
दिल्ली

ISBN No. 81-900954-2-0

प्रथम संस्करण 1998
द्वितीय संस्करण 2001
तृतीय संस्करण 2004
चतुर्थ संस्करण 2006

मूल्य 175/- मात्र

मुद्रक
आचार्य श्री एन्टरप्राईज
विवेकानन्द योगाश्रम अस्पताल,
पटपड़गंज रोड़, दिल्ली- 51
फोन-22502142, 22424057,

Printed at : **Vandana Enterprises**, Delhi. Ph. 9873079985

विषय सूची

पृष्ठ संख्या

सद् गुरुदेव आचार्य केशव देव जी महाराज

२०वीं सदी में आश्चर्यजनक दिव्य, अनुभव, अनुभूति और आलौकिक दर्शन

योग विभूति सिद्ध महापुरुष

सद्गुरू देव श्री श्री 1008 आचार्य श्री केशव देव जी महाराज

वर्षों के लम्बे अन्तराल के पश्चात् जिन चमत्कारी पुरुषों के दर्शन भाग्यवश ही हो पाते है, योग विभूति आचार्य श्री केशव देव जी उन्ही युग पुरुष तपस्वी कर्मयोगी मनीषी श्रृंखला के महापुरुषों में से एक हैं।

इस देश में ऐसे जागे हुये प्रज्जवलित तपस्वी, मंत्रज्ञ, दिव्य शक्ति रखने वाले सिद्ध सन्त कभी कभी ही दिखाई देते हैं।

आचार्य केशव देव जी आधुनिक भारत में योगिक व अध्यात्मिक शक्तियों के प्रत्यक्ष उदाहरण हैं। अपने योगिक व आध्यात्मिक शक्ति प्राप्त करने हेतु 24-25 वर्ष निरन्तर महान कठोर तप किया हैं और योग व आध्यात्मिक शक्ति के प्रताप से आज तक सहस्त्रों असाध्य असम्भव कार्य किये हैं। महाराज जी का ओजस्वी प्रवचन श्रोताओं में नव-चेतना का संचार करता है। उनके पास जाने पर, दर्शन करने, सुनने और उनका सत्संग करने से मनोभाव आन्दोलित हो उठते है। कभी-कभी तो उनकी वाणी में ऐसी ऊर्जा प्रवाहित होती है कि सुनने वालों को रोमांच हो उठता है।

आचार्य श्री ज्योतिष विज्ञान की सहस्त्रों धाराओं के प्रणेता हैं। जिसमें विशेषतः भारतीय, जर्मन, अरब एवं मिश्र आदि के ज्योतिष विज्ञान पर आपका विशेष अधिकार हैं।

महाराज जी को जब हम एक समर्थ गुरु के रुप में स्वीकार करते हैं तो हमारी सम्पूर्ण बाधओं का विघटन और क्षय आरम्भ हो जाता हैं। हम चाहे पात्र हैं या अपात्र, पवित्र हैं या अपवित्र, महाराज श्री को इससे कोई सरोकार नहीं है। वह हमें सदा हर हर स्थिति में स्वीकार करने के लिए तत्पर हैं।

महाराज श्री जनता के योग्य बच्चों में भी हमारे ऋषि-मुनियों जैसी दिव्य शक्तियों का चमत्कार उपस्थित करना चाहते हैं। जिससे भारत का सर्व-साधारण जनता का जीवन आनन्द मय हो सके इसलिए आचार्य जी के आश्रमों में कोई भी स्त्री, पुरुष, बालक, बालिका प्रवेश लेने के लिए योगाश्रम से सम्पर्क स्थापित कर सकता है।

सद्गुरू देव महाराज श्री बहुत चमत्कारिक सिद्धि सम्पन्न सन्त हैं। कई बार हजारों व्यक्तियों ने महाराज जी के योगिक व अध्यात्मिक चमत्कार प्रत्यक्ष रुप से देखने का सौभाग्य प्राप्त है जिसकी देश के प्रमुख समाचार पत्रों ने भी मुक्त कंठ से प्रशंसा की है। उनके ज्ञान की सीमा कठिन ही नहीं अति दुर्गम है उनके सम्पर्क में जब-जब और जितनी बार आयेगें नये से नये और विचित्र अनुभूत अनुभव होते हैं। उनका ज्ञान भारतीय परा विद्याओं के अनन्त भण्डार से परिपूर्ण है और भारतीय योग, संगीत, मुद्रा विज्ञान, सूर्य विज्ञान, प्राण विज्ञान, पराध्यान-साधना, टेलिपेथी, त्राटक, कुण्डलिनी, ज्योतिर्विज्ञान की सैकड़ों शाखायें, उल्का धूम्रकेतु, अंकविद्या, अंगविद्या, रमल, भूगर्भ विज्ञान, फलित ज्येतिष, मंत्रविद्या, यक्षविद्या, प्रेतात्मा, विज्ञान, आयुर्वेद, रत्न चिकित्सा, प्राण विनमय, थ्योसोफि, प्राकृतिक उपचार, दिव्य चिकित्सा, ब्रह्मविद्या, शब्द विज्ञान, हस्तरेखा आदि विभिन्न विद्याओं के ज्ञाता हैं।

सद्गुरू देव आचार्य जी का लक्ष्य प्राचीन भारतीय संस्कृति, धर्मयोग कर्मकाण्ड, ज्योतिष, वेद, उपनिषद्, मंत्र तथा समस्त परा अपरा विद्याओं का वैज्ञानिक रहस्य जन साधारण तक पहुँचाना है। इन्होंने वर्षो के महान तप के द्वारा अनुसंधान किये हैं। उन्होंने अपनी कठिन तपस्या और बड़े परिश्रम के पश्चात महारे शास्त्रों का विशुद्ध रहस्य प्राप्त किया है। उनके प्रयास से कितने ही गुप्त यौगिक रहस्य प्रकाश में आये हैं। उनके रुप में फल में विवेचन में एक विचित्रता उत्पन्न कर दी गई है। प्राचीन भारतीय लुप्त प्रायः विद्याओं को पुनः प्रकाश में लाने के कार्य में आचार्य श्री बड़ी लगन के साथ साधना रत है।

योग विभूति आचार्य श्री केशव देव जी का जन्म उत्तर प्रदेश के मेरठ जनपद में हुआ था। आपके पूर्वज हरियाणा के फरीदाबाद तथा पलवल में रहते थे। इनके पिता वहां के प्रतिष्ठित वकील तथा नगर निगम के अध्यक्ष थे। आपके परिवार पिता आदि सम्बन्धी जज, एडवोकेट, इन्जीनियर और वैज्ञानिक हैं। जीवन में कुछ आगे बढ़ते ही सन् 1948 में एक दैविक चमत्कार प्रथम उपासना में ही आपके समक्ष उपस्थित हुआ। फलतः थोड़े-थोड़े समय के अन्तराल से जीवन में नये-नये अनुभव और अनुसन्धान आरम्भ होने लगे। धीरे-धीरे कुछ वर्ष व्यतीत होने के अनन्तर कई वर्ष की लम्बी कठोर योग साधना आरम्भ हो गई। उस साधना के फलस्वरुप अपके समक्ष कुछ आश्चर्य चकित कर देने वाले चमत्कार उपस्थित हुए, जिनको देश के हजारों नर नारियों ने भी प्रत्यक्ष रुप से देखा। 7 नवम्बर 1953 को स्टेट्समैन, प्रताप, मिलाप आदि समाचार पत्रों ने मुक्त कंठ से अपाकी प्रशंसा की।

पराविद्या से सम्बन्धित प्राचीन भारतीय वैज्ञानिक विद्याओं और चमत्कारिक प्रयोगों को खोजने में आप निरन्तर संलग्न रहते है।

आचार्य श्री पराध्यान साधना की खोज स्वयं में एक विचित्र विद्या सिद्ध हुई है। अत्यन्त प्रभावशाली दैविक उपासना विधि को दैविक चिकित्सा कहा जा सकता है। इस विचित्र

रहस्यमय साधना के द्वारा नित नये-नये प्रकृति के अत्यन्त उपयोगी रहस्य, तथ्य सार और लाभ सामने आ रहे हैं। आने वाले समय में इस विधि से मानव जीवन में एक महत्वपूर्ण चमत्कार उपस्थित किया जा सकेगा। इस विद्या से मानव के बौद्धिक विकास को, स्मरण शक्ति को, समस्त स्नायुमंडल को अत्यन्त शक्तिशाली रुप से कई गुणा बढ़ाया जा सकेगा। वस्तुतः पराध्यान साधना सिद्धियों की कुंजी हैं।

आचार्य वर, उपासना विधियों की विचित्र युक्तियों को मिलाकर एक रहस्यमय, चमत्कारी, करने में सरल, किन्तु अत्यन्त प्रभावशाली और त्वरित, प्रत्यक्ष नवीन अनुभव प्रदान करने वाली क्षमता, रखने वाली योग साधना विधि का प्रयोग जगत के समक्ष उपस्थित कर रहे हैं। इस साधना विधि में प्राचीन वैदिक सनातन ऋषियों के सिद्धि प्रयोग, महर्षि पांतजली की योगिक सिद्धि युक्तियां, राक्षस राज तपस्वी रावण की तपस्या और दिव्य शक्ति प्राप्ति के रहस्य, विभिन्न मंत्र ग्रन्थों की अचूक विधियां, जैन बौद्ध धर्मो के सिद्ध पुरुषों के बताये उपासना और सिद्ध का रहस्य, गुरु गारेखनाथ आदि चौरासी सिद्धि की परम शक्तिशाली साधना की गुप्त विधियाँ और इस समय तक प्रयोग में आयी अधिकांशतः सभी ध्यान साधना पद्धतियों का सार संग्रह करके पूरा ध्यान साधना विधि का साधना सिद्ध प्रयोग उपस्थित किया है। जो स्वयं में रहस्यपूर्ण चमत्कारी और तत्काल प्रत्यक्ष प्रभाव दिखाने वाला सिद्ध हुआ है। प्रत्यक्ष प्रयोग करने पर ऐसा अनुभव कितने ही साधकों ने बताया कि यह पराध्यान साधना विधि वास्तव में सभी साधकों और जन साधारण के लिये भी करने में अत्यन्त सरल, प्रभाव और करने वाले व्यक्ति को क्रमशः शक्ति, सामर्थ, आनन्द प्राप्त कराने वाली है। इस विचित्र ध्यान साधना विधि को बिना किसी कठिनाई के केवल दो बार प्रत्यक्ष करने पर वृद्ध, स्त्री, पुरुष, शिक्षित और अशिक्षित सभी सरलता से कर सकते है।

आचार्य श्री ने चिकित्सा क्षेत्र में भी बहुत सी चिकित्सा विधियों को मिलाकर एक मिश्रित चिकित्सा पद्यति का विकास किया हैं। उनका लक्ष्य रोगी को जल्दी से जल्दी, सरल से सरल प्राकृतिक और उपलब्ध चिकित्सा साधनों विधियों से स्वास्थ्य लाभ कराना है। इस विधि से आश्चर्य जनक अच्छे रहस्यात्मक परिणाम सामने आते हैं। जनता ने भी मिश्रित चिकित्सा प्रणाली का स्वागत किया है। इस विधि में प्राकृतिक चिकित्सा रसायन, जड़ी-बूटी, भस्म, रहस्यमय प्राण चिकित्सा, धूम्र चिकित्सा, सावर मंत्र चिकित्सा, सम्मोहन चकित्सा, विचार तरंग विज्ञान, संगीत चिकित्सा (रागों से रोग नाश), शब्द विज्ञान, देव चिकित्सा, आदि विभिन्न पैथियां प्रयोग में लाई जाती है।

आचार्य श्री उपरोक्त प्रयोगों की बड़ी योजना को सामने लाने के लिए एक बड़ा शोध संस्थान बनाने के लिए प्रयत्न शील है। इस सम्बन्ध में "पराविद्या रिसर्च फाउन्डेशन", "विवेकानन्द प्रतिष्ठान परिषद्" तथा "पराविधा महाविद्यालय" आदि संस्थाओं की स्थापना

की गई है। यह संस्थाएं आपके निंशन में कार्य कर रही हैं।

दिल्ली में "विवेकानन्द योगाश्रम चिकित्सालय" का श्री गणेश 10,000 वर्ग गज (दो एकड़) भूमि में आरम्भ किया है। यह स्थान पटपड़ गंज (खुरेजी), दिल्ली-51 में स्थित है। आश्रम का वातावरण विशुद्ध आध्यात्मिक, रमणीक, प्राचीन ऋषियों का दृष्टिगोचर होता है। इस स्थान पर कई साधक, विद्वान, योगी उत्कर्ष प्रकार की परासाधनाओं में संलग्न हैं। जिनमें मंत्र चिकित्सा, यज्ञ चिकित्सा, देव चिकित्सा, मुद्रा वज्ञान, स्वर चिकित्सा, सप्त चक्रासन चिकित्सा, शक्तिपात, विचार चिकित्सा, रीढ़ चिकित्सा आदि प्रमुख है। इनमें मुद्रा विज्ञान नामक विद्या अपने में अद्वितीय सिद्ध हुई है। यह मुद्रायें कई रोगों पर तो इन्जेक्शन से भी तेज कार्य करती हैं। मुद्राओं पर चिकित्सा शास्त्र की दृष्टि से असाध्य रोगों को ठीक करने के लिए अनुसंधान करके यौगिक दैविक चिकित्सा क्षेत्र में महत्वपूर्ण कार्य आचार्य जी ने सम्पन्न किया है। मुद्रायें रोगों की चिकत्साओं में राम बाण का कार्य करती हैं। आश्रम में हर रविवार को प्रातः 7.30 बजे पराध्यान साधना का प्रत्यक्ष अभ्यास कराया जाता है प्रति दिन तीनों समय लगभग 6 घंटे यज्ञ होता है। जिनमें प्रातः गायत्री यज्ञ के साथ-साथ विभिन्न वेद मंत्रों का हवन नियमित रुप से होता रहता है। प्रदोष काल में नित्य रुद्राभिषक होता है। उसके पश्चात् विभिन्न मंत्रों से अग्निहोत्र किया जाता है। मध्य रात्रि के लगभग दुर्गासप्तशती का हवन होता है।

दिल्ली से इस स्थान पर वर्ष में दो तीन बड़े-साधना शिविर सम्मेलन यज्ञ होते है। जिनमें हजारों व्यक्ति सम्मिलित होते है। अभी चारों वेदों का महायज्ञ किया गया था। जिसमें कितने ही पंडितों, साधकों ने भाग लिया। मनोकामना सिद्धि के लिये इस स्थान पर आ सकते हैं। जो व्यक्ति हर अष्टमी, नवमी और चतुर्दशी तिथि को इस स्थान पर आकर, भगवती दुर्गा वैष्णवी देवी के दर्शन करते हैं। उनकी मनोकामना पूर्ण होते देखी गई हैं। जो भक्त इस चमत्कारी शक्ति के सामने दुर्गा पाठ हवन आदि करते है उन्हें आश्चर्यजनक लाभ होता है।

आज तक कितने ही विद्वानों, सन्तों, भक्तों और जीवन से निराश लोगें के जीवन में महाराज आचार्य वर के आशीर्वाद और यहाँ प्रतिष्ठित भगवती जगतजननी की कृपा से भक्ति, ज्ञान, धन, पुत्र आदि अनन्त प्रकार के अकथनीय लाभ प्राप्त हुये हैं।

आचार्य विक्रमादित्य

भूमिका

कुण्डलिनी महाशास्त्र बड़ा ही विचित्र, विहंगम योगमार्ग है। यह सीधा-सीधा न होकर अत्यन्त जटिल समस्याओं अनगिनत पहेलियों एवं विचित्र वृत्तियों से परिपूर्ण चमत्कारी, साथ ही बड़े-बड़े रहस्यों से परिपूर्ण आध्यात्मक को ओर ले जाने वाला, पग-पग पर आश्चर्यों से परिपूर्ण कुण्डलिनी महायोग का पथ माना गया है। किन्तु मैनें तो वर्षों तक, स्वयं को, सर्व प्रकार से नियंत्रित करते हुए, कठोर तपाचरण और दृढ़ संकल्प का अवलम्बन लेकर व्यवस्थित रूप से इस अनूठे, अद्भुत मार्ग पर चलकर प्रत्यक्ष रूप से देखा है। बहुत परिश्रम करने के अनन्तर मुद्रा, क्रिया, यम-नियम, आसन, प्राणायाम आदि, योग के सभी अंगों का साधन करते हुए, बीजमंत्र, दिव्य औषधियाँ, पराध्यान साधना, तत्व ज्ञान आदि का सहयोग भी इस पथ पर तीव्र गति से चलने और सफलता प्राप्त करने के लिए लिया। तब कहीं जाकर अत्यन्त कठिन साधना के उपरान्त कुछ थोड़ा सा देखने को प्राप्त हुआ।

कुल कुण्डलिनी महाशक्ति प्रकृति की सर्वोपरि ऊर्जा महाशक्ति है। इसमें तनिक भी अतिश्योक्ति नहीं है। अधिकांश रूप से कुण्डलिनी महाशक्ति सुप्त अवस्था में मूलाधार चक्र की जड़ में स्वयंभू शिवलिंग के साढ़े तीन चक्कर लगाकर, नीचे की ओर मुख करके और अपनी पूँछ अपने मुख में धारण किए हुए स्थित है। यह कुण्डलिनी महाशक्ति मनुष्य के अन्दर सुप्तावस्था में भी अपना काफी कार्य करती रहती है क्योंकि यह उर्जा शक्ति है। बिना ऊर्जा के हमारा शरीर, यह सम्पूर्ण जगत और इसकी समस्त वस्तुएँ अर्थात यह सब जगत का कार्य नहीं चलता। इस परम ऊर्जा महाशक्ति के अनगिनत नामकरण महापुरूषों, विद्वानों, सिद्धों और योगियों ने अपने-अपने दिव्य अनुभवों के आधार पर रखे हैं। इसे कुल कुण्डलिनी, भुजंगिनी, सर्पिणी, प्रचण्ड शक्ति, मूलाधार निवासिनी, वलयाकार सर्पिणी, विद्युत, अग्निमय, मुक्त शक्ति, महादेवी, सप्त चक्र भेदिनी, विश्वशक्ति, विद्युत प्रवाह रूपिणी, सर्व सौन्दर्य शालिनी, सर्व सुख दायिनी, कुण्डले, अपराजिता, विषतन्तुस्वरूपा, मूलविद्या, कुटिल रूपिणी, नवशक्ति समन्विता, शक्ति चालिता, अधोमुख सर्पिणी, कुण्डलिनी आदि नामों से योग की इस महत्वपूर्ण विशिष्ट शक्ति को सम्बोधित किया गया है।

सत्य बात तो यह है कि यह कुण्डलिनी महाशक्ति का विषय अत्यन्त रहस्यमय और गुप्त है। शास्त्र आज्ञानुसार तो इसे बताना ही नहीं चाहिए। किन्तु इस कलिकाल में

हमारी भारतीय अलौकिक, वैज्ञानिक और परम लाभप्रद योगिक विज्ञान की शाखाओं का एक-एक करके, न बताने और गुप्त हेाने के कारण, धीरे-धीरे समाप्त होते जा रहे हैं। इसलिए देवकृपा से प्रेरित होकर इस दुर्गम अत्यन्त कठिन, दुसाध्य विज्ञान के सम्बन्ध में साधकों के कल्याणर्थ और जिज्ञासु विद्वानों के ज्ञानवर्धनार्थ, इस अद्‌भुत कुण्डलिनी महाशास्त्र के सम्बन्ध में कुछ रहस्यपूर्ण और परम आवश्यक बातें कहने का प्रयास कर रहा हूँ। कुण्डलिनी महाशक्ति निरन्तर ध्यान करने, साधना करने, देव कृपा और गुरू द्वारा शक्तिपात करने से भी जाग्रत होती है। आज तक कितने ही साधकों ने साधना के मार्ग पर विधिवत चलकर, प्राणों को शुद्ध और एकाग्र करके, दृढ़ सकल्प द्वारा रीढ़ की हड्‌डी के सबसे निचले भाग में मूलाधार चक्र के जड़ में ध्यान को ले जाकर, दृढ़ मूलबन्ध साधन की क्रिया करते हुए, साथ ही क्रोध बीज मंत्र **'हुं'** का जप लगातार करने से, कुण्डलिनी महाशक्ति को, जो सुप्त अवस्था में है, इसे जाग्रत होने के लिए प्रेरित किया है। कभी-कभी कुण्डलिनी महाशक्ति जिसे भुजंगिनी भी कहते है, तनिक सा छेड़ते ही भयंकर अट्टहास फुफकार, महा भजंग की तरह करती हुई उठ खड़ी होती है। कुण्डलिनी के जाग्रत होते ही महा प्रकाश का उदय होता है। भयंकर बिजली की कौंध साधक के सम्पूर्ण शरीर को झकझोर डालती हैं। सम्पूर्ण मेरूदण्ड विद्युत शक्ति से शब्द करता हुआ बिल्कुल सीधा हो जाता है। समस्त चक्र सावधानी की स्थिति में आ जाते हैं। कभी-कभी तो, तनिक सा भी असावधान साधक, इस महाशक्ति के आकस्मातिक जागरण से हक्का बक्का (शशदर) अवका भौंचक्का रह जाता है। एकाएक नवीन साधक की समझ में कुछ नहीं आता कि यह सब क्या हो रहा है। कभी-कभी तो यह महाशक्ति साधक के मेरूदण्ड में एकदम (हटात्) कूदकर उपर जाती है और तत्क्षण बिजली की सी सौंध के समान नीचे आ जाती है और कई बार ऐसी ही क्रिया साधक के साथ बारंबार होती है। कभी-कभी महाशक्ति कूदकर कूदकर मंडूक गति के द्वारा चलती है। उस समय साधक के प्राणों की गति भी इसी प्रकार हो जाती है। इस प्राणों की मंडूक गति को मैंने प्रतयक्ष रूप से देखा और समझा है। पहले-पहले इस प्रकार की क्रिया से विचित्र प्रकार का भय प्रतीत होत है। परन्तु बुद्धिमान साधक, इस शक्ति को छेड़ने से पूर्व ही प्राणशक्ति की विभिन्न प्रकार की गतिविधियों का शास्त्र द्वारा अथवा गुरूमुख द्वारा ज्ञान प्राप्त कर लेना चाहिए। उससे इस कुण्डलिनी महायोग के मार्ग में होने वाली विचित्र और अत्यन्त चमत्कारी घटनाओं से साधक विचलित नहीं होगा। कभी-कभी साधक को प्राणशक्ति की विचित्र गतिविधि से मृत्यु भय की चिन्ता हो जाती है। सम्पूर्ण साधकों को यह भलीभाँति हृदयंगम कर लेना चाहिए कि इस मार्ग पर चलते हुए मृत्यु तो कभी हो ही नहीं सकती और आज तक किसी साधक की हुई है। इस मार्ग पर चलने से तो मृत्यु पर विजय पहले ही प्राप्त कर ली जाती है। किन्तु वह

क्रिया अधिकाँश रूप से स्वाभाविक हो जाती है और साधक को पता भी नहीं चलता कि मैंने अपने श्वास-प्रश्वास को अर्थात प्राणों के स्पन्दन (हृदय गति) को योग साधन के द्वारा स्थिर कर लिया है। अर्थात शान्त कर लिया है और संकल्प के द्वारा अपने प्राणों को रीढ़ की हड्डी अर्थात मेरूदण्ड के सबसे निचले भाग में जिस स्थान पर सुषुम्ना नाड़ी का मुख है अर्थात कुण्डलिनी महाशक्ति को जाग्रत करने वाले क्रोध मंत्र का बार-बार जप करके साथ ही दृढ मूलबन्ध का अभ्यास करते हुए प्राणों को सुषुम्ना मुख में प्रवेश कर देने से साधक का बहुत बड़ा कार्य पूर्ण हो जाता है। यदि धैर्य के साथ साधक नियमित रूप से तटस्थ होकर इसी साधना में लगा रहा तो महत्वपूर्ण उपलब्धि हो सकेगी।

कुण्डलिनी जागरण के सम्बन्ध में सबसे पहली शर्त यह है कि साधक के प्राणों का स्पन्दन हृदय में बिल्कुल बन्द हो जाना चाहिए और प्राण संकल्प द्वारा सुषुम्ना द्वार में प्रविष्ट कर जाने चाहिए अर्थात प्राणों का स्पन्दन अबसे सुषुम्ना नाड़ी में होगा। कुण्डलिनी विज्ञान के भण्डार की ताली यही है। जो साधक योग साधना, ध्यान साधना, प्राणायाम, मुद्रा और ज्ञान आदि के अभ्यास के द्वारा अपने प्राणों को रोक नहीं सकता वह इस महा शक्ति को वास्तविक रूप से जाग्रत करके लाभान्वित नहीं हो सकता। प्राणों को इस प्रकार नियंत्रित करने के लिए भगवान शंकर ने 400 विधियाँ साधकों के उद्धार के लिए बताई है। यह योगीश्वर भगवान शंकर की महती कृपा के कारण आज भी संसार में उपस्थित हैं। इन मन, प्राण और बिन्दु को शान्त करने वाली सम्पूर्ण विधियों में से किसी को भी साधना रूप में अपनाकर, साधक स्वयं के प्राणों को सुषुम्ना में प्रविष्ट करा सकता है। किन्तु इस मार्ग में किसी प्रकार की भी जल्दी नहीं करनी चाहिए। पहले-पहले योग की विभिन्न क्रियाओं द्वारा अपने मन, प्राण की शुद्धि कर लेनी चाहिए। समस्त स्नायुमंडल की शुद्धि भी आवश्यक है। समस्त शरीर की रक्त शुद्धि भी करनी होगी। षटकर्म द्वारा छहों धातुओं को पूर्णरूपेण शुद्ध (परिष्कृत) करना होगा। ध्यान आदि की उच्च साधना द्वारा मन, इन्द्रियों के साथ बुद्धि को भी शुद्ध बना लेना, इन सबके लिए परमावश्यक है। यह सब हो जाने के अनन्तर फिर साधक उस महाभयंकर महाशक्ति कुण्डलिनी को छेड़ने का साहस करे, तो निश्चय ही उसे परम सिद्धि, दिव्य दर्शन, दिव्य ज्ञान और आत्म साक्षात प्राप्त हो सकेगा।

इस महाशक्ति के जागरण के और भी कई प्रकार हैं। शक्तिपात भी एक अत्यन्त चमत्कारी मार्ग है जो केवल योग्य गुरू के द्वारा ही संभव हो सकता है। शक्तिपात भी दो प्रकार का होता है। एक प्रत्यक्ष और दूसरा अप्रत्यक्ष सूक्ष्म। सूक्ष्म शक्तिपात तो बहुत बड़े भाग्यशाली साधकों को ही प्राप्त होता है। वह सूक्ष्म शक्तिपात, ब्रह्म विद्या के पारंगत रहस्मय जानकार गुरूजनों के द्वारा ही हो सकता है। आज प्रत्यख रूप से तो ऐसे गुरूजन,

सिद्धपुरूष दृष्टिगोचर नहीं हो रहे हैं। किन्तु यह सत्य है कि ब्रह्मविद्या के अनुसार इस समस्त वायुमंडल में छोटी बड़ी साधारण-असाधरण महात्मा संत और उच्च कोटि के पहुँचे हुए सिद्ध पुरूषों की आत्माएँ वास्तव में भ्रमण करकरती रहती है। इनमें से कितनी ही उच्च कोटि की दिव्य आत्माएँ सूक्ष्म शरीर (Subtle Body) के द्वारा प्रकाश पुँजमय सूक्ष्म शरीर के साथ आकाश मार्ग में मध्य रात्रि के सन्निकट ऐसे साधकों की खोज में समस्त विश्व में भ्रमण करती रहती हैं । जो साधक उस समय अपनी साधना में लगे हुए हैं वह उन साधकों की सम्पूर्ण मानसिक योगिक स्थिति का ज्ञान प्राप्त कर लेती हैं और उसकी योग्यतानुसार उसका मार्गदर्शन करती है। इससे साधक तीव्रगति से अपने साधना पथ पर अग्रसर होने लगता है। उसके साधन में आनन्द का स्वाभाविक ही, अनजाने में समावेश हो जाता है। कभी-कभी और कुछ साधकों को ऐसा अनुमान होने लगता है कि कोई देवशक्ति हमारी साधना में सहायता कर रही हैं। उनमें से कुछ साधकों को ऐसा प्रत्यक्ष आभास भी होने लगता है कि साधना के समय कोई दिव्य सूक्ष्म शक्ति मेरे पास आती है और मैं उसके सात्विक, पवित्र ओरा से प्रभावित होता हूँ और उस सूक्ष्म, दिव्य शक्ति के रहस्यमय सम्पर्क से मेरी उपासना में हर दिन क्रमशः नवीनता आती चली आ रही है और उनमें से कुछ विशेष साधकों को ऐसे दिव्य ऋषियों के सूक्ष्म शरीर का एक प्रकाश पुँज के रूप में कभी-कभी दर्शन भी होने लगता है। मेरे साथ अति बाल्यकाल में ही कुमार अवस्था में, एक सिद्ध स्थान पर बड़े, शान्त, सात्विक महात्मा के सान्निध्य में मध्य रात्रि में, साधना करते हुए कितने ही दिनों तक ऐसी ही एक रहस्यमय सूक्ष्म शरीरधारी आत्मा का साक्षात्कार कई दिनों तक चलता रहा। किन्तु वह सारा रहस्य उस समय मेरी बुद्धि के बाहर सी बात थी। उस समय उस सामने खड़ी हुई दिव्यात्मा से कैसे बात करूँ यह नहीं जानता था कि मेरा उस समय क्या कर्त्तव्य है। यह बात अर्थात उसके सम्बन्ध में किसी को बताना नहीं चहिए था। किन्तु अनुभव की कमी के कारण मैंने अपने पिताश्री को, एक दिव्य प्रकाशपुँज के रूप में रात्रि की साधना के समय ऐसी आत्मा के आने के सम्बन्ध में बताया। मेरे पिता ने मुझे समझाया और कहा कि आप उनसे आतंकित मत होइए अपितु उनसे अपनी साधना में सहायता करने की प्रार्थना करो। उनसे मार्ग दर्शन प्राप्त करो। उस दिन रात्रि को जब मैं शहर से दूर शान्त वातावरण में छोटे से जंगल में एक मन्दिर के पास जलाशय के बीच बने एक स्थान पर बैठकर साधना में गया तो फिर उस दिन से वह सूक्ष्म आत्मा मुझे दिखाई देनी बन्द हो गई। इसका कारण यही था कि साधक को अपने साथ होने वाली ऐसी घटनाओं को कभी अपने गुरूजनों या अन्य व्यक्तियों को नहीं बताना चाहिए अन्यथा वह फिर नहीं होंगी। साधना के सम्बन्ध में भी कोई चमत्कार आदि गुरूजनों, प्रिय से प्रिय व्यक्ति को भी मुख से या लिखकर न बताएँ। साधना सम्बन्धी सभी बातें

गुप्त रखने वाली बात शास्त्रानुसार सर्वथा सत्य है। इस सम्बन्ध में मेरा अनुभव बड़े विशद रूप से है। मेरे साधना काल में अत्यन्त रहस्यपूर्ण घटनाएँ हर दिन घटित हो रही थी क्योंकि मेरी साधना करने की गति अत्यन्त कठिन, दुष्कर, तपरूप, साथ ही विशेष हठपूर्वक चमत्कार और देवदर्शन देखने के निमित्त, अपने आपको मन बुद्धि आत्मा को पूर्णरूपेण नियंत्रण में रखते हुए, कितनी ही तरह के कठिन प्रतिबंध अपने पर लगाते हुए, साधना की जा रही थी जैसे भोजन न करना। जब छः मास बिना अन्न के साधना करते व्यतीत हो गए तो दुग्ध भी छोड़ दिया गया। उसके कुछ मास बाद फल का रस भी बन्द कर दिया गया। केवल जल पर काफी समय तक चलती रही। शरीर सर्वथा मलरहित हो चुका था। आत्मा में एक विचित्र प्रकार की तड़पना, प्यास, कुछ देशने की तीव्र इच्छा, न जाने मैं क्या प्राप्त करना चाहता था। वह कैसी प्यास थी? उपरोक्त शब्दों द्वारा मैं अपनी उस आन्तरिक पिपासा को ठीक तरह से बता नहीं पाया हूँ। न जाने उस समय मुझे क्या हो रहा था। धीरे-धीरे जल भी बन्द कर दिया गया। मेरे पास ऐसी योगिक क्रियाएँ अवश्य थीं जिनके द्वारा मुझे प्यास नहीं लगती थीं। इस सबके होते हुए साधना तीव्र पर तीव्र होती जा रही थी और साधना मार्ग की एक के बाद एक विचित्र घटनाएँ, साधना के योगमार्ग के अगम्य रहस्यों की गुत्थियाँ, योगचक्र के प्रत्यक्ष दर्शन, समस्त आन्तरिक शरीर परम प्रकाशति रूप में देखना, विचित्र शब्दों का, नवीन मंत्रों का, देव वाणी का श्रवण, अनूठे प्रकाशपुँजों का दिव्य विभूतियों की कृपा का प्रत्यक्ष अनुभव, थोड़े बहुत रूप में हो सका। किन्तु उनमें से अधिकाशकांश नित्य होने वाली घटनाओं, का मेरे द्वारा अपने पिता को बताने का क्रम चलता ही रहता था। वहाँ एक ओर मेरे पिता मेरी साधना गति को देखकर और अधिक उत्साह के साथ नित नवीन प्रेरणा देते थे और उसे प्रेरणा के फलस्वरूप मेरा उत्साह कई गुणा बढ़ जाता था और विचित्र अनुभवों की भी एक से एक नई श्रृंखला बनती जाती थी। आनन्द की भी कोई सीमा नहीं थी। कष्ट साध्य की साधना भी अपनी सीमा से दिनों दिन बाहर होती जा रही थी। वह अतः कठोर अभ्यास अब मेरी सामर्थ से बाहर होता जा रहा था।

इस साधन काल में जितनी भी घटनाए, नए अनुभव हुए, दिन में नहीं रात्रि में ही होते थे। इसस से यह स्पष्ट होता है कि साधना में रात्रि का बहुत महत्व होता है। और साधकों पर कृपा करने के लिए, उन्हें नवीन ज्ञान देने के लिए, आकाश में विचरण करने वाली सूक्ष्म शरीर धारी ऋषि, योगियों की आत्मायें रात्रि के नीरव समय में ही भ्रमण करती हैं। और जिन साधकों को वह सच्ची लगन के साथ साधना करते देखते है, उन्हें शक्तिपात करके, उनकी कुल कुण्डलिनी शक्ति को जागृति कर देने की कृपा करती है।

यह सारी बातें अनुभव का विषय हैं। वाणी और शब्दों के द्वारा अथवा लेखनी

के द्वारा उस आनन्द को अभिव्यक्त करना अत्यन्त कठिन बात है। ऐसे शक्तिपात से जो मार्ग दर्शन प्राप्त होता है, और जो ज्ञान मिलता है। वह पुस्तकों के ज्ञान से सर्वथा अद्भुत अनोखा और विचित्र होता है। उसका आनन्द ही कुछ और है। क्योंकि उस शक्तिपात के द्वारा जो ज्ञान साधक को प्राप्त होता है उसमें किसी उच्च आत्माओं की कृपा भी साथ-साथ कार्य करती है। और पुस्तकों के द्वारा या किसी से सुनकर जो ज्ञान या जो साधना की जाती है उसमें पीछे से किसी की सहायता, दया, करूणा, भावना और सहयोग नहीं होता। इसलिए वह शुष्क होता है, आनन्द रहित भी होता है।

सन्त ज्ञानेश्वर जी को महायोगी सिद्ध नाथ जी ने अपने सूक्ष्म शरीर में पधार कर मुहूर्त के समय योग मार्ग की दीक्षा अपने सूक्ष्म शरीर से सन्त ज्ञानेश्वर जी के सूक्ष्म शरीर को प्रदान की थी। उसके पश्चात सन्त ज्ञानेश्वर की क्रमशः दिव्य शक्तयों, महा ऊर्जा शक्ति लगातार जागृति होती गई। नये से नये साधना के, सिद्धि के, रहस्यों कें द्वार खुलते गये। और कुल कुण्डलिनी महाशक्ति की जागरण की विधि भी सूक्ष्म रहस्यपूर्ण दीक्षा अर्थात शक्तिपात, जो सिद्ध योगी सिद्धनाथ जी ने ज्ञानेश्वर जी पर किया, उसके द्वारा सन्त ज्ञानेश्वर जी का अन्र्त बाह्य सम्पूर्ण समृद्ध रूप से प्रकाशित हो उठा। ऐसी दिव्य आत्माओं की कृपा शक्ति पात जब किसी पर हो जाय तो शेष क्या रह जायेगा। साधना मार्ग का और ब्रह्म विद्या का यही विशेष रहस्य है। ऐसे कितने ही अन्य साधकों पर प्राचीन काल से अब तक, शक्तिपात, उच्च कोटि की आत्माओं के द्वारा सम्भव हुआ है।

स्वामी विवेकानन्द जी को स्वामी राम कृष्ण परम हंस जी ने अपना पग स्पर्श करके शक्तिपात का अनुभव कराया था। यह बात जगत प्रसिद्ध है। उन्हें तत्क्षण समाधि लग गई थी और उस समाधिस्थ स्थित में तीन दिन तक उन्हें आन्तरिक साधना करते हुए व्यतीत करने पड़े। स्वामी रामकृष्ण परमहंस जी के शक्तिपात द्वारा विवेकानन्द जी की कुण्डलिनी जागृति हुई। और उनके अन्दर एक विचित्र प्रतिभा, ओज, तेज का प्रादुर्भाव हुआ और उससे संसार का जन मानस प्रभावित हुआ। ऐसे अनेकों उदाहरण हुए है। जिससे प्रत्यक्ष सिद्ध हो गया है कि शक्तिपात के द्वारा भी कई प्रकार से साधक की महान ऊर्जा शक्ति को जगाया जा सकता है। साधक की आत्मा को चमत्कृत और परम प्रकाशित किया जा सकना सम्भव है।

प्राचीन काल में हुआ है, आधुनिक काल में भी हुआ, आगे भी समय-समय पर योग्य साधकों के साथ ऐसा होता रहेगा। यह प्रकृति का शाश्वत नियम है। यह कुण्डलिनी जागरण का, शक्तिपात क्रिया के द्वारा एक अनोखा मार्ग है।

दूसरा मार्ग कुण्डलिनी जागरण की योग शास्त्रों में बताई समस्त प्रक्रियाओं को योग्य

सद्गुरूओं से ठीक-ठीक समझ कर विधिवत साधना और अभ्यास करने से भी कुण्डलिनी महा शक्ति को जागृति किया जा सकता है। इस शास्त्रोक्त विधि से कुण्डलिनी साधन करने वाले साधकों की संख्या बहुत अधिक है। अब तक अनगिनत साधकों ने इस कुण्डलिनी महाविद्या का विधिवत अभ्यास किया। इसके द्वारा अनुभव शक्ति प्राप्त की। कुण्डलिनी शक्ति को जगाने की सम्पूर्ण रूप से व्यवस्थित विधि और मार्ग दर्शन शास्त्र में भी सम्पूर्ण रूप से उपस्थित है, और कितने ही योग्य गुरूजन समय-समय पर होते रहे है। जिन्होंने अपने मार्ग दर्शन में अर्थात निर्देशन में प्राचीन काल से अबतक असंख्य साधकों को कुण्डलिनी शक्ति का ज्ञान प्रदान किया है।

कुण्डलिनी के सम्बन्ध में कितने ही विद्वान मनीषियों का कुछ ऐसा विचार सामने आया कि कुण्डलिनी महाविद्या, महाशास्त्र या महाशक्ति के सम्बन्ध में वेद आगम, उपनिषद, पौराणिक ग्रन्थों में कहीं वर्णन है ही नहीं। मेरे विचार से यह विचार ठीक नहीं है। यजुर्वेद में कुण्डलिनी महाशक्ति के सम्बन्ध में वर्णन है।

कुण्डलिनी शक्तेरवस्था त्रयं विद्यते। यद्यस्मिन्
चक्रे कुमारी कुमारावस्थामापन्ना प्रथमं
सुप्तोटिथता मन्द्रयते मन्द्रं स्वरं करोति।

यत्कुमारी मन्द्रयते यथोविद्य पतिव्रतो
अरिष्टं यत्किञ्च क्रियते अग्निस्तदनु वेधति।

(यजुर्वेद)

कुण्डले अस्याः स्तः इति कुण्डलिनी।
मूलाधारस्थ वन्हयात्मतेजोमद्यो व्यवस्थिता।
जीव शक्तिः कुण्डलाख्या प्राणाकाराथ तैजसी।।
महाकुण्डलिनी प्रोक्ता परब्रह्मस्वरूपिणी।
शब्दब्रह्ममयी देवी एकानेकाक्षरा कृतिः
शक्तिः कुण्डलिनीनाम विसतन्तु निभा शुभा।

(योग कुण्डल्युपनिषद)

तंत्र ग्रन्थों में भी महा भुजंगिनी, मूलाधार निवासिनी कुण्डलिनी शक्ति के संबन्ध में और अधिक विस्तार से बहुत सारे विधि-विधानों के साथ विशद वर्णन मिलता है। यथा–ज्ञानार्णव तंत्र में कुण्डलिनी महाशक्ति का वर्णन–

मूलाधारे मूलविद्यां विद्युत्कोटि समप्रभाम्।
सूर्यकोटि प्रतीकाशां चन्द्रकोटि द्रवां प्रिये।।
विसतन्तु स्वरूपां तां बिन्दुत्रिवलयां प्रिये।।

वामकेश्वर तंत्र में भी कुल कुण्डलिनी महाशक्ति के सम्बन्ध में बताया गया है।

यदोल्लसति श्रृंगारपीठात् कुटिलरूपिणी।
शिवार्क मण्डलं भित्वा द्रावयन्तीन्दुमण्डलम्।।

षट चक्र निरूपण ग्रन्थ में भी कुण्डलिनी शक्ति का वर्णन है।

कला कुण्डलिनी चैव नादशक्ति समन्विता।

हठयोग प्रदीपिका ने भी इस सम्बन्ध में विशेष विचार रखा हैं।

रूकन्दोर्ध्व कुण्डलीशक्तिः सुप्ता मोक्षाय योगिनाम्।
बन्धनाय च मूठानां यस्तां वेत्ति स योगवित्।।
कुण्डली कुटिलाकारा सर्पवत् परिकीर्तिता।
सा शक्तिश्चालिता येन स युक्तो मात्र संशयः।।

अन्य ग्रन्थों में:

अपराजिता कुण्डलिनी शक्तिः षटचक्राणि भित्वा।
भूयो भूयः प्रविशति।।

(सौन्दर्य लहरी)

भग कुण्डलिनी येचा टेंभा। आधारीं केला
उभातिया चोज विलिया प्रभा निमथावेरी।।

(श्री ज्ञानेश्वरी)

इसी प्रकार योग वशिष्ठ ग्रन्थ में अत्याधिक विस्तार के साथ कुण्डली महाशक्ति के सम्बन्ध में वर्णन प्रस्तुत है। महर्षि वशिष्ठ ने लक्ष्मण जी को विशेष रूप से यह विद्या सिखाई थी।

तंत्रसार ग्रन्थ में इस दिव्य शक्ति कुण्डलिनी के सम्बन्ध में

ध्यायेत कुण्डलिनीं सूक्ष्मां मूलाधार निवासिनीम्।
तामिष्ठदेवतारूपां सार्द्धत्रिवलयान्विताम्।।
कोटि सौदामिनी भासां स्वयम्भूलिंगवेष्टिणीम्।

तामुत्थाज्य महादेवीं प्राणमन्त्रेण साधकः।।

कुण्डलिनी सर्पाकार और साढ़े तीन वलया (चक्कर) वाली दिव्य शक्ति है। योगी के शरीर में यह चक्राकार रूप से चलती है। ऐसी वक्र गति से चलने से इसकी शक्ति कई गुना बढ़ जाती है। इस कुल कुण्डलिनी शक्ति की गति 3,45,000 मील प्रति सेकेण्ड के हिसाब से इसकी तीव्र गति है यह प्रकाश की गति से भी बहुत तेज है। यह विश्व व्यापी विद्युत्शक्ति भी कहलाती है।

भारतीय ऋषियों ने इस महाशक्ति के सम्बन्ध में बड़े विस्तार के साथ अनुसंधानात्मक प्रयोग करके, इसके सभी पहलुओं को हर तरह से अच्छी प्रकार जाना। इस कुण्डलिनी शक्ति के लाभ, किस-किस प्रकार के और कितने अधिक हो सकते है। और इसी प्रकार इसके द्वारा कौन-कौन सी हानियाँ, कब-कब और किस किस प्रकार और कितने रूप में सम्भव हो सकती है, साथ ही उनसे रक्षा के सभी उपाय भी अत्यन्त सूक्ष्मता के साथ जानकर उसका पूरा-पूरा विवरण गुरूजनों ने शास्त्रों में प्रत्यक्ष रूप से समझाया है। कुण्डलिनी योग अपने आप में एक बहुत बड़ा विज्ञान है। इसकी शक्ति आणिवक शक्ति से भी अधिक शक्तिशाली है।

कुण्डलिनी के विस्फोट से अर्थात् जागृति से, परमाणु शक्ति की भाँति महान ऊर्जा शक्ति का प्राकट्य होता है। यदि उस परमाणु शक्ति को लोक कल्याण, समाज कल्याण के निमित्त प्रयोग किया जाये तो बड़े-बड़े असाध्य कार्य सरलता से किये जा सकते हैं। जिस प्रकार परमाणु शक्ति को विध्वंसकारी कार्यों में प्रयोग न करके लोक कल्याण के कार्यो में लगा देने से अनगिनत लाभ प्राप्त किये जा सकते है। यह बड़ी दु:साध्य भयंकर शक्ति हैं और इस पर जो अनुसंधान के कार्य होते हैं, वह भी खतरे से खाली नहीं है। कुण्डलिनी योग का मार्ग अत्यन्त दुष्कर है इसमें कोई सन्देह नहीं है। किन्तु भारतीय वैज्ञानिक, तीव्र बुद्धि अनुसंधान कर्ता व्यक्तियों ने कुण्डलिनी शक्ति को, कुण्डलिनी योग में बताई गई दु:साध्य साधनाओं से उस भयंकर शक्ति को न जगाकर, अन्य योग मार्गो, साधना मार्गो के द्वारा जो करने में कुण्डलिनी योग की अपेक्षा अत्यन्त सरल है और निरापद है, ऐसे योग मार्ग भी अति प्राचीन काल में ही खोज कर लिये थे। उन मार्गों को विभिन्न नामों से जाना जा सकता है। भक्ति योग, ध्यान योग, प्राण क्रिया, पंच प्राणोंपासना, खेचरी साधना, हठयोग, स्वर विज्ञान, श्रुत शब्द योग, लय योग, शून्य साधना आदि विभिन्न साधनाओं के मार्ग भी साधक को सरलता से बिना किसी भयंकर व्यवधान के, अत्यन्त सहज रूप से, कुण्डलिनी का नाम लिये बिना ही कुण्डलिनी शक्ति का जागरण सम्भव करा देते हैं। जो लाभ, शक्तियाँ, सिद्धियाँ, आनन्द कुण्डलिनी जाग्रति के द्वारा सम्भव होता है, वही लाभ उपर बताई गई

विभिन्न योग साधनाओं के द्वारा, निरापद रूप से, अत्यन्त सहज भाव से, स्वाभाविक ही अर्थात् परम प्राकृतिक रूप से कुण्डलिनी महाशक्ति के जागरण के समकक्ष, सभी लाभ उपर्युक्त साधनाओं से भी प्राप्त किये जा सकते हैं। हमने ऐसा विचित्र प्रयास किया है। जिससे कुण्डलिनी साधना के सम्बन्ध में उसकी भयंकरता, उसकी विप्लवकारी हानियों और कष्ट साध्य साधना का भय साधकों के मन से समाप्त हो जाय। इसलिए कुण्डलिनी महाशक्ति के जागरण से होने वाले निष्कर्षों, परिणामों को अन्य साधनाओं के द्वारा कैसे प्राप्त किया जा सकता है? ऐसा सम्भव कैसे हो सकता है? इसको कुण्डलिनी महा शक्ति के साधनार्थ, विभिन्न विधियों को अर्थात विभिन्न योगों और साधनाओं को बताने का प्रयत्न किया गया है। इससे कुण्डलिनी शक्ति के सम्बन्ध में जो भी भ्रान्तियाँ है वह निश्चय ही समाप्त हो सकेगी और उनका भय भी साधकों के मन और मस्तिष्क से दूर हो सकेगा। ऐसा प्रयास करने का प्रयत्न मैंने अपने अनुभव के आधार पर किया। और साथ ही कुण्डलिनी योग के अस्तित्व के संम्बन्ध में जो देश के विद्वानों, साधकों एवं जिज्ञासुओं के मन में भ्रम विद्यमान है कि कुण्डलिनी योग का वर्णन वेद उपनिषद योग के मुख्य ग्रन्थों आदि में नहीं है, इस धारणा को भी कुछ शास्त्रोक्त प्रमाणों के द्वारा निर्मूल करने का प्रयत्न किया है।

मैंने अधिकांश रूप से कुण्डलिनी महाशक्ति के सम्बन्ध में शास्त्रों और गुरूजनों के उपदेशों के साथ-साथ अपने प्रत्यक्ष कर्माभ्यास को विशेष प्रधानता इसलिए दी कि यह तो बिल्कुल प्रत्यक्ष है। इसमें अर्थात मेरे प्रत्यक्ष कर्म में कोई प्रकाण देने की विशेष आवश्यकता नहीं हैं। मैंने तो इस विज्ञान का स्वयं अपने ऊपर ही प्रत्यक्ष प्रयोग करके देखने का प्रयत्न किया, जिसमें अत्यधिक जान-जोखिम, का मृत्यु तुल्य कष्ट का, सब कुछ समाप्त हो जाने की आशंका हर समय विद्यमान रहती थी, फिर भी प्रभु कृपा, सूक्ष्म आत्माओं के मार्ग दर्शन से, गुरूजनों के आशीर्वाद से, किसी अंश तक मुझे विशेष सफलता, मेरे अनुमान के अनुसार मिल सकी।

इस विचित्र योग मार्ग के सम्बन्ध में जिज्ञासु, साधकों और श्रद्धालु भक्तों, विद्वानों के कुतूहलों और भ्रमों का कितने अंश तक मैं अपने लेखन से निवारण कर सका। यह निर्णय विद्वान जिज्ञासु, श्रद्धावान, पाठकों पर छोड़ता हूँ।

आचार्य केशव देव

कुण्डलिनी योग

भारतीय योग विज्ञान, योग साधना, आध्यात्म विज्ञान, ध्यान योग, मंत्र योग आदि पर प्राचीन वैज्ञानिक ऋषि महर्षियों ने प्रकृति और पराप्रकृति के परम चमत्कारी अति महत्व के गूढतम रहस्यों को प्रारम्भ से लेकर अन्तिम सोपान तक अच्छी प्रकार जानने के लिए योग के गुह्यतम रहस्यों पर अनुसंधान करके साधकों के ज्ञानवर्द्धन हेतु प्राचीन भारतीय साहित्य में फुटकर रूप से विभिन्न स्थानों पर अनेको सिद्ध साधकों ने अपने अपने विचार अभिव्यक्त किये हैं।

योग शास्त्र की सैकड़ों रहस्यमयी परम शक्तिशाली शाखायें, साधनायें शास्त्रों में उपस्थित हैं, जिनमें कितनी ही साधन विधियाँ अत्यन्त सारगर्भित परम् क्लिष्ट हैं। महाकुल कुण्डलिनी शक्ति के सम्बन्ध में बहुत ही महत्व का विषय आज भी विचारणीय है। कुण्डलिनी शक्ति को विभिन्न नामों से योग शास्त्र में सम्बोधन किया गया है। कुल कुण्डलिनी, कुण्डले, महा कुण्डलिनी, जीव शक्ति, शब्द ब्रह्ममयी, पर ब्रह्ममयी, कुमारी, अपराजिता, तैजसी विषतन्तु स्वरूपा, मूल विद्या बिन्दु त्रिवलया, कुटिल स्वरूपिणी, नाद शक्ति, भुजंगाकारा, अधोमुख सर्पिणी, विद्युत्तचेचि इस प्रकार कुण्डलिनी शक्ति के अनगिनत नाम है, जिनमें से यहाँ विभिन्न शास्त्रों में इन विभिन्न नामों के द्वारा कुण्डलिनी शक्ति को संबोधित किया गया है। कई तंत्र मंत्र गन्थों में परम शक्ति के और भी कितने ही रहस्यमय नाम आये हैं। यजुर्विद योग कुण्डल्युपनिषद, ज्ञानार्नव तंत्र, ललिता सहस्र नाम, लघुस्तुति, वाम केश्वर तंत्र, योग शिखोपनिषद, षट चक्र निरुपण, घेरण्ड संहिता, हठयोग प्रदीपिका, ज्ञानेश्वरी, आदि ग्रन्थों का नाम विशेष रूप से लिया जा सकता है।

आजकल के पाश्चात्य संस्कृति से प्रभावित इस विचित्र समय में अधिकांश लोगों का विचार योग शास्त्र से विमुख होता जा रहा था, किन्तु कुछ उपासना एवम् आत्मशक्ति के धनी महापुरुषों और सिद्धों के द्वारा संसार में पुनः इस शास्त्र के सम्बन्ध में श्रद्धा, विश्वास उत्पन्न हुए है। कुछ भारतीय ऋषि महर्षि और उच्च कोटि के सिद्ध महात्माओं विचारकों और चिन्तकों के त्याग और परिश्रम के द्वारा आज पिछले कुछ समय से पाश्चात्य तत्व वेत्ताओं, गहन चिन्तकों, उच्च कोटि के वैज्ञानिक एवम् विद्वान मनीषियों को भारतीय विज्ञान, पराविद्या एवम् योग शास्त्र के सम्बन्ध में सोचने के लिए विवश कर दिया है

और उन भारत वर्ष के अन्यत्र रहने वाले विश्व के उच्च कोटि के साहित्यकार, चिकित्सक, वैज्ञानिक और अधिकांश बुद्धिजीवियों को योग शास्त्र का गहन अध्ययन करने के लिए प्रेरित किया है। उन प्रेरणा देने वाले विशिष्ट जनों में स्वामी रामकृष्ण परमहंस, स्वामी विवेकानन्द, महर्षि अरविन्द, श्री योगीन्द्र, स्वामी कुवलयानन्दा, परम सिद्ध तैलंग स्वामी, परमहंस स्वामी नारायणानन्द सरस्वती, स्वामी रामतीर्थ, वृन्दावन के पागलबाबा, योगीवरशान्तरण्य, लाहीड़ी महाशय, श्री श्री 1008 शंकराचार्य ब्रह्मानन्द जी महाराज, भारत वर्ष में अनूप शहर से लेकर काशी तक गंगा तट पर इस कलिकाल में विचरण करने वाले परम योगी भगवान दतात्रेय जी, जिनके दर्शन आज भी कुछ भाग्यशाली सच्चे हृदय के जिज्ञासाओं को यदा कदा हो जाते है। यह कुछ थोड़े से उच्च कोटि के सिद्ध पुरूष भारतवर्ष में अब तक उपस्थित थे। कुछ अभी भी है। यह समस्त महापुरूषों को कुण्डलिनी शक्ति के सम्बन्ध में विशिष्ट अनुभवी कहा जा सकता है। और इनमें से कुछ परम उद्भट योगेश्वर कोटि के, कुण्डलिनी शक्ति को सांगोपांग रुप से समझने और समझाने वाले महापुरुष माना जाता है।

कुण्डलिनी शक्ति को समझने के लिए सम्पूर्ण योग चक्रों की, मानव शरीर के सम्बन्ध में हुई सारी व्यवस्था को वैज्ञानिक दृष्टिकोण से, समझना सर्वप्रथम बहुत जरूरी है और इसके साथ-साथ ही शरीर तन्त्र को भी साधक को पूरी तरह जानना चाहिए। इसके उपरान्त षटकर्मों के द्वारा पूर्ण रूप से शरीर की शुद्धि अत्यन्त आवश्यक है। इसके उपरान्त प्राणायाम, ध्यान, मुद्रा साधन आदि के द्वारा मन, बुद्धि और सूक्ष्म शरीर का भी विकास करना कुण्डलिनी योग के साधक के लिएं आवश्यक है। कुण्डलिनी साधक को मूलाधार चक्र में सोई हुई, योग की अत्यन्त प्रचण्ड शक्ति को जगाने के निमित्त, अपने आपको पूर्ण रूप से अनुशासित, संयमी, सद्गुरू के सान्निध्य से सम्पन्न, साधक को अष्टांग योग का पालन करते हुए अपनी साधना सत्यनिष्ठा, पूर्ण आत्म विश्वास और संयम के साथ आरम्भ करनी चाहिए।

जो भी साधक बिना अपनी सम्पूर्ण चित्तवृत्तियों को शान्त किए जल्दी-जल्दी बिना सोचे समझें और बिना किसी अनुभवी योग्य गुरू का निर्देश प्राप्त किए अपने ही मनमाने ढंग से खतरनाक प्रचण्ड कुण्डलिनी योग शक्ति को छेड़ने का कार्य आरम्भ कर देते हैं उनका शीघ्र ही बुरी तरह से पतन होते हुए हमने प्रत्यक्ष रूप से देखा है। सभी साधक वर्ग से हमारा नम्र निवेदन है कि सभी योगीजन अपनी मानसिक इच्छाओं, कामनाओं, काम, क्रोध, लोभ, मोह, अहंकार आदि की तरह जो भी अनुचित चित्तवृतियाँ हैं, उन सब पर साधना ज्ञान और संयम के द्वारा जो साधक अंकुश लगाने की अच्छी, जोरदार और दृढ़ शक्ति प्राप्त कर लेता है और निरन्तर योग साधना में बिना अभिमान किए

विनम्र भाव से योग साधना में निरन्तर लगे रहने का अभ्यास करता रहता है, उसी साधक को विश्व की सर्वोपरि शक्ति कुण्डलिनी की साधना का अधिकार प्राप्त होता है। मेरूदण्ड के निचले भाग में चर्तुदल पीतवर्ण के कमल पुष्प की भाँति बने मूलाधार चक्र में कुमारिका कुण्डलिनी शक्ति नीचे की ओर मुँह करे हुए सुप्त अवस्था में पड़ी रहती है। उसी स्थान पर सुषुम्ना नाड़ी, ईड़ा, पिंगला नाड़ियों सहित विद्यमान है। प्रबल आन्तरिक त्राटक अर्थात ध्यान के द्वारा सर्वप्रथम मूलाधार नामक पीले रंग के चर्तुदल कमल में 'लं' बीज मंत्र का निरन्तर जप और ध्यान करते रहने से और ऐसा लगातार बहुत समय तक साधना करने के अनन्तर इस चक्र की शक्तियों का उदय हो तो इससे आगे का और साथ वाली योगिक साधनाओं का अभ्यास करते हुए कुण्डलिनी जागरण के मार्ग में साधक को अग्रसर होना चाहिए। मूलाधार चक्र पर पूर्व बताए ध्यान के अनुसार त्राटक करते हुए और साथ-साथ नाड़ी शोधन नामक प्राणायाम का सौ अथवा दो सौ से भी अधिक अभ्यास नियमित रूप से करने के अनन्तर, जब साधक के अन्दर, उसकी नासिका में जी चाहे जब दिन में 10-20 बार से भी अधिक सुगन्धियाँ आने लगे, वह भी बिना किसी कारण के, जब ऐसी घटना साधक के साथ लगातार बहुत दिन तक चलती रहे तो साधक को अपनी शरीर की समस्त नाड़ियों को पूर्ण रूपेण शुद्ध हुआ समझना चाहिए। तदूउपरान्त साधक को कुण्डलिनी शक्ति को जगाने के लिए पहला प्रयास करने से पूर्व ही कवच के रूप में, योग की अत्यन्त महत्वपूर्ण क्रिया मूलबन्ध का अभ्यास कटिबद्ध होकर उस समय तक करना चाहिए। यदि इस मूलबन्ध का अभ्यास किए बगैर महाप्रबल प्रचण्ड कुल कुण्डलिनी, अपराजिता शक्ति को जगाने का प्रयास किया गया, तो वह साधक का कल्याण करने के बजाय उसका पतन कर देगी। इसलिए कुण्डलिनी शक्ति को जगाने से पूर्व मूलबन्ध को अत्यन्त सुदृढ़ अवस्था तक पहुँचा देना चाहिए। मूलबन्ध साधना की परिपक्व स्थिति होते होते योगी साधक में कई प्रकार के चमत्कार स्वाभाविक ही उपस्थित हो जाते हैं। मूलबन्ध की स्थिति प्राप्त होने पर साधक की संकल्प शक्ति एवं धारणा शक्ति अत्यन्त प्रबल हो जाती है। साधक की आकृति में, उसकी वाणी में, दृष्टि में एक विशेष प्रकार का आकर्षण उपस्थित हो जाता है। उसके शरीर में एक विशेष प्रकार की लावण्यता, स्निग्धता आ जाती है। उसके विचारों में दृढ़ता के साथ महत्वपूर्ण परिवर्तन हो जाता है। मूलबन्ध की साधना से साधक में सम्मोहन शक्ति का विकास भी हो जाता है। साधारण संसार के व्यक्ति स्वाभाविक ही उसकी ओर आकर्षित होने लगते है। सभी जन साधारण जो भी एक बार उसके सम्पर्क में आते हैं। उन्हें उस साधक का ध्यान बार-बार आता रहता है। मूलबन्ध साधना ही वस्तुतः कुण्डलिनी शक्ति को जगाने वाला एक महत्वपूर्ण रहस्य है। कहना ही पड़ेगा कि मूलबन्ध की निरन्तर

साधना किए बिन कुण्डलिनी शक्ति की साधना नहीं हो सकती मूलबन्ध साधना ही इसकी कुँजी है। योग साधना के रहस्यों, लाभ और अनन्त प्रकार के फायदों और अनगिनत आश्चर्यों की जननी मूलबन्ध साधना ही है। इस रहस्य को जानने के अनन्तर ही, कुल कुण्डलिनी के जागरण का रहस्य और अनुमान साधक को अवश्य लग जाएगा। कुण्डलिनी शक्ति को जानने के लिए मूलबन्ध क्रिया को एवं जालन्धर बंध और उड़ियान बन्ध आदि को भी, साधक को जानना चाहिए। इन त्रिबन्धों को जानने के और करने के अनन्तर आगे आने वाली साधना की जटिलताएँ काफी बड़े रूप से सरल दृष्टिगोचर होने लगेगी। यदि बन्ध साधना के साथ-साथ विभिन्न रहस्यमयी मुद्राओं की भी क्रमशः साधना करते चलें तो कुण्डलिनी पराशक्ति का ज्ञान करने में काफी बड़ी-बड़ी समस्याओं का सरल हल प्राप्त हो सकेगा। परा, पश्यन्ति, मध्यमा, वैखरी इन चारों अवस्थाओं का उत्पत्ति स्थान भी कुण्डलिनी शक्ति के समीप ही है। वैखरी वाणी का शब्दोच्चारण भी वहीं से हो रहा है।

विभिन्न सिद्धियों का रहस्य कुण्डलिनी योग

प्राचीन काल से ही योग विज्ञान के अर्न्तगत उसकी सैकड़ों शाखाओं में विभिन्न योगों का अत्यन्त विस्तार के साथ वर्णन है और उसके साथ ही राजयोग, कर्मयोग, हठयोग, मंत्र योग, शक्ति योग, सांख्य योग, अष्टांग योग, कुण्डलिनी योग, सम्पूर्ण योग, कर्म योग, प्रेम योग, सन्यास योग, श्रुत शब्द योाग, स्वर योग, पातंजल योग, निर्वाण योग, शब्द योग, प्राण-विनिमय योग, क्रिया योग, नाद योग, तत्व योग, जप योग, ध्यान योग, मनो निग्रह योग, तंत्र योग, आत्म योग, शक्ति साधन योग, संकीर्तन योग, महायोग, प्रणव योग आदि कितने ही योग मार्गो का सांगोपांग रूप से हमारे शास्त्रों में वर्णन है।

इन सारी योग साधनाओं को निरन्तर करने से योगी की सबसे बड़ी शक्ति का आधार परम शक्ति स्वरूपा महाकुल कुण्डलिनी के ध्यान की एकाग्र स्थिति में, चाहे वह एकाग्रता किसी प्रकार की योग साधना के द्वारा ही हो उस एकाग्रता से कुण्डलिनी स्वरूपा सिद्धि और शक्ति दायनी उस पीठ में एक विशेष प्रकार का सिहरन (सेन्सेशन) (स्पन्दन) कुछ साधारण सी हिल-जुल प्रारम्भ हो जाती है और यह बात प्रत्येक साधक के जीवन में न्यूनाधिक रूप में साधना काल के समय होने लगती है। और इसी प्रकार की स्थिति संगीत आदि विभिन्न कलाओं की साधना की उच्च स्थिति में जो तन्मयता और एकाग्रता उस कलावन्त साधक को थोड़े रूप से प्राप्त होती है, उसके द्वारा भी कुण्डलिनी शक्ति के निवास स्थान पर एक हल्का सा स्पर्श ध्यान और एकाग्रता के कारण होने लगता है। वह साधक किसी प्रकार का भी क्यों न हो उसका क्षेत्र कला, साहित्य, विज्ञान उच्च

प्रकार का अध्ययन, भक्ति, ज्ञानकार्य, चित्र, नृत्य, संगीत आदि और इसी प्रकार की किसी भी साधना में साधक के मनोनिग्रह की ऊँची स्थिति तक पहुँचते-पहुँचते, जब साधक को उस कला अथवा साधना में चमत्कार दृष्टिगोचर होने वाला होता है अर्थात् उसको उस साधना में जब भी थोड़ी सी सम्मोहन (आकर्षण), वशीकरण, आदि शक्तियों का आर्विभाव होना चाहता है। तो निश्चय ही उस साधक के कुण्डलिनी शक्ति के निवास स्थल पर, ध्यान और एकाग्रता के कारण एक विशेष प्रकार का दबाव लगातार पड़ता हुआ अनुभव होने लगता है। जब जिस साधक को किसी भी योग चक्र को थोड़े बहुत रूप से स्पन्दित करना हो तो, उस स्थान पर अपने आपको, अर्थात् अपने ध्यान एवम् विचार को निरन्तर एक ही स्थान पर और एक ही प्रकार के चिन्तन के रूप में स्थिर करने का प्रयत्न करे। उससे उस स्थान अर्थात योग चक्र पर निवास करने वाली दिव्य शक्ति बहुत धीरे-धीरे विकसित होने लगेगी, यदि साधक, कुण्डलिनी योग साधना के समस्त नियम उपनियम आदि का पालन पूर्ण रूप से ठीक ठीक करने में भी तत्पर है और अपने योग मार्ग में आगे बढ़ने के लिए दृढ़ता के साथ कटिबद्ध हो गया, तो निश्चय ही कुछ योग सिद्धियाँ और शक्तियों के सम्बन्ध में अपने और दूसरों के मनोभावों को तरंगित कर देने वाली सूक्ष्म शक्ति का साधक में उदय होने लगता है और अधिक अनुभव और जानकारी के लिए केवल मूलाधार चक्र पर मूल बन्ध की पूर्ण रूप से परिपक्व साधना की स्थिति प्राप्त करते हुए मन को एकाग्र करते हुए कुण्डलिनी शक्ति पर ध्यान केन्द्रित करने का प्रयत्न करना चाहिए इससे निश्चय ही, यदि साधक पूर्ण संयम के साथ साधना कर रहा है, तो दिव्य शक्तियों की प्राप्ति नहीं हो ऐसा कदापि हो ही नहीं सकता, निश्चय ही ऐसा साधक जो पातंजलि योग सूत्र के विभूतिपाद नामक अध्याय में आये **"त्रयं एकत्र संयम"** महर्षि पातंजलि के अनुसार संयम शब्द का ठीक-ठीक यौगिक अर्थ समझ कर अपनी कुण्डलिनी योग साधना में निरन्तर अर्हर्निश संलग्न रहता है, उसे दिव्य शक्तियाँ और सिद्धियाँ प्राप्त होने में विलम्ब नहीं है।

संसार के अधिकांश साधक, सिद्ध सन्त, महात्मा, विचारक, शोधकर्ता, मन्त्र शास्त्री, छोटे-बड़े योगी, तपस्वी और सभी विद्वतजन, भगवान, आत्मा कुण्डलिनि शक्ति एवं वह पराशक्ति ब्रह्म को जानना बहुत कठिन है और उसमें बहुत देर लगती है और उसको पाना अर्थात रहस्यमयी शक्तियों का प्राप्त करना और उनका साक्षात्काार करना, अपनी अदम्य शक्ति को जगा लेना बहुत ही कठिन है। वस्तुतः इस ज्ञान के रहस्य को जानने के लिए सच्ची लगन और भक्ति की परम आवश्यकता है।

श्रद्धा भक्ति बिना थोथे सभी योग, तप, आचार।

वस्तुतः कुण्डलिनी जैसी ईश्वरीय योग शक्तियों को सच्चे साधक के लिए प्राप्त

करना कोई बहुत कठिन बात नहीं अपितु अति सरल है। संस्कृत में एक बात कही गई है–

"अणोरणीयान महतो महियान"

यह बड़े महत्व का सूत्र है, जो इसे उच्च सूक्ष्मता के साथ समझते है उन्हें अवश्य मनोकामना सिद्धि प्राप्त होती है। वास्तव में किसी .विरले साधु ने कहा–

चलन-चलन सब कोई कहे, पहुँचे बिड़ला कोय।

यह सारा संसार ऐसा है जिसमें सभी सन्त-महात्मा, भक्त, प्रेमी, जिज्ञासु कुछ प्राप्त करने के लिए बिना मतलब के, योग्यता प्राप्त किए बगैर शोर मचा रहे हैं, चलो-चलो, किन्तु अपने लक्ष्य पर तो कोई-कोई बड़भागी ही पहुँच पाता है इसमें एक बहुत बड़ा कारण है। संसार के अनगिनत, शत-सहस्त्र साधकों को परमात्म शक्ति, परम पराशक्ति माँ कुण्डलिनी एवं अज्ञात शक्तियों पर, साथ ही भगवान पर पूरी तरह से विश्वास ही नहीं है। यदि साधक में वास्तविक शक्ति प्राप्ति की चाह हो तो उसके लिए कुछ भी दुर्लभ नहीं है।

समस्त वेद, उपनिषद, शास्त्र बार-बार एक ही बात जोर-जोर से कह रहे हैं कि यह सारा संसार परमात्मामय है। इस सम्पूर्ण प्रकृति के और मेरे आपके कण-कण में वह पराशक्ति विद्यमान है, किन्तु आप, मैं और सभी सर्व साधारण में से कितने भक्तों को, कितनी मात्रा में और कैसा विश्वास है। निश्चय ही हम सबके विश्वास और चाह में एवं लगन में कुछ न कुछ अवश्य कमी है। बहुत भक्तों, साधकों को कुछ ज्ञान अवश्य है, किन्तु उसे कार्यरूप में पूर्णतः परिवर्तित नहीं किया जा रहा है। किसी ने कहा है

"इल्म बिना अमल के किस काम का"

इससे पता लगता है कि हम सबको ज्ञान तो अवश्य है किन्तु उसको प्रत्यक्ष कर्म अभ्यास के रूप में न जाने किस कारण से आप सब प्रयोग नहीं कर रहे। मेरा और आपका विश्वासी मन जानते हुए भी बहुत से तथ्यों को स्वीकार नहीं करता। इस समस्त दृश्य जगत के रूप में वह आदि शक्ति ही सर्वत्र उपस्थित है। किन्तु मन की चंचलता, धूर्तता, इन्द्रियों की चतुराई से जानते हुए भी, उस पराशक्ति को सर्वत्र नहीं देख पाते। उसका पूरा-पूरा अस्तित्व नहीं समझ पा रहेहैं। हे साधो ! हे पुण्यात्मन् ! सभी साधकजन अपने ऊपर कृपा करके अपने अन्दर छुपी दिव्य शक्ति को देखने की सच्ची धुन, अटूट लगन और वास्तविक चाह किसी प्रकार भी उत्पन्न करें और अपने इस नश्वर अस्तित्व को सर्वथा और सर्वदा मूल जाने का वास्तविक प्रयत्न करें। बस

ऐसी लगन लगाइए, जिसने मीरा को दीवाना कर दिया था। सूरदास को आन्तरिक नेत्र प्राप्त करा दिए थे। चेतन्य महाप्रभु को परम उच्च कोटि की भगवत् नाम कीर्तन करने में तन्मयता प्राप्त करा दी थी। रामकृष्ण परमहंस और स्वामी रामतीर्थ को जिस प्रकार अपनी सुध-बुध भूल गई थी। जिस कुण्डलिनी शक्ति के स्फुरण मात्र से स्वामी विवेकानन्द कई दिन के लिए समाधिस्थ हो गए थे। और फिर उनका जीवन ही बदल गया था। ऐसी चाह, ऐसी तन्मतता ऐसी लगन जिस दिन जिस सच्चे योगी, साधक, सन्त, साध ु और भक्त में और साधारण व्यक्ति में जग जाएगी, उस दिन पलक बन्द करने और खोलने में जितनी देर लगती है, यह तो बहुत बड़ा समय है, उस पराशक्ति के दर्शन में फिर कुछ चेष्टा नहीं करनी होगी, और न ही देर लगेगी। बस ऐसी उच्च शक्ति प्राप्त होते ही एक क्षण के हजारवें हिस्से में जो समय आता है, निमेष मात्र में आपकी इच्छा पूर्णतः पूर्ण हो जाएगी। हममें ऐसी उत्कृष्ट प्रकार की चाह कैसे उत्पन्न हो बस लक्ष्य-लक्ष्य, प्रयत्नों के द्वारा किसी प्रकार अपने अन्दर, उसके दर्शन की, ज्ञान की ललक और छटपटाहट, तड़प एवं सच्ची जिज्ञासा उत्पन्न करें, निश्चय ही ऐसी स्थिति में आपके लिए वह सब **"कर आमलवत्"** वह प्रत्यक्ष हो जाएगा। ऐसी सिद्धि प्राप्त होने पर सब कुछ परम शान्त, एकरस, एकाग्र और सर्वत्र आनन्द ही आनन्द का दर्शन होने लगेगा।

जब तक उस अज्ञात शक्ति को प्राप्त करने या जगाने के लिए अथवा उसके साक्षात्कार हेतु आपके हृदय से ऐसी करूण पुकार नहीं उठेगी, जिससे उस दिव्य शक्ति को उजागर होने के लिए मजबूर कर दिया जाए। जिस दिन ऐसी मार्मिक अर्न्तहृदय से साधक के हृदय में अपने आपको और अपनी रहस्यमय कुण्डलिनी शक्ति के जाग्रत कर देने की अत्यन्त बलवती दृढ़ इच्छा पूरी तरह से प्रबल आत्मविश्वास के साथ उदय हो जाएगी बस ठीक उसी क्षण साधना के, उस निर्मल ज्ञान के, उस निर्मल सूर्य का उदय हो जाएगा। वस्तुतः सच्चे आत्म प्रबोधन का विश्वास करने योग्य यही एकमात्र साधनमार्ग और तरीका है।

अपने अन्दर की शक्ति को जगाने के लिए उस अनन्त शक्ति के उद्गम का ध्यान करना होगा। साधको ! यह सर्वदा अच्छी प्रकार याद रखो, कि संसार के सर्वोपरि उसी परमपिता परमात्मा के स्वरूप में ही उसका मूल है। और वही शक्ति साधक के तन-मन को, स्मरण मात्र में पूर्ण रूप से उस पराशक्ति, को चरणों में समर्पित कर देने से अनन्त शक्ति की प्राप्ति हो सकती है। तब साधक! ऐसे करो–

शान्त होकर अपने नेत्र बन्द करो और अपने अन्तर्मन में धीरे-धीरे उतरते जाओ और क्रमशः बाहर की स्थिति से अपने आपको भूलते जाने का प्रयत्न करिए। साथ ही

एक परम दिव्य, ज्योर्तिमय, सर्वव्यापक, नित्य शुद्ध अजर-अमर, सर्वज्ञ, आनन्द स्वरूप उस अनन्त रहस्यों के रहस्य श्रीमनू नारायण का निरन्तर ध्यान करते-करते मन की अनन्त गहराइयों में उतरते चले जाइए, जिसका कोई अन्त नहीं है। ऐसा लगातार विचार करते-करते उस परम आनन्दमय परात्पर, परबह्मं स्वरूप मूलाधार चक्र में सुषुम्ना के द्वार पर स्थित कुल कुण्डलिनी शक्ति, जहाँ आँखों को चौंधिया देने वाले अवर्णनीय तेजोमय रूप से विद्यमान है, आप अपने प्राणों को अपान के साथ मिलाकर उस स्थान पर स्थिर कर देने का अथक प्रयत्न करिए। निश्चय मानिए कि कुछ समय के उल्लिखित शब्दों के साथ अपनी सम्पूर्ण प्रवृत्तियों को उधर ही लगा देने से आपको परम आनन्द अवश्य प्राप्त हो जाएगा। इसमें तनिक भी सन्देह नहीं। बस एक बार अपने सम्पूर्ण विचार को समर्पित करने का प्रयत्न की आवश्यकता है।

एक सत्य सिद्धान्त की बात है कि परमानन्द कब और कैसे प्राप्त होता है। मेरे विचार से आप थोड़ी देर के लिए अपने आपको एक स्त्री भक्त समझ लीजिए और उस पराशक्ति नारायण को पुरूष समझकर आनन्द प्राप्त करने के लिए आगे कदम बढ़ाइए। देखिए प्रकृति का कैसा विचित्र सत्य है जब तक स्त्री अर्थात आपकी विशुद्ध आत्मा परआत्मा रूप पुरूष के समक्ष सम्पूर्ण रूप से और अर्न्तहृदय की पूरी छटपटाहट के साथ सम्पूर्ण झिझक और अपने अस्तित्व को भूलकर पूर्णरूप से तन-मन और अन्तर आत्मा के साथ पुरूष रूप उस परमात्मा के समक्ष अपने आपको जब तक समर्पित नहीं करते हो, तब तक आपको उसे चरम उत्कर्ष आनन्द का सत्य-सत्य अनुभव नहीं हो सकता। जो साधक सारी सुधि भूलकर, लोक-लाज का जिसे तनिक भी ध्यान ही न रहा हो, जिसे ऊँची प्रकार की अवधूत स्थिति प्राप्त हो गई हो जानते हो, अवधूत किसे कहते है ! देखो भाई सही मायने में सही साधक वहीं होता है, जिसके चरम चक्षु सर्वदा के लिए उलट गए हो, जो बाहर देख ही न रहा हो, जिसे अपने वस्त्र पहनने का भी ध्यान नहीं है। जब उस साधक स्त्री को परमात्मा से आदि शक्ति से मिलने की ऐसी आतुरता हो जाती है, तो निश्चय ही उस अनन्त शक्ति को अपना सब कुछ अह्मत्व भूलकर उसी भाव से साधक के साथ एकत्व प्राप्त करने का आनन्द प्राप्त होता है। इसे ही योग कहते है। आत्मा-परमात्मा का मिलन, प्राण-अपान का संयोग, ये बात अगम्य है, ऐसी अवस्था में ही कुण्डलिनी शक्ति का जागरण होता है। तनिक आप ही सोचिए, मैंने तो थोड़े से स्वल्प शक्ति के शब्दों के द्वारा, दिव्य आनन्द प्राप्त करने की स्थिति को वर्णन करने का, थोड़ा-सा प्रयत्न किया। इससे आगे उस अनिर्वचनीय आनन्द और स्थिति का वर्णन करना शब्दों की सामर्थ्य से बाहर दृष्टिगोचर होता है। वस्तुतः वहाँ पहुँचने पर तुम तुम नहीं रहोगे, वह-वह नहीं रहेगा, क्या रहेगा, मेरे विचार से इसे बताया

नहीं जा सकता।

अब प्रश्न उठता है, क्या अबसे पहले कभी ऐसा हुआ है, अर्थात ऐसा कुण्डलिनी जागरण, आत्मा-परमात्मा का मिलन, आत्म साक्षात्कार, कब कैसे और किन-किन के साथ हुआ था। तनिक मीरा बाई की स्थिति का उसकी भक्ति, उसके विचार, ध्यान का तरीका, उसकी प्रभु मिलन की छटपटाहट, ऐसे ही क्या विदुर जी की पत्नि, उस पराशक्ति आनन्द-कन्द नारायण स्वरूप भगवान श्री कृष्ण के आगमन को जानकर, द्वार पर उनकी वाणी सुनते ही अपने शरीर का, अपने वस्त्रों का, सर्वथा तत्क्षण बिल्कुल ध्यान भूलकर, द्वार खोलने के लिए भाग पड़ी थी। जब उस परम पुरुष परमात्मा स्वरूप दिव्यशक्ति श्री कृष्ण ने उस पवित्र आत्मा को ऐसी विशुद्ध शक्ति में समझा तो लोक-लाज के लिए अपना पीताम्बर उतार कर उनके शरीर पर डाल दिया। किन्तु वस्तुतः वह तो अपने आपको बिल्कुल भूल चुकी थी, उन्हें तो अपना ही स्वरुप उस परमात्मा तत्व के स्वरुप में जो सर्व व्यापक है, जो चारो ओर और अपने आप में दृष्टिगोचर हो रहा था, अब तो उसे ध्यान भी नहीं था उन्होंने सुन लिया था दुर्योधन की मेवा छोड़कर विदुर के घर कुछ साग-पात खाने आए थे। किन्तु वह आत्मा जिसे बाहर-अन्दर की कुछ सुध-बुध नहीं थी। केले छीलकर गिरी फेंककर केले छीलकर छिलका भगवान को खिला रही थी और क्रमशः परमानन्द की स्थिति में गोते लगा रही थी उसी समय परम निश्चल महात्मा विदुर जी भी बाहर से घर आए और अपनी उस भक्त स्त्री को उस परात्पर परब्रह्म सबके हृदय में व्याप्त विशम्भर को केले के छिलके खिला रही थी। यह देखकर उनकी आँखों से अश्रुपात होने लगे। ऐसी होती है सच्चे साधक की सच्ची छटपटाहट।

श्री चेतन्य महाप्रभु की श्री हरिनाम स्मरण करते-करते बड़ी अनोखी अवर्णनीय हालत हो गई थी। वह सम्पूर्ण नवदीप के जंगलों में निर्जन वनों में कस्तूरी मृग से भी अधिक भगवान के आनन्द और उसके परम स्वरुप को ढूँढते हुए यत्र-तत्र हिरण की भाँति लम्बी-लम्बी कुलाचें मारते हुए, वह उनका कुलाचें मारना उनका नृत्य था या उनके हृदय की अकुलाहट थी या निरन्तर हरिनाम स्मरण करने से जिस शक्ति का प्राकट्य हुआ था उस पराशक्ति के आनन्द और प्रकाश और प्रभाव में वह अपने आपको सम्पूर्ण रूप से विस्मित कर चुके थे। वस्तुतः परमात्मा स्वरुप चेतन्य महाप्रभु जी को अपने तन-बदन का उस समय कुछ भी होश नहीं था। वह तो कभी-कभी बहुत स्वल्प समय के लिए अपने इस देह में उतरकर आते थे परन्तु अधिकांश तो वे हरिनाम के उस परम आनन्द में ही समाहित रहते थे। चेतन्य महाप्रभु परम उच्च कोटि के जागे हुए महापुरूष थे। उनके सम्पर्क में उस समय जो जो भी आया उन्हें भी उस आनन्द का रहस्यमय स्थिति का रसास्वादन कुछ समय के लिए अवश्य हो पाया।

इसी प्रकार कलकत्ता के दक्षिणेश्वर भगवती महाकाली के मन्दिर में आज से लगभग 130 वर्ष पूर्व श्री रामकृष्ण परमहंस अपनी साधना में निरन्तर दिन-रात किसी पागल की भाँति सब कुछ भूलकर परम तन्मय स्थिति में लगे हुए थे अनगिनत वर्षो तक अर्थात अपनी सम्पूर्ण आयु पर्यन्त अपनी देहात्म बुद्धि के ज्ञान को भूलकर कठोर भावमयी अद्वतीय, चमत्कारों से परिपूर्ण बहुत लम्बे समय तक लगे रहे। संसार के लोगों ने वस्तुतः उन्हें संसार की उस अज्ञात पराशक्ति से प्रत्यक्ष वार्तालाप करते देखा। उसकी याद में उन्हें अबोध छोटे शिशु की भाँति जो अपनी माँ के बिना थोड़ी देर भी अलग नहीं रह सकता, की तरह वे हर समय अपनी वाणी से बार-बार माँ-माँ शब्द का ही उच्चारण करते हुए आनन्द विभोर हो जाते थे और हर बात की स्वीकृति उस मन्दिर में विराजमान योगमाया पराशक्ति महाकाली से पूछने के लिए दिन में कितनी ही बार मन्दिर में जाकर उस दिव्य शक्ति से भाव-विभोर होकर अर्थात भाव समाधि में वार्तालाप किया करते थे। उस समय यह बात सर्व विदित थी। बड़ी-बड़ी दूर से श्री रामकृष्ण परमहंस जी को मिलने के लिए भक्त, साधक, जिज्ञासु प्रेमी और विभिन्न प्रकार के विद्वान कुतर्क करने वाले साधक भी उनसे मिलने के लिए आते ही रहते थे।

श्री रामकृष्ण जी तो अधिकाँश समय देहात्म बुद्धि रहित स्थिति से ऊपर उठकर, अपनी अकल्पनीय विशुद्ध योगिक स्थिति में तन्मय ही रहा करते थे। उन्हेंने अपने जीवन में कुण्डलिनी महाशक्ति का भी साधन किया और उसके साथ ही एक-दो नहीं दस-बीस से भी अधिक विचित्र साधना पद्धतियों से साधना करके प्रत्यक्ष अनुभव और ज्ञान प्राप्त किया और उस का विवरण जिज्ञासु भक्त साधकों को वितरित किया (बाँटते रहे) और अपने शरीर समाप्ति के समय तक साधकों की जिज्ञासा उत्कंठा और प्रश्नों का उत्तर एवं अपनी साधना की दिव्य अनुभूतियों से अपने सत्संग में आने वाले अधिकाँश सभी साधकों को उसका प्रत्यक्ष दर्शन, अनुभव कराते रहे। वह कलिकाल में परम उच्च कोटि के सन्त, साधक सिद्ध प्रेमी, सच्चे जिज्ञासु, परम विनम्र, आत्म समर्पित उच्च कोटि के भक्त थे। उनकी तुलना किसी रूप में भी किसी साधक से करना असम्भव है।

इसी प्रकार महा कुण्डलिनी शक्ति के अद्भुत दुर्लभ साधक परमहंस अवधूत वेशधारी महर्षि व्यास जी के पुत्र शुकदेव जी महाराज थे। वे भी सर्वदा देहात्म बुद्धि से रहित अति उच्च योगिक स्थिति में रमण करते रहते थे। एक दिन बहुत महत्वपूर्ण घटना हुई साधना करते-करते उन्हें अति उच्च वैराग्य भावना की समाधि पूर्णरूपेण सर्वदा के लिए लग गई। उस समय उनकी आयु 16 वर्ष के लगभग थी। वस्तुतः अब उनकी आँखें उलट कर अन्दर की ओर ही निरन्तर ब्रह्मज्योति के ध्यान में निरन्तर संलग्न थी। वे घर से निर्जन वनों की ओर केवल दिगम्बर

वेशधारी निर्वस्त्र शरीर, न जाने किस अज्ञात शक्ति की प्रेरणा से चले जा रहे थे। मार्ग में किसी नदी के तट पर कई युवतियाँ स्नान कर रही थी। उन स्त्रियों ने पूर्ण वीतराग स्थिति में दिगम्बर वेशधारी सुखदेव मुनि को अपने पास से ही जाते हुए देखा। नमस्कार किया और अपनी स्नान क्रिया में संलग्न हो गईं। किन्तु उन्होंने शुकदेव जी को देखकर न किसी प्रकार की लज्जा की और न ही पहनने के लिए वस्त्र उठाए। इतने में पीछे से अति वृद्ध व्यास जी ने शुकदेव जी को परम वैराग्यमयी स्थिति में घर छोड़कर जाते देखा तो मोहवश पुत्र पुत्र शब्द की रट लगाते हुए उनके पीछे-पीछे चल दिए। उनके आते ही उन्हीं स्त्रियों ने तत्काल अपने वस्त्र लज्जावश धारण कर लिए। व्यास मुनि उन स्त्रियों का ऐसा विचित्र आचरण देखकर बड़े अचम्भे में रह गए और कुछ कहे बिना उनसे रहा नहीं गया। उन स्त्रियों को लक्ष्य करके कहने लगे अरी ! तुम कैसी विचित्र हो एक नवयुवक निर्वस्त्र व्यक्ति को पास से जाता देखकर तो वस्त्र धारण करने का बिल्कुल प्रयत्न नहीं किया और उस समय आपने किसी प्रकार की लज्जा का भी आचरण नहीं किया। किन्तु मुझ अति वृद्ध जर्जर शरीर और वस्त्र धारण किए हुए व्यक्ति को देखकर आप सब वस्त्र धारण कर रही हैं और लज्जावश संकुचित होती जा रही है यह कैसा विचित्र आचरण है। इस रहस्य को मैं नहीं समझा। स्त्रियों ने अति विनम्र भाव से विनीत शब्दों में डरते हुए परम उद्‌भट विद्वान समस्त पुराणों के रचयिता अनगिनत शास्त्रों के मर्मज्ञ व्यासजी को उत्तर दिया कि महात्मन शुकदेव जी को तो अपनी और दूसरों की बाह्य स्थिति का तनिक भी ज्ञान ही नहीं था। वे तो न जाने किस लोक में विचरण कर रहे थे और हे परम पूजनीय ऋषि श्रेष्ठ आपको तो सम्पूर्ण बाहरी ज्ञान है और आपकी वृत्ति अर्न्तमुखी नहीं है। इसलिए उन्हें अवधूत स्थिति में देखकर भी हमें लज्जा का वरण नहीं करना पड़ा। इससे आगे कुछ कहने की आवश्कता नहीं थी। समस्त पाठकगण भी इन उपयुक्त स्थिति को देखते हुए सब कुछ कहे बिना भी समझ गए होंगे। ऐसी स्थिति प्राप्त होने के अनन्तर ही अर्थात साधक आन्तरिक रूप से देहात्म बुद्धि रहित स्थिति को थोड़े रूप में भी प्राप्त कर ले तो कुण्डलिनी महाशक्ति को जाग्रत करने का प्रयास कर सकता है।

सद्‌गृहस्थ स्वामी रामतीर्थ अभी-अभी पाकिस्तान बनने से कुछ वर्षों पूर्व अट्ठारवीं-उन्नीसवीं सदी के संधिकाल में भारतवर्ष के पंजाब प्रांत में अवतरित हुए। उच्च शिक्षा प्राप्त करने के अनन्तर पंजाब के लाहौर नामक नगर के एक महाविद्यालय में गणित के प्रोफेसर के रूप में अध्यापन कार्य करते हुए भी आत्म-साधना की ओर तीव्रता

से लगे हुए थे। धीरे-धीरे कितने ही वर्षों की साधना के अनन्तर उनकी अर्न्तचेतना पूर्णरूपेण जाग्रत होने लगी। अब तो उनकी स्थिति ही बिल्कुल बदल गई थी उनकी ऐसी हालत हो गई कि ऐलजबरा का प्रश्न हल करते करते उसका उत्तर राम शब्द के रूप में सिद्ध कर देते थे। इसी प्रकार ज्ञानमयी कुण्डलिनी योग साधना के प्रभाव से उनकी महा चेतना शक्ति बिना किसी दूसरी साधना के केवल विशुद्ध आत्म-चिन्तन एवम् ज्ञान के द्वारा बहुत बड़े रुप में जागृति हो गई। कालान्तर में उस महापुरुष की और भी अधिक निरन्तर समय श्री राम के ध्यान में व्यतीत होने लगा। इसी बीच कितने ही साधकों को प्रेरणा और मार्ग दर्शन देने वाली रहस्यपूर्ण घटनायें स्वामी रामतीर्थ के इस पंच भौतिक शरीर के द्वारा इस कलिकाल में भी समस्त जन साधारण के सामने प्रत्यक्ष रुप से घटित हुई। उनकी जीवनी का और जीवन में होने वाली दिव्य महा चेतना सर्पिणी शक्ति के स्फुरण से एवम् उसमें होने वाले साधना के विशेष स्पन्दन से दिव्य अनुभूतियाँ सामने आने लगी। उनका जीवन केवल साधनामय ही सम्पूर्ण रुप से बन गया। एक ऐसा समय आ गया जब उनके लिए अब और कुछ शेष नहीं था। वह सर्वदा भाव समाधि में ही ध्यानस्थ रहने लगे। अन्तिम अवस्था में तो उस महापुरुष को अपनी सम्पूर्ण सुख सुविधाओं का भी घ्यान विस्मृत होने लगा। इस स्थान पर, उनकी सम्पूर्ण विस्तृत जीवनी को और उसमें घटित सभी बातों को, उनकी साधना के गुप्त रहस्यों को नहीं बताया जा सकता। एक दिन नदी के पवित्र जल में परम हंस स्वामी राम तीर्थ अपनी भाव समाधि की स्थिति में नदी के जल में न जाने क्या निहार रहे थे। असंख्य सर्व साधारण जनों के देखते देखते राम-राम कहते हुए। उस बहते हुए जल के अन्दर जैसे उन्हें साक्षात श्री राम का दर्शन हो रहा हो। पर वश वह अथाह जल की ओर दोनों हाथ उठाये हुए उच्च स्वर से राम-राम का उच्चरण करते हुए चले जा रहे थे। इस घटना के साथ ही समस्त जनसमुदाय के देखते देखते स्वामी राम उस जल में विलीन हो गये। उस समय बड़ा विचित्र वातावरण था समस्त उपस्थित जन-समुदाय उस दृश्य को देखकर निःशब्द और स्तब्ध स्थित को प्राप्त हो गया काफी देर तक किसी के मुँह से कोई शब्द न निकल सका, लोग रोमांचित हो रहे थे। वे लोग बड़े भाग्यशाली थे जिन्हें उस महापुरुष के ऐसी विचित्र भाव मयी ऊँचे प्रकार की जल समाधि लेते हुए देखा।

कुण्डलिनी शक्ति का आडम्बर

महा कुण्डलिनी शक्ति के संबंध में अधिकांश रूप से साधकों को पूरी तरह से बिल्कुल ज्ञान नहीं है। उस शक्ति को जगाने के लिए किन-किन महत्वपूर्ण योगिक प्रकार के ध्यान और धारणा, मुद्रायें, बीज मंत्र, एवम् विशेष योगिक युक्तियों का ज्ञान नहीं के बराबर है। इसी प्रकार विभिन्न पुस्तकों में भी इस परा चेतना शक्ति को जगाने के लिए सरल रूप से कुछ नहीं बताया गया। अधिकांशतः बड़ी कठिन प्रकार की साध ाना एवम् नियमों का विवेचन किया गया है। और साथ-साथ एक प्रतिबन्ध भी इस सम्बन्ध ा के सभी लेखकों ने भक्त और साधक वर्ग पर लगा दिया है जिसके कारण इस कुण्डलिनी जागरण महा विद्या की युक्ति युक्त साधना का और साथ ही ऐसे सिद्ध पुरूषों का भी अभाव हो गया है। अधिकांश स्थानों पर इसका बड़े धूम-धाम से विज्ञापन किया जा रहा है, प्रचार किया जा रहा है ऐसे साधारण सन्तों के और साधकों के कुण्डलिनी जागरण के बकायदा दफ्तर खुले हुए है। कुछ लोग तो सात पद चलने में जितना समय लगता है उतने में ही कुण्डलिनी जागरण पात्र-अपात, स्त्री-पुरुष सभी की कुण्डलिनी जागरण, अपनी निश्चित फीस लेकर कर देते है और बड़े अभिमान के साथ यह वक्तव्य देते हैं कि हम अधिकांश रूप से हर साधक की कुण्डलिनी महाशक्ति जागृत कर देते हैं बस हमारें सामने सात सीढ़ी चढ़ों और कुण्डलिनी जागृत हो गई। आज देश में कथित साधक एवम् विशेष रूप से तथा कथित गुरू बनी हुई स्त्रियाँ कुण्डलिनी जागरण का दमदार दावा भोली भाली जनता के सामने उपस्थित करती हुई, सम्पूर्ण देश और विदेश आदि के अधिकांश स्थानों पर बड़े भारी बाहरी ताम-झाम के साथ, इस परम गुह्य साध ाना को अपने उपदेश के और प्रवचनों के द्वारा प्रचार करते हुए घूम रहे हैं, अथवा घूम रही है। किन्तु उनके साधकों एवम् शिष्यों पर विहंगम दृष्टिपात करने के उपरान्त ऐसा प्रत्यक्ष मालूम हो रहा है कि वास्तव में जिन साधकों की उन कथित साधुओं एवम् गुरूओं के द्वारा उनको कुण्डलिनी जागृति की गई थी। उन्हें उस महाशक्ति की साधना में तिल मात्रा भी ज्ञान और चेतना का अनुभव नहीं है। सर्व साधारण स्त्री-पुरुष जो फीस देकर उनके शिष्य बन गये है और वे कह रहे कि हमारी कुण्डलिनी जागृत हो गई है ।वास्तव किंचित मात्रा भी कोई दिव्य अनुभूति नहीं हुई है। बस केवल मात्र अपने

झूठे स्वाभिमान का दिखावा करने के लिए कुण्डलिनी शक्ति के संबंध में बडी-बड़ी बातें करते हैं। जो समझ से बिल्कुल बाहर है। हमारे पास अनगिनत ऐसे साधक निरन्तर आते रहते हैं। जो कहते हैं, हमारी कुण्डलिनी जागृति हो गई है। हमारी तो जन्म से ही जागृति है, किन्तु न तो उनके मुखारविन्द पर इतना तेज है, न हीं उनकी वाणी में किसी प्रकार की ओजस्विता दृष्टिगोचर होती है और न ही उनके किसी आचरण के द्वारा, उस दिव्य शक्ति के उनमें जागृत होने और अवतरण होने के कोई लक्षण दिखाई देते हैं और न ही वह ऐसे कुण्डलिनी जागरण के किन्हीं लक्षणों से सम्पन्न हैं।

आज कुण्डलिनी जाग्रत करने वालों की देश-विदेश में बाढ़-सी आ गई है। कुण्डलिनी के सम्बन्ध में कई लेखकों की एक-दो पुस्तकें पढ़कर कोई भी व्यक्ति कुण्डलिनी जाग्रत करने वाला, अपने आपको विशेष मास्टर, टीचर, सन्त-महात्मा कहने लगता है और एक होड़ लगाकर इस पराविद्या कुल-कुण्डलिनी शक्ति के सिखाने वाले केन्द्र का ढ़िढोरा पीटने लगता है।

बस किसी की थोड़ी-सी बातचीत करने की योग्यता हुई, तो वह सर्वथा उस शक्ति के सम्बन्ध में ज्ञान और शक्ति से अनभिज्ञ, असंयमी, अयोग्य स्त्री, पुरूष आज भी देश-विदेश के कई अच्छे बड़े शहरों में इस कुण्डलिनी शक्ति के केवल नाम को ही सम्पूर्ण ज्ञान के रूप में बेच रहे हैं। इनके केवल बाहरी आडम्बर और विज्ञापन के सहारे पर, उस परा दिव्य शक्ति का प्रत्यक्ष अनुभव कराने का जोरदार दावा अपने-अपने शब्दों में कर रहे हैं। सर्वसाधारण भी तथाकथित कुण्डलिनी शिक्षकों और झूठे सिद्धि सम्पन्न पुरूष और स्त्री, महात्माओं के शब्दजाल से भ्रमित होकर निरूद्धेश्य इधर-उधर भटक रहे हैं।

जन साधारण को सावधान करने के उदेश्य से हमने उपरोक्त शब्दावली में कुछ आवश्यक इस समय की विडम्बना को देखते हुए भोले-भाले साधकों को खबरदार रहने के लिए कुछ कहने का प्रयास किया है।

कुण्डलिनी जागरण के विशेष आधारभूत रहस्य

कुण्डलिनी महाशक्ति, सर्पणी, सर्पेण्ट पावर, हुराकान (HURARAN) कुण्डलिनी, महाचेतना शक्ति, कुमारी, अपराजिता, मूलाधार निवासिनी, महाकुण्डलिनी, शब्द ब्रंह्ममयी, विषतन्तु स्वरूपा, बिन्दु, त्रिवल्या, मूलविद्या, कुटिल स्वरूपिणी, भुजंगाकारा अधोमुखसर्पिणी, रण्डा, कुण्डली, नवचक्रात्मिका आदि नामों से इस दिव्य शक्ति को शास्त्रों में सम्बोधित किया गया है।

महाशक्ति कुण्डलिनी का निवास स्थल मूलाधार चक्र में अवस्थित है।

अधिकांश रूप से कुण्डलिनी शक्ति को जाग्रत करने के लिए मूलाधार चक्र पर साधक अपनी चेतना शक्ति को अर्थात ध्यान को सर्व प्रकार प्रयत्न करके अपने प्राणों को मेरूदण्ड के सबसे निचले स्थान पर ले जाए। जहाँ वह मेरूदण्ड के सबसे निचले स्थान पर महानाड़ी सुषुम्ना के द्वार पर नीचे की ओर मुख करके कुण्डली मारे हुए सुप्त अवस्था में पड़ी हुई है। इस मूलाधार चक्र पर विधि के अनुसार संयम करने से और इससे पूर्व की जाने वाली समस्त आवश्यक त्रिबन्ध, मुदा, बीजमंत्र, सम्पूर्ण शरीर की शुद्धि आदि करने के उपरान्त कुण्डलिनी को छेड़ने वाला प्रयास दुर्लभ साहस साध‍क को अत्यन्त सावधानी के साथ करना चाहिए।

कुण्डलिनी शक्ति को सर्वप्रथम उर्ध्वमुखी बनाना साधक का परम कर्तव्य है।

यह बात बिल्कुल सत्य है कि ब्रह्मग्रन्थि, विष्णुग्रन्थि एवं रूद्र ग्रन्थि इन ग्रन्थियों को सर्वप्रथम भेदन करना आवश्यक है। उसके अनन्तर ही कुण्डलिनी जागरण आरम्भ होता है। जब तक तीनों महाग्रन्थियों का भेदन न हो जाए अर्थात साधक की सम्पूर्ण आसक्तियाँ, दुर्बलताएँ, कामनाएँ, इच्छाएँ पूर्णरूपेण समाप्त न हो जाएँ तब तक कुण्डलिनी महाशक्ति का ऊर्ध्वमुखी होना आरम्भ नहीं होता। इससे पहले मूलबन्ध उड़ियान बन्ध एवं जालन्धर बन्ध के द्वारा साधक को साधना करके सोलह आधारों को सिद्ध कर लेना चाहिए। आधार शब्द का तात्पर्य है सक्रिय अंग। जब साधक के सोलह आधार (मर्मस्थल) के मार्ग से चेतना बाहर न निकल सके ऐसे में बन्ध साधन को साधक अवश्य करे।

इन सोलह आधारों के अवरूद्ध हो जाने के अनन्तर चेतन शक्ति पूर्णतया अर्न्तमुखी हो जाती है। मूलबन्ध नामक अत्यन्त महत्वपूर्ण योगिक क्रिया, जो अपने आप में अत्यन्त गुप्त रहस्यात्मक और चमत्कारी है ऐसे मूलबन्ध साधन से कुण्डलिनी शक्ति के भयंकर तेज को सहने और सम्भालने की शक्ति प्राप्त होती है।

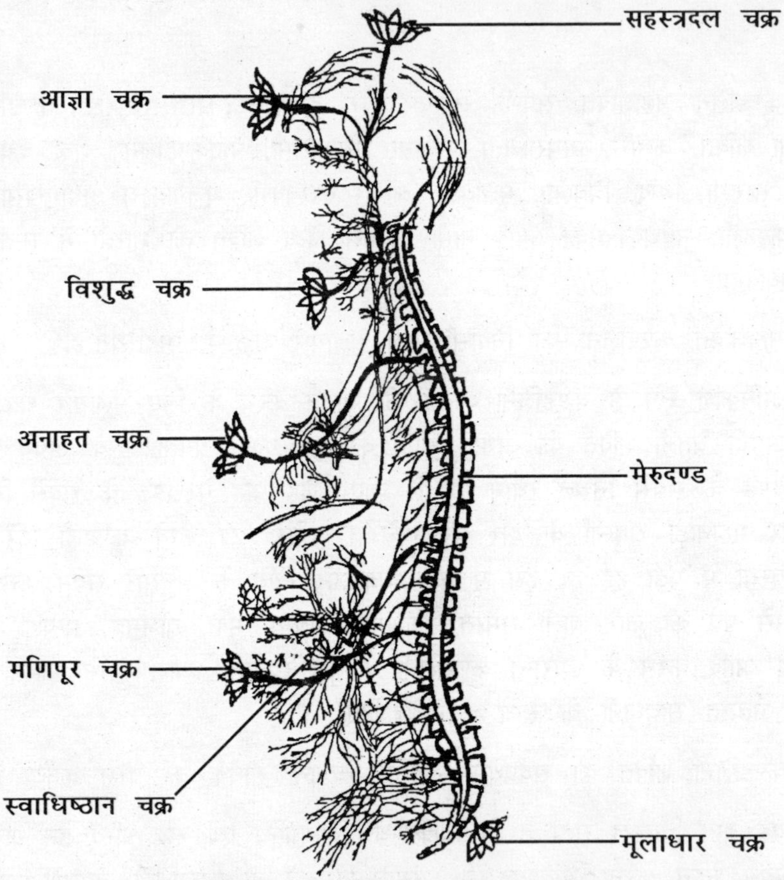

शरीर में विभिन्न योग चक्र

कुण्डलिनी शक्ति के जागरण की विधि और साधना को बताने से पहले मूलबन्ध, उड़ियन बन्ध और जालन्धर बन्ध आदि तीनो बन्धों की साधना और युक्तियाँ बताना और उनके सम्बन्ध में पूरी-पूरी जानकारी प्राप्त करना विशेष रूप से मूलबन्ध साधना के रहस्यों की पूरी-पूरी जानकारी साधक को होनी आवश्यक है। साधक को कम से कम मूलबन्ध के सम्बन्ध में कुछ बताना परम आवश्यक होगा।

मूलबन्ध

मूलबन्ध समस्त योगिक क्रियाओं में अपना सबसे अलग एक अद्वितीय महत्वपूर्ण स्थान रखने वाली योगिक क्रिया है। यह परम चमत्कारी क्रिया बाह्य भी है और आन्तरिक भी है, स्थूल भी है और सूक्ष्म भी है। इसमें शरीर के साथ-साथ मानसिक विचार का भी प्रयोग किया जाता है। इसके अनन्त लाभों की संख्या को आँका नहीं जा सकता। मूलबन्ध के जहाँ सहस्रों शारीरिक प्रभावों और लाभ होते हैं। इसके साथ ही अकल्पनीय, अद्वितीय, अवर्णनीय, आश्चर्य चकित कर देने वाले, मानव बुद्धि को असमंजस में डाल देने वाले लाभ मूलबन्ध के द्वारा संभव होते हैं।

योगिक आध्यात्मिक, उपासना के दिव्य मार्ग पर अग्रसर होने के लिए मूलबन्ध एक अति महत्वपूर्ण योगिक प्रक्रिया हैं यह कहना युक्तियुक्त होगा कि मूलबन्ध के बिना सम्पूर्ण योगिक साधना सभी प्रकार के ब्रह्मचर्य आदि साधन जप, तप, भक्ति, ज्ञान, विज्ञान, मनन, चिन्तन, कला, संगीत, अध्ययन, आदि छोटी बड़ी सभी मानव मात्र को जीवन में उन्नति देने वाली और आगे बढ़ाने वाली प्रक्रियाओं की सिद्धि सफलता के लिए मूलबन्ध ा साधना करना और उसके बारे में सूक्ष्मता से हर साधक को ज्ञान होना अत्यन्त आवश्यक है।

मूलबन्ध अपने आप में योग की एक छोटी सी क्रिया ही नहीं, योग मार्ग में सम्पूर्ण रूप से एवम् सर्वांगीण प्रकार से सफलता प्रदान करने वाली विद्या है।

मूलबन्ध अपने आप में एक पूर्ण विज्ञान है, जिसके द्वारा इस मानव पिण्ड रूप शरीर का मोटे से मोटा और बारीक से बारीक व्यवस्था संचालित होती है। आज सभी साधक, अधिकांश सन्त, महात्मा, उपासक, सिद्धियों की महाकुंजी मूलबन्ध के ज्ञान से वंचित है। इसी कारण, देश तेजस्वी सन्त, महात्मा, योगी, उपासकों एवं सिद्धि सम्पन्न व्यक्तियों से शून्य दृष्टिगोचर हो रहा है। क्योंकि मूलबन्ध जैसी महत्वपूर्ण शक्ति प्रदान करने वाली और सभी प्रकार का विकास प्रदान करने वाली, विद्या के ज्ञान से अधिकांश साधक वर्ग वंचित हो गया है।

सांसारिक, व्यापारिक, सामाजिक, राजनैतिक, विद्या, विज्ञान, ज्ञान, सम्पूर्ण कलाओं, आध्यात्मिक, मानसिक, दिव्य योगिक विद्याओं में महत्वपूर्ण उन्नति की सिद्धि और सफलता प्राप्त करने की लालसा रखने वाले सभी साधकों को मूलबन्ध विद्या का पूरा-पूरा ज्ञान वैज्ञानिक, आध्यात्मिक, और आधुनिक रूप से होना चाहिए।

देश में आज संयम समाप्त ही हो गया है। मुझे कहने में बड़ा संकोच हो रहा है कि अधिकांश सभी सन्त, महात्मा, साधक ब्रह्मचर्य विहीन, संयमरहित हैं। यदि योग

की इस बन्ध साधना रूपी महाविद्या, पराविद्या का ज्ञान हो जाय तो इस समस्या का हल हो सकता है। इसी प्रकार देश का अधिकांश नवयुवक विद्यार्थी, साधक, साधिकायें, सम्पूर्ण कलाओं के उपासक, छोटे और बड़े ज्ञान विज्ञान के उपासक, छोटे और बड़े ज्ञान विज्ञान के उपासक, अध्ययन कर्ता से मिलने पर और देश का इस संबन्ध में सर्वेक्षण करने के अनन्तर ऐसा ज्ञात हुआ, अधिकांशतः सभी लोग और अधिक रूप में रोगी है। इसलिए उनके अन्दर पूरा परिश्रम करने के अनन्तर भी अपने लक्ष्य में विलक्षणता प्राप्त नहीं हो रही है। बहुत सूक्ष्मता और गहराई से चिन्तन करने के अनन्तर इन सभी प्रकार के साधकों की समस्या का जोरदार समाधान यदि कोई है तो एक मात्र मूलबन्ध ज्ञान है।

उपरोक्त सभी बातें के कहने का तात्पर्य यह नहीं है कि सभी नवयुवक, सन्त, महात्मा, विद्वान, पंडित स्वेच्छाचारी और असंयमी है। अपितु स्पष्टता से यह कहना होगा, अधिकांश रूप से इन सबको प्रमेह जैसे गुप्त रोगों से पीड़ित होना पड़ रहा है। इसलिए इस असंयम में ब्रह्मचर्यहीनता की स्थिति में, इन सबका बिल्कुल दोष नहीं हैं। ये सर्वथा निर्दोष है और परिस्थिति से मजबूर हैं क्योंकि अनजाने में ही वीर्य का पतलापन, स्वप्नदोष आदि रोगों से ग्रस्त हैं। इसलिए अपने-अपने लक्ष्यों की साधना में सिद्धि प्राप्त करने में असमर्थ हैं।

अब आप ही बताइये, ऐसी स्थिति में कुण्डलिनी जागरण कैसे संभव हो सकता है। मैंने बहुत विचार और विशद रूप से इस सम्बन्ध में विस्तृत सर्वेक्षण करने के अनन्तर इसका पूरा-पूरा निदान और चिकित्सा (इलाज) की युक्ति (तरीका), योगिक दृष्टिकोण से पूरी तरह से जान और समझ लिया है और बहुत लम्बे समय तक अनगिनत ऐसे वीर्य सम्बन्धी रोगों से पीड़ित व्यक्ति, युवा, विद्यार्थी, साधक आदि को सहायता के लिए मूलबन्ध के रूप में और प्राकृतिक उपचारों की साधारण विधियाँ के द्वारा इस सबका पूर्ण रूपेण विश्वसनीय चिकित्सा प्राप्त कर ली है और निरन्तर सभी साधकों के कल्याणार्थ और सबसे अधिक प्रमुख रूप से आज के कुण्डलिनी साधना के प्रति परिश्रम और विचार करते हुए, अत्यन्त भावुक सरल साधकों की विशेष सहायता के निमित्त, जिससे वह अपने लक्ष्य में अपने आपकी कमियाँ दूर करके इच्छा पूर्ति कर सकें, ऐसी चिकित्सा (इलाज) आपके समक्ष स्पष्ट रूप से प्रदर्शित कर रहा हूँ। यह मूलबन्ध साधना आप ऐसे तमाम, बौद्धिक, आत्मिक, योगिक साधकों के लिए रामबाण का कार्य करेगी। मूलबन्ध का प्रयोग बिना किसी छट-पटाहट के परम स्थिरता और शान्ति के साथ, उतावली न करते हुए, क्रमशः थोड़ा-थोड़ा अभ्यास बढ़ाते हुए, इस योग की महत्वपूर्ण अमोघ क्रिया का आलम्बन लेने से, सभी की मनोकामना निश्चय ही पूर्ण हो सकेगी।

मूलबन्ध के अभ्यास की स्थिति ज्यों-ज्यों और धीरे-धीरे बढ़ती जायेगी, त्यों-त्यों साधक के सम्पूर्ण शरीर से क्रमशः अनगिनत व्याधियों रोगों और कई प्रकार की दुर्बलताओं से छुटकारा मिलता जायेगा। मूलबन्ध एक विशेष प्रकार की ऊर्जा शक्ति को उत्पन्न करने की खास युक्ति एवम् विधि है। मानसिक शारीरिक और प्राणिक मूल की अनेकों बीमारियों एवम् कमजोरियों को दूर कर देने की अद्भुत शक्तिशाली योगिक साधना है। प्राणमय शरीर और मनोमय शरीर दोनों में अच्छा संतुलन बनाने के लिए मूलबन्ध जैसी विधि ा के द्वारा विशेष उर्जा शक्ति उत्पन्न करके सूक्ष्म आन्तरिक कमियों को भी दूर किया जा सकता है।

मूलबन्ध योग विज्ञान में एक सर्वोत्कृष्ट मार्ग दर्शक, डाक्टर, वैद्य, प्राकृतिक और योग चिकित्सक सभी से अधिक उपचार करके साधक के शरीर को निरोगता प्राप्त कराके, अपने साधना मार्ग पर आगे बढ़ जाने के लिए एक बहुत बड़ा सहयोगी माना जायेगा।

"शरीर माध्यम खलु धर्म साधनम्"

अपने सभी कर्तव्यों एवम् धर्मो को पूर्ण रूप से इस स्वस्थ शरीर के द्वारा ही प्राप्त किया जा सकता है। शरीर ही सम्पूर्ण आध्यात्मिक और सांसारिक कार्यों को सफलता पूर्वक पूरा करने के लिए, आपका शरीर ही सबसे बड़ा माध्यम है। इसलिए समस्त साधकों के लिए स्वास्थ्य और लक्ष्य प्राप्ति की दृष्टि से योग-विद्या की मूलबन्ध नामक पराविज्ञान से संबंधित विद्या एक महत्वपूर्ण वरदान है।

गुदा के समस्त विकार, कब्ज, अर्श, सूजन (Prostatitis) जीर्ण उदर विकार, पुरःस्थ वृद्धि की बीमारियाँ, पर मूलबन्ध विशेष प्रकार का शामक प्रभाव डालता है।

मूलबन्ध का स्थूल और सूक्ष्म दोनों प्रकार का ही प्रभाव करने वाले के सूक्ष्म एवं बाह्य सम्पूर्ण शरीर पर पड़ता है। इसके साथ ही साथ साधक के तृतीय अति सूक्ष्म शरीर पर भी एक विशेष प्रकार का अति दुर्लभ प्रभाव पड़ता है। इस क्रिया के प्रभाव से गठिया (सन्धि शोथ) (Arthritis) व श्वास यन्त्रों की सूजन (Bronchitis) जैसे रोगों में बहुत जोरदार सहायक प्रभाव उत्पन्न होता है जिससे ऐसे उपरोक्त रोगों में कहने योग्य अच्छी सहायता प्राप्त होती है।

यह योगिक क्रिया अन्य योग की मुद्रा बन्ध, प्राणायाम, आसन, कुण्डलिनी आदि साधनाओं के साथ समन्वयात्मक प्रकार से और समुचित रूप से सहयोगी सिद्ध होती है। मन और मस्तिष्क के बड़े-बड़े जटिल रोगों में भी मूलबन्ध क्रिया आश्चर्य चकित कर देने वाले कार्य करके दिखा सकती है। सांसारिक और आध्यात्मिक दोनों ही प्रकार

के मार्गोंमें सम्पूर्ण कमियों को दूर कर देनेवाला, परम आनन्द प्रदान करने वाला, यदि कोई सर्वोत्तम योगिक प्रयोग हो सकता है तो वह श्रेय मूलबन्ध को ही दिया जा सकता है।

जो साधक योग की परम रहस्यमय सर्वोत्तम क्रिया को ठीक-ठीक और चिकित्सा एवम् उच्च साधना की दृष्टि से पूर्ण रूपेण समझकर मन्थर गति के साथ-साथ धीरे-धीरे इसका अभ्यास करते हैं, उनके मन, मस्तिष्क और शरीर से सभी रोग पलायन कर जाते हैं। इस क्रिया के द्वारा कुण्डलिनी योग की शुरूआत की जा सकती है वस्तुतः कुण्डलिनी योग के मूल में मूलबन्ध की ही शक्ति छिपी हुई है।

मूलबन्ध एक ऐसी अद्वितीय अप्रतिहत गति से कार्य करने वाली ऊर्जा शक्ति है, जिसके द्वारा कुण्डलिनी योग की चरम अनुभूति प्राप्त हो सकती है। मूलबन्ध के द्वारा सांसारिक, शारीरिक आनन्द की भी चरम अनुभूति और इसी प्रकार, इसी साधना से योगिक आध्यात्मिक आनन्दों की विशेष अनुभूति प्राप्त हो सकती है।

कुण्डलिनी साधना में प्रारंभ से अन्तिम सोपान तक और इसमें और इससे भी ऊपर सूक्ष्मता के साथ जाने के लिए मूल बन्ध नामक क्रिया को सर्वथा और सर्वदा साथ लेकर ही चलना होगा। यदि मूलबन्ध का सहयोग और साथ न लिया गया तो हम अपने सम्पूर्ण प्रयोगों में असफल हो जायेंगे।

मूलबन्ध का नियमित रूप से सुनियोजित प्रकार से अभ्यास करने पर हर्निया जैसी बिमारी भी नियंत्रित की जा सकती है। हृदय तक रक्त पहुँचाने वाली समस्त नाड़ियों को भी यह क्रिया प्रभावित करती है। इस क्रिया का विधिवत अभ्यास शरीर में हार्मोन परिवर्तन के अन्तर्गत एक विशेष प्रकार का सन्तुलन अपने प्रभाव से उत्पन्न करता है। और इसमें कोई विशेष परिश्रम भी नहीं करना पड़ता। इस क्रिया से साधक में चक्कर आना, उदासी, रक्तचाप, अनमनापन आलस और चिड़चिड़ाहट जैसे बुरे लक्षण उत्पन्न नहीं होते। वास्तव में मूलबन्ध नामक क्रिया का अभ्यास करने पर साधक को प्रकृति की ओर से, एक सम्पूर्ण जीवन जीने की आश्वासन दिया जा सकता है। इस क्रिया के अभ्यास से एक अति महत्वपूर्ण ऊर्जा (ओज शक्ति) का उदय होता है। साधक का कर्तव्य है कि उस ओज को अपने दृढ़ संकल्प और संयमित जीवन द्वारा बहुत बड़ी मात्रा में एकत्रित करे। उस ओज को किसी प्रकार भी व्यर्थ व्यय न होने दे। यह परम तेजस्वी ओज शक्ति का अथवा चेतना का अन्ततोगतवा प्राकट्य अवश्यम्भावी है। यह ओज परम चेतना, इस महती क्रिया के द्वारा, कुण्डलिनी शक्ति को किसी भी बुरी दिशा में न जाने देने के लिए बहुत बड़े बाँध का कार्य करता है।

शरीर, मन और मस्तिष्क की शक्तियों को अत्युच्च परिष्कृत रूप में प्रगट करने के लिए मूलबन्ध क्रिया के द्वारा बहुत बड़ा सहयोग प्राप्त होता है।

मूलबन्ध क्रिया को सम्पादित करने के लिए मन, शरीर, बुद्धि, संकल्प शक्ति एवं ध्यान का सहारा लेना पड़ेगा। अपनी योगिक साधना करते हुए साधक को ध्यान में जाने का प्रयत्न करते समय, अपने शरीरस्थ मलमूत्र मार्ग को इच्छा के द्वारा ऊपर ओर खींचने पर और अपने ध्यान को चिंतन में लगाते हुए अपनी चेतन शक्ति को ऊँचे से ऊँचे ले जाने का प्रयत्न और संकल्प करें। फलतः कुछ दिन के इस प्रकार के चिन्तन और अभ्यास से यह क्रिया ठीक रूप से संचालित होने लगेगी। यह मूलबन्ध क्रिया का साधारण रूप, से कुछ अंश का विवेचन है। इस क्रिया को करते हुए साधक का पेट हल्के से उड़ियान बन्ध के रूप में पीछे की ओर खिंच जाएगा। साथ ही अपनी आन्तरिक चेतना शक्ति को जाग्रत करने और ऊपर ले जाने के लिए, साधक को लगातार तमाम बातों और क्रियाओं को करते हुए अर्थात ध्यान रखते हुए आज्ञाचक्र को ओर समस्त स्नायुमंडल

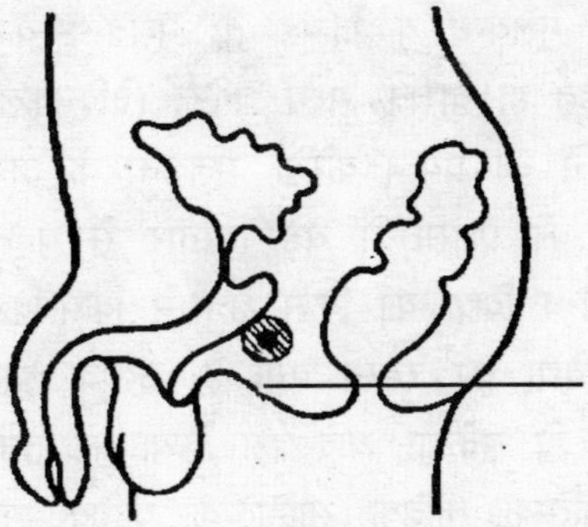

मूल बन्ध

के साथ ध्यान में एकाग्र होने की स्वयं की प्रेरणा देनी चाहिए। ऐसी स्थिति में साधक के नेत्र भी या तो बन्द हो जाएँगे। अथवा अर्ध उन्मीलित स्थिति में ऊपर की ओर चले जाएँगे ऐसी मानसिक और शारीरिक ध्यान की स्थिति का जब नियमित थोड़े-थोड़े वृद्धि करने पर अच्छा अभ्यास हो जाने पर स्वयं साधक को मूलबन्ध का स्वयं पर जोरदार प्रभाव होता हुआ प्रत्यक्ष दृष्टिगोचर होने लगेगा।

सर्वप्रथम शारीरिक स्थिति में सुधार आएगा। इसके उपरान्त स्नायु मंडल को विशेष चेतना प्राप्त होगी। तदन्तर ध्यान एकाग्र होने लगेगा। इसके उपरान्त साधक की आकृति में एक विशेष प्रकार का खिंचाव आकर्षण उत्पन्न होने लगेगा। धीरे-धीरे मन और मस्तिष्क को थोड़े-थोड़े आनन्द की अनुभूति का अनुभव होने लगेगा। यदि साधक दिन-रात में

जब समय मिले मन्त्र जप, देव ध्यान के साथ-साथ इस मूलबन्ध को पूर्वोक्त स्थिति का, जब जितना थोड़ा, अधिक समय मिले उसी समय बार-बार इसकी साधना करने का प्रयत्न करें तो निश्चय ही साधक को इस क्रिया के फलस्वरूप बहुत बड़ा परिवर्तन उपासना की दृष्टि से आता हुआ स्पष्ट दृष्टिगोचर होगा। इससे भी अधिक दृढ़ संकल्प उच्च प्रदीप्त दिव्य भावना के साथ कटिबद्ध होकर इस क्रिया की साधना की जाए, तो ऐसा मैंने स्वयं प्रत्यक्ष अनुभव किया है कि साधक की मुखाकृति पर एक विचित्र प्रकार का, अपनी ओर आकर्षित करने वाला ओज उत्पन्न हो जाता है कि, साधक के पास जो भी व्यक्ति आएँगे, उन्हें भी कुछ विचित्र बात साधक की उपस्थिति में, उसकी वाणी सुनने पर, उसका सत्संग करने पर प्रत्यक्ष अनुभव होने लगेगी।

मूलबन्ध साधन को बहुत स्पष्ट रूप से कहा जाए तो बस केवल दृढ़ संकल्प और प्रबल इच्छा से संकोचन करने से जो स्थिति बनती है, उसको बिना किसी प्रकार की जबरदस्ती किए, स्वाभाविक रूप से इस क्रिया को करने के अभ्यास का नाम साधना रूप से इस क्रिया को मूलबन्ध कहेंगे। यह तो मूलबन्ध का बहुत ही स्थूल वर्णन हुआ। वास्तव में मूलबन्ध बहुत ही बारीक सूक्ष्म जटिल (टेक्निकल) विधि है। इसका सूक्ष्म विवेचन अन्य स्थान पर करने का प्रयत्न करेंगे। मूलबन्ध के अनगिनत लाभ प्रत्यक्ष रूप से देखे गए है। इस क्रिया की प्रशंसा में बड़े विस्तार से बहुत कुछ कहा जा सकता है। मेरे विचार से इस मूलबन्ध विद्या का किस क्षेत्र में किस-किस प्रकार और क्या-क्या प्रभाव होता है, और इस विद्या का रहस्य क्या है, अथवा इसका विस्तार कितना है, इसे पूरा बताना सम्भव नहीं हो सकेगा। यदि इस क्रिया की तारीफ में कुछ लिखा जाए तो धार्मिक, सामाजिक, आध्यात्मिक, तांत्रिक, साहित्यिक, योगिक, मांत्रिक, सूक्ष्म शरीर आदि की दृष्टि से इस विवेचन का एक बड़े ग्रन्थ के रूप में आकार बन जाएगा। इसके सम्बन्ध में और इसकी दिव्यता के बारे में और इससे होने वाले अनन्त लाभों के सम्बन्धा में, मानव-जीवन की सफलताओं के रहस्यों के सम्बन्ध में इस क्रिया के अनगिनत चमत्कार मानव जीवन से सम्बन्धित हर क्षेत्र में स्पष्ट दिखाई देंगे। किन्तु हमारा लक्ष्य इस क्रिया से सम्बन्धित सभी बातों को थोड़े-थोड़े रूप से बताते हुए अपने चिन्तन के लक्ष्य कुण्डलिनी महाशक्ति के जागरण से सम्बन्धित, इस मूलबन्ध क्रिया से कितना बड़ा सहयोग सम्पूर्ण विश्व के साधक जगत को प्राप्त हो सकता है, यह बताना आवश्यक हैं।

मूलबन्धा के सम्बन्धा में कुछ विशेष

मूलबन्ध का बहुत बड़ा विस्तार है, और इसकी अपरिमित क्षमता है यह स्थूल और सूक्ष्म एवम् अति सूक्ष्म तीनों प्रकार से शारीरिक, मानसिक, बौद्धिक आदि और

इससे भी ऊपर की आत्मिक स्थिति के सम्बन्धों में सुधार उपस्थित करता है। अर्थात इससे भी बहुत बड़ा विस्तृत क्षेत्र इस क्रिया की परिधि में आता है।

कुण्डलिनी शक्ति साधना में प्रवेश करने के लिए मूलबन्ध जैसी योग की महत्वपूर्ण कई क्रियाओं का लगातार साधनामय जीवन व्यतीत करते हुए, इन सब क्रियाओं की साधना कुछ अधिक समय तक अगली वाली सीढ़ी पर पहुँचने के लिए करनी परम आवश्यक है। इनके द्वारा अर्थात् मूलबन्ध, मुद्रा, ब्रह्मचर्य ध्यान, कपाल भाँति प्राणायाम, लोम-विलोम प्राणायाम, त्राटक, बीजमंत्र, प्राण क्रिया साधन, प्राण शान्त क्रिया, आदि की साधन भी कुण्डलिनी महा शक्ति का दरवाजा खट-खटाने से पूर्व करना परम आवश्यक है।

यदि हमें कुण्डलिनी के सम्बन्ध में, उसे जागृति करने की पूरी-पूरी और ठीक-ठीक जानकारी सम्पूर्ण साधक वर्ग को देने की इच्छा है तो अभी अभी ऊपर लिखी मूलबन्ध मुद्रा आदि क्रियाओं सहित कितनी ही क्रियाओं को साधक के कल्याणार्थ और उसकी मनोकामना पूर्ण करने के लिए, इन सबकी विशेष जानकारी क्रियात्मक रूप से इनके द्वारा होने वाले सम्पूर्ण लाभ एवम् प्रभावों को आधुनिक वैज्ञानिक प्रकार से विस्तार के साथ बताना होगा। यदि ऐसा नहीं किया तो कुण्डलिनी शक्ति का किसी प्रकार भी विधि ावत और हानि रहित जागरण, किसी भी स्थिति में नहीं हो सकता। साथ-साथ हमें यह भी विशेष रूप से ध्यान रखना होगा कि कोई भी ऐसी नुकसान दे क्रिया प्रक्रिया एवम् अभ्यास उपासकों को न बताया जाय और यदि बताना ही पड़े तो जिससे हानि न हों, ऐसे सभी विधि निषेध और सावधानियाँ पूरी तरह कुण्डलिनी सिद्धि प्राप्त करने वाले इस श्रद्धावान साधक को सुरक्षित कर देना होगा। जिससे उसे अपनी साधना रूप यात्रा में किसी प्रकार की विघ्न बाधाओं का सामना न करना पड़ें। इसीलिए हमें कुल कुण्डलिनी साधना को पूरी तरह बताने से बहुत पहले ही कितनी ही स्थूल और सूक्ष्म योग की क्रियाओं का साधक को ज्ञान देने का प्रयत्न करना पड़ रहा है क्योकि मैं किताब से पढ़कर वा किसी से सुनकर इस कुण्डलिनी दिव्य शक्ति के सम्बन्ध में केवल वाचिक, मौखिक, जानकारी बिल्कुल भी नहीं देना चाहता जो कुछ भी पहले और अब, बाद में आपको बताने जा रहा हूँ वह मेरा अपने साधना काल में प्रत्यक्ष अनुभव किया हुआ है। इस शक्ति का नाम सर्पिणी भी है। जिसे क्रान्तिकारी दिव्य प्रकाश से युक्त महाशक्ति भी कहा गया है तो आप ही अनुमान लगाइये कि ऐसी जोखिम भरी साधना को क्या बिना किसी सवधानी और पूर्व सुरक्षा प्रबन्ध किये, बिना ही, भोले भाले साधकों को इस भयंकर फुपकार अट्टहास करने वाली दुःसाध्य वेधित सर्पिणी के समक्ष कैसे फेंक दिया जाय। इसीलिए इस विचित्र कुण्डलिनी उपासना, को आरम्भ करने से पूर्व ही सम्पूर्ण सुरक्षा प्रबन्धों को कर देने के निमित्त मूलबन्ध त्राटक, नाड़ी शोधन प्राणायाम, पराध्यान साध

ना आदि कर लेने चाहिए। जिससे उस बड़ी साधना में अग्रसर होते हुए यदि कोई असाध्य परिस्थिति उत्पन्न हो जाय तो वह सरल श्रद्धा वाला भावुक साधक क्या करे। इसलिए उसे यह मुख्य साधना के आरम्भ होने से पूर्व ही विभिन्न छोटी-छोटी किन्तु अत्यन्त प्रभावशाली विधियों को अपने उपासना काल के आरम्भ में ही करके देख लेनी चाहिए।

हठयोग प्रदीपि का नामक ग्रन्थ में लाक्षिणक प्रकार से बताया गया है कि योग की इस मूलबन्ध नामक क्रिया विशेष से सम्बन्धित अनगिनत शास्त्रीय विवरण एवं संदर्भ उपस्थित है। जिनसे उसकी महत्ता स्पष्ट रूप से प्रगट होती है। सम्पूर्ण मन्त्र-तन्त्र, साधना योग पूर्ण रूप से कुण्डलिनी योग साधना पर आधारित है। सभी उपासनाओं की जड़ में किसी न किसी रूप में कुण्डलिनी शक्ति का स्फरण स्पन्दन, जागरण सुक्षम रूप से विद्यमान है। धेरण्य संहिता कुछ बड़ी गहरी बात कहती है। इस संदर्भ में उस महान ग्रन्थ में योगियों के लिए, सिद्धि प्राप्त करने के निमित्त बताई, 25 अत्यन्त महत्वपूर्ण योगिक क्रियाएँ ही करनी चाहिए। उन पच्चीस क्रियाओं में भी, मूलबन्ध को विशेष ग्रन्थों में भिन्न-भिन्न प्रकार से, उसकी महत्ता को प्रदर्शित किया गया है। शिव संहिता के दस विशेष साधनों में मूलबन्ध का भी विशेष स्थान बताया गया है। यह उन दस में से अत्यन्त प्रमुख हैं। योग में पूर्णतया प्राप्त करने के लिए असंख्य क्रियाओं को अपने साधना काल में साधक को करने की आज्ञा की गई है। अनेक क्रियाओं को बताने का तात्पर्य यही है कि उसे अपनी बड़ी साधना में आने वाली विशेष कठिनाइयों, विध्नों, अड़चनों आदि को कैसे पार करना होगा।

महाबन्ध, महामुद्रा, जालन्धर, खेचरी, महाभेद, विपरीतकरणी, शक्तिशालिनी, बज्रौली, विद्युतकरणी, उड्डयान एवं मूलबन्ध ये शिव संहिता में आई दस महत्वपूर्ण योग प्रक्रियाएँ हैं।

जब सदगुरू की कृपादृष्टि से मूलाधार में स्थित, सोई हुई कुण्डलिनी महाशक्ति का उत्थान आरम्भ होता है, तब योग के छः चक्र तीनों महाग्रन्थियों के भेदन के साथ-साथ विकसित होने लगते हैं। योगी के शरीर में स्थिति महा सुषुम्ना नाड़ी जिसका नीलवर्ण है। वह उस प्राण शक्ति के चलने का विशेष और प्रधान मार्ग हो जाता है। यह क्रिया शुरू होते ही योगी का मन, बुद्धि, समस्त इन्द्रियाँ, सांसारिक आनन्द और सुख की वस्तुओं के मोह से मुक्त हो जाता है। मृत्यु का भय समाप्त हो जाता है। सुषुम्ना द्वार को ब्रह्मद्वार भी योगिक भाषा में कहा जाता है। कुण्डलिनी शक्ति जो सर्वोपरि योग की महादेवी हैं उनके जागरण के निमित्त ऊपर बताए गए, सभी बन्धों, मुद्राओं एवं प्राणायाम आदि का अभ्यास साधकों के लिए, योग मार्ग में अग्रसर होने के निमित्त वरदान सिद्ध होगा। मूलबन्ध आदि

बहुमूल्य प्रक्रियाओं को और उनसे होने वाले लाभों को सभी प्रकार प्रयत्न करके साधक को छुपाकर इस प्रकार रखना चाहिए, जैसे स्त्री अपने समस्त गोपनीय शरीर को वस्त्रों के आवरण से ढके रखती है। वस्तुतः मूलबन्ध आदि सभी महत्वपूर्ण क्रियाएँ बहुमूल्य आभूषणों और रत्नों की एक विशेष तिजौरी है। उसको सभी से गोपनीय रखना चाहिए उसको किसी को भी नहीं बताना चाहिए। न ही दिखाना चाहिए। इसलिए योग से सम्बन्धित उपनिषदों, संहिताओं, ग्रन्थों और गीता आदि में भी स्थान-स्थान पर ऐसे ज्ञान को गोपनीय रखने की भगवान शंकर, पार्वती, विभिन्न ऋषियों और साक्षात कृष्ण भगवान ने भी निर्देष दिए हैं। हमें आज के इस कलिकाल जैसे विचित्र समय में इन महत्वपूर्ण क्रियाओं के सम्बन्ध में अत्यन्त गोपनीय प्रभावों और बातों को बहुत ही विवश होकर लिखित रूप में और स्पष्टतः पूरी तरह से बताना पड़ रहा है क्योंकि अब यह महा-विज्ञान, ज्ञान और प्रकृति के मानव शरीर के बहुत बड़े रहस्यों को काल के ग्रास में चले जाना अर्थात समाप्त हो जाना, हमें स्पष्ट दृष्टिगोचर हो रहा है। यदि समय से पूर्व ही योगियों, सिद्धों और प्रत्यक्ष अनुभवी विद्वान पुरुषों ने अपनी नींद नहीं छोड़ी तो इस विद्या के समस्त गूढतम रहस्य, सर्वदा के लिए समाप्त हो जाएँगे। इसलिए सब कुछ समाप्त होने से पहले हमें संकोच छोड़कर सच्चे साधकों के कल्याणार्थ, समस्त जनसमुदाय को योग के प्रति आकर्षण बनाए रखने के लिए, जिज्ञासुओं की जिज्ञासा शान्त करने के लिए, ज्ञानियों के ज्ञानवर्धनाथ योग की अत्यधिक गुह्ययतम गोपनीय बातों को, रहस्यों को बताने का एक अनोखा प्रयास साधारण साहस से भी आगे बढ़कर किया गया है। इस प्रयास को मैं दुस्साहस न कहकर समय की आवश्यकता और माँग को देखकर बाध्य होकर ऐसा करने का प्रयत्न कर रहा हूँ।

इस दिव्य शक्ति का यह ज्ञान बड़ा अनोखा है। इससे सम्बन्धित पहले साधारण क्रियाएँ साधक को करनी चाहिए। तदनन्तर कुछ और बड़ी क्रियाएँ करने का प्रयत्न करें। उसके पश्चात कुछ और कष्ट साध्य योगाभ्यासों को करना होगा। अनन्तः पूर्ण योगिक संयम का अर्थात धारणा, ध्यान, समाधि तीनों का मिश्रित प्रयास, अभ्यास एवं साधना करके उस परात्पर परब्रह्म अर्थात अपने आपको जानने का अवसर मिल सकता है। इस सम्बन्ध में अनगिनत जागे हुए ऋषि-मुनि, सन्त-महात्मा आदि विद्वानों एवं शास्त्रियों ने बहुत ही स्पष्ट रूप से कितने ही स्थानों पर अपने अनुभवों को बताया है कि इस प्रकार की ज्ञानमयी, भक्तिमयी, योगमय, नादानुसंधान योग खेचरी प्राण-अपान साधन सहस्त्र दल कमल की कर्णिका विशेष से अर्थात पहन्द्रहवीं और सोलहवीं कला के बीच से, जो अमृत बिन्दु का क्षरण होता रहता है। उसका पान करना। ऐसी विभिन्न क्रियाओं और

साधनों की उपासना से जो अद्वितीय चमत्कृत कर देने वाला, उपासक को जगा दने वाला ज्ञान प्राप्त होगा। वस्तुतः उससे उस योगी का अथवा जीवात्मा का आमूल चूल परिवर्तन हो जाएगा। किसी ने मनुष्य के सम्बन्ध में इन शब्दों से बड़े रहस्यपूर्ण तथ्य को जाग्रत किया है–

गुह्य ब्रह्म तदिदम् ब्रवीमि,
नहि मानुषाः श्रेष्ठतरम् हि किंचित्।

मानो तो यह छुपा हुआ ब्रह्म है। वास्तव में मनुष्य से श्रेष्ठ और कुछ भी नहीं है।

वस्तुतः यह कथन शत-प्रतिशत सत्य है।

मैं कहता हूँ। हे ! महात्मन, आप तो उस परात्पर पर ब्रह्म का छोटा सा आत्मरूप में छुपा हुआ रहस्य हैं। यदि साधना, उपासना, उत्कृष्ट प्रकार के योगिक अभ्यासों के साधन से ज्ञान विज्ञान, नाद प्राण क्रिया, भक्ति योग, सभी प्रकार के यम, नियम, संयम, तपश्चर्या आदि सम्पूर्ण प्रकार के साधनों के द्वारा प्रयत्न करके यदि ज्ञान प्राप्त कर ले, तो फिर कुछ जानने सीखने और करने की इच्छा शेष नहीं रहेगी।

इसके साधन के लिए स्वयं को जगाने के तात्पर्य से एक ऋषि ने बड़े विचित्र शब्दों में अपने उद्गारों को व्यक्त किया है–

अहं देवो न चान्योऽस्मि ब्रह्मैवास्मि न शोकमाक्।
सच्चिदानन्दरूपोऽहं मित्यमुक्तस्वभाववान्।।

इसका सीधा-सीधा अर्थ है। मैं और कुछ नहीं, वह नित्य शुद्ध ब्रह्म ही हूँ। मैं रोने ओर दुखी रहने वाला प्राणी नहीं । मैं तो नित्य शुद्ध ईश्वर हूँ। सर्वदा और सर्वथा स्वतन्त्र, सत्ता का स्वामी हूँ। और वस्तुतः सत्चित आनन्दमय हूँ।

जिनकी श्रुति ऊर्ध्वगामी हो चली है अर्थात जिनकी वह पराचेतना महा कुण्डलिनी शक्ति सत प्रयत्नों, साधनों, दृढ संकल्प और तप के प्रभाव से जाग्रत हो चली है, वह नर अथवा नारी अर्थात वह जीवात्मा साक्षात नारायण ही हो जाता है। तंत्र शास्त्रों में कहा है–

ऊर्ध्वरेता भवेद्यस्तु स देवो तु मानुषः।

जो योगी अपनी प्राणों की ऊर्ध्व गति प्राप्त कर लेता है। फिर वह मनुष्य नहीं देव तुल्य उच्च स्थिति प्राप्त कर लेता है।

एक और स्थान पर कहा है अर्थात श्रुति है–

'ब्रह्मविद् ब्रह्मैव भवति'

(श्रुति)

परात्पर पर ब्रह्म को जानने वाला वही साक्षात् ब्रह्म हो जाता हैं एक मुस्लिम सन्त हाफ़िस ने बड़ी विचित्र बात कही है–

ऐयाम ए तंगदस्ती कर ऐश कोश ओ मस्ती।
किम् कीमिया ए हस्ती क़ारूं कुनद जदारा।।

कहते हैं। मनुष्य जब गरीबी की हालत में होता है, वही ठीक समय है,, आध्यात्मिकता और ब्रह्मानन्द की ओर पदार्पण करने का। जीव तंगदस्ती अर्थात दरिद्रता की स्थिति में जब आपके प्रयत्नों के द्वारा मुफ़लिसी गरीबी नहीं भाग रही है। तो हे जीव! अब तू अपने आप में ही अर्थात अपनी मस्ती में ही आँखें बन्द कर ले और अपने अन्दर दिखाई देने वाले अन्धकार या प्रकाश में उतरता चला जा। और पूर्णरूपेण अनन्य भाव से अपनी आत्मा या परमात्मा की शरण, सभी धर्मों को छोड़कर, पूर्ण समर्पण भाव से स्वयं को भूल जाने का अर्थात अपनी मस्ती में मस्त हो जाने का किंचित मात्र प्रयत्न तो कर। वास्तव में यह बात जीवन का महत्वपूर्ण रसायन सूत्र (कीमिया) है। इससे बिल्कुल मुफ़लिस महा दरिद्र साधु फ़कीर भी पूर्ण रूपेण धन कुबेर बन जाता है।

वस्तुतः यह कुण्डलिनी शक्ति समस्त धर्म, सम्पूर्ण योग एवं तप आदि का रहस्य है। कुण्डलिनी साधन करने के लिए साधक को पूर्णरूपेण साहसिक अभियान करना चाहिए। क्योंकि इस दिव्य शक्ति को जगाने के लिए साधक को एक साथ एक-दो नहीं, आवश्यकता होने पर दस-बीस प्रकार के साधनों को एक ही साथ करना होगा अर्थात बहुत सारी बातों, परिस्थितियों, घटनाओं विधियों, आदि का ध्यान एक साथ ही रखना होगा। यदि अब ऐसी स्थिति को जानकर कोई साधक यह कहे कि इतनी सारी बातों का एक साथ कैसे ध्यान रखा जा सकता है। देखो भाई मोटर गाड़ी चलाने वाला चालक मोटर चलाते हुए यदि मार्ग में चलते हुए सभी बातों का पूर्ण रूप से सर्तकता के साथ ध्यान नहीं रखेगा तो कहीं और कभी भी कोई दुर्घटना हो सकती है। और उसकी यात्रा पूर्ण नहीं होगी। गाड़ी को चलाने वाला चालक गाड़ी चलाते हुए कभी-कभी वार्तालाप भी करता है। खाता भी है, क्षणमात्र के लिए इधर-उधर देख भी लेता है। उसका ध्यान गाड़ी पर भी है और मार्ग में सामने आने वाली सम्पूर्ण वस्तुओं पर भी पूर्णरूपेण होता है। अब आप ही अनुमान लगायें गाड़ी विशेष गति से चलाने पर चालक का अपनी बुद्धि, हाथ-पैर, नेत्र सम्पूर्ण वाहन के कलपुर्जे, सभी मीटरों एवम वाहन के अन्दर चलते हुए विशेष प्रकार

की कोई आवाज और इसके साथ-साथ मार्ग में परिस्थिति के अनुसार चढ़ाई आ जाने पर कौन से कलपुर्जे और किस समय बदलने हैं और उस समय तीव्र मोड़ आ जाने पर उस वाहन विशेष को कैसी और किस प्रकार संचालित करना है और एक अच्छा चालक विशेष रूप से जानता है कि कब अपने वाहन की गति तीव्र करनी है और अति तीव्र गति में किन-किन बातों का ध्यान रखना परम आवश्यक है। साथ ही सड़क में, मार्ग में कैसे अवरोधक एवम् गड्ढ़े आदि आने पर वाहन की गति को विशेष रूप से धीमा कर देना होगा। अच्छा चालक वही है न तो वाहन के अन्दर बैठे हुए अनन्य व्यक्तियों साथ ही स्वयं को भी किसी प्रकार की हानि न पहुँचे और न असुविधा हो।

कुण्डलिनी साधक, योगी, तपस्वी आदि को भी उपरोक्त चालक की भाँति

योगः कर्मसु कौशलम्।

जैसे योग सूत्र का ध्यान रखते हुए अपने साधन काल में सम्पूर्ण सर्तकता के साथ तलवार की धार जैसे योगपथ पर चलना चाहिए।

योग विज्ञान के अर्न्तगत मूलबन्ध एक ऐसी महत्वपूर्ण क्रिया है। जिसके जाने बिना और सीखे बिना, कुण्डलिनी साधक की स्थिति ऐसी है जैसे बिना लगाम का घोड़ा। लगाम के द्वारा घोड़ा चालक के पूरी तरह नियंत्रण में रहता है और बिना लगाम के आपका वाहन मार्ग में भटक सकता है। दुर्घटना भी कर सकता है और न जाने आपको गन्तंव्य मार्ग से हटकर किधर ले जाए। जिस प्रकार बिना लगाम का घोड़ा या नियंत्रण रहित वाहन। इस बात से सभी जिज्ञासु उपासकों को मूलबन्ध जैसी योग की सम्पूर्ण क्रियाओं को उसकी महत्ता के साथ भली-भाँति जान लेना चाहिए।

कुण्डलिनी उपासना के इस मार्ग में अर्थात कुण्डलिनी योग के सम्बन्ध में जानने और साधन करने योग्य बहुत सारी विधाएँ हैं। जिनकी साधना और ज्ञान के बिना महाशक्ति, कुण्डलिनी का उपासक, इस महत्वपूर्ण साधना के क्षेत्र में तीव्रगति से आगे नहीं चल सकता। ऊपर से देखने में इस साधना की वह चमत्कृत कर देने वाली बातें, युक्तियाँ और विधियाँ बड़ी गुंजलदार और दुसाध्य दिखाई देती हैं। किन्तु मैं कहता हूँ कि वह सभी विधियाँ, युक्तियाँ ज्ञान होने के बाद अर्थात ठीक प्रकार समझ लेने के बाद तिल की ओट पहाड़ की तरह हैं। सीधे शब्दों में वह बहुत सरल हैं। योग विद्या की उन युक्तियों को बताते हुए विद्वानों ने विशेष रूप से उनकी बड़ी ही विचित्र भाषा और बड़ी ही विचित्र शब्दावली का प्रयोग किया है। जिससे ऐसा लगता है, कि वह बहुत ही कठिन युक्तियाँ और साधनाएँ हैं।

जब तक मेरे अनुभव में आई साधनाएँ देखने में कठिन और थोड़ा-सा समझने के उपरान्त करने में सरल और वैसे इस योग विज्ञान की अत्यन्त रहस्यमयी विभिन्न साधनाएँ हैं, जो मैंने स्वयं पिछले साठ वर्ष के जीवन-काल में एक नहीं अनेक गुह्यतम और रहस्यपूर्ण योग की अनगिनत नाड़ियों के सम्बन्ध में बड़े प्रयत्न और विशेष साधना के सम्बन्ध में बड़े प्रयत्न और विशेष साधना के द्वारा जिन्हें अनुभव किया है।

प्राचीन भारतीय ऋषियों, योगियों ने अर्न्तमन के नेत्रों से मानव शरीर स्थित बड़ी-बड़ी विचित्र नाड़ियों और योगचक्र जिन्हें स्नायु-गुच्छ के नाम से भी जाना जा सकता है उनका वर्णन विशेष रूप से किया है। उनके सम्बन्ध में जानना एवं समझना हर योगी का कर्त्तव्य है। इन नाड़ियों में **ईड़ा, पिंगला, सुषुम्ना, हस्तजिह्वा, कुहूनीनाड़ी, गान्धारी, शंखनी, यशस्वनी, वारूणि, विश्वोदरा, चित्रानाड़ी, ब्रह्मनाड़ी, वज्रानाड़ी, सूर्यरूपा, पूषा नाड़ी, ऊध्वगामिनी, योगनाड़ी** आदि-आदि इस प्रकार 72 हजार नाड़ियों का योग शास्त्र में विवेचन किया गया है। इन सम्पूर्ण नाड़ियों के अलौकिक कार्य हैं और ये नाड़ियाँ विभिन्न प्रकार की अलग मुद्राओं द्वारा योग की विभिन्न क्रियाओं द्वारा संचालित होती हैं और अपने प्रभाव, चमत्कारीक रूप में प्रदर्शित करती हैं।

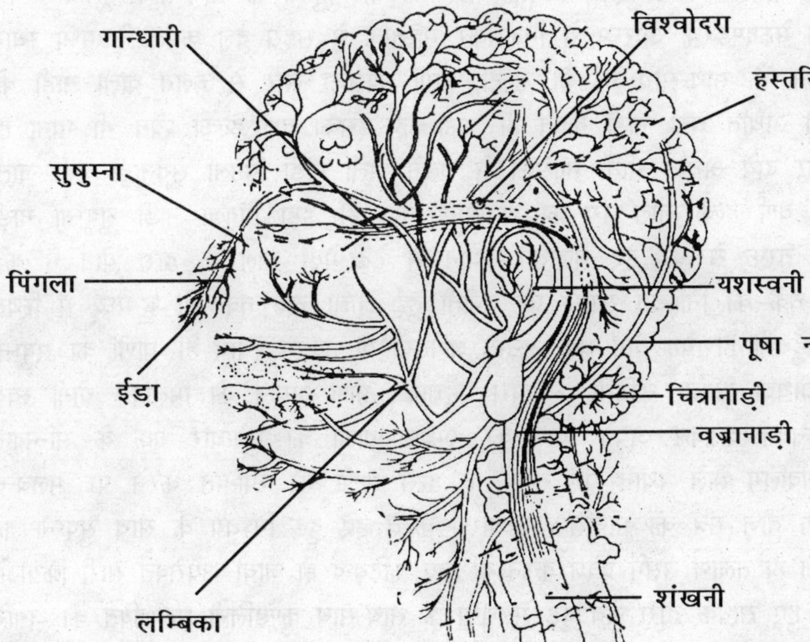

मास्तिष्क में मुख्य नाड़िया

इस प्रकार मनुष्य के शरीर में नाड़ियों के सात प्रधान चक्र हैं। यह चक्र विशेष रूप से मेरूदण्ड के मध्य में स्थित सुषुम्ना मार्ग में अवस्थित हैं। इन सप्तचक्रें से अलग भी छोटे-छोटे कितने ही स्नायु-गुच्छ (योगचक्र) योगी के शरीर में विद्यमान होते हैं। इन सबका भी थोड़ा-थोड़ा ज्ञान साधक को होना चाहिए। यह कोई कठिन बात नहीं है। इसका बाहरी रूप देखकर अथवा पढ़कर साधक को कोई चिन्ता नहीं करनी चाहिए। आपके अनुभवी योग्य गुरू (शिक्षक) का कर्त्तव्य है कि इन नाड़ियों के जाल में साधक को किसी प्रकार भी उलझने न दे। अपितु उसे युक्ति-युक्त मार्ग धीरे-धीरे और क्रमशः चलते हुए, अर्थात साधना कराते हुए मध्य मार्ग के द्वारा ऊचें से ऊँचा ज्ञान और कठिन से कठिन युक्तियों और साधनाओं को अत्यन्त सरल रूप से बताते हुए, इस रहस्यमयी साधना की ओर चलाने का प्रयत्न करें। अब मैं कुछ विशेष नाड़ियों के सम्बन्ध में सरलता से उनका विशद ज्ञान जो अत्यन्त गुप्त है बताने का प्रयास करता हूँ।

हठयोग की भाँति लय योग में भी मानव शरीर स्थित अनगिनत नाड़ियों का वर्णन विस्तार के साथ प्राचीन वैज्ञानिक ऋषियों ने बड़ी स्पष्टता से किया है। मानव शरीर में हल्के नीले रंग की सुषुम्ना नाड़ी मेरूदण्ड के बीच में अवस्थित है और उसके दोनों तरफ हल्के लाल रंग की इड़ा, पिंगला दोनों नाड़िया सुषुम्ना के साथ-साथ मूलाधार चक्र से अर्थात् मेरुदण्ड के आरम्भ से निकलकर मस्तिष्क में सहस्र दल कमल के मध्य स्थान तक सुषुम्ना के साथ-साथ गई है। उल्टी, बायीं नासिका स्वर से चलने वाली नाड़ी को इड़ा नाड़ी अर्थात चन्द्र नाड़ी कहते हैं। कहीं-कहीं इसका वर्ण हल्का श्वेत भी माना है, इसी प्रकार दायें अर्थात सीधी नासिका से चलने वाली नाड़ी पिंगला सूर्यनाड़ी कही जाती है इसका वर्ण हल्के लाल रंग का ही माना गया है। इड़ा पिंगला नाड़ी सुषुम्ना नाड़ी को दोनों तरफ से घेरे हुए मूलाधार स्थान से टेढ़ी-मेढ़ी चाल के द्वारा योग में कहे गये पंच चक्रें को निश्चित स्थानों पर बनाती हुई आज्ञा चक्र तक जो भ्रू-मध्य में स्थित है वहाँ पहुँचती है। यह योग चक्र अनन्त शक्तियों के उद्‌गम स्थान है। प्राणों का सुषुम्ना में इड़ा अथवा पिंगला नाड़ियों के द्वारा पहुँचाकर प्राण अपान को मिलाकर योगी स्वयं को श्मशानवत बनाकर अपने ध्यान को, अर्थात प्राणों को मूलाधार चक्र के सन्निकट स्वयंभू शिवलिंग वाले स्थान पर संयम के द्वारा प्राणों को स्पन्दित करने पर मूलबन्ध एवम् क्रोध बीज मंत्र का मानसिक उच्चारण करते हुए दृढ निश्चय के साथ सुषुम्ना का मुख खुलते ही तत्क्षण उसमें प्रवेश करने के लिए कटिबद्ध हो जाय। उपरोक्त सारी क्रियाओं को करते हुए साधक द्वारा जब दृढ़ मूलबन्ध के साथ-साथ कुण्डलिनी महाशक्ति को जगाने के लिए क्रोध बीजमंत्र का दृढ़ इच्छा शक्ति के साथ मानसिक उच्चारण किया जायेगा तो सुषुम्ना द्वार को स्वाभाविक ही खुलना होगा। और अब साधक को पहले से भी

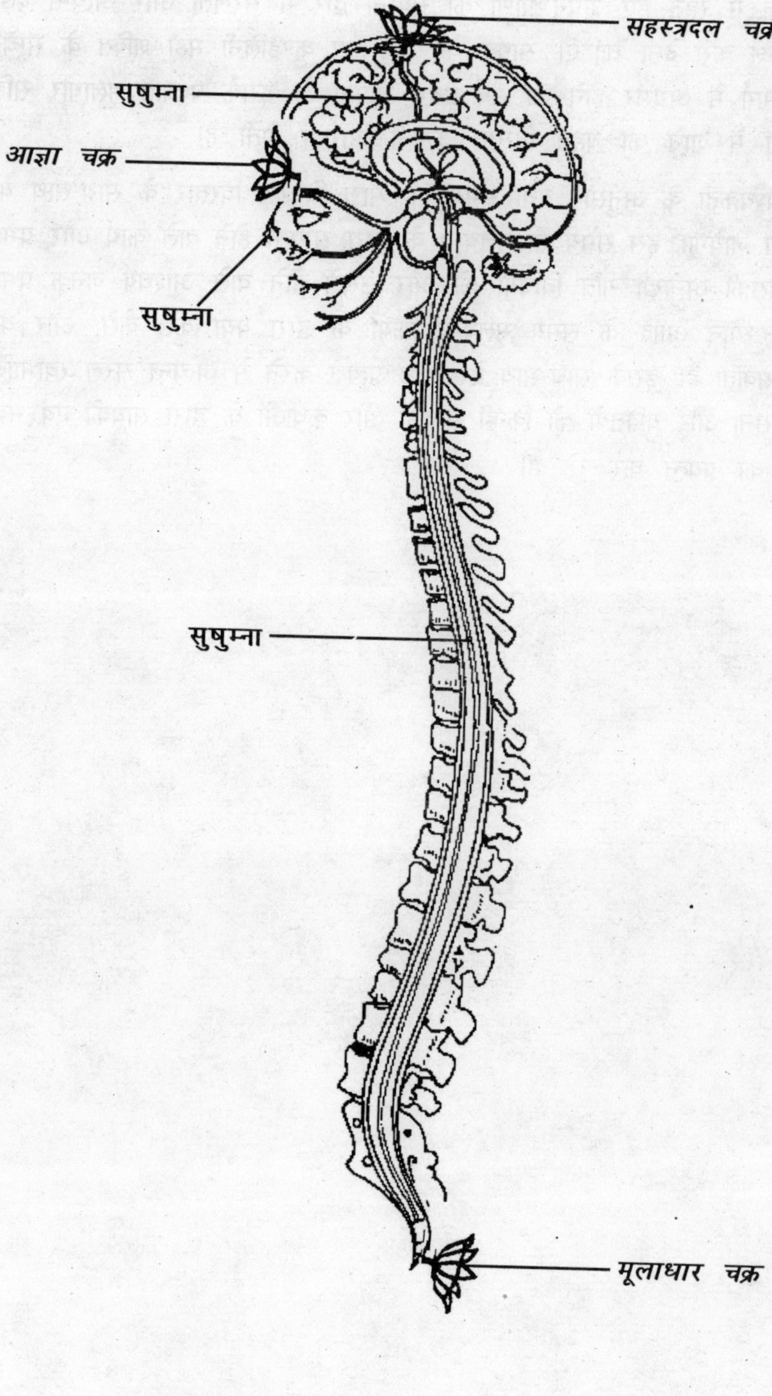
सहस्त्रदल चक्र
सुषुम्ना
आज्ञा चक्र
सुषुम्ना
सुषुम्ना
मूलाधार चक्र

और अधिक सावधानी रखते हुए तटस्थ और सम्यक भाव से परम शान्त ध्यान मयी योगिक स्थित में रहते हुए अपने प्राणों को सुषुम्ना द्वार में सरलता और अत्यन्त दृढ़ता के साथ प्रवेश करा देना चाहिए। साधक का यह, इस कुण्डलिनी महा शक्ति के सम्बन्ध में अर्थात् मार्ग में अग्रसर होने का सर्व प्रथम सोपान है। इसके पश्चात मूलाधार सहित समस्त चक्रों में जाने की बहुत विस्तृत कहानी आरम्भ होती है।

आवश्यकता के अनुसार यथा समय वह सारा विवरण विस्तार के साथ-साथ यथा स्थान बताया जायेगा। इस समय तो मूलबन्ध के द्वारा सम्पन्न होने वाले कार्य और प्रभावों को और उसकी अनोखी गति विधियों को और उससे होने वाले आश्चर्य जनक प्रभावों को धारणा, ध्यान आदि के समय मूलबन्ध क्रिया के द्वारा क्या कुछ कैसे, और कहाँ सम्भव हो सकता है। इसके साथ-साथ ऐसे कुछ प्रत्यक्ष करने में अत्यन्त सरल स्वाभाविक साधना उपासना और युक्तियों को किन्हीं सन्दर्भो और कथाओं के द्वारा साधकों एवं भक्तों को बताने का प्रयत्न कर रहे हैं।

साधना की एक विशेष कथा

एक राजा और एक रानी थे। आयु बढ़ने पर समय के साथ-साथ राजा-रानी दोनों की मुखाकृति एवम् सम्पूर्ण शरीर पर वृद्धता के चिन्ह झुर्रियाँ, खाल का सिकुड़ना, आदि प्रत्यक्ष रूप से दृष्टिगोचर होने लगे। फिर भी उनका मन काम, क्रोध, मद, लोभ, मोह आदि सांसारिक प्रवृत्तियों से तनिक भी हट नहीं रहा था। राजा अपनी शारीरिक अवस्था को ठीक करने के लिए अर्थात पुर्नयौवन प्राप्त्यार्थ बड़े-बड़े वैद्यों से सलाह ले रहे थे और विशेष शक्तिशाली औषधियों का भी चिकित्सकों के परामर्शानुसार सेवन कर रहे थे। किन्तु कुछ प्रतिशत उन्नति को छोड़कर कोई विशेष बात नहीं हो पा रही थी।

एक दिन एक बड़े पहुँचे हुए प्रसिद्ध महात्मा, साधक राजा के यहाँ भ्रमण करते हुए भाग्य वश आ पहुँचे। जिनकी आकृति परम् मनोहर और देदीप्मान, सौम्य एवम् सरल थी। राजा ने ऐसे सन्त को आया देख उनका यथोचित स्वागत सत्कार करने के अनन्तर अपनी रानी के साथ नीचे बैठकर, उन महात्मा को अच्छा आसन देकर अपने आने वाले जीवन के उत्थान के निमित्त सद्-उपदेश देने की प्रार्थना की। उस महात्मा ने राजा -रानी को ज्ञान, वैराग्य एवम योग साधना के सम्बन्ध में अच्छे विस्तार के साथ उपदेश दिया। और कहा कि यदि आप मेरे बताये अनुसार इस प्रकार का ज्ञान, वैराग्य, भक्ति एवम् दिव्य पराध्यान साधना कुछ योगिक क्रियाओं के साथ नियमित रूप से करते रहे तो वस्तुतः आपका जीवन आध्यात्मिक आधिदैविक, आधिभौतिक, शारीरिक, मानसिक सभी दृष्टिकोण से पूर्ण रूपेण परिवर्तित और विकसित अवस्था को प्राप्त करेगा। इसी प्रकार की बहुत सारी रहस्यमय योगिक क्रियायें जैसे प्राणायाम, मुद्रायें, त्रिबन्ध साधन आन्तरिक त्राटक सहित, पराध्यान साधना, आदि का ज्ञान विधि विशेष के साथ राजा-रानी दोनों को ही देने के अनन्तर, उनकी मंगलकामना करते हुए, इच्छा करते ही राजा-रानी के सामने से अर्न्तध्यान हो गये। राजा-रानी दोनों ही उस उपासक सच्चे योगी के इस अन्तिम अर्न्तध्यान होने वाले विशेष चमत्कार को देखकर असमंजस की स्थिति में पहुँच गये। राजा की अपेक्षा महारानी अधिक भक्ति भाव एवं सरल स्वभाव की थीं। इसलिए वे उन महात्मा के उपदेशों को एवं योग विद्या की ध्यान सहित सम्पूर्ण विधियों को पूर्ण एकाग्रता के साथ सुनी थीं और सम्पूर्ण बातों को हृदयंगम कर लिया था। और अब यह अन्तिम

योगिक दिव्य शक्ति का चमत्कार देखकर तो इस साधना के प्रति उनकी आस्था और श्रद्धा में विशेष रूप से पक्की धारण बन चुकी थी। राजा तो अपने नित्य के राज्य कार्यो आदि में नित्य के अनुसार लग गये थे किन्तु जब से उस योगी महात्मा से उपदेश ग्रहण किया था, उस समय से क्रमशः धीरे-धीरे महारानी जी साधना की ओर पूर्ण रूप से आकर्षित हो चुकी थी और अपने सम्पूर्ण जीवन को ही उपासनामय बना दिया था। योग के प्रारंभिक सभी आवश्यक यम, नियम आदि का पालन करते हुए, लोम विलोम प्राणायाम के द्वारा अपने सम्पूर्ण स्नायुमंडल को शुद्ध करने के लिए 100 बार से अधिक नियमित रूप से उस नाड़ी शोधन (लोम-विलोम) प्राणायाम को कई महीनों तक करने से उनका सम्पूर्ण स्नायु मंडल पूरी तरह स्वच्छ हो चुका था। कपाल भांति प्राणायाम, दो-दो मिनट तीनों कालों में करने से उनके शरीर का समस्त कफ जनित दोष भस्म हो चुका था। कपाल भाँति प्राणायाम करने से मन भी शान्त होता है।

शीतली कुम्भक प्राणायाम करने से और भी 100 बार के लगभग। 20 बार दिन में, 4-5 बार में 100 बार हो जाता था। यह प्राणायाम 20-25 बार से अधिक एक बार में नहीं करना चाहिए। इस शीतली कुम्भक प्राणायाम के साधन से 3 मास में सम्पूर्ण शरीर की रक्त शुद्धि पूर्ण रूपेण हो चुकी थी। तदन्तर आन्तरिक बाह्य और क्षितिज तीन प्रकार के त्राटक का अध्ययन करते हुए सर्वप्रथम अपने हृदय में ऊँकार स्वरुप तेजोमय बिन्दू या चिन्ह पर आन्तरिक त्राटक नियमित अमृत बेला ब्रह्म मुहूर्त में कम से कम एक धंटा नियमित रूप से करना आरम्भ कर दिया और वह साधना भी छह मास तक चलती रही और उसके साथ ही महारानी जी ने मूलबन्ध का साधन भी आरम्भ कर दिया। इस सबसे कुछ समय में महारानी की मुखाकृति और सम्पूर्ण शरीर पर एक महत्व पूर्ण साधना का बहुत बड़ा प्रभाव दृष्टिगोचर होने लगा। एक वर्ष के अन्दर-अन्दर महारानी जी की आकृति में इस विशिष्ठ साधना पद्धति एवम् परम् सात्विक आहार-विहार के द्वारा, उनके सम्पूर्ण शरीर एवम् मुखाकृति पर एक विशेष प्रकार की लावण्यता आकर्षण का उदय हो गया। पहले की अपेक्षा उनकी आयु भी कम लगने लगी थी। यह सब देख वृद्ध राजा ने महारानी से इस काया कल्प का रहस्य जानने के लिए प्रश्न किया। महारानी ने राजा को काफी समय पहले आये उन महात्मा योगी के सत्संग की याद दिलाई और बताया कि उन्हीं के बताये साधना-पथ का मैंने पूर्ण रूप से पालन किया है। और उस साधन के प्रभाव से ही यह सब चमत्कार उपस्थित हुआ है। राजा यह सब जानकर थोड़ा आश्चर्य में तो अवश्य आ गये किन्तु उनका मन मस्तिष्क अभी संसार के भोग विलास आदि से, प्रयत्न करने पर भी विरक्त नहीं हो रहा था। महारानी ने उन्हें बार-बार समझाने का प्रयत्न किया, किन्तु राजा किसी

प्रकार भी परिवर्तित नहीं हो रहे थे। बहुत कुछ समझाने पर, साधना करने का थोड़ा सा प्रयत्न किया करते, किन्तु विलासी मन की चंचल वृत्तियों उन्हें अपने मार्ग से चलायमान कर देती थीं। रानी, राजा की ऐसी अवस्था देखकर अपनी उपासना की ओर और अधिक रूप से लग गई और धीरे-धीरे सारी-सारी रात और इसी प्रकार दिन में भी काफी लम्बे समय तक उपासना में संलग्न रहती। फलतः उनमें और उनकी मानसिक शक्तियों में कई प्रकार के परिवर्तन होने लगे थे। यह सबका सब उनकी साधना का प्रत्यक्ष प्रभाव था। समय के साथ-साथ उनके अन्दर सतत उपासना के दृढ संकल्प एवम सत्यनिष्ठा के साथ अपने लक्ष्य साधन में निरन्तर लगे रहने, के फलस्वरूप आकाश गमन और अर्न्तध्यान लक्ष्य साधन के निरन्तर लगे रहने के फलस्वरूप आकाश गमन और अर्न्तध्यान होने जैसी योगिक शक्तियों भी उनमें उदय होना चाहती थीं। आकाश गमन जैसी शक्तियाँ साधक में तभी उदय हो सकती हैं, जब साधक लम्बी उपासना के द्वारा श्वास-प्रश्वास की क्रिया जो साधारण रूप से स्वस्थ व्यक्ति की दस उंगल अन्दर की ओर बारह उंगल बाहर की ओर। और सबमें अपने-जाने का समय चार क्षण के लगभग लगता है। यदि योगी अपने मन को विभिन्न साधनों के द्वारा प्राण क्रिया में स्थिरता प्राप्त करने हेतु श्वास-प्रश्वास की गति को क्रमशः साधना के द्वारा, नियंत्रित करके, हटाने के लिए नियमित प्रयत्न करता रहे तो धीरे-धीरे इच्छा के अनुसार श्वास-प्रश्वास की गति अर्थात प्राण क्रिया पर यथेच्छ नियंत्रण प्राप्त होना सम्भव है।

रानी ने भी उपरोक्त प्राण क्रिया की साधना के द्वारा श्वास-प्रश्वास की गति पर अंकुश लगाने के लिए भागीरथ प्रयत्न आरम्भ कर दिया और प्राणों के स्पन्दन को अर्थात श्वास-प्रश्वास की गति को अपने संकल्प के अनुसार घटाने-बढ़ाने की क्रिया को पूरी तरह, अपने दृढ़ संकल्पमय अभ्यास के द्वारा साधन, युद्ध स्तर पर प्रयत्न आरम्भ कर दिया। साधना की उच्च स्थिति में पहुँचने के लिए अब भोजन भी धीरे-धीरे समाप्त हो गया। उनकी भूख केवल थोड़े से फलादि के आहार द्वारा शान्त हो जाती थी। कालान्तर में फलाहार भी धीरे-धीरे बहुत ही स्वल्प मात्रा में लेने लगी। अब उनका मन, सम्पूर्ण स्नायुमंडल एवं शरीर समस्त इन्द्रियों सहित साधना की अग्नि में तपकर शुद्ध और परिष्कृत हो चुका था। उनके मन में अब व्यर्थ के विचार उठने बन्द हो गए थे। अब तो केवल परम सात्विक साधना के साधन स्वरूप ही सूक्ष्म ध्यान श्रद्धा, उपासना आदि की ओर ही सम्पूर्ण विचारों चिन्तन के द्वारा पूर्ण रूप से, वह पूर्व जन्म की योगभ्रष्ट साधिका की भाँति अपने इस जन्म में भी दिव्य साधना पथ पर क्रमशः बढ़ती जा रही थी। अब तो एक स्थान पर साधना में और अधिक आगे बढ़ने में कुछ कठिनाई अनुभव होने लगी। महारानी को अनन्त हृदय से आकाश मण्डल में घूमती हुई सूक्ष्म शरीरधारी उच्च

कोटि के ऋषियों की दिव्यात्माओं का ध्यान करते हुए, अपनी उस साधना के अवरोधों को दूर करने के निमित्त अनुनय-विनय के साथ प्रार्थना करनी पड़ी। बस फिर क्या था। थोड़े समय की प्रार्थना के अनन्तर ही बड़ा विचित्र चमत्कार उपस्थित हो गया।

एक दिन मध्य रात्रि के समय जब महारानी उपासना के लिए उपस्थित हुई तो एक परम शान्तिस्वरूप तेजोमय दिव्य आकृति वाले सद्गुरू अपने सूक्ष्म शरीर से महारानी की ध्यान स्थिति में दृष्टिगोचर होने लगे और उन्होंने योग साधिका महारानी को उनकी साधना में आए अवरोधों को दूर करने के लिए उपाय बताया। उनके बताने के अनुसार साधन करने से वह अवरोध क्रमशः दूर होने लगे। इस प्रकार वे दिव्य सूक्ष्म शरीर धारी महापुरूष समय-समय पर उस दिव्य साधिका के साधन समय सूक्ष्म शरीर के द्वारा आकर उनके साधना पथ के सम्बन्ध में समय-समय पर उनका मार्ग दर्शन किया करते थे। इस प्रकार उनकी साधना क्रमशः इस आध्यात्मिक विद्या के सूक्ष्म अति सूक्ष्म रहस्यों को जानकर क्रमशः अग्रसर होने लगी।

इस समय तक महारानी मूलबन्ध आदि की साधना एवं कुल कुण्डलिनी शक्ति को जाग्रत करने वाले अधिकाँश रहस्यों और युक्तियों को और भी बहुत सी योग की रहस्यमयी कलाओं के सम्बन्ध में जान चुकी थीं। उन्हें सूक्ष्म शरीरधारी सद्गुरुओं के द्वारा कुण्डलिनी शक्ति साधन के पूर्व साधक को क्या-क्या करना चाहिए, वह सब काफी विशद रूप से जानकारी प्राप्त हो चुकी थी। इस बात के कहने का तात्पर्य यह है कि कुण्डलिनी शक्ति को छेड़ने से पहले साधक को योग मार्ग की अच्छी प्रकार जानकारी और साधना में आने वाले सभी विघ्नों के सम्बन्ध में भी ज्ञान प्राप्त होना अत्यन्त आवश्यक है। इससे भी आगे साधक को यह भी जानकारी पूरी तरह से होनी चाहिए कि कुल कुण्डलिनी महाशक्ति में प्रथम स्पन्दन होते ही जागृति का श्री गणेश साधक-साधिकाओं को सर्व प्रथम योग विद्या की कौन-सी प्रधान क्रिया तत्क्षण या उससे कुछ पूर्व ही आरम्भ कर देनी चाहिए। यदि साधक को इस विशेष बात का ज्ञान नहीं है तो वह कुण्डलिनी शक्ति अपना दूसरा नाम भी रखती है भुजंगिनी अर्थात क्रोधित फन उठाए हुए सर्पिणी। यदि उसको वश में करने की क्रिया और विधि साधक को नहीं बताई गई है तो वह उस महत्वपूर्ण कुण्डलिनी साधना में थोड़ा-सा कदम बढ़ाते ही असफलता का मुख देखेंगे और उनका पतन हो जाएगा। उस शक्ति का पूर्ण आनन्द नहीं प्राप्त कर पाएगें।

अच्छे साधकों की जानकारी के निमिन ही और सावधानी के लिए ही, इन शब्दों को मजबूरी में लिखना पड़ रहा है क्योंकि हम सब इस मार्ग से होते हुए आज की स्थिति में पहुँचे है। केवल किताबी ज्ञान के द्वारा यह सब सूक्ष्मता के साथ नहीं बताया

जा सकता। यह तो कुण्डलिनी योग की गुह्यतम वार्ता है। अब तक की बताई गई समस्त बातें साधक को अपने साधन मार्ग में पग-पग पर आवश्यकता पड़ेगी। इनके जाने और साधन किए बिना इस मार्ग में कुछ भी प्राप्त नहीं किया जा सकता। यह बड़ा अनूठा और अनोखा दिव्य योग मार्ग है। इसमें स्थान-स्थान पर अनगिनत प्राकृतिक-अप्राकृतिक घटनाएँ एवं बुद्धि को चकरा देने वाले चमत्कार उपस्थित होते हैं।

इस प्रकार महारानी को हठात् एक दिन राजा का ध्यान आया। वैसे तो राजा नियमित रूप से महारानी के पास आते थे किन्तु महारानी को साधना में तल्लीन देखकर अपने शयनागार में उल्टे पैर चुप-चाप लौट जाते थे। वे भी नहीं चाहते थे कि रानी को साधना में उनके द्वारा कोई व्यवधान उपस्थित हो। महारानी को उनका स्मरण होते ही राजा के ज्ञानवधनार्थ कुछ प्रयत्न करने की सूझी। एक दिन महारानी एक तपस्वी साधक का रूप धारण करके जटा-जूट धारी त्रिपुण्ड लगाए एक ऋषि योगी का रूप ध ारण करके आकाश मार्ग में से प्रगट हुई आकाश मार्ग से आए हुए एक तपस्वी योगी को देखकर बड़ा आश्चर्य हुआ। महारानी तो पहले ही सुन्दर थी अब तो साधना के द्वारा उनका वह स्वरूप और भी दिव्य कान्तिमय हो गया था उपर से उनका दिव्य ऋषि तुल्य बाह्य आवरण और उनकी दिव्य कान्ति देखकर राजा कुछ देर के लिए स्तब्ध हो गए। रानी ने समय और वातावरण का लाभ उठाकर तत्क्षण उपदेश के रूप में राजा को संसार और जीवन की निस्सारता क्षण भंगुरता के सम्बन्ध में गागर में सागर की भाँति ज्ञान देने का अपनी शक्ति भर प्रयत्न किया और साथ ही राजा को राज्य प्रपंच छोड़कर अरण्य प्रदेश में भजन और योग साधना करने के लिए जोरदार शब्दों और दृढ़ संकल्प के साथ प्रेरणा दी और आगे आने जीवन के लिए सावधान किया और तत्क्षण महारानी का वह शरीर राजा के सामने से अर्न्तध्यान हो गया। ऐसा होते ही राजा का मन एकदम धीरे-धीरे परिवर्तित होने लगा और बार-बार उस ऋषि के कहे हुए वचनों का ध्यान आने लगा। दो-चार दिन में राजा भजन करने के लिए तपोभूमि में जाने को तैयार हो गए।

राजा को साधना के निमित्त जंगल में जाते देखकर महारानी भी महाराज के पास उपस्थित हुई और साथ चलने का अपना मन्तव्य निवेदन किया। कुछ समय के वार्तालाप के अनन्तर महारानी को भी साधानार्थ, राजा जंगल में ले जाने के लिए तैयार हो गए। दोनों ही आत्माओं ने अपने तपस्वी वीतराग कुलगुरू से विधिवत वानप्रस्थ आश्रम की दीक्षा लेकर, योगसाधना करने के निमित्त, एक नदी के सुरम्य वनप्रांत में रहकर, साध ाना में नियमित रूप से लग गए।

इस समय तक रानी की साधना काफी आगे बढ़ चुकी थी। राजा भी तपस्वी रानी की साधनामय दिनचर्या से अत्यधिक प्रभावित होते जा रहे थे। इस स्थान पर सत्संग का प्रभाव स्पष्ट रूप से दृष्टिगोचर हो रहा था। कहा गया है सत्संग में जाने व रहने से प्राणी निसंग अर्थात वैराग्ययुक्त हो जाता है और निसंगता प्राप्त होने पर मानव निर्मोहता को प्राप्त हो जाता है। निर्मोहता प्राप्त होने पर जीव को निश्चलता प्राप्त हो जाती है और निरन्तर ऐसी निश्चलता से साधना करने से साधक जीवनमुक्त स्थिति को प्राप्त कर लेता है।

सत्संगत्वे निसंगत्वम्

आदि शंकराचार्य जी ने ज्ञान प्राप्त करने का अर्थात अर्न्तदर्शन एवं आत्मशुद्धि करने का साधक को यह गुह्यतम सूत्र अपने अनुभव अपने हृदय के उद्‌गारों के रूप में प्रगट किया था। यदि भाग्यवश किसी साधक-साधिका को महारानी जैसे उपासक का सत्संग प्राप्त हो जाए तो फिर उस साधक का जीवन सुधरने में कुछ देर नहीं लगेगी। निश्चय ही उसकी प्रवृति, उसकी आन्तरिक श्रुति ऊर्ध्वगामिनी हो चलेगी। उसका मूलबन्ध ा स्वाभाविक लग जाएगा और उस स्थिति में उसकी आँखे कबीरदास जी की भाषा में उलट जाएँ। पेट थोड़ा पीछे की ओर खिंच जाएगा। मेरूदण्ड खिंचकर सीधा हो जाएगा। वह साधक स्वामी विवेकानन्द की भाँति परमहंस श्री रामकृष्ण देव जी का सत्संग स्पर्श पाते ही तीन दिन के लिए समाधिस्थ हो गए थे उनकी देहात्म बुद्धि नष्ट हो गई थी। वे बिना प्रयास के केवल जागे हुए सत्पुरूष सदगुरू देव स्वामी रामकृष्ण परमहंस जी की कृपा से मन की अनन्त गहराइयों में समाधि स्थिति का कुछ आनन्दमय अनुभव प्राप्त कर पाए। फलतः स्वामी विवेकानन्द जी का जीवन ही बदल गया। कालान्तर में उन स्वामी विवेकानन्द जी के सम्पर्क में आने वाले शत-शत स्वदेशी और विदेशी साधक-साधिकाओं का जीवन विवेकानन्द जी के सत्संग का स्पर्श होते ही परिवर्तित हो गया। विवेकानन्द जी जैसे जागे हुए प्रज्वलित, प्रदीप्त दीपक के प्रकाश की परिधि में आते ही कितने ही उपासक उपासिकाओं का जीवन आश्चर्य जनक रूप से आन्दोलित, आनान्दित और दरिद्रनारायण की सेवा की भावना से परिपूर्ण हो गया।

इसी प्रकार महाराष्ट्र में उत्पन्न हुए ज्ञानेश्वरी गीता के रचयिता, जिनकी अवस्था सात-आठ वर्ष के लगभग होगी और उनके तीन और भाई-बहन आज से कुछ सौ वर्ष पूर्व ही सोलहवीं शताब्दी के समय में एक नहीं, एक साथ चार-चार, वह भी एक ही घर में उत्पन्न हुए बालक रूप में सिद्ध योगी सन्त ज्ञानेश्वर और उनके भाई-बहन प्रकट हुए। और उनका जीवन परम तेपोमय, त्यागमय, और संतोषी प्रवृति का था। बड़ी विडम्बना

है। ऐसे सतसिद्ध महापुरूषों को भी जिनकी कुल कुण्डलिनी शक्ति स्वतः ही गुरूकृपा और देवकृपा के कारण जाग्रत थी। फिर भी उन्हें समाज के कटु और अत्याचार पूर्ण, उपेक्षापूर्ण, अभद्र व्यवहार को लगातार बहुत समय तक सहना पड़ा। किन्तु कुछ ही समय में ही उसी समाज के देखते-देखते समस्त महाराष्ट्र और देश के विभिन्न प्रांतों में उनकी ख्याति बड़े चमत्कारिक ढंग से फैल गई। वह चारों भाई-बहन, विशेष रूप से सन्त ज्ञानेश्वर जो सबसे छोटे थे, पढ़ना चाहते थे। किन्तु संकुचित विचार, रूढ़ीवादी विद्वानों और पंडितों ने बड़ी निर्ममता और निर्दयता से उन सिद्ध बालकों की उपेक्षा की और बुरी तरफ ठुकराया। किन्तु उनकी सहन शीलता और उनके पूर्वजन्म के योगाभ्यास एवं तप प्रभाव से कुछ ही समय में उन पूर्वजन्म के सिद्धि सम्पन्न चारों योगी बालकों के चमत्कारों को देखकर और उनके ज्ञान-विज्ञान एवं साधनामय जीवन में प्रभावित होकर साथ ही उनके अन्तर को जाग्रत कर देने वाले उपदेशों को सुन-सुनकर समस्त जन-जीवन में एक नई चेतना नव जागरण का संचार होने लगा। उनके पास अपने और दूसरे दूर-दूर के प्रदेशों के बड़े-बड़े विद्वान सन्त महात्मा, भक्तयोगी उपासक एवं जन-साधारण निरन्तर आने लगे और उनसे योग उपासना साधना एवं योग की गुह्यतम विधाओं के सम्बन्ध में जानकारी प्राप्त करने लगे। धीरे-धीरे उनकी ख्याति दूर-दूर तक व्याप्त हो गई।

सन्त ज्ञानेश्वर जी के जीवन में उस समय हर दिन कोई न कोई अचम्भित कर देने वाली घटना हो जाया करती थी। उनके जीवन में एक नहीं, अनेकों छोटे-बड़े चमत्कार बराबर होते रहते थे। इन चमत्कारों के द्वारा ही देश विदेश में दूर-दूर तक योग साधना, भक्ति, आत्म विश्वास योग, भगवान की कृपा का प्रचार-प्रसार हो रहा था। दुराचारियो और नास्तिकों का बड़े विचित्र ढंग से मान-मर्दन हो रहा था।

ज्ञानेश्वरी गीता के द्वारा साधना, उपासना और ज्ञान का प्रसाद सर्वसाधरण तक पहुँच रहा था। सन्त ज्ञानेश्वर जी के समय में धर्म जाति और पाखण्ड के बिना कुछ करे ही, प्रकृति की प्रेरणा द्वारा बड़े विचित्र प्रकार से भंडा फोड़ हो रहा था। पाखण्डी परास्त हो रहे थ और विधर्मियों को नीचा देखना पड़ रहा था। उन ऋषि तुल्य दिव्य चारों बालकों ने योग विद्या, उपासना एवं साधना की कुण्डलिनी साधन, योग चक्र जाग्रति, यम-नियम, आसन, प्राणायाम, हठयोग की विभिन्न कठिन प्रक्रियाओं को अति सरल रूप से, योग के प्रचारार्थ सीधे सादे सरल साधकों को अत्यन्त सरलता के साथ जन-साध ारण के ज्ञान-वधनार्थ अच्छी प्रकार बताने और सिखाने का निरन्तर प्रयत्न किया। कुछ पुस्तकें भी उनके भक्त अनुयायी विद्वानों ने उनके उपदेश सुन-सुनकर तैयार की और मुँह से भी ज्ञान, भक्ति, वैराग्य, योग, साधना आदि का विशेष प्रकार से प्रचार-प्रसार हुआ।

एक समय की बात है। बालक सन्त ज्ञानेश्वर जी को भिक्षारूप में कहीं से बड़ी कठिनता से थोड़ा सा आटा रोटी बनाने के लिए प्राप्त हो गया था। उसको उन्होंने अपनी बहन को रोटी बनाने के लिए दे दिया। दूसरा भाई अग्नि लेने गाँव में गया। किसी ने उसे अग्नि नहीं दी और अपमानित करके दुत्कार दिया। उसने आकर भाइयों से कहा अग्नि कहीं नहीं मिली। तब तक बहन ने आटा तैयार कर लिया था। सारे बच्चे असमंजस में आ गए। तीसरे भाई ने कहा बहन मैं जमीन पर लेटता हूँ और अपने पेट में नाभि चक्र में अग्नि तत्व के "रं" बीज का ध्यान करता हूँ। मेरे पेट पर तू रोटी सेक ले। वह लेट गए और अपने नाभिचक्र पर त्रिकोण मध्य अग्नि 'रं' बीज मंत्र का और अग्नि तत्व की प्रबल धारणा करते हुए मानसिक जप और ध्यान आरम्भ कर दिया। देखते-देखते उनका पेट तवे की तरह लाल हो गया। और उनकी बहन ने अपने हाथ से रोटी बनाकर भाई के अग्नि तत्व से तपे पेट पर रोटीयाँ सेक ली और भाई से निवेदन किया कि रोटियाँ बन गई। भगवान का स्मरण करके सबने भोजन किया। ऐसी विचित्र घटनाओं के द्वारा सिद्ध होता है कि वह चारों भाई-बहन योग विद्या के उत्कृष्ट प्रकार के अच्छे जानकार थे। उन्होंने अपनी आन्तरिक कुण्डलिनी शक्ति के द्वारा अपने षठचक्रों को पूर्णरूप से भेदन कर लिया था।

सन्त ज्ञानेश्वर जी को सिद्धनाथ जी महाराज के द्वारा स्वप्न में योग का ज्ञान एवं कुल कुण्डलिनी के जागरण की साथ ही षठचक्रों के भेदन की एवं मूलबन्ध आदि तीनों बन्धों का महत्वपूर्ण साधना ग्रन्थि भेदन आदि की विशेष क्रियाओं का उपदेश और ज्ञान पूर्ण रूप से प्रदान किया गया था। गुरू मन्त्र भी उन्हीं के द्वारा प्रदान किया गया था। उन चारों भाई-बहनों पर ईश्वर की महती कृपा थी। वस्तुतः वह तो उस समय देश काल परिस्थिति को देखते हुए जन जागरण, समाजकल्याण एवं धर्मोत्थान के लिए प्रगट हुए थे। बीस साल की आयु से पहले-पहले ही उन्होंने सत सहस्त्र लोगों का अपनी भक्ति विद्या और योग साधना के द्वारा कल्याण करके समाधि ले ली थी।

नवम अध्याय हठयोग प्रदीपिका नामक योग के विशेष ग्रन्थ में मूलबन्ध के सम्बन्ध में और उसकी युक्ति युक्त प्रकार से करने की विधि समझाई गई है। कुल कुण्डलिनी शक्ति को जगाने के निमित्त और उसका आपत्ति से रहित विधिवत जागरण करने के लिए साधक अपने पैर की एड़ी को मूलाधार स्थान अर्थात् गुदा मार्ग से चार अंगुल ऊपर और मूत्रेन्द्रिय के मूल स्थान से दो तीन अंगुल नीचे लगाये (पेरि नियम) नामक स्थान पर लगाये। इससे मूलाधार स्थान दबा रहेगा। फिर अपान वायु को इच्छा के साथ मूत्रेन्द्रिय एवं गुदामार्ग सहित ऊपर की ओर दृढ़ इच्छा के साथ संकुचित करने से और ऐसी स्थित को लगातार बनाये रखने का नाम मूलबन्ध है। इस प्रकार मूलाधार स्थान

पर दृढ़ इच्छा के साथ संकोचन करने से अधोमुखी अपान का प्रवाह साधक के बार-बार प्रयत्न के द्वारा ऊर्ध्वमुखी होने लगेगा। ऐसा साधन करने से और उसकी सिद्धि प्राप्त होने पर अपान-प्राण बिन्दु और नाद में एक विशेष प्रकार का सामंजस्य (योग) स्थापित हो जाता है। और इसके अच्छे साधन से एक महातेज की उत्पत्ति होती है। यह साधन योग मार्ग में पूर्ण रूप से सिद्धि और शक्ति प्राप्त कराने वाला है। उपरोक्त थोड़े से शब्दों में जो एक विचित्र साधन, अपने अनुभव का, हमने साधकों के कल्याणर्थ बताने का प्रयत्न किया है। वस्तुतः यह साधन स्वयं में अत्यन्त रहस्यमय है और अति गुप्त साधना का सन्देश है। इस साधन के द्वारा जब प्राण अपान के मिलने से जो संयुक्त तेजस्वी ज्वाला उत्पन्न होती है और दृढ-संकल्प, सत्य निष्ठा, एवम् साधक का अदम्य उत्साह, साथ ही कठिन परिश्रम के द्वारा जब वह योगमयी प्रदीप्त ज्वाला ऊँची और ऊँची उठते-उठते मणिपुर चक्र तक पहुँचने लगती है तो मणिपुर चक्र में निवास करने वाली योगाग्नि के साथ, उस अपान उर्ध्व गामिनी परम तेज में मिलते ही साधक के प्राण उष्णता (ताप) को प्राप्त होते है। यह एक योग की बड़ी विचित्र क्रिया है। इस मणिपुर स्थान पर संयम करने से कुण्डलिनी शक्ति पर एक विशेष प्रकार योगिक डंडे से चोट होती हैं। जिससे वह महा शक्ति (कुण्डलिनी) मार खायी हुई भयंकर सर्पिणी की भाँति फुफकार मारती हुई एकदम सीधी हो जाती है। ऐसे समय में मूलबन्ध नामक क्रिया का अभ्यास एवम् पातंजल योग सूत्र के विभूति पाद में बताये संयम का अच्छा अभ्यास ही, उससे आगे की स्थिति को संभाल सकता है।

कुण्डलिनी जाग्रति के लिए मूलबन्ध

विधिः—कुण्डलिनी महाशक्ति के जागरण के निमित्त सिद्धासन और पद्मासन दोनों योगासनों का बहुत अच्छा अभ्यास होना चाहिए। आसन सिद्धि के लिए, किसी भी एक आसन में साधक को 3 घंटे 36 मिनट की अवधि तक सुखपूर्वक बैठने का अभ्यास होना परम आवश्यक है। वैसे पद्मासन सभी योग साधनाओं के लिए सर्वदा सिद्धि प्रदान करने वाला महत्वपूर्ण आसन माना गया है। किन्तु कुण्डलिनी महाशक्ति के प्रारम्भिक साधन काल में सभी साधकों को कुछ समय के लिए सिद्धासन से भी अभ्यास करें तो अधिक लाभ प्रद सिद्ध होगा। साधक सीधे तटस्थ बैठकर अपने बाएँ पैर की एड़ी को योनि स्थान पर लगाए, अर्थात अपनी एड़ी को मल और मूत्र के बीच के स्थान पर लगाना ठीक होगा। इसके उपरान्त दूसरे सीधे पैर की एड़ी को मूत्र मार्ग के ठीक उपर स्थापित करे और अपने मल-मूत्र मार्गों को इच्छा के साथ संकुचित करे। ऐसा करने से जो स्थिति बनती है उसका नाम मूलबन्ध होता है। इस प्रकार मूलबन्ध लगाकर बिल्कुल एकान्त

स्थान में गोपनीयता के साथ आलस रहित होकर परम शान्त स्थिति में लगातार प्रबल इच्छा शक्ति के साथ ऊपर बताए अनुसार संकोचन क्रिया को धीरे-धीरे बढ़ाने का अभ्यास करना चाहिए। शिव संहिता और घेरण्ड संहिता आदि योग के अनेक ग्रन्थों में इस क्रिया का विशेष प्रकार का वर्णन किया गया है। इस क्रिया के अभ्यास के बिना योग मार्ग में चलना और उसकी अद्‌भुत गतियों का चमत्कार देखना सम्भव नहीं है। वैसे तो योग विद्या में अनगिनत ऐसी विचित्र क्रियाएँ उपस्थित है। जिनको जाने बिना ऊँचे लक्षण वाला साधक तीव्र गति से आगे नहीं बढ़ सकता। फिर भी मूलबन्ध एक ऐसी अद्वितीय योगिक विधि है जो अकेली ही दस विशेष क्रियाओं के समान मानी जाती है। मूलबन्ध के करने से योगी का ध्यान बिना प्रयास के ही लग जाता है। योगी का क्षय होना बन्द हो जाता है। साधक की मानसिक शक्ति दिन-दिन बढ़ने लगती है। उसकी धारणा स्वाभाविक ही दृढ़ होने लगती है। आलस्य भाग जाता है। प्राणों की गति में अन्तर आ जाता है। अर्थात श्रुति उर्ध्वगामिनी होने के लिए सावधान हो जाती है। साधक की आकृति में क्रमशः महत्वपूर्ण अन्तर आने लगता है। इस क्रिया के द्वारा ही अवस्था बढ़नी रुक जाती है। योग चूड़ामणि, योग तप, योग शिखो उपनिषद, ध्यानबिन्दु उपनिषद, शाण्डिल्य उपनिषद आदि सभी ग्रन्थों में और इसके साथ ही सर्पेन्ट पावर नामक पुस्तक में भी इस महत्वपूर्ण योगिक क्रिया मूलबन्ध के सम्बन्ध में बड़े विस्तार से बताया गया है।

मूलबन्ध क्रिया को करने के लिए हठयोग की अश्विनी मुद्रा का अभ्यास भी होना जरूरी है। हठयोग के विशेष जानकार विद्वान बी.के.एस.अयंगर महोदय ने अपने ग्रन्थ “लाइट ऑन योग” पुस्तक में मूलबन्ध लगाने के सम्बन्ध में विधि बताते हुए कहा है मूत्रमार्ग और मलमार्ग के बीच के भाग जिसे पाश्चात्य भाषा में पेरिनियम कहते हैं, का संकोचन करने से जो स्थिति बनती है उसे मूलबन्ध कहा जाता है और इसी प्रकार तंत्र शास्त्र के एक विदेशी जानकार विद्वान, जिन्होंने भारतीय तंत्र-मंत्र योग शास्त्रों पर भारतीय प्रकार से बहुत अच्छा अध्ययन और अनुभव प्राप्त किया है। सर जॉन वुडरॉफ ने भी इस मूलबन्ध नामक क्रिया की विधि और इसके प्रभाव पर उपरोक्त प्रकार से श्री अयंगर महोदय की भाँति ही विचार प्रकट किए है।

योनि मुद्रा

मूलबन्ध को लगाने के साथ ही मूलबन्ध क्रिया का पूरा-पूरा लाभ उठाने के लिए साधक को विशेष यत्न के द्वारा अपने पेट को खींचकर श्वास को बाहर निकालकर दृढ़ उडियान बन्ध लगा लेना चाहिए। इससे मूलबन्ध क्रिया में कई प्रकार की नवीन आन्तरिक सूक्ष्म क्रियाएँ सम्पादित होने लगेंगी। इसके साथ ही साधक को योनि-मुद्रा का अभ्यास

विशेष रूप से पद्मासन की स्थिति में करना अपेक्षित है। योनि मुद्रा योगिक दृष्टि से अपने कई प्रकार के गुप्त रहस्य रखने वाली मुद्रा है। अतः योग के अनुसार केवल हाथों को अंगुलियों से कर्मकाण्ड पूजा पद्धतियों के मध्य में महाशक्ति भगवती की प्रसन्नता के लिए योनि मुद्रा दिखाने प्रदर्शित करने की आज्ञा है।

दोनों हाथों की अंगुलियों और दोनों अंगुष्ठों के प्रयोग विशेष के द्वारा चित्र के अनुसार जो आकृति बनती है तंत्र योग विज्ञान के अर्न्तगत इसे ही योनि मुद्रा माना गया है। प्रत्यक्ष रूप से इसका प्रभाव लम्बी योग साधना के अर्न्तगत तंत्र-मंत्र यंत्र साधना में भी इसका प्रत्यक्ष प्रभाव दृष्टिगोचर होता है। इस मुद्रा के अभ्यास से साधक की प्राण-अपान क्रियाओं पर विशेष प्रभाव पड़ता है।

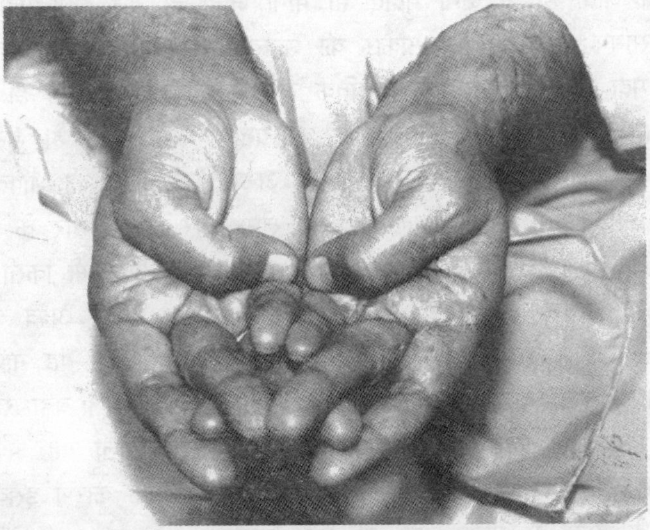

योनि मुद्रा

दूसरी ओर योग के रहस्यों को जानने वाले विशेष सिद्धि सम्पन्न योगियों ने एक रहस्य के रूप में प्राण अपान वायु को मिला देने वाली क्रिया अर्थात संकल्प विशेष के साथ मूलबन्ध क्रिया को भी साथ करने से जो स्थिति बनती है उसे ही योनि मुद्रा की संज्ञा दी है। यह बड़ी चमत्कारी मुद्रा है। यदि पद्मासन में बैठकर विधिवत दोनों हाथों की योनिमुद्रा बनाकर और पूर्व मूलबन्ध की स्थिति में सम्यक भाव से स्थित होकर प्राण अपान को मिलाने की प्रबल भावना के साथ मूलाधार स्थान पर योगिक संयम करने से कई प्रकार की विशेष योग सिद्धियाँ प्राप्त हो जाती हैं। जिस योगी को उपरोक्त स्थिति

में योनिमुद्रा का लगातार अभ्यास करते-करते सिद्ध हस्तता प्राप्त हो गई है। उसका शरीर साधना अवस्था में भूमि को छोड़कर आसन सहित ऊपर अधर में स्थित हो जाता है। इसीलिए भगवान आदि शंकराचार्य जी ने अपने योग रत्नावली नामक विशेष ग्रन्थ में मूलबन्ध का भी उल्लेख विशेष रूप से किया है।

अश्विनी मुद्रा

मूलबन्ध वस्तुतः योग की एक अनोखी क्रिया है। इस एक क्रिया को करने के साथ-साथ योग की कई महत्वपूर्ण क्रियाएँ और कठिन क्रियाएँ स्वाभाविक ही हो जाती हैं और अधिक अभ्यास करने से तो वजरौली क्रिया के साथ-साथ अश्विनी क्रिया भी स्वयं सिद्ध हो जाती है। ये दोनों मुद्राएँ भी मानी जाती हैं। इन दोनों मुद्राओं के सिद्ध हो जाने से साधक में कई विशेष प्रकार की शक्तियों और सामर्थ्य का उदय हो जाता है। अश्विनी मुद्रा, अश्व (घोड़ा) को प्राकृतिक रूप से स्वयं सिद्ध होती है। इसलिए वह केवल घास-पात खाते हुए भी विशेष शक्ति का प्रतीक माना जाता है। इसीलिए संसार में हाथी की शक्ति, सिंह की शक्ति, मनुष्य या अन्य किसी जीव की शक्ति को, शक्ति का मापदण्ड नहीं बनाया गया। केवल हम सब लोग और सारे संसार के विद्वान अश्व शक्ति (Horse Power) का ही प्रयोग करते है। आप या कोई और भी किसी से वार्तालाप करते हुए किसी मशीन के सम्बन्ध में यही पूछेगा कि यह कितने अश्व शक्ति अथवा (Horse Power) की मशीन है। अर्थात कितने आश्चर्य की बात है। यह नहीं पूछा जाता है कि यह कितने बैलों वाली शक्ति की है। इससे प्रकृति का बहुत बड़ा रहस्य खुलकर सामने आया कि केवल प्राकृतिक घास-पात चारा आदि खाने वाला यह अश्व पशु ऐसी कौन सी शक्ति रखता है या क्रिया विशेष जानता है कि जिसके कारण इसकी ही शक्ति को मापदण्ड के प्रयोग में लाया जाता है। मेरे अनुसंधानों के अनुसार क्योंकि अश्व ही एकमात्र ऐसा जीव है जिसे अश्विनी मुद्रा जो योग की एक शक्तिशाली क्रिया है, अश्व को प्राकृतिक रूप से ही सिद्ध है। इसी कारण उसके अन्दर विशेष शक्ति आती है।

बिना मूलबन्ध के अश्विनी मुद्रा करना हो ही नहीं सकता। इसी प्रकार बजरौली क्रिया भी बिना मूलबन्ध का अच्छा अभ्यास किये किसी प्रकार भी करना संभव नहीं है। मूलबन्ध क्रिया, बजरौली क्रिया एवम् अश्विनी मुद्रा की क्रियाओं में बहुत थोड़ा-थोड़ा अन्तर है। अश्विनी मुद्रा में गुदा क्षेत्र एवं मार्ग संकुचित होता है। इसी प्रकार मूलबन्ध क्रिया में मलमार्ग, मूत्रमार्ग और अण्डकोष, आदि एक साथ ऊपर की ओर खिंचते है। अश्विनी मुद्रा में इच्छा से गुदा मार्ग के द्वारा वायु को खींचकर बार-बार बाहर निकालना होता है, ऐसी क्रिया बारंबार करें।

बजरौली क्रिया मुद्रा

बजरौली क्रिया मुद्रा में मूत्र मार्ग की समस्त पेशियाँ प्रबल इच्छा शक्ति के साथ दृढ़ धारणा बन जाने पर मूत्रेन्द्रिय अन्दर की ओर दृढ़ता के साथ खींचने व संकुचित करने की तीव्र इच्छा की जाती है। ऐसा करने से, काफी देर के अभ्यास के पश्चात यह सिद्ध होती है। बजरौली मुद्रा सिद्ध हो जाने के अनन्तर साधक में कई महत्वपूर्ण परिवर्तन हो जाते है जिससे साधक को सांसारिक सद्‌गृहस्थ जीवन में महत्वपूर्ण आनन्द उठाने का अवसर प्राप्त होता है। जहाँ इन क्रियाओं से योग साधना आदि में विशेष उन्नति और आनन्द प्राप्त होता है उसी के साथ-साथ इस मुद्रा संसार में परमानन्द सांसारिक दृष्टि से कैसे अनुभव किया जा सकता है इसका बहुत बड़ा रहस्य इसी मुद्रा के सिद्ध हो जाने के पश्चात्, उस विचित्र अनुभव को आनन्द को समझा जा सकता है बिना अनुभव किये हुए उस समय की स्थित का साधारण शब्दों में मनन नहीं किया जा सकता। आनन्द शब्द अपने आप में है ही ऐसा। सांसारिक अथवा आध्यात्मिक दोनों ही आनन्द अनिवर्चनीय है, अकल्पनीय है और अकथनीय हैं। आनन्द के इस स्वरुप का पूरा-पूरा विवेचन सुनाया बताया और कहा नहीं जा सकता। इस मुद्रा के द्वारा अनुपम जो अलौकिक आनन्द प्राप्त होता है। उसे जानने के लिए आपको स्वयं अभ्यास करना होगा। हम इसलिए इस आनन्द के सम्बन्ध में इतना जोर देकर कह रहे हैं कि इसके सम्बन्ध में मुझे और मेरे द्वारा सिखाये गये कुछ साधकों को इसका आनन्द प्राप्त हुआ है।

कुछ साधक, सन्त, महात्मा आदि भी इस बजरौली मुद्रा का थोड़ा सा अभ्यास हो जाने के अनन्तर लोगों को चमत्कार दिखाने के लिए कई क्रिया करते है। जिससे जन साधारण को बड़ा कुतूहल हो जाता है। वृन्दावन में बंशीवट नामक स्थान पर एक साधारण से साधु वेश धारी व्यक्ति बहुत समय से रहते थे और जन साधारण को भविष्य के सम्बन्ध में कुछ जानकारी दिया करते थे उनके पास बहुत काफी जनता पहुँचती थी और कभी-कभी वह व्यक्ति जन-साधारण से कहते कि मेरे मूत्र में दीपक जलता है और वास्तव में मैंने भी देखा, उन्होंने सभी उपस्थित व्यक्तियों के सामने एक मिट्टी के पात्र में मूत्र त्याग किया और लोगों ने रूई की बाती डालकर उसमे दीपक जलाया तो वास्तव में उनके मूत्र में दीपक जलते हुए हमने देखा। इस साधारण चमत्कार के पीछे बज़रौली क्रिया अर्थात मुद्रा का अच्छा अभ्यास ही है। दिल्ली स्थित विवेकानन्द योगाश्रम पटपड़गंज रोड दिल्ली-51 में एक 20 वर्ष के नवयुवक को जो वैश्य परिवार में उत्पन्न हुआ था। बी.ए. पास करने के उपरांत योग विद्या के चमत्कार जानने और देखने की इच्छा से हमारे आश्रम में आकर कुछ समय योग की कई क्रियायें सीखने का अभ्यास

किया। तदन्तर उसे मूलबन्ध क्रियाओं का अभ्यास करने के लिए कहा गया। वह स्वयं भी योग मार्ग की पुस्तकें अध्ययन करता रहता था। इस बजरौली मुद्रा के साधक के मूत्र में दीपक जलने वाली घटना के सम्बन्ध में उसने प्रश्न किया। यह साधारण सी क्रिया थी। हमने उसके करने की सीधी सादी विधि बता दी। उसने कुछ दिन अभ्यास किया। और अपनी मूत्रेन्द्रिय को दूध के भरे हुए एक शीशे के प्याले में डालकर तीव्र इच्छा शक्ति के साथ और दूध को मूलबन्ध और उस बजरौली मुद्रा के अभ्यास के साथ आकर्षित करने का भरसक प्रयत्न किया इससे उस पात्र का 1 छटांक के करीब दूध उस साधक के शरीर में खिंचकर चला गया। इस बात से स्पष्ट हो गया कि उस साधक में इस क्रिया को करने की थोड़ी सी सामर्थ्य हो गई है। इसके पश्चात उसने थोड़ी देर रुकने के पश्चात इच्छा के साथ स्वाभाविक रूप से उस दुग्ध को अपने शरीर से बाहर निकाल दिया। कुछ समय तक और अभ्यास करने के अनन्तर दूध की भाँति तिल के तेल को भी उसी भाँति खींचा जा सकता था। ऐसा किया गया और आधा घन्टे या 20 मिनट के बाद उस तेल को साधारण इच्छा के साथ स्वाभाविक रूप से किसी दूसरे पात्र में दो चार लोगों की उपस्थिति में बाहर निकाल दिया। और उसमें दीपक जलाकर देखा गया वास्तव में दीपक जल गया।

वस्तुतः यह साधारण सी क्रिया थोड़े समय के बजरौली मुद्रा के एवं मूलबन्द के साधन का प्रभाव था। यदि बजरौली एवं मूलबन्ध दोनों क्रियाओं का काफी लम्बे समय तक अर्थात घण्टों तक साधना करने का अभ्यास पूर्णरूपेण परिपक्व स्थिति को पहुँच जाए तो साधक के आचरण और कर्म में कई आश्चर्य चकित कर देने वाली बातें उपस्थित हो जाएँगी। किन्तु ऐसी समस्त महत्वपूर्ण योगिक क्रियाओं की सिद्धि प्राप्त करने और उनमें परिपूर्ण दक्षता प्राप्त करने हेतु साधक को अपने मन, कर्म एवं विचार में ब्रह्मचर्य आदि साधारण संयम और योगिक विशेष संयम का साधन करना बहुत जरूरी है अर्थात साधक की मानसिक गतिविधि समाधि स्थिति के सन्निकट वाली अवस्था में हर समय देहात्म बुद्धि रहित धारणा के साथ साधक को योगमय जीवन रखते हुए अपना सम्पूर्ण समय व्यतीत करना चाहिए। अपनी साधना सिद्धि की ओर ही लगातार प्रयत्नशील रहने की इच्छा से अपने आपको बार-बार प्रेरित करते रहने से ही साधना मार्ग में आगे बढ़ते रहना चाहिए। निरन्तर ऐसी स्थिति रहने पर कालान्तर में साधक का सम्पूर्ण जीवन ही चमत्कारमय बन सकता है। किन्तु ऐसा होना कोई साधारण बात नहीं है। लाखों योग साधकों में से, कुछ विरले उपासक ही इस प्रकार योग साधना पथ पर आगे निकल कर आते हैं और इन आगे निकल कर आए हुए कुछ साधकों में से दो तीन प्रतिशत साधक ही थोड़ा और ऊँची उच्च स्थिति, इस रहस्यमयी साधना में दक्षता प्राप्त कर

पाते हैं और इन विशेष दक्षता प्राप्त करने वाले योग समाधि साधको में से कोई भाग्यशाली व्यक्ति ही परम योग सिद्धि को प्राप्त कर पाता होगा।

इस उपरोक्त वार्ता से स्पष्टतः योग साधना के विशद विस्तार का एवं साधना की जटिलता का साथ ही उसकी गम्भीरता का कुछ थोड़ा-सा पता चलता है।

योग साधना का स्वरूप और विस्तार वस्तुतः एक जन्म में पूरा नहीं हो सकता। कभी-कभी साधारण साधक को कुछ समय उपासना करने के अनन्तर कोई पूर्व जन्म की साधना के प्रभाव से स्वल्प काल में ही कोई चमत्कार उपस्थित हो जाने पर ऐसा लगने लगता है कि अब तो मैं योग का सम्पूर्ण रूप से जानकार बन गया हूँ। अब मेरे लिए कुछ और साधन करना, जानना, तपश्चर्या पूर्ण जीवन व्यतीत करना कोई आवश्यक नही हैं। हे महात्मा जनों, हे प्रिय साधकों ऐसा भ्रम अपने अन्दर कभी न आने देना। इससे बहुत बड़ी हानि कालान्तर में उपासक को उठानी पड़ती है और उसको अब तक को गई समस्त साधना पर बहुत बुरा प्रभाव पड़ता है। कभी-कभी तो ऐसे योग साधना तपस्या करते करते ही साधक का शरीर पूर्ण हो जाता है अर्थात वह मृत्यु को प्राप्त हो जाता है। किन्तु इस योग साधना मार्ग में एक सबसे बड़ी विशेषता यह है कि इस विद्या अर्थात ज्ञान का, जीवात्मा को दूसरा जन्म लेने पर भी ज्ञान रहता है और यह विद्या, काल के प्रभाव से अर्थात जन्म-मृत्यु के चक्कर से प्रभावित नहीं होती। अपितु ऐसे जीव को, जिनकी मृत्यु अधूरी साधना में ही हो जाती है योग भ्रष्ट कहा जाता है और ऐसी योग भ्रष्ट आत्माओं का पुर्नजन्म पहले की हुई योग साधना के प्रभाव, से किन्हीं श्रीमान् अच्छे घरों में पुनर्जन्म होना, साक्षात परात्पर परब्रह्म भगवान श्री कृष्ण ने गीता में अपने श्री मुख से स्पष्ट रूप से बताया है।

गीता का श्लोकः–

प्राप्य पुण्यकृतां लोकानुषित्वा शश्वतीः समाः।
शुचीनां श्रीमतां ग्रेह योग भ्रष्टोऽभिजायते ।।

(6,4) गीता

इससे सिद्ध होता है कि योग की उन्नति अर्थात शिक्षा को देश काल परिस्थिति और मृत्यु भी नहीं रोक सकती। एकमात्र यही एक ऐसा ज्ञान है जिसकी पढ़ाई किसी प्रकार और कभी-कभी अर्थात दूसरा जन्म लेने पर भी जीव भूलता नहीं है। साथ ही एक और विशेषता है कि प्रकृति के नियमानुसार योगभ्रष्ट का पुनर्जन्म ऐसे स्थान और परिवार में होता है जहाँ उसे पहले जन्म में की गई योग साधना को पूर्ण करने का

उससे और आगे बढ़ने का सुअवसर प्राप्त हो सके। इससे इस साधक की इस योग साधना की दुर्लभ जीवनी शक्ति के सम्बन्ध में और इस योग उपासना के अक्षय, अविनाशी स्वभाव के सम्बन्ध में परमात्म तत्व की भाँति इसके विशाल और विचित्र स्वभाव का भी थोड़ा सा आभास दृष्टिगोचर होता है।

जो साधक एक बार विधिवत योग की प्राकृतिक पाठशाला में किसी प्रकार भाग्यवश या सौभाग्यवश प्रवेश पा गया और वह भी किसी अच्छे उपासक सद्गुरू की कृपा द्वारा फिर तो समझिए वह प्रकृति की संसार की सबसे बड़ी, न समाप्त होने वाली शिक्षा की पाठशाला में प्रवेश पा गया। और जब तक यह शिक्षा पूर्ण नहीं हो जाएगी तब तक अनन्त समय तक यह उपासना रूप योग शिक्षा का अध्ययन उस जीवात्मा को बहुत समय तक अर्थात् पूर्णतः प्राप्त करने तक करते ही रहना पड़ेगा।

योग की कितनी ही विधियाँ तो अपने आप में इससे भी और अधिक प्रकृतिक देन स्वाभाविक शक्ति अपने में रखती है जैसे सूक्ष्म योग की साधना करने वाला योगी साधना करने वाला उपासक, ओंकार साधना का साधक मृत्यु को प्राप्त स्वाभाविक रूप से होता है। उस शब्द ब्रह्म की उपासना करने वाले साधारण से योगी के पास यमदूत भी नहीं आ सकते। वह तो निश्चय ही अच्छे लोको को प्राप्त होता है। उसे यम की यातना किसी रूप में भी प्राप्त नहीं होती। यह बात अपने आप में बड़ी ही कोतुहलपूर्ण है।

सहज, सरल भक्तियोग के केवल हरिनाम स्मरण करने वाले सीधे सादे भक्त साधक को भी मृत्यु के समय यमदूत आते अवश्य हैं। यदि उस भक्त आत्मा ने नारायण का नाम एक बार भी उच्चारण कर लिया, तो यम दूतों को तत्क्षण वहाँ से पलायन (भाग) कर जाते हैं। साधना मार्ग की गाड़ी में एक बार बस कोई भी सवार हो जाए, तो उसे निश्चय ही एक विशेष प्रकार की सुविधा प्राप्त हो जाती है। जैसा कि अभी -अभी ऊपर लिखे शब्दों में अलग-अलग उपासनाओं के विवरण से विदित होता है। अब हमें अपने मूल विषय से बहुत दूर चले जाने की अपेक्षा कुण्डलिनी साधना के सम्बन्ध में ही और अधिक विचार करना ठीक होगा।

मूलबन्द के सम्बन्ध में ज्ञान का और आश्चर्यचकित कर देने वाले तथ्यों का बहुत बड़ा विस्तार है और मूलबन्द साधना के द्वारा शरीर के विशेष भागों में स्थित कितने ही छोटे-बड़े अत्यन्त प्रभावशाली यन्त्रों को संचालित करने का रहस्य छुपा हुआ है। मूलबन्द के अभ्यास द्वारा मानव शरीर में स्थित बड़े-बड़े शक्तिसम्पन्न महाविद्युत को उत्पन्न करने वाले जेनरेटरों (योगचक्रों) को चलाने, जाग्रत करने अर्थात स्पन्दित व स्टार्ट कर देने की शक्ति है इन बन्द स्वरूप योगिक क्रियाओं के लगातार करने से योगी

के मस्तिष्क के उन भागों को नियंत्रित करने की शक्ति है। अर्थात इस क्रिया के द्वारा जिन योग चक्रों को कभी साधक ने तनिक भी प्रयोग ही नहीं किया है उन्हें मूलबन्ध ा की साधना से अपने मस्तिष्क की ऐसी तन्त्रिकाओं को चेतना के क्षेत्र में लाकर उनके द्वारा बहुत बड़े-बड़े शोधकार्य सम्पादित कराने के लिए उसे मानव शरीर में स्थित अत्यधि ाक संवेदन शील योग चक्रों को शरीर के विभिन्न भागों में स्थित योग चक्रों को सूक्ष्म रूप से विशेष शक्तिशाली विद्युत प्रवाहित करके, उन्हें कार्य करने के लिए चलाया जा सकता है। जिसके फलस्वरूप साधक का आमूल-चूल परिवर्तन देखने को मिलेगा।

हे ! साधकों, हे! योग के बच्चे जिज्ञासुओं आप अपने पर कृपा करके योग साधना की एक इस छोटी सी किन्तु अत्यधिक महत्वपूर्ण मूलबन्ध क्रिया का सावधानी पूर्वक थोड़ा-थोड़ा अभ्यास आरम्भ कर दीजिए। निश्चय ही आपके विचारों में, शरीर में, मन और मस्तिष्क में भी एक विशेष बदलाव, आपको स्पष्ट रूप से दृष्टिगोचर होने लगेगा। साथ ही योगमार्ग के अच्छे सरल स्वभाव दिखावें से रहित सद्‌गुरू की सच्चे मन से तलाश करते रहिए। यदि ऐसा सद्‌गुरु जब कभी ढूँढे से मिल जाए तो अपने आपको बहुत भाग्यशाली समझना निश्चय ही आपका कल्याण हो जाएगा। गुरू के सम्बन्ध में गीता में चौथे अध्याय में चौतीसवें श्लोक में भगवान श्री कृष्ण ने ऋषि ज्ञानी सद्‌गुरु के पास विनम्र भाव से जाने का साधकों के लिए विशेष रूप से कहा है। पर वास्तव में ऐसे गुरू मिलने अत्यन्त दुर्लभ हैं। पर जब तक गुरु नहीं मिलेंगे, तब तक जीवात्मा की वास्तविक कार्य सिद्धि नहीं हो सकेगी।

देखो भाई ! आप सब सोचे सीधे सादे छल कपट रहित अच्छे भक्तजन साधक के साधिकाएँ हैं। अन्धे गुरुओं से बचने का प्रयत्न करें। जो स्वयं अन्धे हैं, वो आप सबको वैसे रास्ता दिखाएँगे। मुगल राज्य के अन्तिम काल में उत्पन्न हुए बहुत बड़े योग सिद्ध पुरूष स्वामी चरण दास जी महाराज अपने हृदय के उदगारों को आजकल के गुरूओं के सम्बन्ध में अत्यन्त दुखी होकर प्रकट करते हैं।

'गुरूआ तो गलियाँ फिरे, घर-घर कंठी देत।'

इसलिए हे ! साधकों आपको सावधान किया जाता है। आज के इस सदी में समस्त देश और विदेशों में भी गुरूओं की एक बाढ़-सी आ गई है और वे सभी तथा कथित गुरू वेशधारी लोग कई-कई सौ व्यक्तियों के एक साथ मन्त्र दीक्षा दे देते हैं। आप ही सोचिए क्या फीस लेकर या देकर अच्छा योग्य गुरू बनाया जा सकता है। वह आत्मा का अत्यन्त रहस्यपूर्ण ज्ञान साधना मार्ग की उलझी हुई गुत्थियों को ऐसा गुरू जो आपको पुनः कभी मिलने पर पहचानेगा भी नहीं, ऐसा गुरू आप सबका कैसे कल्याण

करेगा। वह तो केवल आपसे ही बहुत कुछ लेकर अपना कल्याण कर रहा है। उसे तो तनिक भी आपका ध्यान ही नहीं है। वह तो बस आपको गुरु शब्द की बेड़ियों से जकड़ रहा है। जिससे आप उसके पंजे से निकलकर किसी योग्य गुरु के पास न पहुँच जाएँ। ऐसे गुरूओं से किसी का कुछ कल्याण होने वाला नहीं।

तीनों देवों अर्थात ब्रह्मा, विष्णु, महेश के मिश्रित अवतार भगवान दत्तात्रेय जी, जो लीला पुरूष है। जो केवल योग साधना के प्रचारार्थ अवधूत वेष में अवतरित हुए हैं। उन्हेंने भी आप हम सबको गुरू के सम्बन्ध में स्पष्ट ज्ञान देते हुए अपने विशेष चरित्र के द्वारा स्पष्ट रूप से समस्त संसार को यह बताया है कि यदि एक गुरु आपका कुछ कल्याण नहीं कर पा रहा है तो एक, दो, तीन, चार ही नहीं 24 गुरु, तक बना सकते है और जहाँ-जहाँ से जैसी जितने तक बना सकते है और जहाँ-जहाँ से जैसी जितनी शिक्षा प्राप्त हो रही है, उसे लेकर भक्त योग साधक को अपने उपासना मार्ग में इधर-उधर देखे बिना, उन अच्छी शिक्षाओं पर चलकर अपनी उपासना के मार्ग पर जीवन में आगे-आगे बढ़ते रहना चाहिए। कहीं ठहरने की आवश्यकता नहीं है। साधु सन्त निष्ठावान सच्चे उपासकों अपनी आँखें खोलो वहाँ और जिसके पास भी जितना जो कुछ मार्गदर्शन, सद्उपदेश मिल जाए उसे सरल स्वभाव से ग्रहण करिए और अच्छे साधु को एक जगह अधिक दिन नहीं ठहरना चाहिए। इससे आपकी हानि होगी। मेरे कहने का तात्पर्य यह है कि साधना, उपासना के मार्ग में हम सब अभी अबोध साध ु ही है इसलिए शिक्षा लीजिए प्रणाम कीजिए, जो अच्छा है, उसे ग्रहण कर लीजिए और शेष को छाज की भाँति छोड़ दीजिए।

साधु ऐसा चाहिए जैसा सूप स्वभाव।
सार-सार को गह रहे थोथा देय उड़ाय।।

इस बात को अपनी बुद्धि में ठीक स्थान दीजिए और इस संसार से अच्छी बात जब जिससे मिल जाए, वह बालक हो ज्ञानी हो, अवधूत हो, सन्त महात्मा हो जड़ या चेतन हो या पशु हो उन के आचरण से ठीक शिक्षा को ग्रहण करिए, अपने जीवन में तीव्र गति से आगे बढ़ जाइए। बिना योग के जाने मुक्ति नहीं है। त्यागी, ज्ञानी, संयमी आदि भी बिना योग साधन के अपने अन्तिम लक्ष्य को प्राप्त नहीं कर सकते। भगवान शंकर ने आगम शास्त्रों में कहा है–

ज्ञाननिष्ठो विरक्तोऽपि धर्मज्ञो विजितेन्द्रियः।
बिना योगेन देवोऽपि न मोक्षं लभते प्रिये।।

कुण्डलिनी जगाने का गुप्त रहस्य

योग अत्यन्त गूढ़ और गम्भीर विद्या है। इसे अच्छे जानकार योगी गुरु से ही प्राप्त किया जा सकता है। योगमार्ग में पूर्ण सफलता प्राप्त करने के निमित्त बहुत सारी जानकारी अबसे पहले पाठकों को दी जा चुकी है और उसमें सर्वाधिक बहुमुखी प्रतिभा से युक्त योग की मूलबन्ध नामक क्रिया के सम्बन्ध में विशेष रूप से दी गई है। मूलबन्ध योग की ऐसी महत्वपूर्ण क्रिया है। जिसके द्वारा और उसके साथ-साथ प्रणायाम का विशेष अभ्यास करने से आन्तरिक शक्तियों को जगाने में बहुत बड़ा सहयोग प्राप्त होता है। मूलबन्ध अभ्यास का नाड़ी शोधन (लोम-विलोम) नामक प्रणायाम के साथ करने से सम्पूर्ण शरीर की शुद्धि होकर मूलाधार चक्र पर विशेष प्रभाव पड़ता है। मूलाधार चक्र प्राण शक्ति का सर्वाधिक महत्वपूर्ण कोषागार है और केवल मात्र योग की अत्यन्त वैज्ञानिक और महत्वपूर्ण चाबी "मूलबन्ध" है। मूलबन्ध क्रिया ही इस भण्डार के ताले को खोलने की चाबी है। उसका रख-रखाव देखभाल और सुचारू रूप से नियंत्रण होना परम आवश्यक है। मूलबन्ध के द्वारा बीजमंत्र को साथ लेकर जहाँ कुल-कुण्डलिनी, यहाँ सर्पिणी शक्ति स्वयं भू गुप्त शिवलिंग के, साढ़े तीन चक्कर लगाए हुए नीचे की ओर मुख किए सोई हुई है। उसे परम रहस्यमय अत्यन्त गुप्त क्रोध बीज मंत्र के साथ मूलबन्ध से युक्त होकर, धीरे-धीरे उस महाशक्ति पर शब्द ब्रह्म की शक्ति साथ लेकर ताड़न करने से वह अट्टहास करती हुई जाग्रत हो उठेगी। तब अत्यन्त सावधान होकर साधक को बिन्दु, नाद, साकार निराकार, प्राण अपान आदि के मिलन (सांयुज्य) के आनन्द की विशेष अनुभूति प्राप्त हो सकेगी। ऐसी स्थिति में जब कुण्डीलनी जागरण का समय सन्निकट होता है तो साधक के प्राण का सुषुम्ना नाड़ी के मुख में प्रवेश करने के पहले ही श्वास-प्रश्वास बन्द होने लगता है या बन्द हो जाता है। यदि इस सम्बन्ध में आवश्यक बातें साधक को गुरु ज्ञान के द्वारा पहले ही बता दी जाती है तो साधक बहुत सारे भ्रमों से सुरक्षित हो जाता है। ऐसे समय में कभी-कभी साधक श्वास-प्रश्वास बन्द होने लगा और इस क्रिया का साधक को तत्क्षण ज्ञान तो हो जाएगा और हो सकता है, थोड़ी जानकारी रखने वाला साधक यह समझ बैठे या उसका ध्यान अपनी साधना से हटकर इस बात पर आ जाए कि अब तो श्वास प्रश्वास बंद होने जा रहा है मैं कहीं उठ पाऊँ या मेरी मृत्यु हो जाए। ऐसे में साधक की सारी साधना की, अब तक की मेहनत यहीं

पर रूक जाएगी। इसलिए समस्त साधकों को सावधान किया जाता है कि इस प्रकार के योग साधन द्वारा आज तक कभी भी और किसी की भी मृत्यु नहीं हुई। यह बात बिल्कुल सत्य है। योग की इस क्रिया द्वारा तो साधक को प्राणों पर नियंत्रण हो जाता है। फलतः उसका श्वास-प्रश्वास बिल्कुल बन्द हो जाता है। यह किताबी ज्ञान नहीं हैं। यह मैंने अपने साधना काल में एक बार नहीं अनेक बार करके देखा है। उसके साथ साधक की जब इच्छा हो संकल्प करते ही पुनः इस शरीर में श्वास प्रश्वास का आवागमन हो जाता है। यह योग की अत्यन्त महत्वपूर्ण योग क्रिया है।

वस्तुतः इस क्रिया से यह सिद्ध होता है कि कुण्डलिनी जगाने वाले समस्त साधकों का योग की महत्वपूर्ण क्रिया जो अभी-अभी हम कुछ देर से बता रहे हैं उस विशेष साधन के द्वारा अपने श्वास-प्रश्वास को अर्थात हृदय गति को जिसने बिल्कुल बन्द कर दिया है। वही आदमी कुण्डलिनी शक्ति को जगाने योग्य है अन्यथा नहीं। जब तक प्राण शान्त नहीं होते कुण्डलिनी शक्ति को तब तक किसी प्रकार भी नहीं जगाया जा सकता और न ही वह जागेगी।

अब उन सभी साधकों से जो आज कुण्डलिनी शक्ति को जगाने की प्रक्रिया के चक्कर में इधर-उधर टक्कर मार रहे है। कभी इधर-उधर कोई कहता है, सात मिनट में कुण्डलिनी जगाई जाती है। कोई फीस लेकर दस दिन की साधना से कुण्डलिनी जागरण का दावा करते हैं। कई विभिन्न बातें करते हैं। इस समय सारे देश में और विश्व के अन्य देशों में भी इसका प्रचार हो रहा है। कितने ही साधक अपने मिथ्या अभियान में यह कहते फिर रहे है कि मेरी तो कुण्डलिनी जाग्रत हो गई है। हम उन सब साधकों और शिक्षकों से नम्र निवेदन करते है। पूछना चाहते है कि क्या कभी उनका आधा घण्टा या दस मिनट को भी श्वास प्रश्वास, हृदय गाति, रक्त संचालन पूरी तरह रूका है अथवा नहीं। यदि आपमें से कोई भी यह मानने को तैयार नहीं कि ऐसी क्रियाओं को करना जानते है जिससे अपने या किसी के प्राणों का स्पन्दन बिल्कुल रोक सकते हैं। यदि ऐसा नहीं कर सकते, तो यह बात तो भाई ऐसे कुण्डलिनी जागरण के भ्रम में समय व्यर्थ करने से कोई लाभ नहीं।

एक शास्त्रोक्त और सैद्धान्तिक नियम है कि सुषुम्ना नाड़ी के मुख में प्राणों का प्रवेश किये बिना और मूलबन्ध आदि क्रियाओं की पूर्णरूपेण सिद्धि के बिना, भी कुण्डलिनी का जागरण विधिवत नहीं हो सकती। सुषुम्ना द्वार एक मात्र मूलाधार चक्र के सन्निकट है मूलाधार पर योगिक संयम किये बिना कुण्डलिनी शास्त्रोक्त तरीके से ठीक-ठीक जागृत नहीं की जा सकती। यदि ठीक शास्त्रोक्त विधि के अनुसार जिस साधक की कुण्डलिनी महा शक्ति का जागरण, मेरूदण्ड के सबसे निचले भाग सुषुम्ना द्वार से प्रारम्भ होकर

प्रथम योगचक्र मूलाधार, स्वधिष्टान, नाभिचक्र आदि को कुल कुण्डलिनी महाशक्ति, क्रमशः योग विधि के अनुसार इन समस्त चक्रों को जागृति करती हुई सुव्यवस्थित रूप से अग्रसर नहीं हुई है तो साधक के तन मन एवम समस्त स्नायु मण्डल पर उसका सम्पूर्ण रूप से पूरा-पूरा और ठीक-ठीक प्रभाव दृष्टि गोचर नहीं हो सकेगा।

किन्हीं-किन्हीं अच्छे भक्त, भावुक और ऊँचे प्रकार के अच्छे साधकों में इस योगिक दिव्य शक्ति के जागरण के बहुत से लक्षण, चिन्ह आदि इस प्रकार दिखाई देने लगते हैं। जैसे वास्तविक रूप से इस साधक की दिव्य कुण्डलिनी शक्ति जागृत हो चली है। उसके कुछ कार्य भी इस प्रकार चमत्कारी और आश्चर्य चकित कर देने वाले साधारण मनुष्य की बुद्धि को चकरा देने वाले, सूक्ष्म प्रकृति में परिवर्तन उपस्थित कर देने वाली पराशक्ति का आभास साधक मे परिलक्षित होने लगता है। इसका मतलब यह नहीं है कि उस साधक की कुण्डलिनी महा शक्ति वास्तविक रूप से जागृति हो चली है। बहुत बारीकी से यदि ऐसे साधक के सम्बन्ध में छान बीन सच्चे प्रकार से और निष्पक्ष भाव से की जाय तो जानकार व्यक्ति को स्पष्ट रूप से यह अवश्य ज्ञात हो जायेगा, कि मन की एकाग्रता विशेष के कारण ही कुण्डलिनीं शक्ति से समकक्षता रखने वाले बहुत सारे चमत्कार साधक के जीवन, वचन और कर्म के प्रकट हो जाते हैं। कुण्डलिनी शक्ति को छेड़े बगैर भी सरल शान्त और भक्त हृदय, परिश्रमी, दृढ़ संकल्पी, सत्यनिष्ठा महत्वांकाक्षी साधक में आत्मिक, मानसिक एवम् बौद्धिक प्रकार की रहस्यमय सूक्ष्म चमत्कारी एवम् अत्यन्त प्रभावशाली रहस्यमय कार्यों को सरलता से करके दिखा देने वाली विचित्र मायावी एवम् जादू जैसा चमत्कार करने वाली शक्ति दृष्टिगोचर होने लगेगी।

ऐसे साधक के सम्बन्ध में जन-साधारण को तो वही विश्वास करना पड़ेगा जो वह अपनी साधना के सम्बन्ध में स्वयं एवम् उसके श्रद्धालु भक्तजन कह रहे हैं। कभी-कभी सर्व साधारण और अच्छे लोग भी कोई साधारण और अच्छे लोग भी कोई साधारण सी मांत्रिक, मानसिक एवम् तांत्रिक शक्ति सम्पन्न उपासक को ही ऐसा समझ बैठते हैं कि यह तो बहुत बड़े ऊँचे प्रकार के योग सिद्ध पुरुष हैं।

सज्जनों आज से लगभग 45-50 वर्ष पूर्व ऐसे दो तीन यक्षिणी सिद्धि से सम्पन्न साधकों से स्वयं प्रत्यक्ष रूप से मिला हूँ। वे महात्मा वंगश में रहते थे। दिल्ली में नई सड़क के पास बड़शाबूला पर एक मकान में विराज रहे थे। राष्ट्रपति भवन के एक-बड़े अधिकारी ने नई दिल्ली में जहाँ मैं ठहरा हुआ था। उस स्थान पर आकर मुझे उस महात्मा के चमत्कारी कार्यों के सम्बन्ध में उसकी बहुत सारी गति विधियों के बार में बताया। उसकी ऐसी तारीफ सुनकर मुझे भी उसके सम्बन्ध में जानने की उत्सुकतावश उस अधिकारी के साथ और दो-चार व्यक्तियों को साथ लेकर, मैं वहाँ रात्रि के 9 बजे

के लगभग पहुँचा। उस समय, उस व्यक्ति के पास काफी भक्तों की भीड़ लगी हुई थी। हमारे वहाँ पहुँचते ही उस वृद्ध महात्मा ने, जो बहुत बड़ी शेर की खाल पर बैठा हुआ था, मुझे देखते ही उठकर मेरा स्वागत किया और ठीक प्रकार आसन दिया और स्वयं भी अपने बाघम्बर पर बैठ गया और आसमान की तरफ देखते हुए किसी से वार्तालाप करते हुए कहा? कि गुरुजी आये हैं दो पान लाओ और अपने हाथ तत्क्षण आकाश की ओर कर दिया निमेष मात्र में दो ताम्बूल शून्य से उसके हाथ में आ गये। उसने शालीनता के साथ वे पान ग्रहण करने का मुझे आग्रह किया। मैंने कहा हमलोग पान नहीं खाते है, तत्काल उसने फिर आकाश की ओर हाथ किया और कुछ प्रसाद लाने के लिए कहा। दूसरे ही क्षण देखते ही देखते उसके हाथ में एक दोने में बर्फियाँ आ गई। वह उसने पुनः मुझे समर्पित की। मैंने वे बर्फिया उपस्थित लोगों में बाँटने के लिए एक व्यक्ति को दे दी। तत्क्षण उस महात्मा ने फिर आकाश की ओर अपना हाथ एक झटके साथ ऊपर किया और एक माला मँगाने के लिए शब्द बोला, दूसरे पल उसके हाथ में पुष्पों की एक साधारण माला दृष्टिगोचर होने लगी और उसने वह पुष्पमाला मेरे गले में डाल दी और कहने लगा यह सब महाशक्ति कुण्डलिनी का चमत्कार है। मैं तो हिन्दुस्तान की इस मंत्रयोग और आध्यात्मिक विद्याओं का प्रचार-प्रसार करना चाहता हूँ। देश में बड़े-बड़े साधना केन्द्र, विद्यालय आदि बनाने का विचार करता हूँ यदि आप जैसे सिद्ध साधकों का, महात्मा एवम् विद्वानों को सहयोग मिल जाय, तो देश में एक बहुत बड़ी क्रान्ति आध्यात्मिक दृष्टि से उत्पन्न हो सकती है। मैं तो समझता हूँ। अब समय आ गया है कि तमाम साधक, भक्त, सन्त, महात्मा, विद्वानों को एक जुट होकर हिन्दु संस्कृति को बचाने, पुनः पूर्ण रूप से प्रचार-प्रसार करके, समस्त विश्व में आध्यात्मिक क्रान्ति के ध्वज को फहराया जाय। इसी प्रकार की अपनी बड़ी-बड़ी योजनाओं के सम्बन्ध में कुछ देर तक वह बताता रहा। रात्रि का काफी समय हो गया था इसलिए मैंने उस बाबा को दो अच्छे शब्द कहकर वहाँ से अपने स्थान के लिए प्रस्थान किया। किन्तु वह माला जो उसने मुझे समर्पित की थी उसे मैं अपने साथ जान-बूझकर लेता आया। मैंने उसे उतार कर अपने स्थान पर रख दिया। अगले दिन प्रातः मेरे पिता जो एक बहुत बड़े जाने माने बैरिस्टर(वकील) थे। वे आये और उन्हें मैंने रात्रि की सारी घटना बताई उन्होंने उस बाबा को देखने की इच्छा अभिव्यक्त की तदन्तर, दिन में 8 बजे के लगभग हम बाबा के पास पहुँचे। देखा तो वे महात्मा एक कई गज लम्बी माला लेकर एक पैर से खड़े होकर कमरे में कोई मंत्र जप कर रहे थे और जैसे कुएँ से पानी खींचते है, इस प्रकार रस्सी खींचने की तरह माला को खींच रहे है। देखकर बड़ा अटपटा और विचित्र लगा, उनके अंग रक्षक को, जो द्वार पर खड़ा था, हमने कहला

भेजा कि रात वाले गुरु जी आयें हैं। महात्मा ने सूचना मिलते ही अपनी वह विचित्र पूजा उपासना दो चार मिनट में समाप्त करके हमें अपने कमरे में बुलाया। मैंने अपने पिताश्री का उससे परिचय कराया। फिर तो तत्क्षण उसने आकाश की ओर एक झटकें के साथ अपना हाथ उपर किया और कहा, पिताश्री जी आये है एक दर्जन केले लाओ। अगले निमेष में केले अज्ञात से उसके हाथ में आ गये। और उसने हमारे पिताश्री को अज्ञात से आये वह फल प्रदान कर दिये, और कहा खाइये। उन्होंने वह फल ले तो लिए किन्तु खाये नहीं। उसके पश्चात् उस बाबा ने कई वस्तुएँ ऐसे ही अज्ञात शून्य की ओर हाथ करके मँगाई। अन्तिम में उसने एक पीतल की छोटी सी प्रतिमा भगवान श्रीकृष्ण की तत्क्षण उसके हाथ में आ गई। उसने बोला बस ये सारा चमत्कार करते है। अगले क्षण उसके हाथ में मूर्ति के स्थान पर एक बड़ा सन्तरा दिखाई दे रहा था। ऐसे कई आदमी को अक्ल मारे देने वाले जादू की भाँति उसने हम लोगों के सामने दिखाये। उस बाबा से मिलकर थोड़ी देर उसकी बात सुनकर हमलोग वापस आ गये।

दो चार दिन के बाद किसी व्यक्ति ने हमें आकर विश्वस्त रूप से सूचना दी कि महाराज जी उस बाबा को दिल्ली शहर के हौज काजी थाना में बन्द कर दिया गया है। दो चार व्यक्तियों के साथ हम जाकर थानाध्यक्ष से मिले। उस बाबा ने हमें वहाँ आते देख लिया और तत्क्षण उसने बहुत बड़ा अनार जो उस स्थान का द्वार खोले वगैर वहाँ से नहीं निकल सकता था अज्ञात से मँगाया और वहाँ खड़े पहरेदार से निवेदन किया कि महाराज जी को कहिए मैं अनार उनको भेंट करना चाहता हूँ। वहाँ बैठे सब देख रहे थे। वहाँ के पुलिस प्रभारी ने कहा यह बाबा, इसके पास आने वाले सभी लोगों को गालियाँ देता है। आचार्य जी इसे योग विद्या वगैरा कुछ नहीं आती। इसे प्रेतनी व यक्षिणी सिद्ध है, मैंने उसे कहा कि आप भी क्या ऐसी विद्याओं के सम्बन्ध में कुछ जानकारी रखते है? उसने यक्ष-यक्षिणी प्रेत आदि की सिद्धि वाले व्यक्तियों के कुछ लक्षण बताये। जिस आदमी को यक्षिणी सिद्ध होती है, वह दो चार मिनट से ज्यादा एक स्थान पर स्थिरता से नहीं बैठ सकता। वास्तव में वह सब लक्षण उस बाबा में मिलते थे। मेरे कहने पर उसने बाबा को बन्धन मुक्त कर दिया। फिर बाबा ने अपने स्थान पर एक दिन सभी जन-समुदाय के समक्ष कुण्डलिनी शक्ति एवम् योग विद्या के बारे में बहुत कुछ बताया तत्पश्चात् उसने अपने हाथ की मुट्ठी से लगभग 10-15 मिनट तक बहुत सारे एक-एक रूपये के सिक्के लगातार बनते रहे और गिरते रहे, हम लोगों के देखते देखते वहाँ कई किलो रुपया इकट्ठा हो गया ऐसे ही बहुत सारे छोटे-छोटे विचित्र कार्य वह कर करके प्रतिदिन जन साधारण को आकर्षित किया करता था। दो चार दिन के बाद एक दिन प्रातः यमुना स्नान के लिए वह अपने एक व्यक्ति के साथ वहां गया।

उसके शिष्य के अनुसार वहाँ थोड़ी देर में एक जीप गाड़ी आयी और बाबा को जबरदस्ती उठाकर गाड़ी में बैठा कुछ विचित्र मुखाकृति के व्यक्ति ले गये। उसके बाद मुझे उस बाबा के सम्बन्ध में पुनः कोई जानकारी प्राप्त नहीं हुई किन्तु यह बात सत्य है कि वह जो वस्तुएँ शून्य से मँगाता था। बस केवल उतनी ही भर उसमे शक्ति थी। उससे आगे वह कुण्डलिनी शक्ति का चमत्कार कहता था। कभी देवी जी की सिद्धि, कभी हनुमान जी की सिद्धि, तो कभी अपने आप को सिद्ध बताता था, यह सभी बातें मेरी जानकारी के अनुसार बिल्कुल असत्य है। ऐसे और इससे कुछ समकक्षता रखने वाले प्रेत सिद्धि और मंत्र सिद्धि वाले कितने ही भांति-भांति के व्यक्ति आज तक मेरे पास यदा-कदा वर्ष में एक दो आते रहते हैं। अभी एक सन्यासी महात्मा हिमालय के गंगोत्री स्थान से दिल्ली में मेरे स्थान पर मुझसे मिलने पधारे। उन्होंने भी स्वयं को, कुल कुण्डलिनी उपासना से सम्बन्धित विशेष जानकार बताया। कुछ देर सत्संग के उपरान्त हमने उस महात्मा की सारी योग्यता का अनुमान अच्छी प्रकार लगा लिया। वस्तुतः महात्मा का कुण्डलिनी पराशक्ति के सम्बन्ध में किताबी ज्ञान काफी अच्छा था। किन्तु प्रत्यक्ष कर्माभ्यास करने का, वे प्रयत्न अवश्य करते थे। किन्तु उस साधना की अत्यन्त आवश्यक मुद्रा प्राणायाम नियम, त्रिबन्ध आदि की साधन युक्तियों के सम्बन्ध में उन्हें बहुत ही थोड़ा अपूर्ण ज्ञान था। मूल बन्ध का अभ्यास तो वे महात्मा बिल्कुल ही नहीं करते थे, इसलिए कुण्डलिनी साधना के विशेष मार्ग पर वह बिल्कुल ही चलने योग्य साधक नहीं थे। मैंने उनके सन्यासी वेश का ध्यान रखते हुए विनम्र शब्दों में उन्हें उनकी स्थिति का और योग्यता का स्पष्ट रूप से दिग्दर्शन कराया और कहा सन्यासी जी आप अपने ऊपर कृपा करके सर्व प्रथम कुण्डलिनी साधना करने से पूर्व ही सम्पूर्ण जानकारी प्राप्त करिये और उस मार्ग पर दृढ़ संकल्प के साथ कटिबद्ध होकर आगे बढ़ने का प्रयत्न करें। आपकी इच्छा हो तो हमारे यहाँ से वह सारी जानकारी विश्वस्त रूप से प्राप्त हो सकती है। इस प्रकार वह सन्त थोड़ी सी जानकारी प्राप्त करके अपने गंगोत्री वाले स्थान की ओर प्रस्थान कर गये। कुछ मास के उपरान्त वह पुनः पधारे और उन्होंने मेरी बताई कुछ विधियों को करने से उन्हें क्या और कैसा लाभ प्राप्त हुआ, यह सारा विवरण स्पष्ट रूप से मुझे बताया और आगे की साधना सम्बन्धी विधियाँ जानकर वह चले गये।

कुछ मास के उपरान्त वे सन्यासी महोदय कुण्डलिनी साधना के जिज्ञासु सन्त आये और अब उन्होंने मूलबन्ध क्रिया की बहुत अधिक प्रशंसा की और कहा कि मुझे शारीरिक स्वास्थ्य एवम् मानसिक प्रकार से कुण्डलिनी शक्ति की उपासना के प्रथम द्वार पर पहुँचने की एक कुंजी मूलबन्ध के रूप में पूरी तरह से प्राप्त हो गई। मैं अच्छी प्रकार समझ गया हूँ कि उड़ीयान बन्ध, जालन्धर बन्ध और मूलबन्ध की निरन्तर साधना के बिना

कुण्डलिनी शक्ति का तनिक सा आभास भी साधकों को नहीं हो सकता। आज जो योगी, सन्त, साधक इस महाशक्ति का केवल मौखिक व्याख्यान देते घूम रहे है। वस्तुतः उनलोगों को इस योग शक्ति के सम्बन्ध में कुछ भी ज्ञान नहीं है। केवल स्वयं के बनाये हुए कपोल-कल्पित शब्द जाल अथवा साधना विधि आदि में ही, व्यर्थ के भ्रम में दूसरों को भी और स्वयं भी एक झूठे भ्रम के योग सरोवर में डुबकियाँ लगा रहे हैं और प्रसन्न हो रहे हैं कि महाकुण्डलिनी शक्ति उनके और उनके अनुयाइयों के अन्दर जागृति हो गई है। ऐसी बहुत सारी बात बताकर वे महात्मा हिमालय की ओर प्रस्थान कर गये। अब भी यदा-कदा वे आते रहते है अब तो केवल उन्हें देखने से ही स्पष्ट मालूम हो जाता है कि वे अपनी कुण्डलिनी साधना के मार्ग पर क्रमशः ठीक प्रकार दिन-दिन अपने अभ्यास और लगन के अनुरुप उन्नति करते जा रहे है। मेरा अनुमान है यदि वे और उन जैसे दूसरे साधक भी इसी प्रकार सच्चे ध्यान परिश्रम और श्रद्धा के साथ अपनी उपासना साधना में जुटे रहें तो वह समय दूर नहीं जब उनके जीवन में उस परा योग शक्ति का अवतरण हो जाय। जो भी साधक अदम्य उत्साह के साथ अटूट विश्वास, निश्छल, सात्विक जीवन, दृढ़ संकल्प, सत्यनिष्ठा और सतत अभ्यास के साथ, जिस किसी साधना में भी अपनी प्रदीप्त, प्रज्चलित सच्ची साधना के साथ अग्रसर होते जायेंगे। निश्चय ही वे अपने परम लक्ष्य को प्राप्त कर लेंगे।

कुछ वैज्ञानिक तथ्य

समस्त योगाभ्यास छोटे-से-छोटे, मध्य प्रकार के एवम् बड़े से बड़े योगिक क्रियाओं के प्रयोग, साधक के आन्तरिक और बाह्य दोनों स्वास्थ्यों पर एक विशेष प्रकार का प्रभाव करते हैं। विद्यार्थियों के लिए इसका बहुत बड़ा महत्व है। मस्तिष्क की थोड़ी सी गड़बडी भी पूरे शरीर विज्ञान तंत्र पर अपना निश्चित रूप से एक व्यक्त या अव्यक्त प्रकार का पूरा प्रभाव डालती है। योगी की छोटी-बड़ी सभी साधनाओं के द्वारा रीढ़ की हड्डी के जटिल, स्नायुमंडल शरीर की विभिन्न पेशियों और मस्तिष्क में अत्यधिक जटिल स्नायु गुच्छों में विशेष प्रकार की हलचल उपस्थित कर देता है। इसमें सब से बड़ा कार्य साध ाक के मस्तिष्क में, कल्पना शक्ति, संकल्प शक्ति और प्रबल इच्छा शक्ति साथ-साथ बार-बार एक ही विचार के चिन्तन करने से आन्दोलन आन्तरिक रूप से होता है।

निश्चय ही भारतीय योग विज्ञान के अनुसार ऐसे चिन्तन से विशेष प्रकार की माँस पेशियों और शरीर के चाहे, जिस तंत्र पर साधक अपने मन को केन्द्रित करके उसमें विशेष प्रकार का कम्पन अपनी इच्छा के अनुसार उत्पन्न कर सकता है। यदि

पातंजलि योग सूत्र के विभूति पाद में बताये संयम विशेष के द्वारा साधक अपने विचारों संवेगो को बराबर किसी एक ही निश्चित केन्द्र बिन्दु पर लगातार संदेश पर संदेश और संवेग पर संवेग दृढ़ता के साथ भेजता रहा तो उस स्थान की माँसपेशियों और स्नायु मंडल में खास किस्म की ऐंठन उत्पन्न होने लगती है। योगिक सिद्धान्त के अनुसार उस स्नायु गुच्छ को बार-बार संकुचित एवम् विश्रान्त करने वाली क्रिया से एक बहुत बड़ी प्राणिक ऊर्जा, योगिक शक्ति का विशेष रूप से उत्सर्जन होने लगेगा। अब साधक का कर्तव्य है कि इस प्राणिक शक्ति के उत्पन्न होने के साथ-साथ उसे पूरी तरह अपनी प्रबल मानसिक शक्ति के द्वारा नियंत्रित करके, अपनी मनोवांछित कार्य सिद्धि के लिए, ठीक दिशा की ओर उस महाशक्ति के ऊर्जा प्रवाह को सम्भाल कर चला दे। इससे कई प्रकार के नये-नये लाभ साधक के समक्ष प्रत्यक्ष दृष्टिगोचर होने लगेगें।

आपका सम्पूर्ण स्नायुमंडल तंत्र अत्यन्त जटिल (कम्पलीकेटिड) और कोमल (सेन्सिटिव) दोनों ही प्रकार का है और अच्छे मनोनिग्रह और अच्छी साधना के अभ्यास के बिना इसका ठीक प्रकार से नियंत्रण नहीं किया जा सकता। यदि अपने विचारों को पूरी तरह से शान्त एवम् स्थिर बनाने के उपरान्त यदि साधक किसी एक निश्चित लक्ष्य की सिद्धि प्राप्त करने के लिए कोई महत्वपूर्ण प्रभाव, अपनी सूक्ष्म मानसिक शक्ति से कर, देखना चाहता है तो उसे निरन्तर और काफी समय तक दृढ़ से दृढ़त्तर संवेगों पर संवेग नियमित रूप से, एक ही निश्चित कार्य को पूर्ण करने के लिए भेजते रहना होगा और यह क्रिया पूर्ण विश्वास के साथ अपने अन्तरतम में उतर कर, संकल्प विकल्प से रहित स्थिति में पहुँचकर, जो कुछ उल्टा व सीधा कार्य साधक करना चाहता है, जब तक वह सम्पूर्ण रूप से पूरा न हो जाय, तब तक पक्के इरादे के साथ, ऐसे संवेगों पर संवेग भेजते रहने का सिलसिला चलता रहना चाहिए। बस निश्चित मानिये, आप जो कुछ सोच रहे थे। वह आपके विश्वास को चरमोत्कर्ष स्थिति में पहुँचते-पहुँचते "कर आमलवत" वह बात पूरी हो जायेगी। इसमें तनिक भी सन्देह नहीं है ऐसी शक्तिशाली दृढ़ धारणा वाले व्यक्तियों से कितनी ही बार मेरा सम्पर्क हुआ है।

शरीर की सूक्ष्म अन्तर स्त्रावी तंत्रिका तंत्र समस्त योगिक क्रिया के द्वारा नियंत्रित और पूर्ण रूपेण व्यवस्थित विचार प्रवाह को शरीर के, रक्त में हार्मोन के नाम से पुकारे जाने वाले अत्यन्त शक्तिशाली रसायन को स्त्रावित करने की प्रबल शक्ति होती है। हमारी सूक्ष्म समस्त स्नायुमंडल की महत्वपूर्ण बारीक से बारीक ग्रन्थियाँ ही सम्पूर्ण शरीर के नियंत्रण को युक्ति युक्त प्रकार से साथ, ही शरीर को समस्त हार्मोन व्यवस्था को ठीक प्रकार संतुलित रूप से व्यवस्थित करने के लिए अर्थात चलाने के लिए पूरी तरह से उत्तरदायी है। और इसी से साधक के चरित्र, विचार एवं व्यक्तित्व का भी ठीक ठीक

नियंत्रण होता है। हमारे रक्त में किसी ग्रन्थि विशेष के अथवा किसी स्नायुगच्छ (योगचक्र) के हार्मोन मानव शरीर स्थित अन्य योगचक्रों से उत्पन्न होने वाले विशेष प्रकार के शक्ति स्राव (हार्मोन) को विशेष रूप से अथवा मानसिक रूप से प्रभावित करके उसमें तीव्रता उत्पन्न कर सकता है। हमारे शरीर में स्थित आठ प्रकार की आन्तरिक विशेष प्रकार के स्राव को उत्पन्न करने वाली विशेष ग्रन्थियाँ होती हैं जिनको निम्न नामों से जाना जाता है

पियूष ग्रन्थि (Pituitary gland)
पीनियल ग्रन्थि (Pineal gland)
थायरायड ग्रन्थि (Thyriod gland)
पैराथायराड ग्रन्थि (Parathyridiod gland)
थाइमस ग्रन्थि (Thymus gland)
एड्रेनल ग्रन्थि (Adrenals gland)
प्रजनन ग्रन्थि (Gonads gland)

इन प्रधान ग्रन्थियों के साथ-साथ छोटी-छोटी आन्तरिक तरल रसायन को उत्पन्न करने वाली बहुत सारी अन्य ग्रन्थियाँ भी हैं। ये सभी सूक्ष्म रासायनिक बहुमूल्य रसों स्रवित करती हैं और ये सभी ग्रन्थियाँ सूक्ष्म रूप से क्रमशः एक-दूसरे के साथ सूक्ष्म, आन्तरिक तंत्रिका तंत्र की सुविधानुसार ठीक-ठीक क्रम से सम्बन्ध रखते हुए विशेष पंक्तिबद्ध तरीके से व्यवस्थित हैं। यदि एक योगचक्र ठीक प्रकार कार्य नहीं कर रहा है तो दूसरे सभी योगचक्रों पर भी उसका ठीक प्रभाव नहीं पड़ेगा और उससे साधक के स्वास्थ्य पर भी स्थूल व सूक्ष्म प्रकार से उसका स्पष्ट रूप से या परोक्ष या अपरोक्ष रूप से प्रभाव पड़ सकता है उपरोक्त सभी ग्रन्थियाँ और इनके मुख्य ग्रन्थियों के साथ-साथ अन्य दूसरी सभी ग्रन्थियाँ भी योग के किसी न किसी स्नायुगुच्छ (योगचक्र) से अवश्य सम्बन्धित होती हैं। योग के समस्त चक्रों में मूलाधार स्नायुगुच्छ, योगचक्र एक दूसरी प्रकार का अन्य योगचक्रों से बिल्कुल अलग प्रकार का स्नायुगुच्छ है। इस चक्र को स्पन्दित करने के लिए कौन सी क्रिया करनी पड़ेगी ऐसा बहुत कम योगी लोग युक्तियुक्त प्रकार से जानते है। अधिकाँश रूप से योगी इस मूलाधार चक्र के सम्बन्ध में महत्वपूर्ण बातों और रहस्यों को पूर्णरूप से बिल्कुल नहीं जानते है। यही एक ऐसा योगचक्र है जो शरीर को एक विशेष प्रकार की उर्जा शक्ति को प्रदीप्त जाग्रत एवं स्पन्दित योग की क्रिया विशेष के द्वारा उत्पन्न करने की सामर्थ्य रखता है।

इस चक्र को स्पन्दित करने से पहले योगी साधक को इस योग चक्र में निवास करने वाली कामशक्ति को पूरी तरह से अत्यन्त व्यवस्थित रूप से नियंत्रित करने के

लिए सम्पूर्ण जानकारी बहुत पहले से ही होनी चाहिए। अन्यथा साधक की उन्नति होने की अपेक्षा भयंकर किस्म की भूल हो जाएगी और अवनति आरम्भ हो जाएगी इस चक्र की अद्‌भुत रासायनिक क्रियाओं के कार्य और प्रभावों को जगाने और नियंत्रित करने की मेरे विचार से एक ही योगिक क्रिया है। यदि योगी बन्ध साधन क्रिया को और उसके विस्तृत रहस्यों एवं शक्तियों को साथ ही चमत्कारी प्रभावों को पूर्णरूपेण वैज्ञानिक प्रकार से नहीं जानता है तो उसके लिए योगमार्ग पर चलना और योगिक उन्नति की इच्छा रखना केवल कपोल कल्पित कल्पना बन जाएगी। किन्तु इस चक्र में निवास करने वाली अद्वितीय महाशक्ति को किसी प्रकार अव्यवस्थित रूप से उलटे-सीधे हाथ-पैर मारकर अथवा किताबी ज्ञान के द्वारा कुछ प्रयोग समझकर, इस चक्र में स्थित ग्रन्थि को व्यर्थ छेड़छाड़ करने से साधक में कुछ थोड़ी सी आकर्षण, सम्मोहन आदि से सम्बन्धित प्रभाव अवश्य उत्पन्न हो जाएगा और फलतः साधक के पास अपने वाले स्त्री-पुरुष उसकी और विशेष रूप से आकर्षित होने लगेंगे। उसका सम्मोहन प्रभाव सरल हृदय स्त्री-पुरूषों को और उनमें भी 16 से 20 साल तक की आयु वाले साधक-साधिकाओं को अपनी ओर सम्मोहित आकर्षित करने लगेगा। इससे उस साधक को अपनी साधना के सम्बन्ध में भ्रम उत्पन्न हो जाएगा और वह समझेगा मैं तो बहुत बड़ा योगसिद्ध बन गया हूँ। मुझसे सभी प्रभावित होते है। अब मैं बहुत कुछ कर सकता हूँ। ऐसे विचारों के द्वारा वह शारीरिक सौन्दर्य के जाल में फँसकर अपने जीवन को समाप्त कर लेगा। साधना नाम की जो थोड़ी बहुत उसने प्रयत्न किया है। वह भी तिनके की भाँति भस्म हो जाएगा और उसके पश्चात् उस तथाकथित योगी साधक का मन साधना से धीरे-धीरे दूर हटने लगेगा और संसार के प्रलोभनों में पड़कर वह अपने साधनामय जीवन को समाप्त कर लेगा।

इस सर्वनाश का कारण उस साधक का कुण्डलिनी शक्ति और उसके निवास स्थान के सम्बन्ध में, साथ ही उसे पूर्ण ज्ञान के बिना छेड़ने से ऐसा दुष्प्रभाव सम्भव हुआ। सारे देश और विदेश के सम्पूर्ण कुण्डलिनी शक्ति से सम्बन्धित, सभी साधक साधिकाओं पर विहंगम दृष्टिपात करने से और कुण्डलिनी महाशक्ति से सम्बन्धित ज्ञान-विज्ञान की उन प्रारम्भिक योगियों की बहुत थोड़ी सी जानकारी और ज्ञान के सम्बन्ध में पूरी तरह से विचार करने के अनन्तर, यही ज्ञात होता है कि उनकी इस विद्या के सम्बन्ध में और विशेष रूप से कुण्डलिनी शक्ति को छेड़छाड़ करने से पूर्व जितने ज्ञान और विशेष प्रकार के योगों की जानकारी उन्हें होनी चाहिए थी वस्तुतः वे परम आवश्यक क्रियाएँ, सूचनाएँ उन्हें बिल्कुल ही नहीं दी गई हैं। साधारण योग विद्या से सम्बन्धित पुस्तकों में इन क्रियाओं की जानकारी न होने के बराबर है। कहीं-कहीं सावधानी के लिए अवश्य

लिखा गया है। ऐसे तो साधारण व्यायाम की क्रियाओं को करने में भी सावधानी बरतने के लिए लिख देने की परिपाटी है। इसीलिए इस सावधानी शब्द का कोई प्रभाव नहीं पड़ा और कुण्डलिनी जगाने की धुन में साधक जल्दी ही कुछ चमत्कार देखने के लिए इस रौद्र रूप विकट शक्ति को छेड़ देने की गलती कर देता है।

वैसे तो सौ में से 95% साधकों को कोई भी चमत्कार देखने की जल्दी सर्वदा ही होती है। यह हमारा प्रत्यक्ष अनुभव है। प्रारंभिक उपासना काल में भावुकता वश जल्दी ही कुछ चमत्कृति कर देने वाली घटना को देखने और जानने के लिए हमारे सम्पर्क में आने वाले कितने ही अच्छे आज्ञाकारी उपासकों ने भी भावुकता वश, सारे नियमों को छोड़कर, अन्तिम प्रयोग, बिना कुछ सोचे समझे कर डाला। जबकि उन्हें पूरी तरह से एक बार नहीं कई-कई बार खबरदार कर दिया था कि बिना पूरा प्रयोग किये आखिरी सीढ़ी पर पैर मत रखना। किन्तु बड़ा आश्चर्य है, साथ ही खेद भी है कि उन बुद्धिमान सरल और अच्छे साधकों ने ऐसी गलती को करने का दुःसाहस किया और उसका विचित्र परिणाम, एक थोड़ी सी दुर्घटना के रूप में तत्क्षण देखना पड़ा, उन्हें वह विकट अनुभव सारा जीवन निश्चित रूप से याद रहेगा क्योंकि वह अत्यधिक भयप्रद घटना थी ! जिसके बारे में सोचते ही सारे शरीर में सिहरन दौड़ जाती है और जिसके साथ वह बात घटित हुई है। उसके तो रोंगटे खड़े हो जाते है अर्थात रोमांच हो जाता है। किन्तु ऐसा लगता है, कुछ साधक एक बार ऐसी स्थिति का सामना करने के पश्चात भी अपने आपको यह कहकर धिक्कारने लगता है कि अरे मरने से ज्यादा क्या था। मुझे वहाँ कुछ देर उस सबको देखने का, जानने और समझने का हर खतरा उठाकर प्रयत्न करना चाहिए था। दूसरे क्षण वह पुनः सोचता है अच्छा, कल रात्रि को फिर सही, यह प्रयोग में अपनी अन्तिम सांस तक करने का पूरा-पूरा प्रयत्न करूँगा। मैं दृढ निश्चय करता हूँ कि उस स्थान से बिना कुछ अच्छी प्रकार देखे, समझे किसी हालत में भी नहीं उठूँगा। उन साधकों के द्वारा दुबारा ऐसा हठ और दुःसाहस करने पर उनकी वह अन्तिम सीढी पर पैर रखते ही निमेष मात्र में पहली रात्रि वाला भयंकर अट्टहास और असहनीय प्रकाशपुंज जिस प्रकाश से और उस शब्द से आँखे और कान के पर्दे, उस एक निमेष मात्र समय की परिधि तक ही सुनने के कारण उस उपासक को अपनी सारी सुध-बुध साहस और शक्ति के प्रयोग का समय ही न मिल सका और अज्ञात भयंकर प्रभाव के कारण साधक को सिर पर पैर रखकर उस उपासना स्थल से परायन करना पड़ा या किसी दूसरी शक्ति ने क्षण मात्र में उसे उठाकर बाहर फेंक दिया। साधक को तो यह कुछ मालूम नहीं कि क्या हुआ कैसे हुआ और कब हुआ। बस उसे तो लगा वह अभी अन्दर था और अभी बाहर। किसी अज्ञात शक्ति के द्वारा विवशता के साथ पहुँचा दिया गया

और अन्दर से बाहर आने का कुछ ज्ञान भी नहीं रहा। इस सारी घटना का मैं स्वयं प्रत्यक्षदर्शी हूँ। इसमें तनिक भी अतिश्योक्ति नहीं है। यह बिल्कुल सत्य घटना है और इसी प्रकार की अज्ञानता के कारण और कई घटनायें भिन्न-भिन्न प्रकार की मेरे जीवन के भिन्न-भिन्न अवसरों पर उपासना काल में घटित होती रहीं। तो सभी आश्चर्य चकित कर देने वाली दुर्लभ अनुभव कठोर साधना के अनुभव है।

सभी अच्छे साधकों को मेरा सुझाव है कि वह किसी प्रकार का चमत्कार देखने के भुलावे में न रहें। साधना करोगे, तो समय के साथ-साथ चमत्कार तो स्वयं ही हो जायेगा, आप उसकी चिन्ता क्यों करते हैं। क्योंकि साधना पथ तो आश्चर्य और चमत्कारों का ही विचित्र मार्ग हैं। यदि उपासना मार्ग में, तंत्र मार्ग में, योग मार्ग में, और तपस्या के रास्ते पर चलने से तो हर कदम पर चमत्कार दृष्टिगोचर हो सकते हैं क्योंकि वह रास्ता तो दुनियाँ का सबसे अजीबो-गरीब रहस्यपूर्ण अनन्त रहस्यों को जन्म देने वाला विचित्र दुर्गम मार्ग है। इसलिए किसी प्रकार के साधक को आश्चर्यों चमत्कारों भिन्न रहस्यों के दर्शन की इच्छा कभी भी करनी ही नहीं चाहिए। वह तो स्वाभाविक ही आयेंगे। उन्हें कोई भी नहीं रोक सकता। अर्थात स्वयं प्रकृति भी उनको रोकने में अर्थात घटित होने में बाधा उत्पन्न नहीं कर सकती। देखिए, 100° F फारेनहाईट गर्मी के उत्पन्न हो जाने पर पानी को अवश्य उबलना ही पड़ेगा यह एक वैज्ञानिक सिद्धान्त है। ऐसे ही साधना के समय साधकों के मन की एकाग्रता चमत्कार होने की सीमा तक पहुँचा जायेगी तो निश्चय ही वह चमत्कार पूर्ण रहस्य आपके समक्ष हर स्थिति में प्रदर्शित प्राकृतिक सिद्धान्तों के अनुसार होगा ही। प्रकृति की कोई भी शक्ति उसे रोक नहीं सकती।

इसी प्रकार कुण्डलिनी महाशक्ति को जगाने वाली जो योगिक क्रियायें, बीज मंत्र, योगिक संयम, ध्यान आदि क्रियाओं के द्वारा उस महाशक्ति के साथ छेड़-छाड़ करेंगे, तो वह निश्चय ही नियम के अनुसार आप की, साधक की धारणा और प्रयत्न के मुताबिक अवश्य जागेगी और अपना कार्य अवश्य प्रदर्शित करेगी। यह ऐसी ही बात है जैसे एक नया शिकारी, शेर का शिकार खेलने बिना पूर्व तैयारी के शेर की माँद में पहुँचकर सिंह को निद्रा से जगाने का दुःसाहस कर बैठे। मेरे विचार से मुझे इससे आगे कुछ कहने की आवश्यकता नहीं है कि सिंह को छेड़ देने के पश्चात् कैसा सुन्दर या विकट परिणाम देखने को मिलेगा। आप सभी उपासक, साधक, योगी, मुनि और साधु जन अच्छे बुद्धिमान हैं। आपका जीवन बहुमूल्य है। इस जीवन में अच्छे ऊंचे उठे हुए अनुभवी सन्त, महात्मा, योगी, एवम् उपासकों तथा गुरूजनों का सत्संग करने से, इस साधना के दुर्गम मार्ग के सम्बन्ध में धीरे-धीरे सभी प्रकार की ऊँची से ऊँची और छोटे से छोटी जानकारी विचित्र विधियाँ अच्छी प्रकार समझ आ जायेंगी। और आपको योग के महत्वपूर्ण मार्ग पर चलने पर सुगमता अनुभव होगी।

यह सब लिखने का मेरा तात्पर्य योगी, साधक, जिज्ञासु और उपासकों को डराने या परेशान करने का मन्तव्य बिल्कुल नहीं है। मैं केवल मात्र आपको सावधान और सतर्क रहकर, इस मार्ग पर चलने की प्रेरणा देना चाहता हूँ। सभी शंकाओं को छोड़कर इस संसार के सर्वोत्तम योग साधना एवम् उपासना के मार्ग पर चलने के लिए दृढ़ संकल्प के साथ परम उत्साह पूर्ण विचारों से अपने आपको जागृति करके, संसार के सबसे ऊँचे सच्चे और ईश्वरीय पथ पर चलने के लिए एक सत्यनिष्ठ, आलस्य रहित, दृढ़ प्रतिज्ञ सैनिक की भाँति, गुरूजनों की स्वीकृति के साथ, सफलता प्राप्त करने के लिए, निर्द्वन्द रूप से आगे बढ़िये। प्रकृति और ईश्वर की सम्पूर्ण शक्तियाँ आपका मार्ग दर्शन करायेंगी।

योगीश्वर भगवान आपको सफलता अवश्य प्रदान करेंगे। बस केवल आपके आगे बढ़ने भर की देर है। हे साधु स्वभाव उपासकों, योगियों, पुण्यात्माओं, सफलता हाथ में पुष्प माला लिए आपका स्वागत करने के निमित्त हर्षित मन के साथ तैयार खड़ी हैं।

प्राण शक्ति

शरीर में प्राण शक्ति ही सर्व प्रकार की शक्तियों का केन्द्र बिन्दु है और प्राण ही सर्वाधिक मूल्यवान है। समस्त योग साधनों एवं छोटी-बड़ी महत्वपूर्ण सभी क्रियाओं के द्वारा प्राण शक्ति को अर्थात मानव की ऊर्जा शक्ति को बढ़ाना ही एकमात्र लक्ष्य है। योग की सभी साधारण और असाधारण विधियों के प्रयोग से आपके समस्त शरीर में स्थान-स्थान पर छोटे-बड़े योगचक्र (स्नायुगुच्छ) विद्युत के छोटे केन्द्रों आदि, विभिन्न क्रियाओं के द्वारा विशेष संदेशों और संवेगों को बार-बार भेजकर उन्हें झंक्रत करना दूसरे शब्दों में उन्हें जाग्रत करना ही लक्ष्य होता है। किसी एक केन्द्र पर जब विचारों को केन्द्रित करने का प्रयास किया जाता है तो उस स्थान पर स्थित पेशियों में स्नायुमंडल में संकुचन (स्पन्दन) होने लगता है। और उस साधारण स्नायुमंडल के संकुचन के साथ-साथ ही प्राण की ऊर्जा शक्ति का उस स्थान पर विकास उद्दीपन होने लगता है फलतः उस स्नायु गुच्छ (योगचक्र) के आस-पास का सारा स्नायुमंडल, नाड़ी समूह क्रमशः जाग्रत होने लगता है और बार-बार शरीर स्थित इन विभिन्न योगचक्रों में ऐसी क्रिया होने से वह ऊर्जा शक्ति, पूरी तरह से परिष्कृत शुद्ध और केन्द्रित होकर एक थोड़ी से प्रकाश के रूप में परिवर्तित हो जाती है। इस स्थान पर लैजर टेकनिक सिद्धान्त को यदि समझाने के लिए आप प्रयोग करें तो बहुत अच्छी प्रकार (आध्यात्मिक शक्ति, ऊर्जा, प्राण शक्ति) कैसे संकेन्द्रित होकर शक्ति द्गम के रूप में बदल जाती है। इसे अच्छी प्रकार समझ सकेंगे। जिस लैजर सिद्धांत के द्वारा अत्यन्त छोटी विद्युत के बल्ब के प्रकाश को एकत्र करके ऊर्जा उत्पन्न करने के बल्ब के प्रकाश को एकत्र करके ऊर्जा उत्पन्न करने वाले केन्द्र के रूप में बदला जा सकता है। वह कुछ सेन्टीमीटर की परिधि में उसे केन्द्रित कर हमारी प्राणशक्ति के सबसे बड़े सूर्य पर उपलब्ध होने वाली प्राण उर्जा से कहीं बहुत अधिक और आश्चर्यचकित कर देने वाली उर्जा शक्ति को जो सूर्य से भी बहुत अधिक प्रकाश देने वाली केन्द्रित शक्ति होगी। वह उस लैजर सिद्धांत के प्रयोग से परम शक्तिउर्जा बन जाएगी। अर्थात इस सिद्धांत के अनुसार हम ब्रह्माण्ड में सर्वत्र व्याप्त महत्वपूर्ण ऊर्जा शक्ति ही प्राण शक्ति है। वह प्राण ही बाह्य संसार की सर्वसम्मत जीवनदायनी प्राणशक्ति है।

हमारे इस पंच भौतिक शरीर में मानसिक और शारीरिक रूप में प्राण विद्युत

ऊर्जा 72 हजार नाड़ियों के माध्यम से इस प्राणमय पंच भौतिक शरीर में प्रवाहित हो रही है। इन हजारों नाड़ियों में से जिनका विवरण पहले किया जा चुका है। वह मुख्य तीन नाड़ियाँ ही मानी गई है। मेरूदण्ड पुंछ में एक भगवान शंकर के नर्मदेश्वर पार्थिव शिवलिंग की भाँति छोटा-सा माँसपिण्ड स्थित है। जिसे आज की भाषा में (CAUDA EQUINA) मेरूदण्ड पुंछ कहा जाता है। यह योगी के सूक्ष्म शरीर का जिसे आज की भाषा में (ASRAL BODY) कहते हैं। आगम शास्त्रों में बताया गया है कि ऊपर बताई गई 72 हजार नाड़ियाँ मानव के इस सूक्ष्म शरीर में ही मूलाधार चक्र के बिल्कुल नीचे से निकलती हैं। अतः यह मूलाधार चक्र ही इनका केन्द्र बिन्दु है। यदि इस स्थान पर महत्वपूर्ण संवेगों को एवं शक्तिशाली संदेशों को भेजकर या दूसरे शब्दों में इस प्रकार है कि इस स्थान पर पतांजलि योगसूत्र में बताए संयम को किया जाए अर्थात प्राणों को ध्यान के द्वारा स्थिर इसी केन्द्र बिन्दु पर स्थिर कर दिया जाए, तो उस प्रारम्भिक महत्पूर्ण योगचक्र का उद्दीपन योगिक वैज्ञानिक तरीके से होने लगेगा और एक परम परिष्कृत ऊर्जा शक्ति इस स्थान पर पहुँचकर लेजर सिद्धान्त के अनुसार सत सहस्त्र गुना होकर, अर्थात सम्पूर्ण रूप से केद्रित होकर महाशक्ति की रूप धारण करके, ऊर्ध्वगामिनी शक्ति की भाँति योगिक मार्ग में अग्रसर होने लगेगी। तो साधक को योगमार्ग उस परम प्रकाश में पूर्णरूप से सम्पूर्ण भ्रमों का निवारण करते हुए, मार्ग दृष्टिगोचर होने लगेगा। अब यह शक्ति स्वचालित मशीन की भाँति, एक बार चला देने के बाद चलती ही रहेगी।

इस ध्यान क्रिया, संयम क्रिया और त्राटक क्रिया के द्वारा प्राणों का सम्पूर्ण रूप से अब तक शोधन हो चुका होगा और फलतः साधक को परम आनन्द मय विचार शक्ति साथ ही आन्तरिक और बाह्य दोनों प्रकार का परम स्वस्थ्य देवताओं की तरह का अलौकिक स्वास्थ्य प्राप्त हो सकेगा। अर्थात मूलाधार चक्र पर प्राण को पूर्णरूपेण स्थिर करने से साधक को काफी समय तक ऐसा योगिक संयम करने से अर्थात उसी स्थान पर धारणा, ध्यान और समाधि तीनों को एकत्रित करके, योग की सिद्ध स्थिति में पहुँचने का, प्रयत्न करने वाला अच्छा साधक काफी समय तक धैर्य के साथ परिश्रम करने के उपरान्त योगाग्नि में शरीर को प्राप्त कर सकेगा। यह योगाग्नि शरीर प्राप्त होना अत्यन्त दुसाध्य और दुर्लभ है। इसको प्राप्त करना कोई साधारण खेल नहीं। यह उसी साधक को प्राप्त हो सकता है जो सम्पूर्ण रूप से अपने आपको योग के लिए ही समर्पित कर चुका है और उस योग के परम अध्यात्मिक मार्ग पर अदम्य उत्साह के साथ दृढ़ संकल्पित होकर अनन्त काल तक चलते रहने के लिए कृत संकल्प है। यदि उस साधक ने इस बात को समय की परिधि में बाँधने का क्षणिक विचार भी किया तो वह इसके अयोग्य हो जाएगा। ऐसा आनन्द प्रकाश और परम शक्ति एवं दिव्य दर्शन प्राप्त करने के लिए

सर्व तन्त्र को, सर्वत्र रूप से साधक को योग विद्या का साक्षात्कार करने के लिए अपना बलिदान करने के लिए ही तैयार होना पड़ेगा। "दाना मिट्टी में मिलकर ही गुले-गुलजार होता" बिना अपने आपको अपने अहं को समाप्त किए बिना, कुछ भी प्राप्त नहीं हो सकता। आज तक जिन तपस्वी, योगी, उपासक और साधकों ने जो सफलता प्राप्त की वह एक बार तो कठोर साधना में संकल्पित होकर अपने मन, वचन, कर्म एवं शरीर को सर्वथा भूलकर, अपने उद्देश्य के लिए ही साधना, तपस्या में स्वयं को बिल्कुल भूल गए थे। तपस्या में बैठे उन ऋषियों और उपासकों और साधकों का शरीर केवल कंकाल के रूप में अवशेष रह गया था। तब कहीं जाकर प्राण की उस ऊर्जा शक्ति का उदय हुआ और इस उत्कृष्ट साधना के फलस्वरूप दिव्य अमृत की वर्षा हुई। और एक अज्ञात पराशक्ति के प्रभाव से तपस्वी साधक की वह जर्जर हुआ पंच भौतिक शरीर पहले से भी अधिक शक्ति संपन्न, सुन्दर, स्वस्थ होकर साधक और उसके आस-पास के जड़ चेतन को भी अपने अन्दर से निकलने को भी अपने अन्दर से निकलने वाली योगिक प्राण शक्ति (ऊर्जा) प्रदान के द्वारा सबको प्रकाशित, हर्षित, आनन्दित करने वाली दैवी शक्ति से प्रभावित करने लगा। सभी साधनाओं के निरन्तर अभ्यास के द्वारा प्राण की ऊर्जा शक्ति जो सुप्त, अर्द्धजागृति स्थिति में मेरूदण्ड मूल में स्थित मूलाधार महाचक्र संकुचन और स्पन्दित क्रिया के द्वारा परिष्कृत होकर, उन्मुक्त पृच्छन्न विद्युत के रूप में आगे बढ़ने के लिए क्रियाशील हो जाती है।

भारतीय आयुर्वेद चिकित्सा महाविज्ञान योगशास्त्र और तत्व योग के अनुसार महाप्राण शक्ति को बहुत सारे भागों में विभाजित किया गया है। जिनमें से पंचप्राण प्रमुख है। उनमें भी प्राण शक्ति ही सर्व प्रथम प्राणिक ऊर्जा के रूप में गिनी जाती है। पंचप्राणों के नाम इस प्रकार क्रम से हैं। प्राण वायु, अपान वायु, समान वायु, उदान वायु, और व्यान वायु, इसी प्रकार उप प्राण भी है। दस प्राणों की संख्या मानी गई है। यह सभी प्राण शक्तियाँ भिन्न-भिन्न नहीं है। पृथक होते हुए भी यह एक दूसरे से मिलकर ही मानवशरीर और समस्त ब्रम्हाण्ड की गति विधियों को संचालित करती है। महाप्राण शक्ति का एक अंश मुख्य प्राण के रूप में है। दूसरा अपान के रूप में है। तीसरा समान वायु के रूप में है। चौथा उदान वायु के रूप में है और पाँचवा व्यान वायु के रूप में, ये पाँचो प्राण ऊर्जा शक्ति के नाम से पुकारे जायेंगे। और इनके साथ और शेष उप-प्राण आदि शरीर के और ब्रह्माण्ड के भिन्न-भिन्न भागों में अपने अपने कार्य का उत्तरदायित्व वहन करते है। इन सभी प्राण शक्तियों के द्वारा ब्रह्माण्डीय ऊर्जा और मानव शरीर रूप पिण्डीय ऊर्जा दोनों में समत्व है करने हेतु यह महत्वपूर्ण कार्य करने वाले घटक माने जाते है। इसमें से योग विज्ञान के आचार्यों ने विभिन्न योग साधनाओं के

द्वारा कुण्डलिनी साधना आदि क्रियाओं के माध्यम से प्राण-अपान दोनों महा उर्जा शक्तियों को मिलाने का भागीरथ प्रयास करके उसमें महत्वपूर्ण महान सफलता अति प्राचीन काल में ही प्राप्त कर ली थी। यह प्राण-अपान का मिलन, सुषुम्ना महा नाड़ी में प्राणों का प्रवेश अर्थात कुण्डलिनी जागरण, खेचरीमुद्रा के द्वारा सहस्त्र दल कमल की 15वीं और 16वीं कला के बीच स्थित कर्णिका में से क्षरण होते हुए अमृत विन्दु का पान करना, काम वासना को प्रभु प्रेम के रूप में सम्पूर्ण रूप से परिवर्तित कर देना, हृदय गति का सम्पूर्ण रूप से श्वास-प्रश्वास बन्द होकर इच्छा के अनुसार नितान्त रूप से रूक जाना आदि। सभी अति गुप्त और महत्वपूर्ण रहस्य वस्तुतः एक ही चरम लक्ष्य की ओर इंगित कर रही है। जो साधक इन सारी बातों का रहस्य तत्व से जान लेंगे, उनके लिए कुल कुण्डलिनी महाशक्ति का साधन सरल हो जायेगा। भारतीय विभिन्न योग शास्त्रों में भिन्न-भिन्न प्रकार से इन सब युक्तियों, विद्याओं, साधनों का उल्लेख अत्यन्त विस्तार के साथ किया गया है। इन सब में सिद्धि प्राप्त करने के लिए अनगिनत साधनायें उपासनायें और क्रियायें आदि का शिव संहिता, हठ योग प्रदीपिका, पातंजल योग सूत्र, पातं जल प्रदीप्त आदि कितने ही योगिक ग्रन्थों में बड़े-बड़े विचित्र प्रकार से वर्णण किया गया है। 'योग चूडामणि उपनिषद्', घेरण्ड संहिता, प्रश्नोपनिषद आदि ग्रन्थों में भी भिन्न-भिन्न प्रकार से इनके बारे में बताया गया है। प्राण और अपान वायु को मिलाने वाली योगिक क्रियाओं के प्रयोग से जब प्राण अपान का संयोग होता है तो एक महा ऊर्जा शक्ति प्रज्वलित हो उठती है। साधक शरीर का तापमान इस प्रकार की यागाग्नि के प्रज्वलित होने पर विशेष शक्तिशाली हो जाता है। कभी-कभी साधक को उस योगाग्नि को सहन करना कठिन हो जाता है।

स्वामी रामकृष्ण परमहंस जी के साधना काल में भी प्रत्यक्ष रूप से ऐसा हुआ था और उन्हें भी योगाग्नि के ताप से कहीं भी किसी प्रकार भी उस अपने अन्दर से उत्पन्न होने वाले महान उर्जा शक्ति के ताप से छुटकारा नहीं मिल रहा था। घंटों उस ताप से मुक्ति पाने के लिए गंगा जी में बैठे रहते थे। फिर बार-बार स्थान करते थे फिर बार-बार भगवती महाकाली के पास जाकर बार-बार प्रार्थना करते थे। उन्होंने उस प्रदीप्त योगाग्नि को शान्त करने के लिए एक नहीं अनगित प्रकार के भौतिक उपाय किए किन्तु शान्ति न मिल सकी। महा योगिनी नामक एक पहुँची हुई योग सिद्ध स्त्री उनके पास आयी और उन्होंने रामकृष्ण परमहंस जी की योगिक स्थित समझकर, उन्हें जहाँ तक वे साधना करके अब तक पहुँचे थे उससे आगे की साधना प्रारम्भ कराई, तो रामकृष्ण देव जी अपना निश्चित मार्ग मिल गया। और वे दिन-दिन अपने साधना पथ पर तीव्र गति से आगे बढ़ने लगे।कुण्डलिनी शक्ति के अथवा प्राण अपान के मिलने से जो महत्वपूर्ण विकट उर्जा ताप साधक में प्रकट होता है वह संगीत शास्त्र में वर्णित

दीपक राग के गाने से और उसका प्रभाव उत्पन्न होने की उच्च स्थिति में एक महत्वपूर्ण उर्जा शक्ति योगाग्नि, गायक व साधक के शरीर में उत्पन्न होकर उसे ही जलाने लगती है। जब तक मेघ राग उच्च कोटि की एकाग्रता में पूर्ण सिद्धि सम्पन्न साधक के द्वारा नहीं गाया जायेगा। तब तक वह दीपक राग से उत्पन्न हुई प्रचण्ड अग्नि शान्त नहीं होगी।

संगीत योग और कुण्डलिनी

संगीत भी अपने आप में एक अध्यात्मिक योगिक साधना है। योग साधना की सम्पूर्ण विधि विधान, यम-नियम, आसन, प्रत्याहार, धारणा, ध्यान, समाधि आदि के क्रमानुसार और इनके साथ रूद्र ग्रन्थि, विष्णु ग्रन्थि, ब्रह्म ग्रन्थि बन्ध आदि साधन की सम्पूर्ण क्रियाओं की साधना संगीत के रूप में शब्द ब्रह्म की साधना पूर्णरूपेण उपरोक्त कहे गए सभी यम-नियम आदि का पालन शब्द ब्रह्म (संगीत) के साधक के द्वारा गायन विद्या का अभ्यास करते-करते अर्थात स्वर साधना का अभ्यास करते-करते अर्थात स्वर साधना में तन्लीनता, तन्मयता की स्थिति तक पहुँचते-पहुँचते, अनजाने में ही वह सम्पूर्ण दुसाध्य, कठिन क्रियाएँ, अत्यन्त सहज भाव से ही पूरी होने लगती है। किन्तु आज का स्वर साधक (संगीत) इस शास्त्र की आध्यात्मिक, योगिक परिभाषा और स्थिति को समझता ही नहीं। जिस साधक को अपने गन्तव्य मार्ग के सम्बन्ध में उसके वास्तविक अर्थ और लक्ष्य का पता ही नहीं है तो वह केवल आज के संगीत साधक की भाँति अत्यन्त साधारण स्थिति में आध्यात्मिकता और योग अवस्था से बिल्कुल अछूता ही रहते हुए, केवल हृदय से नहीं गले से गाता है। जो स्थिति हृदय और आत्मा से थोड़ी बहुत समझी जा सकती है, उसे केवल शरीर के अर्थात गले और जिह्वा के व्यापार से कैसे समझा जा सकता है। इसलिए आज के संगीत का आलाप अकार रूप शब्द ब्रह्म (संगीत) को आत्मा और हृदय से हीन केवल गले के द्वारा कैसे ऊँची प्रकार की आध्यात्मिक स्थिति को अभिव्यक्त कर सकता है। संगीत पूर्णरूपेण आध्यात्मिक योग साधना शास्त्र है। यदि स्वामी हरिदास जी भाँति, संगीत को परात्पर पर ब्रह्म की साधना के रूप में प्रयोग किया जाए, तो निश्चित ऐसे संगीत में साधक को क्रमशः योग साधना की सभी अवस्थाओं को, एक के बाद एक तय करके योग साधना के या इस प्रकार कहा जाए कि संगीत साधना के चरम लक्ष्य तक पहुँचा जा सकता है। जब संगीत साधना करते-करते प्राण अपान के मिलने की स्थिति आती है अथवा श्वास-प्रश्वास सर्वथा बन्द होने की स्थिति तक जिस समय साधक पहुँचाता है तो एक बहुत जोरदार झटका लग सकता है। दूसरे शब्दों में यह कहा जा सकता है संगीत साधना करते-करते जिस समय साधक कह बहुत ऊँची स्थिति हो जाती है, कि तो वह कभी-कभी बाह्य परिस्थितियों से घिरकर समय से पूर्व ही तानसेन की भाँति दीपक राग गाने का प्रयत्न या दुस्साहस कर बैठता है फलतः

योग साधना की भाँति एक महाशक्तिशाली ऊर्जा शक्ति का ताप साधक को जो साधना करने से अथवा दीपक राग गाने से उत्पन्न हुई, असहनीय ऊर्जा की भाँति साधक को झुलसाने लगती है। श्री रामकृष्ण परमहंस देव को भी अपने जीवन में एक ही नहीं दो बार अपने ही अन्दर प्रदीप्त योगाग्नि से जलने जैसी परिस्थिति से काफी समय तक संघर्ष करना पड़ा। जो कष्ट साधारण व्यक्ति की सामर्थ्य से बाहर की बात थी। दूसरी बार गुरू तोतापुरी, आदि शक्ति की प्रेरणा परमहंस जी को वास्तविक योगशीर्ष की ठीक-ठीक शिक्षा देने के लिए उनके पास कलकत्ता में ही भेज दिया गया।

वे योगी गुरू योगसाधना में बहुत ऊँची स्थिति प्राप्त किए हुए थे। साधक रामकृष्ण जी के सामने अति ही उनकी आन्तरिक स्थिति से वह पूरी तरह तत्क्षण अवगत हो गए। उस समय तक आस-पास के सभी अच्छे वैद्यों ने रामकृष्ण जी का उपचार करने के लिए पूरा-पूरा परिश्रम किया। फिर भी उनके इस आध्यात्मिक रोग का उपचार करने में चिकित्सा शास्त्र के कितने ही विद्वान बिल्कुल असफल हो गए और कुछ न कर सके। कुछ ने तो कह दिया अब इनकी कोई चिकित्सा नहीं हो सकती। अर्थात जैसी जिसकी योग्यता थी, उसी तरह की अपने-अपने शब्दों में उन्होंने उनकी चिकित्सा में, कुछ न कर सकने वाली बात की। जब तोतापुरी जैसे योगी जानकार मिले, तो रामकृष्ण देव पूर्णरूपेण स्वस्थ हो गए और उसके लिए अधिक प्रयास भी नहीं करना पड़ा। उस समय उनको ठीक करने के लिए जो साधना, क्रियाएँ करानी आवश्यक थी, वहीं कराई गईं और वे अपने कष्ट से छुटकारा पा गए और अपने योगिक साधना के मार्ग पर साधारण रूप से अग्रसर होने लगे।

तानसेन संगीत शास्त्र के मुगल सम्राट अकबर के दरबार में संगीत के नवरत्नों में से एक थे। परिस्थितिवश उन्होंने अनिच्छा से दीपक राग गाने का दुस्साहस किया। जो उन्हें उस स्थिति में बिल्कुल नहीं करना चाहिए था। दीपक राग की साधना और गायन से संसार का महत्वपूर्ण चमत्कार तो संसार के समक्ष, महल में रखे अनगिनत बुझे हुए दीपक उनके संगीत की उद्दीप्त, प्रज्जवलित महान ऊर्जा शक्ति के प्रभाव से समस्त दीपक, शब्द, ब्रह्म की भाव समाधि वाली स्थिति का स्पर्ष करते ही तत्क्षण जल उठी। किन्तु उसी क्षण से दीपक राग की उस योग साधना अग्नि से, वे स्वयं अर्थात तानसेन जी पल प्रतिपल जलने लगे। बहुत उपचार किया गया। वे तो राजगायक थे उनकी चिकित्सा में कोई कमी नहीं की गई। फिर भी उनकी आत्मिक, मानसिक और शारीरिक ज्वाला में किसी प्रकार की कमी नहीं आई।

तानसेन साधक थे। अच्छे सुलझे हुए संगीत योग के वैज्ञानिक उपासक भी थे। वे अपने रोग का इलाज जानते थे। किन्तु उस अवस्था में उसे स्वयं नहीं कर सकते थे। उस उपचार को तो कोई अच्छा ऊँचा उठा हुआ संगीत उपासक, जो उस विद्या में पारंगत गुरू हो, कुछ करने की क्षमता रख सकता था। संगीतज्ञ तानसेन ने अकबर बादशाह से हिन्दुस्तान के समस्त प्रान्तों एवं तीर्थों की यात्रा करने के लिए अपनी स्वास्थ्य को ठीक करने के निमित्त निवेदन किया। शंहशाह ने तैयारी का ओदश दिया और वह संगीत योग का साधक तानसेन सम्पूर्ण व्यवस्था के साथ अपने चिकित्सक को ढूँढने के लिए भारतवर्ष के विभिन्न प्रान्तों में घूमते हुए एक नदी के समीप से धीरे-धीरे अपनी अलक्ष्य यात्रा कर रहे थे। नदी के किनारे दो अत्यन्त सुन्दरी युवतियों ने जब तानसेन को वहाँ से जाते देखा तो वे आपस में कहने लगी अरी ! यह तो कोई दीपक राग से जला हुआ व्यक्ति दृष्टिगोचर होता है। इसे देखकर तो ऐसा लगता है कि इसे इस अवस्था में काफी समय व्यतीत हो चुका है। यदि जल्दी ही इसे मेघराग के द्वारा उपचारित नहीं किया गया तो यह अधिक दिन तक जीवित नहीं रह सकेगा। अरी नानी! तू ही इसकी मेघ मल्हार गाकर चिकित्सा कर दे। दूसरी बोली अरी तानी! इस संगीत योग साधना में जितना मैं जानती हूँ उससे तो कुछ अधिक तू भी जानती है। तू इस पर दया करके इसका अपनी साधना के द्वारा युक्तियुक्त भाव समाधि की स्थिति में जाकर मेघराग के द्वारा इसके शब्द ब्रह्म के द्वारा उत्पन्न हुई योगाग्नि को क्यों नहीं शान्त कर देती। यह वार्तालाप उन दोनों भारतीय संगीत शास्त्र की निसनाथ साधिकाओं का अपने सम्बन्ध में संवाद तानसेन ने जो उनके बिल्कुल पास से ही जा रहे थे, स्पष्ट रूप से सुन लिया था। तानसेन वहीं रूक गए और अपनी पालकी से उतर गए।

उन दोनों पूर्व जन्म की संगीत योग में धुरन्धर विदुषी गंधर्व कन्याओं से अपने कष्ट निवारण की प्रार्थना की। तानी-नानी नामक वे दोनों गंधर्व विद्या में अर्थात स्वर शास्त्र में पारंगत परम विदुषी भारतीय कन्याओं ने तानसेन को आश्वासन दिया और तैयार होकर मेघराग का शास्त्रोक्त सिद्ध गायन प्रयोग आरम्भ किया।

मेघराग की उच्च स्तरीय स्वर लहरी का जब उन दोनों संगीत योगमय निशनाथ साधिकाओं के द्वारा नाभिचक्र से, शब्द का जो उच्चारण स्थल है, मेघराग के स्वरों को उस स्थान से उत्पन्न करके, हृदय चक्र में स्पष्ट रूप से उच्चारित किया तो उस उच्चारण का समस्त वातावरण उस वैखरी वाणी, जिसका मूलस्थान परावणी है क्योंकि शब्द पहले परावाणी से उठता है। परावणी से उठते हुए सूक्ष्म शब्द को पश्यन्ति अवस्था से निकलना पड़ता है। पश्चयन्ति वाणी उदघोषित होते हुए शब्द नेत्रों को साकार रूप से दृष्टिगोचर होने लगते है। अपनी सूक्ष्म अवस्था में ही ये शब्द स्वर जब अर्ध विकसित स्थिति तक

पहुँचते हैं तो वह स्थिति मध्यमा वाणी की हुई और उन शब्द सुरों का जब सुस्पष्ट उच्चारण बाहर के वातावरण में मुखरित हुआ तो इसे वैखरी वाणी कहते हैं। भारतवर्ष के महाराष्ट्र प्रान्त में शिवाजी महाराज के गुरू समर्थ स्वामी रामदास जी ने भी स्पष्ट शब्द उच्चारण को सबसे अन्त में वैखरी वाणी का ही नाम दिया है।

तानी-नानी दोनों संगीत योग में सिद्धि योगी कन्याओं ने समस्त स्वरों की उत्पति ओंकार से ही सर्वप्रथम की उसके पश्चात व्यंजनोत्पति की उन्होंने सर्वप्रथम ओंकार का मणिपुर चक्र से विशुद्ध चक्र तक आन्तरिक योगिक उच्चारण आरम्भ किया। और यह ओंकार उच्चारण धीरे-धीरे संगीत के मेघराग की सरगम को अकारात्मक आलाप के रूप में स्पष्ट उच्चारित किया तो सारा वातावरण ही स्वल्प समय में नितान्त परिवर्तित हो गया। इस बात से सिद्ध होता है कि मातृकात्मा स्वर-व्यंजन वर्णमाला समस्त योग चक्रों से ही अलग-अलग मुखरित हुई है। योग की दृष्टि से विशुद्ध चक्र के समीप ही रूद्र ग्रन्थि अवस्थित है। रूद्र ग्रन्थि के स्वामी संगीत के सबसे बड़े जन्मदाता इसी प्रकार संस्कृत भाषा के चौदह सूत्रों को अपने डमरू से, सर्वप्रथम भगवान रूद्र ने ही निष्कासित किया था।

योगिक शास्त्र के अनुसार अ, आ, कवर्ग, ह ये सब कण्ठ स्थान से इ, ई चवर्ग तालु स्थान से। मृ, ऋ रवर्ग, मूर्धास्थान से। ल, स तवर्ग दन्त स्थान से उ, ऊ पवर्ग ओष्ठ स्थान से उच्चारित होते हैं। इनके उत्पति स्थान योग के विभिन्न चक्र है। इस बात की गहराई में और अधिक जाने से हम अपने संगीत सम्राट तानसेन के उस आख्यान से बहुत दूर चले जाएँगे इस बात का ध्यान रखते हुए जिस स्थान पर तानी-नानी, योग का शब्द ब्रह्म (संगीत) का आलाप मेघराग के स्वरों में क्रमशः संगीत की ऊँची से ऊँची स्थिति की ओर से धीरे से धीरे अग्रसर हो रही थी। उनके मुख से उच्चारित होने वाली संगीतमय मेघराग युक्त अकारात्मक आलाप समय के साथ-साथ नए से नए स्तर पर पहुँच कर प्रकृति के अनन्त रहस्यों को खोलता जा रहा था। थोड़ा और आगे बढ़ने पर वातावरण में और अधिक परिवर्तन दृष्टिगोचर होता जा रहा था। मेघराग के स्वरूप का धीरे-धीरे उदय हो रहा था। संगीत के प्रभाव से उस स्थान पर धीरे-धीरे शीतल मंद, सुगन्धित समीर चलने लगा। राग थोड़ा और आगे बढ़ा तो उस स्थान पर सम्पूर्ण आकाश में मेघों का उदय होने लगा। समय के व्यतीत होते-होते मौसम अत्यन्त सुहावना नील श्यामवर्ण के गम्भीर मेघों के द्वारा समस्त आकाश मंडल पूरी तरह से आच्छादित हो गया। थोड़ा और समय व्यतीत हुआ तो मेघराग की स्वर लहरी अब क्रमशः भयवत शब्द पर पहुँचने लगी थी। समस्त वातावरण विचित्र मेघ गर्जन से निनादित होने लगा। मेघराग की शब्द लहरी से सम्पूर्ण जड़-चेतन एक गम्भीर विद्युत की कौंध और कड़क

के साथ स्तब्ध रह गए। तत्क्षण ही मेघराग तानी और नानी की अत्यन्त भाव विभोर मयी परावाणी के द्वारा उच्चतम स्थिति से तार स्वर में अभिव्यक्त होने लगा। ताल में तेजी आ गई। विद्युत का कौंधना और मेघों का गर्जना मेघराग की स्वर लहरी के साथ मिलकर एक अत्यन्त उच्चतम योगिक स्थिति की तरफ उस स्थान पर स्थित समस्त जड़-चेतन को सुध-बुध खो देने को विवश कर रहा था। सबके देखते-देखते दूसरे ही क्षण मेघराग के अपने पूरे सर्वांग स्वरूप में उदघाटित होते ही आकाश मार्ग से संगीत के मेघराग गायन से उत्पन्न एक उच्चतम आध्यात्मिक सिद्धि शक्ति के द्वारा आश्चर्यचकित कर देने वाली अमृतमयी वर्षा धीरे-धीरे आरम्भ हो गई और इसके साथ ही तानी और नानी की साधना सिद्धि के प्रभाव और परिश्रम के द्वारा उस परम पवित्र अमृत तुल्य जीवनदायिनी वर्षा के जल से तानसेन सहित सम्पूर्ण वातावरण को पलावित (सराबोर) सचैन स्नान करा दिया। धीरे-धीरे उस परम पवित्र सिद्ध मेघराग के द्वारा वर्षा के जल से संगीत सम्राट तानसेन की, वह दीपक राग गायन से उत्पन्न हुई, वह भयंकर ऊर्जा तापग्नि कुछ ही देर में नितान्त शान्त हो गई। और अब तानी और नानी ने क्रमशः मेघराग की ऊँची स्थिति से नीचे आना आरम्भ कर दिया और कुछ समय के व्यतीत होते होते वह दैविक संगीत शान्त हो गया। साथ ही तानसेन को भी शान्ति मिली। सभी उपस्थित जन समूह अत्यन्त हर्षित हुआ। तानसेन तानी-नानी और तानसेन के साथ आए सभी विद्वान एवं सेवकजन अत्यन्त आनन्द को प्राप्त हुए। ऐसा था, भारतीय पराविद्या संगीत का अनोखा जादू।इस विद्या का गुप्त रहस्य एक प्रकार से वास्तविक रूपेण कुण्डलिनी जागरण की थोड़ी सी अद्भुत शक्ति है।

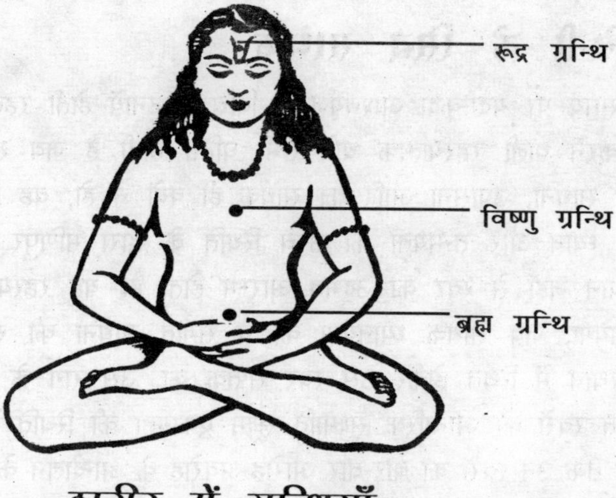

शरीर में ग्रन्थियाँ

शब्द ब्रह्म की उपासना उस विद्या के द्वारा विधिवत करने से पातंजलि योग सूत्र में वर्णित योग की उच्चतम स्थिति सिद्धि और शक्ति कैसे प्राप्त हो? इसका रहस्य संगीत का भाव समाधि पहुँचते ही अलौकिक रूप से अत्यन्त सरलता के साथ, पूर्व लेखों में वर्णित योग की कठिन क्रियाओं का प्रत्यक्ष कर्म अभ्यास किए बिना, केवल अत्यन्त उच्च लगन तन्यमता, निरनन्तर प्रयत्न और अभ्यास से कुल कुण्डलिनी शक्ति का जागरण सम्भव होने के अनन्तर ही संगीत शास्त्र की निशनाथ उपासिका तानी-नानी, बैजू बावरा, तानसेन, स्वामी हरिदास, मीरा बाई, श्री भारतखण्डे जी विष्णु दिगंम्बर जी, दक्षिण भारत के कई संगीत के सिद्ध पुरूष, महाराष्ट्र, गुजरात, हिमाचल, आसाम, उत्तरप्रदेश, बिहार, मध्यप्रदेश, मैसूर, उड़ीसा, पाणडिचेरी आन्ध्रप्रदेश और तमिलनाडू आदि विभीन्न प्रदेशों के कितने ही उच्चकोटि के पराविद्या संगीत शास्त्र के द्वारा, शब्द ब्रह्म के उपासक सिद्ध पुरूष प्राचीन काल से अब तक विभिन्न कालों में उत्पन्न हो रहे हैं। और अपने मानव शरीर की सुषुप्त स्थितियों अर्थात योगचक्र और कुण्डलिनी जैसी शक्तियों को और उनसे सम्बन्धित योग चक्रों को जाग्रत करके विश्व के सामने आश्चर्य चकित कर देने वाले चमत्कार प्रत्यक्ष रूप से दिखाते रहे हैं। इस बीसवीं सदी के प्रारम्भिक दशकों में एक भारतीय विद्वान ने जर्मन में जाकर संगीत के द्वारा राग रागिनियों को सिनेमा की पिक्चर की भाँति प्रकाश के रूप में किसी बड़े सभागार में पर्दे पर प्रत्यक्ष रूप से उपस्थित करके एक अलौकिक घटना संगीत योग के द्वारा अर्थात शब्द ब्रह्म की उपासना का अद्भुत प्रदर्शन उपस्थित जन समूह के समक्ष किया। इसी के साथ एक पाश्चात्य संगीतज्ञ ने भी जो प्यानोवादक थे उन्होंने भी उसी समय सबके सामने अपने पाश्चात्य रागों को लहरी को प्यानो पर बजाकर विभिन्न प्रकार के प्रकाश दृश्यों को उपस्थित कर दिया।

कुण्डलिनी के सिद्ध साधक

समय पर यदा-कदा आश्चर्यजनक विचित्र घटनायें होती रहती है किन्तु ये कुहूहल उत्पन्न करने वाली रहस्यात्मक बातें तभी घटित होती है जब साधक चाहे वह किसी भी कला साधना, उपासना आदि का साधक ही क्यों न हो, वह योगी साधक कुण्डलिनी योग की ध्यान और तन्मयता की उच्च स्थिति के द्वारा मणिपुर चक्र स्थान से अर्थात नाभि स्थान जहाँ से स्वर का उद्भव आरम्भ होता है। यह रहस्य उद्घाटन का अवसर तभी आयेगा, जब साधक ध्यानयोग की व संगीत साधना की स्वर लहरी का, उसके उदगम स्थान में स्थित होकर उस स्वर सप्तक का, उस राग के वास्तविक स्वरूपानुसार युक्तियुक्त स्वरों को आन्तरिक सूक्ष्माति सूक्ष्म एकाग्रता की स्थिति में नाभि से कण्ठ चक्र के स्थान तक उन स्वरों का बार-बार आरोह-अवरोह के आन्दोलन के द्वारा मन्थन आन्दोलन निरन्तर पूरी तरह आत्मासात अर्थात देहात्म बुद्धि रहित होकर रूद्र ग्रन्थि से बाहर ही

स्थूल शब्दों के मुखरित करने पर साधक की इस यौगिक स्थिति के कारण विभिन्न प्रकार के चमत्कार उपस्थित हो सकते है। उपरोक्त सारी स्थित के वर्णन से यह स्पष्ट हो जाता है कि साधक की कुण्डलिनी शक्ति में स्पन्दन मूलाधार चक्र से न होकर ध्यान, ज्ञान, सतत अभ्यास आदि के द्वारा अन्य चक्रों से, भी एक दूसरे रूप से उस महाशक्ति का आंशिक रूप से जागृति होना और उस जागरण के द्वारा अत्यन्त गुप्त रहस्यमय कितने ही तथ्यों का उदघाटन हो जाता है। अभी जो संगति के कई चमत्कारी रहस्यों का विवरण पाठकों के आनन्द एवं कुतूहल के निमित्त कुछ घटनायें बताई गई है, निश्चय ही यह सत्य है कि वह प्रकृति के रहस्यमय चमत्कार, उस पराशक्ति के स्पन्दित होने पर ही सामने आते है। उस समय साधक की आँखे ऊपर की ओर चढ़ जाती है अर्थात भ्रकृटियाँ और आन्तरिक नेत्र उपर की ओर तन जाते है पेट थोड़ा-सा पीछे की ओर खिंच जाता है। उसके सम्पूर्ण मुखाकृति से स्पष्ट परिलक्षित होने लगता है कि इस सच्चे-साधक की श्रुति ऊर्ध्वगामिनी हो चली है। आपने इसी कलिकाल में कुछ सौ पूर्व नवदीप में उत्पन्न हुए श्री चैतन्य महाप्रभु के चित्रों में उनकी आकृति देखकर मेरे कहे अनुसार उनके दर्शन से स्पष्ट पता लगता है कि उन्हें अपने तन-बदन का अब तनिक भी भान नहीं हो वह देहात्म बुद्धि से ऊपर उठ गये है। इसी प्रकार अभी-अभी इस 20वीं शताब्दी में भारत के पंजाब प्रांत के लाहौर नामक स्थान पर गणित के प्रोफेसर के रूप में वहाँ के महाविद्यालय में स्वामी रामतीर्थ जी कार्यरत थे समय के साथ-साथ उनकी साधना में परिवर्तन तीव्र गति से आता गया। दूर दूर तक उनकी कान्ति, विद्वता, साधना की ख्याति फैल गई। उनके चित्र को देखने से भी साफ-साफ और स्पष्ट रूप से मालुम हो जाता है कि वह आत्मा अब जाग चुकी है। उसकी गति, उसकी आन्तरिक सूक्ष्म महाशक्ति जिसके विभिन्न नाम है ज्ञान और ध्यान की साधना के द्वारा एक-दूसरे चक्र से स्पन्दित और जाग्रति हो चली है। एक दिन स्वामी राम नदी में स्नान कर रहे थे हठात् उनके मुँह से निरन्तर भावावेश में बड़े करूण स्वर में राम राम शब्द का निनिमेष नेत्रों से नदी के जल की गहराईयों में निहारते हुए और जोर-जोर से मेरे राम मैं आ रहा हूँ। हे राम हे राम करते हुए समस्त जन समुदाय के देखते देखते स्वामी राम का पार्थिव शरीर एक अत्यन्त विभोर आनन्दमयी मुद्रा स्थिति अथाह जल में विलीन हो गया। क्योंकि उन्हें उस जल प्रवाह में अपने राम के प्रत्यक्ष दर्शन हो रहे थे। उपस्थित जन समूह काफी देर तक जड़वत स्तम्भित अवस्था में उस जल राशि को देखता ही रह गया। इसी प्रकार श्री रामकृष्ण परमहंस जी की भी मुखाकृति उस पराशक्ति के जागरण का संकेत दे रही है उस कुल कुण्डलिनी शक्ति के जागृति होने के सम्बन्ध में यही कहा जायेगा कि वह केवल मूलाधार चक्र से तो एक वास्तविक और क्रमिक प्रकार से पूर्णरूपेण

उपस्थित होकर मेरूदण्ड में सुषुम्ना नाड़ी के मध्य से विभिन्न चक्रों का भेदन करती हुईं, अपने अन्तिम लक्ष्य की ओर चलती किन्तु इससे अलग हटकर भी केवल विभिन्न शास्त्रों के ज्ञान, ध्यान, शब्द, सत्यनिष्ठा, दृढ़ संकल्प आदि के द्वारा मूलाधार चक्र को छोड़कर भी विभिन्न चक्रों के न्यनाधिक कुछ अंशों में प्राचीन काल से अब तक उसका विभिन्न प्रकार का चमत्कार अलग-अलग प्रकार के साधकों में समय समय पर देखा गया है। किन्हीं-किन्हीं साधकों में पूर्व जन्म की साधना के अनुसार भी, वह पराशक्ति, उसकी धारणा के अनुसार थोड़े अधिक रूप से जागृति होती करने लगती है। शक्ति के द्वारा वह हृदय चक्र से, ज्ञान के द्वारा वह अपना प्रभाव प्रदर्शित करती है। कण्ठचक्र और रूद्रग्रन्थि से स्वर शास्त्र (संगीत) इसका उदय होता है। इसी प्रकार विभिन्न साधनाओं से भिन्न-भिन्न स्थानों से उस विद्युतलता, शब्द ब्रम्हमयी विद्युत तन्तु स्वरूपा, मूलाधार निवासिनी, उस अष्टधा शक्ति का जागरण भिन्न-भिन्न स्वरूपों में होता है। इस महाशक्ति चालिनी, जीवशक्ति, मूलविद्या, बिन्दु त्रिवलया शिवशक्ति का जागरण

केवल "ओंकार" के ब्रम्हनाद से,
सोऽहं के निरन्तर भ्रूमध्य में जप से,
अनाहत चक्र में नाद श्रवण से,
"ॐ मणि पदमे हुम्" बौद्ध मंत्र के शब्दोच्चार द्वारा,
क्रोध बीज मंत्र द्वारा तड़ित करने पर प्राणों को सुषुम्ना में प्रवेश करनेसे
हठयोग के विशेष युक्तियुक्त साधनाओं के द्वारा

इसका पूर्ण रूपेण जागरण संभव होता है। प्राचीन योग के बड़े महत्वपूर्ण ग्रन्थ वामकेश्वर तंत्र में कुल कुण्डलिनी महाशक्ति के और योग चक्र के तथा सहस्रदल चक्र आदि के सम्बन्ध में आश्चर्य जनक वर्णन एक दूसरे ही प्रकार से उद्यत किया गया है। वामकेश्वर तंत्र के अनुसार जिस प्रकार का सहस्र दल योग चक्र सभी योग ग्रन्थों में बताया गया है ठीक वैसा ही एक बड़ा रहस्यमय सहस्रदल चक्र मूलाधार चक्र में भी जहाँ कुण्डलिनी भुंजगाकार, कुटिला, सर्पवत, शब्द ब्रम्हमयी पराजीव शक्ति जिसे कुंडला भी कहते है। मूलाधार चक्र में स्वयंभू शिवलिंग को साढ़े तीन लपेटो द्वारा घेरकर अधोमुखी होकर वह शक्ति स्थित है। वस्तुतः वामकेश्वर तंत्र के अनुसार मूलाधार चक्र में एक गुप्त सहस्र दल चक्र उस कुल कुण्डलिनी महाशक्ति के होने वाले स्थान पर माना गया है।

इस प्रकार विभिन्न योग शास्त्र, तंत्रशास्त्र और उपासना ग्रन्थों में कुण्डलिनी महाशक्ति का विभिन्न प्रकारों से वर्णन किया गया है।

कुण्डलिनी जाग्रति के लक्षण

आत्मा परमात्मा का ही स्वरूप है। आत्मा परमात्मा की पराशक्ति में उपस्थित है वैसे ही इस पिण्ड रूपी शरीर में महाचेतना शक्ति के स्वरूप में उपस्थित है। जब किसी योगी की कुल कुण्डलिनी शक्ति किसी प्रयोग से भी जाग्रत हो उठती है तो शरीर के सम्पूर्ण व्यापार बन्द हो जाता है। नाड़ी की गति शान्त हो जाती है। इसी प्रकार समस्त शरीर का रक्त संचार भी स्थिर हो जाता है। ऐसा होने से पूर्व ही उस योगी के शारीरिक स्थित वात, पित्त, कफ आदि सभी दोष समाप्त हो जाते है। देह कान्ति बदल जाती है।

"जीवो ब्रह्मैव नापरः"

यह आपकी जीवात्मा साक्षात् परब्रह्म स्वरूप ही है।

कुण्डलिनी शक्ति जाग्रत होने के पश्चात, अभी बताया गया कि हृदय नाड़ी, रक्त संचार, सब कुछ शरीर के व्यापार सर्वथा रूक जाते है। यह बड़ी विचित्र स्थिति है। ऐसा साधारण रूप से अकस्मात होना सम्भव नहीं और न ही साधना से पूर्व किए जाने वाले शरीर शुद्धि प्रणायाम, आसन, षटकर्म आदि सभी कार्य किए बिना, कुण्डलिनी महाशक्ति को जाग्रत करने की विचार भी नहीं करना चाहिए। अन्यथा कुछ अशुभ हो सकता है। और ऐसी बड़ी हानि हो सकती है, जिसकी पूर्ति इस जन्म में साधक किसी प्रकार भी पूरी नहीं कर सका। फलतः दूसरा जन्म लेना ही होगा।

यह कुण्डलिनी साधन बिना सोचे समझे पढ़ने की विद्या नहीं। इस मार्ग पर चलने के लिए कम से कम वर्ष दो वर्ष तक साधक को पहले से ही तैयारी आरम्भ करनी पड़ेगी। जैसे कोई बड़ी परीक्षा देने के लिए काफी समय पहले से ही विद्यार्थी, साधक अपने आपको उस परीक्षा के लिए पूरी तरह तैयार करता है। और उसके पश्चात भी अपने अभ्यास को अन्तिम समय निकट आने तक निरन्तर एकाग्रचित होकर, पहले से भी अधिक सर्तकता के साथ, उसका वह साधन रूप अभ्यास नित्य निरन्तर एक विशेष योजनाबद्ध तरीके से चलता रहता है, तब कहीं जाकर वह अन्तिम लक्ष्य को प्राप्त करने की पूरी-पूरी आशा करता है। ऐसी योजना बद्ध तैयारी के अनन्तर ही साधक को अपने अन्दर इस महा ऊर्जा शक्ति, जिसका नाम कुल कुण्डलिनी कहा जाता हैं। उसकी साधना

में पदार्पण करने का शान्त चित्त और स्थिर बुद्धि एवं दृढ संकल्प के साथ साहस रखना चाहिए। ऐसी स्थिति में पहुँचने के अनन्तर, इस परा साधना का निश्चय ही सूफल प्राप्त हो सकेगा। ये बातें प्राण शक्ति और पराचेतना कुण्डलिनी को साथ लेकर पूर्व जन्म में योग भ्रष्ट होने के कारण पुर्नजन्म की यात्रा करने के लिए अपनी माता के शरीर में प्राख्ध कर्म को भोगने के लिए और नौ महीने तक अपनी माता के गर्भ में गूँगे और अन्धे की भाँति अपने अशुभ कर्मों को भोगकर समाप्त करते हुए, निवास करता है। उसके अनन्तर उसे संसार में पूर्व कर्मों के अनुसार आना होता है। संसार की सम्पूर्ण जीवात्मा अवस्थाओं में रहते हैं जिन्हें जाग्रत अवस्था, स्वप्न अवस्था और सुषुप्ति अवस्था के नामों से जाना जाता है। चौथी अवस्था का नाम तुरीय अवस्था होता है। वह केवल बहुत ऊँचे प्रकार के योगियों को ही प्राप्त होती है। वह जीव पूर्व जन्म में योग की जितनी ऊँची साधना कर चुका है। उसके अनुसार उसका यह जन्म सम्भव होता है। और ऐसे कुछ योगी साधक बाल्यकाल से ही ध्यान साधना में स्वाभाविक प्रवृत्त हो जाते हैं। धीरे-धीरे आन्तरिक प्रेरणा के अनुसार अपने आप ही साधना के ठीक पथ पर अपने नए शरीर से चलने लगते हैं। फिर भाग्यवश अथवा पूर्व जन्म की साधना के प्रताप से कोई सिद्ध योगी महात्मा, सन्त इस जन्म में भी आकर उसका मार्ग दर्शन करने लगते हैं। और भी आवश्यकता होने पर अच्छे योगी साधक को मध्यरात्रि के समय तुरीय सन्ध्या में अपनी साधना नित्य निरंतर आलस रहित होकर अवश्य करते रहना चाहिए। और इसके फलस्वरूप सूक्ष्म आकाश मण्डल में ब्रह्मविद्या के अनुसार योग की बड़ी-बड़ी सिद्ध सूक्ष्म आत्माएँ, अपने सूक्ष्म शरीर से आकाश मण्डल के शून्य मार्ग में भ्रमण करती रहती हैं। और किसी साधक को उस नीरव रात्रि में आलस रहित होकर साधना में तत्पर देखकर, उस पर अपनी कृपा दृष्टि की वर्षा करती है। इसके अनन्तर धीरे-धीरे वह सूक्ष्म ऋषियों की आत्माएँ उस साधक को देखने के लिए आने लगती है। यदि वह साधक दृढ़ संकल्प के साथ प्रदीप्त भावनाओं से युक्त अपनी उपासना में तत्पर रहता है तो वह उच्च लोकों की निवासी आत्माएँ समय समय पर उस साधक को उसकी आवश्यकता के अनुसार आदेश देने लगती हैं। इस अज्ञात सहायता से साधक की उपासना दिन-दिन तीव्र गति से अपने लक्ष्य की ओर अग्रसर होने लगती है।

ऐसी अज्ञात, सूक्ष्म, दिव्य ऋषियों मुनियों की आत्माओं की सहायता मिलने की स्थिति उत्पन्न हो जाने पर उस परम विनम्र योगी को रात्रि के समय नियमित रूप से बहुत थोड़े समय के लिए उसको निर्देश देने एवं साधना में सहायता देने वाली उन गुप्त रहस्यमयी शक्ति संपन्न आत्माओं को याद करके, और मन ही मन उनसे योग साधना के परम रहस्य महा कुण्डलिनी साधन की पूरी-पूरी जानकारी के लिए ज्ञान देने की प्रार्थना

करनी चाहिए। उन अज्ञात शक्तियों से, जब साधक रात्रि के समय नित्य प्रार्थना करेगा तो कुछ ही समय के पश्चात हटात् किसी भी रात्रि को कोई विचित्र चमत्कार उपस्थित हो जाएगा। कभी-कभी तो ऐसी परम उच्च कोटि की अवद्यूत आत्माओं का भी आह्वान हो जाता है, जिनके स्पर्श मात्र से ही साधक की की अधूरी उपासना शीघ्र ही पूरी हो जाती है। किन्तु ऐसा होना अति दुर्लभ है। और यदि होता है तो बहुत भाग्य का उदय समझिए। किन्तु ऐसा हो जाने की संभावना और ऐसे अवसर का प्रस्तुत होने की स्थिति का साधक को हर पल इन्तजार करना चाहिए। निश्चय ही कुछ तपस्या के अनन्तर बहुत आकाश मण्डल में घूमती हुई सूक्ष्म आत्माओं की कृपा प्राप्त होगी। ब्रम्ह विद्या के अनुसार इस विश्व के अन्त रहित सम्पूर्ण आकाश मण्डल में अनगिनत छोटी-बड़ी, साधारण-असाधारण प्रकार की आत्मायें जिनकी संख्या आँकी नहीं जा सकती, अहर्निश अपने सूक्ष्म शरीर के साथ घूमती रहती है। इन रहस्यमयी सूक्ष्मशरीर धारी आत्माओं में आपके पितृ भी हो सकते हैं आपके गुरूजन भी, और आपके अनगिनत सम्बन्धि मित्र आदि भी, निश्चय ही ऐसी अपने वायुमय शरीर के द्वारा अनन्त आकाश में विशेष रूप से रात्रि के समय भ्रमण करती रहती है।

मृत्यु के बाद जीवन निश्चित रूपेण है, यह कोई अतिश्योक्ति की बात नहीं है। यहाँ से जानेवाली सभी आत्माओं के लिए उनके स्तर के अनुसार भिन्न-भिन्न स्थान हैं जिनके स्पष्ट रूप से शास्त्रों में यथावत, ठीक-ठीक नाम बताये गये है। हमारे प्राचीन वैज्ञानिक ऋषियों और योगियों ने अपने सूक्ष्म शरीर के द्वारा वहाँ उन लोक लोकान्तरों में जाकर देखा है। ऐसी न दिखाई देने वाली सूक्ष्म जीवात्माओं को जिनका वायुमय शरीर है, मानव मात्र अपने इन चर्म चक्षुओं से देखने की सामर्थ्य नहीं रखते, फिर भी किसी विशेष स्थिति में, उन्हें देखा जा सकता है। उन रहस्यमय विचित्र सूक्ष्म शरीरधारी आत्माओं से कैसे सम्पर्क हो, इस प्रकार की स्पष्ट रूपेण आज भी एक विद्या अथवा विज्ञान उपस्थित है। इस सम्बन्ध में ऐसा कुछ नहीं है कि केवल मात्र प्राचीन काल में ही अनुसंधान खोज आदि हुए हो नहीं, नहीं आज के इस कलिकाल में इसवीं सन् की 18वीं और 16वीं शताब्दी के मध्य भारतवर्ष में और पाश्चात्य देशों में इस सम्बन्ध में बहुत बड़ी खोज और अति उच्च प्रकार के अनुसंधान कार्य प्रत्यक्ष रूप से हुए। और उन भारतीय और पाश्चात्य आधुनिक उच्च कोटि के विचारक योगी स्त्री-पुरूषों ने इस ब्रह्म विद्या (थियासोफी विद्या) के सम्बन्ध में बहुत ही प्रत्यक्ष और वास्तविक कर्म अभ्यास के साथ साधना करके, आज इस परम वैज्ञानिक युग में भी प्रत्यक्षतः यह सिद्ध कर दिया था कि ऐसी सूक्ष्म आत्माओं से आज के युग में भी सम्पर्क किया जा सकता है। और उनसे, आध्यात्म विज्ञान, योग शास्त्र उपासना, साधना शास्त्र के सम्बन्ध में और उनकी विचित्र विधियाँ

के सम्बन्ध में मानव शरीर के सुषुम्ना मार्ग में योग चक्रों की एवम् संसार की परा चेतना कुण्डलिनी शक्ति के सम्बन्ध में पूरा-पूरा विवरण जाना जा सकता है। और आज के उन पाश्चात्य वैज्ञानिकों ने जो ब्रह्म विद्या के बहुत बड़े जानकार पाश्चात्य और साधक थे। अपनी साधना की ऊँची स्थिति में जाकर सम्पूर्ण शरीर का सूक्ष्म निरीक्षण करके अत्यन्त रहस्यमयी पुस्तकें लिख डाली है। जिसमें कुल कुण्डलिनी महा उर्जा शक्ति का समस्त छोट-बड़े योग चक्रों के साथ अत्यन्त सूक्ष्म सार गर्भित रहस्यमय चौंका देने वाला परम चमत्कारी विवरण बड़ी बारीकी के साथ लिख डाला है। उन पाश्चात्य वैज्ञानिक साधकों, योगियों, उपासिकाओं का हम आभार प्रदर्शन करे वगैर नहीं रह सकते। यह कहना ही पड़ेगा कि इन आधुनिक भारतीय और पाश्चात्य ब्रह्म विद्या को जानकार मनीषियों ने भारतीय योग शास्त्र की अत्यन्त कठिन दु:साध्य और रहस्यमय साथ ही सूत रूप में लिखी गई उस योग विज्ञान की दुर्लभ और अद्‍भुत गाथाओं और क्रियाओं को बड़े स्पष्ट, सरल एवम पारदर्शी रूप में उपस्थित कर दिया है जो आज सर्व सुलभ है। उन समस्त महा पुरूषार्थियों, उपासकों, सूक्ष्मदर्शी, ब्रह्म विद्या के जानकारों ने हमारे इस परम अद्‍भुत अलौकिक पराविज्ञान, परलोक विद्या, रहस्यमय ब्रम्हज्ञान, परा ब्रह्म शक्ति कुण्डलिनी के सम्बन्ध में आज के परिपेक्ष्य समय को ध्यान में रखते हुए, स्पष्ट रूप से संसार के समक्ष रखते हुए पराविद्या, ब्रह्म विद्या, योग विद्या, सहित राज विद्या का दिग्दर्शन करके, आध्यात्मिक विद्या का दिग्दर्शन करके आध्यात्मिक समाज का बहुत बड़ा उपकार किया है। उन उच्च कोटि के कुछ थोड़े से मनीषियों के नाम इस स्थान पर हम उल्लेख करना चाहते हैं। स्वामी कृष्णामूर्ति जो इस ब्रह्म विद्या के प्रचार के निमित्त पाश्चात्य विद्वानों के द्वारा अध्यक्ष के रूप में उनका नाम चुना गया। मेरे विचार से स्वामी कृष्णमूर्ति पाश्चात्य विद्वानों की ओर से निश्चित किये गये, इस ब्रह्म विद्या के उच्च कोटि के अन्तिम प्रचारक थे। अब बहुत समय के बाद दिल्ली में विवेकानन्द योगाश्रम, पटपड़गंज रोड, दिल्ली 51 में कितने ही विद्वानों की सहायता से इस परम वैज्ञानिक ब्रह्म विद्या, योग विद्या, राज विद्या का पुनः प्रचार प्रसार ईसवीं सन् 1970 से आरम्भ किया गया है।

पाश्चात्य विद्वानों में श्रीमती एनीबेसेन्ट, सी.डब्लू. लेट बीटर, मेडम ब्लेवेत्स्की,, योगीयती तातार शैमन योगी टी. सुब्बा राव, मद्रास हाईकोर्ट के भूतपर्वू चीफ जस्टिस सर सुब्रम्हण्य ऐयर, रूधा बर्नियर, वर्जीनिया हैन्सन, जीओफ्री हडसन, श्री एन राम, हुग शियर मैन, सिवेनइक, जार्ज एस. अरून डेल, श्री सी. जिन राज दास, एन सी रामानुजा चार्य, सी. कुन्हन राजा, राम जीवन, पं. एस. सुब्रम्ण्या टी. आर. एस. ऐंगर, महर्षि ज्वालकुल, शोभ राज जी, गुरूदेव कुथुमिने, एस. एस. वर्मा आदि विद्वान इस विद्या के जानकार प्रचारक और प्रसारक इस युग में भी हुए।

मृत्यु का मार्ग अवरूद्ध कैसे हो

योग के निशानाथ आचार्यों ने श्वास-प्रश्वास पर विशेष रूप से ध्यान दिया। प्राणों की गति, प्रणायाम की विधि, प्राणों को अवरूद्ध करने की विभिन्न युक्तियाँ और ईडा, पिंगला, सुषुम्ना आदि नाड़ियों में प्राणों के संचरण से होने वाले परिणामों के बारे में संसार के योगियों ने बड़ी महत्वपूर्ण उपलब्धियाँ विभिन्न अनुसन्धानों के द्वारा प्राप्त की है। जब श्वास प्रश्वास उलटी नासिका से या सीधी नासिका से ईड़ा या पिंगला से साधारण रूपेण चलता रहता है तो जीव संसार की वासनामयी प्रवृति में हो रहता है। इस साधारण श्वास-प्रश्वास सी गति को, यदि किसी विधि विशेष के द्वारा अनरूद्ध कर दिया जाए अर्थात रोक दिया जाए तो कुछ नया परिवर्तन हो सकता है। प्राणों को रोक देने के लिए योगियों ने प्राणायाम नामक विद्या का अनुसंधान किया। इस प्राणायाम विद्या के अन्तर्गत पूरक, कुंभक और रेचक आदि विधियों के द्वारा, इसके बहुत सारे प्रकार बनाए। जब तक प्राणी का श्वास-प्रश्वास ईड़ा, पिंगला नाड़ियों के द्वारा होता रहता है, तब तक उस साधक की ज्ञानमयी नाड़ी सुषुम्ना का मार्ग बन्द रहता है। इसी कारण प्राणायाम की और योग विद्या की कई विशेष विधियों के द्वारा ईड़ा, पिंगला आदि दोनों नाड़ियों से श्वास-प्रश्वास को बन्द करके सुषुम्ना पथ से अर्थात सुषुम्ना नाड़ी में प्राणों का संचारण करने का प्रयत्न किया जाता है। यह बिल्कुल सत्य है, जब सुषुम्ना में प्राणों का चलना सम्भव हो जाएगा, तभी सच्चे योगी की तरह हमारे अन्दर ज्ञान का उदय होगा। और सुषुम्ना में प्राणों के प्रवेश होते ही साधक का साधारण श्वास-प्रश्वास बन्द हो जाएगा। ऐसी स्थिति प्राप्त होते ही योग का वास्तविक द्वारा खुलता है। और इसी स्थिति में मृत्यु का द्वार भी बन्द हो जाता है। अच्छे योगी साधक को अपने प्रयत्नों के द्वारा अपने प्राणों को सुषुम्ना में ठीक चलाने का प्रयत्न करना चाहिए।

योगियों ने कहा है–

विधिवत्प्राण संयामैर्नाडीचक्रे विशोधिते।
सुषुम्नावदनं मित्वा सुखाद्विशति मारूतः।।
मारूते मध्य संञ्चारे मनः स्थैर्यं प्रजायते।
यो मनः सुस्थिरीभावः मनो मनी।

कहने का तात्पर्य यह है कि ठीक विधि-विधान के साधना करने से मानव शरीर की समस्त नाड़ियों के साथ शुद्धि होकर प्राण साधना के द्वारा मध्य नाड़ी में प्राण संचरित होने से मन भनमनी अवस्था में कुछ अभ्यास के निरन्तर पहुँच जाता है। और मन की उनमनी अवस्था तभी कही जा सकती है, जब प्राण सहित मन वहाँ पूरी तरह स्थित हो जाए। 'बोधसार योग' के ग्रन्थ में लिखा है कि उनमनी अवस्था को प्राप्त करने वाला योगी सबका पूजनीय हो जाता है। इस अवस्था के द्वारा योगी मृत्यु को भी पराजित करने में समर्थ हो सकता है।

गोरक्षाचर्पटिप्राया हठयोगप्रसादतः।
वश्वयित्वा कालदण्ड ब्रह्माण्डे विचरन्ति हि।।

गोरखनाथ जी आदि योगियों ने हठयोग के दुर्लभ साधनों का निरन्तर अभ्यास करके बड़े ऊँचे प्रकार की सिद्धियाँ प्राप्त कर ली थी और उसके द्वारा प्राणों का निरोध करके मृत्यु के द्वार को रोककर संसार में बहुत समय तक इस विचित्र विद्या का प्रचार, प्रसार करते रहे। हठयोग की भाँति सभी योग मोक्ष का पथ प्रदर्शित करने वाले हैं।

राजयोग के बिना हठयोग आदि दूसरे कई योगों का ज्ञान नहीं हो सकता। और हठयोग के बिना राजयोग आदि विभिन्न योगों की वास्तविक शक्ति और सिद्धि को प्राप्त करने में अत्यधिक कठिनाई हो गई।

मंत्रयोग, राजयोग, हठयोग, सांख्ययोग, लययोग, भक्तियोग, ध्यान योग, कुण्डलिनी योग, कर्मयोग, भावातीत योग, निष्काम कर्म योग, तत्व योग, क्रिया योग, सन्यास योग, रहस्य योग, मुदा योग, जपयोग, नाद योग, प्रेम योग, प्रणवयोग, नादानुसंधान योग, समाधि योग, शून्य साधना योग, पातंजल योग, आदि समस्त योग परस्पर सापेक्षता रखते है।

वस्तुतः उपरोक्त सभी योगों में एक प्रकार की समरसता है। जो साधक मोक्षमार्गी है। उनके लिए इन सभी योग मार्गो में मतैक्य है। यह बिल्कुल ठीक है कि इन विभिन्न नामों वाली और अलग-अलग साधना विधियों संयुक्त योग मार्गो में इसी निश्चित उद्धेश्य पर पहुँचने के लिए ही विभिन्न विचित्र प्रयोगों साधनाओं और विधियों का भिन्न प्राकर से व्यवस्था की गई हैं। फिर भी यह सब अलग-अलग होकर एक दूसरे के पूरक है। इन सभी योगों का किसी न किसी रूप में कहीं न कहीं प्रयोग भिन्न-भिन्न योगों में किया जाता है। सबका उद्धेश्य प्राण अपान का मिलन कराके, श्वास प्रश्वास की गति को रूद्ध करना, प्राणायाम के द्वार प्राणों का निरोध करना, ध्यान के द्वारा एकाग्रता की उच्च स्थिति में मन को पूर्ण रूपेण शान्त स्थित में ले आना, अर्थात् प्राणों को शान्त कर देना, समाधि योग में भी प्राणों को स्पन्दन रहित उच्च स्थिति में पहुँचाना जाप योग,

मंत्र योग, सन्यास योग आदि में भी इसी प्रकार अपने मन को एकाग्रता की उच्च स्थिति में पहुँचाकर सम्पूर्ण शरीर सहित उच्च स्थिति में पहुँचा देना लक्ष्य है।

पातंजल योग दर्शन के अनुसार भी संयम शब्द के द्वारा मन को उच्च्तम एकाग्रता की स्थिति में पहुँचाना ही है। इसी प्रकार शब्दयोग, प्रेम योग, लय योग, नाद योग, आदि में भी मन की समस्त क्रियाओं और वृत्तियों को लय करके अर्थात संकल्प निकल्प को पूर्ण रूपेण समाप्त करके, श्वास प्रश्वास की शारीरिक क्रिया को विभिन्न प्रयोगों अथवा आत्मा समर्पण और ज्ञान के द्वारा बिल्कुल शान्त करके, मृत्यु से उपर उठकर, प्राणों का सुषुम्ना में प्रवेश करना ही समस्त योग विधियों का अर्थात योग विद्या का परम उद्धेश्य है। निश्चय ही योग शास्त्र के द्वारा बहुत उच्च कोटि के अभ्यास से मृत्यु का मार्ग इच्छा के अनुसार रोका जा सकता है। फिर भी योगी महायोगी महापुरूष सिद्ध सन्त अवतारी पुरूष परमहसं आदि दिव्य सभी अवधूत आत्मायें प्रकृति के कार्यो में बहुत आगे बढ़कर रूकावट उपस्थित नहीं करते, कभी-कभी किसी कारण या अवसर विशेष पर योग की मृत्यु की मार्ग को अवरूद्ध करने जैसी और इस चमत्कार की समकक्षता रखने वाली क्रियाओं का प्रदर्शन कितने ही महा योगियों ने प्राचीन काल से अब तक किया है।

महायोगी दत्तात्रेय जी महाराज जिन्हें ब्रह्मा, विष्णु, महेश त्रिदेवों का मिश्रित अवतार कहाँ जाता है। महर्षि मार्कण्डेय जी, महर्षि व्यास जी, महात्मा बलि, महायोगी हनुमान जी, महा भारत के कृपाचार्य जी महाराज, आदि कितने ही ऐसे महात्मा पुरूष प्राचीन प्राचीन काल से आज तक, सशरीर जीवित है। निश्चय ही उन्होंने सर्वदा के लिए मृत्यु का मार्ग अवरूद्ध कर दिया। इस कलिकाल में भी इस प्रकार के कितने ही योगी सन्त महात्मा उपस्थित हुए जिन्होंने काफी लम्बें समय तक तथा कई-कई सौ साल तक अपने इस पंच भौतिक शरीर को विभिन्न योगिक क्रियाओं के द्वारा सर्व प्रकार सुरक्षित रखा। अर्थात बौद्ध सिद्ध नागार्जुन, मत्स्येन्द्र नाथजी, गुरू गोरखनाथ जी आदि ने साधारण से बहुत अधिक आयु तक मृत्यु का मार्ग रोक दिया था। महात्मा नागार्जुन के सम्बन्ध में विदेशी साहित्यकारों ने भी स्वीकार किया है कि उनकी आयु 600 वर्ष की थी। इनके बाद भी कुछ विशिष्ट सन्त महात्मा ऐसी हुए जिन्होंने अपनी इच्छा के अनुसार मृत्यु का उल्लंघन करके काफी समय तक अपने शरीर को पूर्ववत रखा आज भी ऐसी योग की महत्वपूर्ण और चकित कर देनेवाली क्रियायें स्पष्ट रूप से और प्रत्यक्ष कर्म अभ्यास के द्वारा कराई जा सकती है। जिनके थोड़े से अभ्यास से साधक के समक्ष में आ जायेगा कि योग की विशेष क्रियाओं के द्वारा जो करने में अत्यन्त सरल है। गहराई से सोचना समझना एवम लगातार अभ्यास करने की आवश्यकता है। निश्चय ही मैंने ऐसा करके

प्रत्यक्ष रूप से देखा है। और वह सरल, सबके करने योग्य, प्राणों का निरोध करने वाली मन को उच्च स्थिति में एकाग्रता करने वाली श्वास प्रश्वास को सर्वथा बन्द कर देने वाली और प्राणों का पूर्ण रूपेण निरोध करने वाली, सरल रहस्य को जानकार निरन्तर अभ्यास के द्वारा आप साधक जन प्रत्यक्ष देख सकते है। निश्चय मानिये अतिश्योक्ति नहीं है।

यह योग विद्या का परम आश्चर्य चकित कर देने वाला रहस्य है। संसार की कोई विद्या इस प्रकार का आश्चर्य उपस्थित नहीं कर सकती। निश्चय ही आपका श्वास प्रश्वास बन्द होकर दो चार मि. घन्टा और उससे भी अधिक समय तक स्थिर स्थिति में रह सकता है। यह सभी योग के द्वारा संभव है।

श्रीमान, साधकों, भक्तों, जिज्ञासु, और श्रद्धावान उपासकों यह सब क्रियायें योग में इस प्रकृति के द्वारा ही सीखी है। श्वास-प्रश्वास को बन्द कर देने वाली यह क्रिया कोई अप्राकृतिक विधि नहीं हैं।

समाधि

समाधि एक प्राकृतिक स्थिति है। बड़े-बड़े योगियों ने इसे प्रकृति से ही इसको सीखा है। और मेधावी ऋषियों ने कुछ महत्वपूर्ण नियम, क्रियायें, और विचित्र विधियों बनाकर इसको व्यवस्थित रूप से संसार के सामने उपस्थित कर दिया है। और इस समाधि के द्वारा आत्मा, परमात्मा, संसार, पराप्रकृति, अपरा प्रकृति और प्रकृति के रहस्यों एवम चमत्कारों को अच्छी प्रकार जाना है। और इस समाधि अवस्था में पहुँचने से क्या-क्या लाभ हो सकते है, कुण्डलिनी महा शक्ति के जागरण में इस विधि का क्या योगदान है। यह सब बात ऋषियों ने मानव मात्र के और सम्पूर्ण उपासक जगत के एवम् आध्यात्म पथ के पथिकों के लिए इसका विशद ज्ञान सबके समक्ष सरल से सरल और अत्यन्त कठिन से कठिन भाषा में उपस्थित किया है।

समाधि दो प्रकार की होती है।

1. चैतन्य समाधि

2. जड़ समाधि ।

इसके साथ-साथ और भी विभिन्न प्रकार की समाधियों का कितने स्थान पर वर्णन है किन्तु वास्तविक स्थिति जड़ और चेतन दो ही शाखाओं पर सम्पूर्ण योग निर्भर करता है।

जड़ समाधि

प्रकृति के कई जीव समाधि लगाते है और यह प्राकृतिक अज्ञानी जीवों की स्वाभाविक क्रिया मात्र है। किन्तु अज्ञानी जीवों का जन्तुओं के द्वारा अज्ञान अवस्था में जो समाधि लगाई जाती है। वह जड़ समाधि कहलाती है।

ऐसी जड़ समाधि आज और पूर्व काल में भी कितने ही योगियों को भी लगानी आत्म है। किन्तु सच बात यह है कि योगमार्ग का प्राकृतिक रूप से बहुत बड़ा विस्तार है।

योग एक परम उपयोगी बहुत बड़ा दुर्लभ अरण्य प्रदेश है। यहाँ बड़ी-बड़ी दुर्लभ नवजीवन दायिनी परम चमत्कारी दुर्लभ औषधियाँ योगसाधना और योग विधियों एवं योग क्रियाओं के रूप में यत्र-तत्र सर्वत्र इस योगारण्य में उत्पन्न होती है किन्तु साथ ही इस

योग वन में अत्यन्त बहुमूल्य औषधि रूप मृतसंजीवनी समाधि जैसी औषधि रूप विधियाँ भी उत्पन्न होती है। और उनके साथ-साथ उनके ही जैसी या इस प्रकार कहे कि उनसे मिलती-जुलती योगमय विभिन्न रूप विधियाँ, क्रियाएँ साधना जो वास्तविक विधियों के समकक्ष होती है वह भी इस योग के तपोवन में उत्पन्न होती हैं। जड़ समाधि जैसी विधि भी जिसे क्रिया भी कहा जा सकता है, उत्पन्न होती हैं। इस योग मार्ग में संग दोष से इस प्रकार के सभी दोष विध्न आदि उत्पन्न होते हैं। समाधि के द्वार पर पहुँचने वाली स्थिति कुण्डलिनी महाशक्ति को जगाने वाले स्थान पर पहुँचने का संकेत है। जड़ समाधि के द्वारा भी इसी स्थान तक पहुँचने में सहयोग करती है। और प्रमाद आलस आदि के संगदोष से वह साधक सुषुम्ना के द्वार तक पहुँच कर प्रमादवश निद्रा अवस्था में चला जाता है। और वह योगाभ्यास साधना उस समय आलस और असावधानी के संग दोष के कारणवश एक बहुत बड़ा विध्न बन गया और वह साधना जड़ समाधि का रूप धारण कर गई

योगी, संत, महात्मा, इसलिए संग रहित रहना ठीक मानते हैं। इसलिए संग दोष को योगमार्ग में बहुत बड़ा विध्न माना गया है। विषय, वासना, तृष्णा, आलस, प्रमाद, भ्रान्ति, विकृत प्रवृत्ति, उदासीनता, संशय ये सब योग के विध्न है।

तृष्णा और विषय को दोष दृष्टि से देखने से यह विध्न दूर हो सकते है। जैसे विषय आदि को यदि लड्डू समझ लिया जाए और आप वह परम स्वादिष्ट लड्डू खाने के लिए तैयार हों और उसी समय यह बता दिया जाए कि इस लड्डू में अति, खतरनाक विष है तो ऐसा ज्ञान होने पर कई दिन से भूखा व्यक्ति भी उस लड्डू को खाने की इच्छा तत्क्षण त्याग दगा। विषयों के आनन्द में भी ऐसी ही ग्रह का दोष, गुरू और शास्त्र के द्वारा मालूम होने पर साधक की इच्छा होने पर ही उससे दूर हट जागए। इसीलिए कहा गया है

निःसङ्ग.ता मुक्तिपदं यतीनां।
संङ्गेनशेषाः प्रभवन्ति दोषाः।
आरूढयोगोऽपि निपात्यतेऽधः
सङ्.न योगी किमुताल्पसिद्धिः।।

योग मार्ग, मंत्र योग, जप योग, ध्यान योग, कुण्डलिनी योग, भक्ति योग आदि विभिन्न योगों में कभी-कभी साधक को अनुचित हट, आत्मदर्शन देवदर्शन विशेष प्रकार का चमत्कार देखने आदि की शीघ्रता में विपरीत ज्ञान, विपरीत प्रवृत्ति के कारण भ्रान्ति दर्शन जैसा विध्न योगमार्ग में उत्पन्न हो जाता है। यह विध्न योग मार्ग में साधक को

आगे बढ़ने से रोक देता है।

जड़ समाधि भी छोटा नहीं बहुत बड़ा विघ्न है। योग उपासक को जड़ समाधि प्राप्त हो जाने पर कभी-कभी अपनी साधना में पूर्णता प्राप्त करने का बहुत बड़ा भ्रम उपस्थित हो जाता है। वह अपरिपक्व योगी अपने आपको जड़ समाधि के कारण बहुत बड़ा उच्च कोटि का चमत्कारी योगी समझने लगता है। उसका यह भ्रम योग सिद्धि का बहुत मीठा मोदक है। उसे इसी में स्वाद आने लगता है और वह अल्पज्ञान वाला योगी साधक जो एक तरह से पथ भ्रष्ट हो चुका है अर्थात जड़ समाधि की ओर चल दिया है। वह ऐसा विचित्र भ्रम है कि वह साधक झूठ सच का, स्वयं ठीक-ठीक अनुमान नहीं कर सकता है। और अपने आपको उच्च कोटि का योग सिद्ध, छोटे-मोटे चमत्कार जन साधारण को दिखाकर अपने आत्मा तुष्टि करता रहता है। किन्तु वास्तविक स्थिति यह है कि प्रकृति के जन्तु मेंढ़क और कछुआ, इन दोनों जीवों में और उस जड़ समाधि के साधक में कोई अन्तर नहीं है। केवल मात्र, यदि अन्तर है तो मनुष्य, और जीवजन्तु का ही अन्तर स्पष्ट होता है।

रेगिस्तान में पानी बहुत अधिक गहराई पर होता है। कूप बावड़ी आदि खोदने वाले मजदूरों और कारीगरों को कितनी ही बार भूमि में 50-60 फुट नीचे खोदने पर भी और कभी-कभी 5-10 फुट खोदने के अनन्तर कछुआ या मेंढ़क जैसे जीव भूगर्भ में सुषुप्त अवस्था में, जो जड़ समाधि उन जीवों को प्राकृतिक रूप से ही स्वयं सिद्ध है, ऐसे जीव जन्तु जमीने के नीचे प्राप्त होते देखे गए हैं। उनके बाद उन जीवों को ऊपर लाकर तनिक सा स्पर्श करिए अथवा हिलाइए तो वह अपनी निद्रा समाधि से अर्थात जड़ समाधि से अर्थात जड़ समाधि से जाग जाते हैं। और पृथ्वी पर स्वाभाविक रूप से जीवन व्यतीत करने लगते हैं एक जीवित प्राणी की तरह। किन्तु जिस समय वह जीव बिना हवा, पानी और भोजन के उस भूगर्भ में होते हैं तो उनका श्वास-प्रश्वास, प्राणों का स्पन्दन दय का स्पन्दन बल्कुल बन्द होता है। रक्त संचार की क्रिया भी प्राणों के स्पन्दन के बन्द होते ही, स्वाभाविक ही बन्द हो जाती है। और उनके प्राण अनजाने में ही रीढ़ की हड्डी के मध्य में स्थित एक विशेष नाड़ी मूल में प्रवेश कर जाते है। इस स्थान पर प्राण, कुण्डलिनी जागरण जैसा बहुत बड़ा कार्य कर सकता है, यदि साधक चेतन्य स्थित में हों। किन्तु होता है कि निद्रा, आलस्य और प्रमाद के प्रभाव से साधक जड़ समाधि में चलता जाता है और कुण्डलिनी जागरण की संभावना सर्वथा के लिए लुप्त हो जाती है।

यदि प्राणों के सुषुम्ना द्वार में प्रवेश करते ही कुण्डलिनी जागृति हो जाती, तो इन प्रकृति के मेढ़क, कछुआ, आदि जीवों की कुण्डलिनी महाशक्ति आज से अनगिनत

वर्षों और युगों पूर्व ही जागृति हो चुकी होती। और उसके क्या-क्या चमत्कार होते है वह सब पराशक्ति के चमत्कार ज्ञान, दिव्य, दृष्टि, आदि विचित्र स्थितियाँ, इन जीवों को भी प्राप्त हो चुकी होती। किन्तु ऐसा आज तक नहीं हुआ। इसी प्रकार बहुत से साधारण साधकों के भी बिना कुण्डलिनी जागरण की पूर्व तैयारी के और निद्रा को जीते बिना, साधना करने से, मनुष्य साधक के भी प्राणों, सुषुम्ना में प्रवेश के अनन्तर भी वह कुण्डलिनी महाशक्ति को जागृति करने के बजाय, उस सुषुप्त कुण्डलिनी की भाँति अपने आप स्वयं भी अनन्त काल की सुषुप्त अवस्था की तरफ मुड़ जाता है। अर्थात् वह साधक जड़ समाधि में उन प्राकृतिक जीवों की भाँति हृदय, प्राण, रक्त, अभिसरण, आदि समस्त शारीरिक, मानसिक, बौद्धिक क्रियाओं को प्राकृतिक रूप से बन्द करके बहुत लम्बे समय तक पड़ा रह सकता है। किन्तु यह सत्य है। कि ऐसे बहुत सारे बाजीगर साधक, उपासक, पहले भी थे, आज भी है और आने वाले भविष्य में भी बार-बार होते रहेंगे। किन्तु उनके द्वारा योग से संसार का कुछ भी कल्याण, उन्नति और विकास किंचित मात्र भी होने वाला नहीं है क्योंकि उन तथा कथित समाधि लगाने वाले और जबरदस्ती योगी कहे जाने वाले बाबाओं का, उन मेढ़क आदि प्राकृतिक जीवों का, भौतिक किसी प्रकार का ज्ञानवर्द्धन नहीं हुआ। और अपनी उस समाधि के सम्बन्ध में वह बहुत ही अल्प ज्ञान वाले माने जायेंगे।

सज्जनों, जिज्ञासुओं एवम् योग के विद्वान जानकारों से विनम्र निवेदन है कि यदि ऐसे समाधि की स्थिति में वास्तविक रूपेण चले जाना आता होता, तो अब तक उन्हें अपना, दूसरों का, समस्त देश और विश्व के भविष्य का, अपनी आन्तरिक दृष्टि के द्वारा वास्तविक ज्ञान हो गया होता और भी कितने चमत्कार उनके अन्दर साधना के साथ-साथ समय-समय पर उपस्थित होते रहते। समय-समय 10-20 वर्षों के अन्तराल से देश के किसी न किसी प्रदेश में ऐसी जड़ समाधि लगाने वाले सधारण बाबा यदा-कदा देखने में आते रहते है। किन्तु सत्य मानिये, उन्हें कछुआ और मेढ़क की भाँति प्रमादमयी जड़ समाधि, के सिवा और कुछ भी सिद्धि प्राप्त नहीं है। वह तनिक भी उस आध्यात्मिक, यौगिक, साधना, उपासना के मार्ग के सम्बन्ध में किंचित मात्र भी ज्ञान नहीं रखते। केवल मात्र जड़ समाधि, जो साधारण मनुष्यों को चकित करने वाली वाले है। वह अवश्य उनके अन्दर और ऐसे जड़ समाधि लगाने वाले समस्त जीवों की भाँति उन बाबाओं में भी है यह सारे गुण निश्चय ही होते है जैसे हृदय गति को बन्द कर लेना, भूगर्भ में समाधि लगाना, और 48 घन्टे या 24 घन्टे के पश्चात् किसी व्यक्ति के द्वारा उन्हें बाहर निकाल के उनकी समाधि खुलवाना आदि आदि।

ऐसी जड़ समाधि लगाने वाले सभी जीव उस जड़ समाधि के हालत में हृदय

गति को बन्द करके चाहे दो चार घंटे, महीने, साल एवम् 100 दो सौ साल से भी अधिक समय तक सशरीर जड़ समाधि की हालत में अपने आपको सुरक्षित रख सकते है। अब तक की खोजों के अनुसार कई हजार ऐसे जड़ समाधि लगाने वाले बाबा लोग को मैंने स्वयं और कितने लोग भी देखे है। किन्तु उन्हें जागने पर अपनी वास्तविक स्थित देश काल परिस्थिति का बिल्कुल ज्ञान नहीं था। उन्हें तो वही याद था, जिस समय जिस स्थिति में वह उस जड़ समाधि का प्राप्त हुए थे।

जिस जड़ समाधि प्राप्त करने वाले मनुष्य सहित सभी जीवों का जब तक वह जीव अपने उस शरीर में जड़ समाधि की स्थिति में रहेंगे, तब तक उनका शरीर भी जैसी हालत में उन्होंने जड़ समाधि ली थी, वैसी ही हालत में पूर्ववत रहेगा, न वो वह शरीर किसी प्रकार का गलना सड़ना आदि कुछ भी नहीं होगा। वह वैसा ही बना रहेगा। जड़ समाधि की यह एक प्राकृतिक व्यवस्था है और चेतन्य समाधि में भी साधक का शरीर किसी प्रकार भी सड़-गल नहीं सकता। जड़ समाधि वाले साधक प्राकृतिक जीव खुली हवा, भूगर्भ एवम् जल में भी समाधि की स्थिति में लगातार काफी लम्बे समय तक निर्द्वन्द रूप से रह सकते है। ऐसा अब तक स्पष्ट रूप से देखने में आया है। सन् 1950 के लगभग के अनूप शहर में गंगातट पर, गंगा मेले के अवसर पर समस्त जन समुदाय के समक्ष एक बहुत बड़ा मिट्टी का पर्वत के समान टीला, प्राकृतिक रूप से टूट कर गंगा की तरफ गिर गया और उसके साथ ही उस अथाह मिट्टी के ढेर के मध्य से एक बाबा पद्मासन लगाये समाधि स्थिति में उसी स्थान पर गिर गये। वहाँ उपस्थित लोगों ने उन्हें उठाया और और दवाई और डिस्पेंशरी में ले गये। सैकड़ों दर्शनार्थियों की भीड़ लग गई। किसी योग्य जानकार व्यक्ति ने घी मँगा कर उनके सिर पर अर्थात ब्रम्हरन्ध्र पर थोड़ी सी मालिश करने का प्रयत्न किया। उनके सारे शरीर को पद्मासन लगे-लगे ही स्वच्छ किया गया। सबके देखते देखते वह समाधि वाला व्यक्ति जागा। और उसने जागते ही संस्कृत भाषा में एक वाक्य कहा कि महाभारत के युद्ध में क्या हुआ? महाराज युधिष्ठिर विजयी हो गये या नहीं? वहाँ उपस्थित किसी संस्कृत के जानकार व्यक्ति ने संस्कृत भाषा में तत्क्षण जबाव दिया कि महाराज महाभारत का युद्ध हुए तो 5500 वर्ष से भी अधिक समय व्यतीत हो चुका और अब तो कलयुग है और उन्होंने यह शब्द सुनते ही कहा अच्छा कलयुग आ गया है। और तत्क्षण अपना शरीर छोड़ दिया और कोई वार्तालाप उस समय नहीं हो सका। उनका जनता ने दाह संस्कार गंगा किनारे यथा विधि कर दिया। इससे मालुम होता है कि वह व्यक्ति महाभारत के युद्ध समय किसी कारण वश उस जड़ समाधि में उस स्थान पर बैठा था और इतने हजारों वर्षों के बाद प्राकृतिक कारणों से वह मिट्टी का बहुत बड़ा गंगा किनारे स्थित कगार (टीला)

जो बहुत बड़ा पर्वताकार था, गिरने से उनका शरीर, भूमि से बाहर आ गया ऐसे ही और भी कितनी घटनायें जड़ समाधि के साधकों के सम्बन्ध में समय-समय पर होती रही है।

सिक्खों के महाराजा रणजीत सिंह के समय में ऐसी ही घटना हुई थी। जिसका विवरण एक विदेशी यात्री इतिहासकार ने अपने विशेष संस्मरण में विशेष रूप से लिखा है।

एक दिन महाराज रणजीत सिंह के दरबार में एक व्यक्ति ने कई प्रकार के अचम्भे में डाल देने वाले कार्य करके, उपस्थित जनसमुदाय और महाराज के सामने दिखाये। अन्तिम में महाराजा से एक विशेष माँग रखी, पूरी न होने पर उसने समाधि लगा ली। काफी समय तक वह व्यक्ति बिना खाना, पानी और हवा के भूगर्भ में रह सका। जब कुछ दिनों के बाद उसे निकाला गया तो उसे केवल इतना ही ज्ञान था और ऐसा लग रहा था कि वह अभी अभी निद्रा से जागा है। यह उसे ज्ञान ही नहीं था कि वह बहुत दिनों से समाधि स्थिति में बिना अन्न, जल और वायु के बैठा हुआ था। वस्तुतः उसकी वह स्थिति जड़ समाधि वाली थी। जड़ समाधि में शरीर पूर्ववत रहता है। उसमें कोई खराबी नहीं आती। किन्तु ज्ञान अथवा उपासना एवम् योग आदि के सम्बन्ध में किंचित मात्र भी कोई विकास सम्भव नहीं होता है जैसे कछुआ आदि प्राकृतिक जीवों को बहुत समय अर्थात वर्षों में भू-गर्भ इस जड़ समाधि की स्थित प्राप्त होने पर कोई ज्ञान और विकास उन जीवों का नहीं हो पाता है। यदा-कदा 10 वर्षों के अन्तराल से आपने भी विभिन्न समाचार पत्रों में ऐसे समाचार पढ़े होंगे कि अमुक बाबा ने तीन दिन की भूगर्भ समाधि या 48 घंटे की जल समाधि लगाई। और बहुत से लोगों ने तो उन्हें समाधि लगाने वाले बाबाओं को प्रत्यक्ष रूप से देखा भी होगा। अभी कुछ वर्ष पूर्व नई दिल्ली के मवलंकर सभागार में, एक समाधि लगाने वाले बाबा जी महाराज ने, 24 घन्टे की एयर टाईट शीशे के केबिन के अन्दर समाधि, अखिल भारतीय मेडिकल इन्स्टीच्यूट नई दिल्ली के डाक्टरों के देखरेख में लगाई। ठीक समय पर समस्त जनसमुदाय के सामने उन्हें बाहर निकाला गया, वे पूर्ण रूप से स्वस्थ थे। उसके बाद 40 मिनट के लगभग तत्काल प्रवचन दिया। वे जड़ समाधि लगाने वाले महानुभाव देश-विदेशों में भ्रमण करते रहते है। मेरे आश्रम में वे कई बार पधारे है। और भी ऐसे कई व्यक्तियों को मैं निजी तौर पर अच्छी प्रकार जानता हूँ किन्तु उन सज्जनों को इस समाधि वाली युक्ति को छोड़कर और कोई आध्यात्म, योग, साधना, कुण्डलिनी, आत्म ज्ञान, ब्रम्ह विद्या, भारतवर्ष के अन्य पराविद्याओं के सम्बन्ध में किसी प्रकार का कोई विशेष ज्ञान नहीं है। देश में भारतवर्ष के योग विज्ञान के सम्बन्ध में कितने साधक, आज भी वास्तविक योग के अच्छे जानकारों की निरन्तर खोज करते रहते है। किन्तु देश में साधारण योगासन

षट्कर्म और थोड़ा बहुत ध्यान आदि के सिखाने वाले केन्द्रों और योगियों को छोड़कर ऊँचे प्रकार के साधना केन्द्र नहीं हैं। इसी प्रकार प्रत्यक्ष कर्म अभ्यास वाले उच्चकोटि के योग साहित्य की भी बहुत बड़ी कमी है। एक और विडम्बना हमारे देश और विश्व में, आज कल पनप रही है। जिसका नाम कुण्डलिनी जागरण है। ऐसे-ऐसे तथाकथित योगी और योगिनी अनगिनत पैदा हो गई है। जो निश्चित फीस लेकर पात्र-अपात्र, कुछ भी न देख समझकर कुण्डलिनी शक्ति जागृत कर देते है। और साधारण जनता जनार्दन भी और कितने ही अबोध साधक, यह कहते घूम रहे है कि मेरी तो कुण्डलिनी जागृत हो गई है। उन्हें देखकर व अज्ञान समझ पर तरस आता है कि इस साधक विचित्र भ्रम अपने सम्बन्ध में पैदा हो गया है। कुण्डलिनी जागृति करने वाली दुकानें हर नगर में स्थान-स्थान पर खुल गई है। इस प्रकार बहुत से तथाकथित योगी और योगिनियाँ गली-गली में ढोल पीट-पीट कर लाउडस्पीकरों के साथ प्रचार कर रहे हैं, सात कदम चलिए फीस दीजिए और अपनी कुण्डली जागृति करवा लीजिए। यह बड़े आश्चर्य और दुःख का विषय है। देश के साधकों और अच्छे विचारको को गंभीरता से सोचना चाहिए।

कुण्डलिनी जागरण जैसी दुलर्भ सिद्धि इस प्रकार इतना सरलता से किसी प्रकार भी संभव नहीं है। इस प्रकार उपरोक्त सभी बातें जड़ समाधि और उसके चमत्कारों से सम्बन्ध रखती है।

चेतन्य समाधि

प्रारम्भ में हमने समाधि के सरल से दो रूपों का जिक्र किया। एक चेतन्य समाधि और दूसरी जड़ समाधि। अब तक जड़ समाधि के विषय में पूरा-पूरा विवरण व्यवस्थित रूप से बताया जा चुका है। वैसे तो समाधि के सम्बन्ध में और भी कई प्रकार और कई नामों से बताया जा सकता है, जैसे सम्प्रज्ञात समाधि और असम्प्रज्ञात समाधि। इसी प्रकार सविकल्प ओर निर्विकल्प समाधि। इसी तरह सविचार और निर्विचार, भाव समाधि और भावातीत समाधि आदि शब्दों से योग शास्त्र में समाधि का बहुत बड़ा रूप और विस्तार बताया गया है।

अतः हम चेतन्य समाधि के सम्बन्ध विचार करते हैं। चेतन्य समाधि प्राप्त करने के लिए कुण्डलिनी योग के सम्बन्ध में बताई गई सम्पूर्ण प्राथमिक क्रियाओं को करने के अनन्तर, जब साधक अपनी चेतना, प्राण, श्रुति को ध्यान और संकल्प के द्वारा, धीरे-धीरे निचले भाग में सुषुम्ना के द्वार पर ले जाकर, मूलबन्ध के परिपक्व अभ्यास की उच्च्व स्थिति में सुषुम्ना द्वार में प्रवेश करके क्रोध बीज मंत्र की सतत् ताड़ना के द्वारा, सुषुप्त महा भुजंगिनी पराचेतना को, अत्यन्त ज्ञान चेतन्य स्थिति में आलस्य प्रमाद

आदि से सर्वथा सावधान रहते हुए, उस महाशक्ति को परम एकाग्रता के साथ जाग्रत करने की चेष्टा करे। और अपनी श्रुति को अर्थात प्राणों को पूर्ण एकाग्रता के साथ उसी स्थान पर स्थिर कर दे। और उस समय वहाँ एक अज्ञात प्रकार का परम प्रकाश बिजली की सी चमक के साथ उत्पन्न हो जाएगा। इस समय साधक को अत्यधिक सावधानी, चेतनता और ज्ञान की आवश्यकता है। यदि साधक इस स्थिति में पहुँचने से पूर्व अच्छे, योग्य गुरू शिक्षक, मार्गदर्शक का सानिध्य मिला हो, तो इस अवस्था से आगे क्या करना है? इन सब बातों का कुण्डलिनी और समाधि के साधक को अवश्य ही गुरू के द्वारा आवश्यक मार्ग दर्शन चाहिए। वह गुरू मुख से किया गया मार्गदर्शन इस समय साधक के बहुत काम आएगा। जब साधक की श्रुति दृढ़ संकल्प के द्वारा, पराचेतना को लेकर सुषुम्ना में प्रवेश करने के अनन्तर सावधानी पूर्वक उस दिव्य शक्ति को जगाकर मूलबन्ध और दृढ़ भावना के सहयोग से, उस अधोमुखी विचित्र शक्ति को, ऊर्ध्वमुखी बनाकर ऊर्ध्वगामिनी करना ही साधक का प्रथम कर्तव्य है।

हमारी विषय इस समय कुण्डलिनी जागरण से थोड़ा हटकर चेतन्य समाधि का था। जब साधक की जाग्रत श्रुति ऊर्ध्वगामिनी होकर पराशक्ति को साथ लेकर मूलाधार चक्र में दृढ़ धारणा के साथ एकाग्रता को प्राप्त हो जाए और पृथ्वी तत्व के बीज मंत्र 'लं' का मानसिक संकल्प के साथ, ध्यान की प्रगाढ़ स्थिति में, पीले रंग के चतुदर्ल के कमल में स्वर्णिम प्रकाश का ध्यान करते-करते अपने आपको प्रगाढ़ एकाग्रता की स्थिति में पूर्णरूपेण समाहित कर दे, तो चेतन्य समाधि की स्थिति, कुछ समय की सतत साधना से प्राप्त हो सकेगी।

चेतन्य समाधि में जड़ समाधि की भाँति साधक का समस्त शारीरिक हृदय स्पन्दन रक्त परिभ्रमण आदि बिल्कुल शान्त हो जाते है। प्राण साधक के ध्यान के साथ निश्चित स्थान पर स्थिर हो जाते है। और प्राणों का स्पन्दन उसी चक्र में स्पन्दित होता रहता है। वस्तुतः वह प्राण ही साधक की वास्तविक चेतना और श्रुति है। या यों कहें कि चेतना, श्रुति और प्राण एक ही है। जब वह संकल्प की सहायता से परिपक्व एकाग्रता को यथेच्छ समय के लिए, किसी एक स्थान पर स्थिर हो जाते हैं तो उस स्थिति का नाम समाधि बोला जाएगा। जड़ समाधि में पहुँचने पर साधकों को निद्रा आ जाती है। आलस प्रमाद घेर लेते हैं। उसकी चेतना श्रुति आगे बढ़ने की अपेक्षा, अज्ञात निद्रा में, बेहोशी की सी हालत में सोते रहने की है। किन्तु चेतन्य समाधि में साधक की श्रुति चेतन्य आलस्य, प्रमाद रहित, परम ज्ञानमयी, तेजोमयी, प्रकाशमयी स्थिति में रहती है। चेतन्य समाधि के साधक को इच्छा करते ही बाहर और भीतर दूर पास, सब कुछ

अपने ज्ञान नेत्र के द्वारा दृष्टिगोचर हो सकता है। यदि वह कुछ भी इच्छा न करे और केवल अपने आध्यात्मिक चिन्तन में ही अग्रसर होता रहे तो उस योग के परम पथ पर नित नए से नए आयाम पर पहुँच कर नए से नए चमत्कारों अनुभवों को प्राप्त कर सकता है। क्रमशः उसकी धीरे-धीरे समस्त कल्पनाएँ, संकल्प, विकल, आदि, क्रमशः समाप्त होने लगते हैं। और वह चेतन्य समाधि की सप्तचक्रों में से जिस स्थान पर उसने समाधि लगाई थी, उस स्थान की समस्त लौकिक, अलौकिक सिद्धियाँ, क्रमशः उसे प्राप्त होती जाएँगी। ऐसी सिद्धियाँ शक्तियाँ और उच्च आध्यात्मिक अनुभव कोई एक-दिन, दो चार घंटे या दस-बीस दिन की बात नहीं है। इसके लिए तो निरन्तर बिना समय के प्रतिबन्ध के अभ्यास करते रहने की आवश्यकता होती है। वस्तुतः यह मार्ग किसी प्रकार भी नापा नहीं जा सकता। इसका विस्तार बहुत बड़ा है। इसमें आने वाले दिन भी अनगिनत हैं। इस मार्ग के द्वारा प्राप्त होने वाली शक्तियों की भी कोई गिनती नहीं है। इसी प्रकार इससे मिलने वाली सिद्धियों को भी आँकने का कोई योगिक परिमाण अथवा मापदंड या तराजू नहीं है। और हो भी नहीं सकता, क्योंकि इस समाधि से ऊपर तो कुछ है ही नहीं। इसका आदि, मध्य और अन्त नहीं है। उसे किसी ने नहीं देखा है न ठीक प्रकार जाना है। इसकी व्याख्या, मानव बुद्धि से बहुत दूर की बात है। अनगिनत ऋषि, महात्मा, तपस्वी, योगी, अवधूत और परमहंस आदि सिद्ध पुरूषों ने अपने ज्ञान अनुसार, स्थान-स्थान पर इस सारी स्थिति व्याख्या करने की, अपने ज्ञान के अनुसार प्रयत्न किया है। यह उनकी व्याख्या के तरीके सब अपने आप में अद्वितीय और विचित्र है।

प्राचीन काल में ऐसी चेतन्य समाधि, कितने ही ऋषि, मुनि, योगी, तपस्वी, सन्त महात्माओं को अपने-अपने परिश्रम के अनुसार प्राप्त हुई थी। और उस समाधि के उच्च स्तर के अनुसार उन ऋषि, महर्षि, योग सिद्धों की शक्तियाँ भी वैसी ही दुर्लभ थी। दैत्य, दानव और राक्षसों ने भी अपनी अनगिनत वर्षों की कठोर तपस्या और घोर अमोघ की स्थिति के द्वारा, बड़ी दुर्लभ अनन्त शक्तियाँ प्राप्त की थी। आदि काल में राक्षसराज हिरण्याक्ष और उनके भाई हिरण्यकश्यप, मय दानव, राक्षसराज रावण, उनके पिता विश्वश्रवा, महर्षि विश्वामित्र, महर्षि जमदाग्नि, महर्षि वशिष्ठ आदि कितने ही विशिष्ट साधकों ने योग साधना, तपस्या और चेतन्य समाधि द्वारा, अनन्त शक्तियाँ प्राप्त करके पूर्वकाल में संसार को आश्चर्यचकित कर दिया था। महाभारत काल में ऐसे कितने ही मेधावी ऋषि-मुनि, राजकुमार, राजा, राक्षस समधि प्राप्त, सिद्धि सम्पन्न कितने ही पुरूषों का विवरण विस्तार के साथ मिलता है। कहने का तात्पर्य यह है कि हर युग में समाधि शक्ति और सिद्धि शक्ति सम्पन्न, अत्यन्त सामर्थ्यशाली अनगिनत सिद्ध पुरुष हुए है। उनके नाम गिनाना भी अत्यन्त कठिन होगा।

चेतन्य समाधि के सिद्ध पुरूष

प्राचीन काल में भारतीय सप्तऋषि, भगवान दत्तात्रेय, महर्षि विश्वामित्र उस समय के समस्त उच्च कोटि के ऋषि, इस कलिकाल में बीसवीं सदी से कुछ सौ साल पहले के समय से अब तक भी चेतन्य समाधि के अनगिनत सिद्ध पुरूष, सन्त महात्मा लोग, समय-समय पर देश-विदेश अर्थात समस्त भूमण्डल पर सभी जाति और धर्मों में उत्पन्न होते रहे है। और संसार के प्राणियों को अपनी योगी शक्तियों के द्वारा चमत्कृत तथा लाभान्वित करते रहे हैं। गुरू नानक देव, महात्मा कबीरदास, महायोगी मत्स्येन्द्रनाथ, जालन्धर नाथ, गोरक्षनाथ जी, चेतन्य महाप्रभु, महाराज, महाराजा विदेह राजा जनक, महर्षि पातंजलि, मुनि याज्ञवल्कय जी, महात्मा श्याम चरण लाहिड़ी, श्री रामकृष्ण परमहंस, बुल्लेशाह, सन्त मलूकदास, संत सैजो बाई, संत दयाबाई, जैन योगेन्द्र संत ज्ञानेश्वर और उनके तीनों भाई-बहन, एकनाथ जी महाराज, समर्थ गुरू रामदास, महात्मा रामदेव, सिद्ध, मूर्ति तैलंग स्वामी, अर्हत सुमूर्ति, कर्नल आंकॉट, मैडम बलेवेत्स्की, बौद्ध धर्म के चौरासी सिद्ध स्वामी विवेकानन्द, श्रीमती एनीबिसेन्ट, महात्मा चरणदास आदि कुछ चेतन्य समाधि के सिद्ध योग विभूतियों के नाम उपस्थित किए है। वास्तव में सिद्ध सन्त महात्मा और आदरणीय योगि मुनि महात्माओं की संख्या इतनी अधिक है कि उनके नाम इस स्थान पर हम अपने निजी कारणों से उपस्थित नहीं कर पाए हैं। उसके लिए हमें बहुत खेद है। किन्तु देश-विदेश के सभी महापुरूषों, सिद्ध पुरूषों, सन्त, योगी, विद्वानों को हम सादर नमन करते हैं। चेतन्य समाधि के असंख्य योगियों ने संसार के सभी भागों में अवतार लेकर कुण्डलिनी महायोग का एवं योग की विभिन्न शाखाओं का प्रचार-प्रसार करने में बहुत बड़ा योगदान बहुत बड़ा उपकार और कभी न उतरने वाला ऋण सर्वदा बना रहेगा।

चेतन्य समाधि के सम्बन्धा में

चेतन्य समाधि से युक्त योगी महात्मा सन्त एवं साधक को समाधि स्थिति में होते हुए भी इच्छा अर्थात संकल्प होते ही अपनी और संसार की बाह्य स्थिति के सम्बन्ध में भी पूरा-पूरा ज्ञान होता है। ऐसा योगी अपने अन्तर में भी और बाह्य संसार में भी पूर्ण रूपेण जाग्रत रहता है। निष्काम कर्मयोग, समदर्शिता सुख-दुख, लाभ-हानि की चिन्ता से अधिकतर वह योगी दूर होता है। अधिकांशतः वह सर्वदा शान्त, एकाग्र और प्रसन्नचित्त रहता है। उसके पास जाने सत्संग करने अथवा उसका दूर बैठकर ध्यान करने से भी एक विशेष प्रकार का आकर्षण, सम्मोहन, खिंचाव, श्रद्धा, सम्मान भक्त के हृदय में स्वतः उत्पन्न होता है।

समाधि चुप-चाप मौन रहने को नहीं कहते, समाधि तो वह अग्नि है जो क्रमशः आशा-तृष्णा, ममता, मोह, भय, क्रोध, काम, अतृप्ति आदि समस्त विकारों को तिनकों की भाँति जलाकर भस्म कर देती है। संसार के सभी बन्धन देने वाले, मोक्ष से आत्म चिंतन से, योगाभ्यास, भक्ति ज्ञान, साधना आदि से दूर रखने वाले सभी विषयों को समाप्त कर देने वाली स्थित का नाम समाधि है।

समाधि एक प्रकार से आन्तरिक सूक्ष्म नेत्रों को खोल देने का नाम हैं। समाधि के द्वारा आध्यात्म भक्ति, ज्ञान, वैराग्य, आदि के मार्ग का ठीक पथ प्रदर्शन करने वाली प्रक्रिया है। चेतन्य समाधि के द्वारा अति उच्च स्थिति प्राप्त हो जाने पर साधक के जन्म जन्मान्तर में किये गये अनगिनत में अशुभ कर्मों का नाश हो जाता है। चेतन्य समाधि में साधक की अच्छी स्थित हो जाने पर, जिसका नाश न हो, ऐसा अति निर्मल ज्ञान प्राप्त होता है। चेतन्य से भी ऊँची स्थित का नाम निर्विकल्प समाधि माना जाता है। यदि ऐसी संकल्प विकल्प रहित चेतन्य समाधि किसी भाग्यशाली साधक को अनन्य समय तक करने पर प्राप्त हो जाय तो अति निर्मल, जिसका कभी नाश न हो अक्षय ज्ञानमयी स्थित प्राप्त हो जाती है जिससे साधक का तन-मन बुद्धि अन्तकरण और समस्त जीवन प्रकाशमय हो जाता है।

चेतन्य समाधि में सर्वदा और नित्य स्थित प्राप्त हो जाय तो कुछ समय के अन्तराल से ऐसी समाधि वाले साधक को योगमार्ग की कितनी ही सिद्धियाँ और शक्तियाँ स्वाभाविक ही अर्थात अनायास ही प्राप्त हो जाती है। जिस साधक को यह स्थिति प्राप्त करनी है उसे सभी प्रकार की इच्छा, तृष्णा, ममता, मोह, भय, क्रोध, लोभ, स्वाभिमान, मद आदि समस्त साधना के विध्न स्वरूप दुर्गणों और सब कारणों का त्याग करना पड़ेगा। जो इन सबका त्याग नहीं कर सकता, जिसे धन वैभव स्त्री-पुरूष बन्धु-बान्धव, राज्य, मान, सम्मान पद, इनका तनिक भी मोह है तो उसे वह ऊँची स्थिति प्राप्त नहीं हो सकती। जिसने आन्तरिक समस्त द्वन्दों को ज्ञान के द्वारा समाप्त कर दिया है। और अपनी साधना के प्रति आलस्य रहित होकर निष्काम भाव से अहर्निश आत्म चिंतन में लगा रहता है वस्तुतः उसे ही चेतन्य समाधि पूर्णरूपेण प्राप्त होती है। जो पुरूष, योगी, साधक, साधिका संसार के समस्त प्रपंचों को त्याग देता है जिसकी बुद्धि शंकाओं और सब इच्छाओं से रहित हो जाती है, जो सभी प्रकार के संकल्प विकल्पों से दूर हो जाता है, उसे ही आध्यात्म की भाषा में महात्यागी कहा गया है। जो महात्यागी, सर्वत्यागी स्वर्ण और मिट्टी में सुख और दुख में, सर्दी-गर्मी आदि में भी अपनी मन, बुद्धि और अन्तःकरण को समदर्शित्व की स्थित में रखने का पूर्ण अभ्यास कर चुका है। वस्तुतः वही चेतन्य समाधि का अधिकारी है। चेतन्य समाधि प्राप्त करने के लिए योगी साधक को विभिन्न प्रकार के

प्रयत्न करने परम आवश्यक है एक ही प्रकार की योग साधना के द्वारा चेतन्य समाधि प्राप्त करने में कठिनाई हो रही हो, तो अन्य-अन्य दो चार, दस-बीस प्रकार की साधना पद्धतियों से अपनी इच्छा पूर्ति के लिए अर्थात समाधि प्राप्त करने के लिए प्रयत्न करना चाहिए।

ऐसी विचित्र समाधि प्राप्त करने के लिए लय योग की ज्ञानमयी प्रक्रिया करने का प्रयत्न करना चाहिए। अपने पृथ्वी तत्व से बने हुए इस शरीर के हाड़-मांस आदि पृथ्वी तत्व की आग को पृथ्वी में साधक विचार द्वारा लय करने का प्रयत्न करे। जल से बने भाग रक्त आदि को जल में, शरीर की उर्जा शक्ति (तेजस) जो अग्नि का भाग है उसे अग्नि में, शरीर के जो भाग वायु तत्व से संबधित है वह वायु में, और शरीर के शब्द कर्णेन्द्रिय आदि जो भाग आकाश तत्व से बने है उन्हें आकाश तत्व में लय कर देने का, अपनी शान्त स्थिर बुद्धि के द्वारा साधक लय करने का अभ्यास करे। इसी प्रकार अपनी समस्त ज्ञानेन्द्रिय और कर्मेन्द्रिय को भी एक-एक करके, उनके महाकारण भूतों में अर्थात उनके तत्वों में लय कर देने का अभ्यास करे। नासिका इन्द्री और उसकी घ्राण शक्ति अर्थात सूँघनेवाली शक्ति को पृथ्वी तत्व में जिह्वा और उसकी ज्ञानेन्द्रिय को जल तत्व में, नेत्रों को अग्नि तत्व में अर्थात् सूर्य में त्वचा और उसकी ज्ञानेन्द्रिय स्पर्श शक्ति को वायु तत्व में कर्णेन्द्रिय और उसकी ज्ञानेन्द्रिय शब्द श्रवण को आकाश में लय कर देने का अभ्यास करे। शरीर समस्त इन्द्रियाँ, चित्त, मन बुद्धि आदि जिन-जिन तत्वों से उत्पन्न हुए है बुद्धिमान साधक उन सभी तत्वों को जानकर इन सबको भी लय कर देने का पूरा-पूरा प्रयत्न करे। इस लय प्रक्रिया के द्वारा सर्वप्रथम प्रेम को परात्पर ब्रह्म, महा विराट पुरुष में स्थित करे।

इस प्रकार बुद्धिमान साधक अपने सूक्ष्म शरीर द्वारा उस विराट में कुछ समय स्थित होकर यावन मात्र चराचर विश्व पर दृष्टि डालकर ऐसा सोचें कि मै परमात्मा का सूक्ष्म रूप विशुद्ध आत्मा हूँ, सूक्ष्म रूप से जिस प्रकार वह परात्पर पर ब्रम्ह ईश्वर, परमात्मा इस सारे ब्रम्हाण्ड के कण-कण में व्याप्त होकर सर्व व्यापक कहलाता है। उसी प्रकार क्योंकि मैं आत्मा भी उस परात्पर पर ब्रह्म परमात्म का ही पूर्णरूपेण वास्तविक अंश हूँ। इसलिए वेद के अण्ड-पिण्ड सिद्धान्त के अनुसार इस यावन मात्र ब्रह्माण्ड के प्रतीक, मानव शरीर रूप, इस पिण्ड का स्वामी, मैं विशुद्ध सूक्ष्म चेतन्य आत्मा हूँ। और जैसे वह परमात्म शक्ति इस ब्रह्माण्ड के कण-कण में व्याप्त है और सर्व व्यापक कहलाता है। उसी प्रकार मैं सूक्ष्म चेतन्य आत्मा भी इस पिण्ड रूप मानव शरीर के कण-कण में व्याप्त हूँ और परमात्म तत्व की भाँति ही मैं सूक्ष्म आत्मा भी, सर्व व्यापक हूँ, इसमें तनिक भी सन्देह नहीं। ईश्वर वह तत्व है जिसमें समस्त संसार अपना नाम और रूप

छोड़कर अर्थात् त्यागकर समाहित होता है। कोई इसको माया कहता है। बहुत से ज्ञानी जन इसको प्रकृति कहते है, कुछ वैज्ञानिक लोग इसे परमाणुओं का समूह कहते है, कोई-कोई इसे अविद्या कहते है।

वस्तुतः यह तीनों अवस्थायें स्थूल सूक्ष्म और कारण मानी गई है। जिसमें सभी कुछ यावन मात्र स्थावर जंङ्ग.म अव्यक्त रूप से स्थित रहता है। इन तीनों अवस्थाओं से भी परे एक चौथी अवस्था का विशेष पद है। बुद्धिमान, ज्ञानी, योगी को उस परमपद की प्राप्ति के निमित्त, स्वयं का अर्थात् अपने कारण शरीर का ध्यान करके, उस अव्यक्त निराकार में स्वयं को लय कर देने का प्रयत्न करना चाहिए।

प्राण निरोध कैसे किया जाये

मन, प्राण और बिन्दु एक-दूसरे पर निर्भर करते हैं और इतना अधिक निर्भर करते है यदि इन तीनों में से एक शान्त हो जाय, तो तीनों ही शान्त हो जाते है। यदि योगी साधक इनका निरोध करना चाहता है तो उसे अपने मन को स्थिर करने का प्रयत्न करना चाहिए, साथ ही बिन्दु अर्थात वीर्य उसे भी स्थिर करने के लिए ब्रह्मचर्य संयम व अन्य योगिक क्रिया आदि करने से वह भी शनै-शनै स्थिरता को प्राप्त होने लगेगा। इसी प्रकार प्राण को स्थिर करने के लिए ज्ञान की आवश्यकता है। अर्थात् अपने आपको समझाने का प्रयत्न करे कि मैं तो सभी हल-चलों से हर प्रकार की खट-पट से और सभी प्रकार के स्पन्दनों से रहित हूँ यह प्राणों का हृदय का, स्पन्दन मेरे अन्दर कैसे हो रहा है। मैं यह स्पन्दन नहीं हूँ। निश्चय ही मैं तो इससे सर्वथा भिन्न हूँ। और शान्त हूँ। इस प्रकार योगी साधक की स्थिरता शान्ति और एकाग्रता की इच्छा को पूरी करने के लिए मन, प्राण, और बिन्दु इन तीनों में से, किसी एक को स्थिर करने का पूरे मनोयोग से कटिबद्ध एवं दृढ़ संकल्पित होकर मन को शान्त करने के लिए लग जाना चाहिए।

मन को शान्त करने के लिए भगवान शंकर ने जो योग मार्ग की सर्वप्रमुख ईश्वरीय, आध्यात्मिक अत्यन्त सूक्ष्म, परम चमत्कारी एक मात्र शक्ति है वह वस्तुतः साक्षात् मूर्तिमान योगी ही है। उन भगवान शंकर ने मन को शान्त करने के लिए 400 उपाय बताये है। घेरण्ड संहिता आदि योग के विभिन्न प्रसिद्ध ग्रन्थों में गीता, योग-वशिष्ठ, शाण्डल्य उपनिषद् आदि कितने ही ग्रन्थों में मन को शान्त करने वाले उपायों का विस्तार से वर्णन उपस्थित है। जिस प्रकार पंखे का चलना अथवा उसका हिलना, डुलना और बन्द होते ही हवा भी बन्द हो जाती है, उसी प्रकार मन के शान्त होते ही प्राणों की गति भी रूक जाती है और इसके साथ ही बिना किसी और प्रयत्न के बिन्दु भी स्थिरता को प्राप्त हो जाता है।

प्राणों का निरोध करना परम आवश्यक है। प्राणों के निरोध के बिना योग मार्ग में अर्थात् कुण्डलिनी जागरण में कुछ उन्नति करना अथवा कुण्डलिनी जागरण के निमित्त परिश्रम करना, बिना प्राणों के निरोध के कुछ भी संभव नहीं है। प्राणों का पूरी तरह

से निरोध होना या प्राणों का स्थिर होना कुण्डलिनी जागृति के लिए योग मार्ग में पहला कदम होगा। बिना मन, प्राण और बिन्दु के स्थिरता हुए कुण्डलिनी योग के सम्बन्ध में कोई भी सफलता प्राप्त नहीं होगी अपितु बिना प्राण निरोध क्रिया के सिद्ध हुए कुण्डलिनी महा शक्ति तनिक भी छेड़ने से एक अग्नि शरीर में विशेष प्रकार जल उठेगी। जिसका नाम वासना, कामाग्नि रख सकते है। आज अधिकांश साधकों में कुण्डलिनी जागृति के लिए बहुत तीव्र उत्कंठा है किन्तु कुण्डलिनी जागरण के लिए कोई भी अभ्यास करने से पूर्व किसी प्रकार के संयम ब्रह्मचर्य साधना, खान-पान में परिवर्तन आदि कुछ भी नहीं किया जाता है। और न ही कुण्डलिनी के सम्बन्ध में शिक्षा देने वाले मार्किट में योग की दुकान खोलकर लाडस्पीकर पर जोर-जोर से चिल्लाकर यह प्रचार करना कि कोई भी आकर कुण्डलिनी जागृति करवा लो सारे देश में ही नहीं सम्पूर्ण विश्व में कुण्डलिनी जागरण करा लो, इस शब्द का शोर मच रहा है।

वस्तुतः स्थिति यह है कि यह विद्या इस तरीके से प्राप्ति ही नहीं की जा सकती उसके लिए तो सीधे, सच्चे, शान्त स्थिर ज्ञानी, बुद्धिमान शिक्षकों, मार्ग दर्शकों और मार्ग पर चलने वाले सच्चे अनुयायिओं जिज्ञासुओं की आवश्यकता है। फीस ले देकर कुण्डलिनी जागरण योग सिद्धि, मन्त्र सिद्धि, प्रेत सिद्धि, याक्षिणी सिद्धि आदि कुछ भी नहीं हो सकता। उसके लिए तो सीधे सच्चे शान्त बताने वाले योग्य जानकारों और भक्त जिज्ञासु सरल उपासकों की आवश्यकता होती है। आप अपने आपको शान्त स्थिर चित्त से योगाभ्यास साधना आरम्भ करिये।

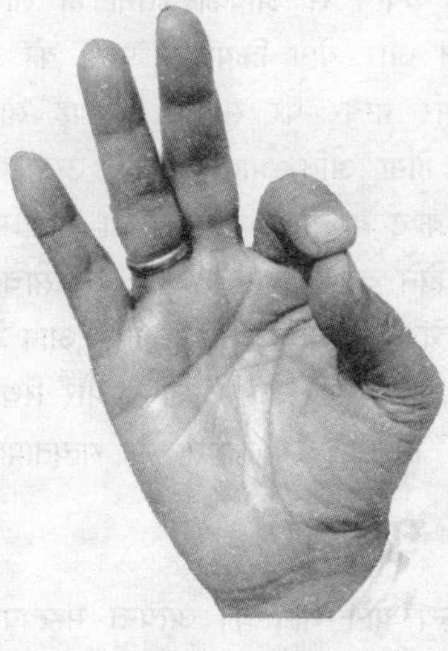

ज्ञान मुद्रा

सर्वप्रथम मन को शान्त करने के लिए कोई भी पद्मासन आदि आसन लगाकर ज्ञानमुद्रा आदि में बैठ जाय। और अन्तरतम में उतरते चले जाइये, अपने अन्तर में अंधकार वा प्रकाश में जो कुछ भी मन की आँखों से दृष्टिगोचर हो रहा हो उसे ही सूक्ष्म रूप से देखते रहिए। क्रमशः धीरे-धीरे अपने मन की गहराई में और अधिक और अधिक जाने का लगातार प्रयास करें। कम-से-कम पहले-पहले, डेढ़ घंटा रोज ऐसा अभ्यास करना परम आवश्यक है। इससे धीरे-धीरे मन शान्त होने लगेगा। हृदय गति धीरे-धीरे कम होने लगेगी। यदि लगातार ऐसा प्रयत्न करते रहे, तो कि कुछ समय अन्तर हृदय से नाद का उदय हो जाता है और यह नाद 10 प्रकार के नाम से जाना जाता है। ऐसा अन्तरतम में ध्यान करते समय किसी-किसी साधक को हृदय गति पर अर्थात श्वास-प्रश्वास पर ध्यान केन्द्रित करने पर धीरे-धीरे श्वास-प्रश्वास की गति और उसमें लगने वाला समय क्रमशः साधना के साथ कम होता जाता है। और धीरे-धीरे श्वास प्रश्वास का आना जाना और उसकी लम्बाई, अभ्यास के साथ-साथ कम होती जायेगी कुछ समय के बाद काफी अधिक घट जायेगी। क्रमशः मन शान्त हो जायेगा। कुछ दिन के उपासना के उपरान्त एक दिन ऐसा आयेगा कि यह प्राणों का स्पन्दन हृदय की धक-धक हठात् बिल्कुल रूक जायेंगी। और कुछ समय यथावत रूकी रहेगी। किन्तु थोड़ी देर के उपरान्त इन प्राणों के रूकने से और रोकने की इस युक्ति का आपको ज्ञान होते ही साधक के मन को न चाहते हुए भी अत्याधिक प्रसन्नता होगी। साधक की प्रसन्नता के कारण तत्काल हृदय गति तीव्र गति से पहले की तरह स्पन्दित होने लगेगी आपका प्रयत्न विफल हो जायेगा। किन्तु इस प्रयत्न से आपको इतना ही लाभ हो सका कि आपको मालुम हो गया कि इस युक्ति और योग क्रिया से प्राणों को अर्थात हृदय स्पन्दन को रोका जा सकता है। अब दूसरे नम्बर पर साधक को यह सोचकर पुनः प्रयत्न करना चाहिए कि योगी को समदर्शी होना अति आवश्यक है। उसको किसी बात से प्रसन्नता या अप्रसन्नता, सुख या दुःख, कष्ट या सुख, लाभ अथवा हानि महसूस नहीं होना चाहिए। तो शान्त स्थिर और समदर्शी होने का अभ्यास ही है। यह सोचकर पुनः पहले की भाँति अपने आपको शान्त स्थिर करने का प्रयत्न आरम्भ करें। आप देखेंगे कि कुछ ही समय के उपरान्त आपका मन, प्राण, बुद्धि आदि क्रमशः शान्त और स्थिरता को प्राप्त हो सकेगी। अर्थात आप अपने प्राणों का निरोध इस साधना से सत्यतापूर्वक कर सकेंगे।

योगमार्ग की सप्त भूमिकायें

योग वशिष्ठ नामक ग्रन्थ योग मार्ग का अत्यन्त महत्वपूर्ण ग्रन्थ माना जाता है। भवसागर से मुक्ति पाने के लिए योग वाशिष्ठ के अनुसार योग मार्ग पर चलने से,

थोड़े समय में ही भवसागर से पार हो सकते है। इस ग्रन्थ के अनुसार योग मार्ग की सात भूमिकायें बताई गई है। साधक को अपने निरन्तर प्रयत्न के द्वारा पहली भूमिका शुभेच्छा को विशेष रूप से चिन्तन के द्वारा अभ्यास में लाना चाहिए। शुभेच्छा नामक भूमिका के अनुसार योगी को अपने आपको अल्प ज्ञान वाला समझकर सत्संग के द्वारा ज्ञान और वैराग्य करने का प्रयत्न करना चाहिए।

विचारना नामक दूसरी भूमिका के द्वारा साधक को पहली भूमिका का अनुसारण करते हुए सदाचार की वृत्ति को स्वयं में जागृति करना दूसरी भूमिका गिना जाता है।

तनू मानसा नामक तीसरी भूमिका में अपनी समस्त इन्द्रियों को सभी विषयों से आसक्ति रहित बनाने का प्रयत्न करता है।

चौथी भूमिका में सत्वापत्ति नामक चौथी भूमिका, साधक अपने चित्त को ऊपर की सारी भूमिकाओं का पालन करते हुए सांसारिक विषयों से हटाकर अपने में स्थित हो जाने का प्रयत्न किया जाता है।

पाँचवीं भूमिका असंशक्ति नामक भूमिका में साधक अपने मन को समस्त प्रकार की आसक्तियों से हटाकर आत्मतत्व में, आत्मा में ही स्थित होने का प्रयत्न करता है।

छठीं भूमिका पदार्थाभावानी में पूर्व कहे गये सभी प्रयत्नों के द्वारा अपने आत्मा स्वरूप में ही स्थित होकर शेष सभी पदार्थों, वस्तुओं के अभाव की भावना की जाती है।

तुर्यगा नामक सातवीं भूमिका में पिछले अभ्यासों के द्वारा जीवनमुक्त परमहंस साधकों इस तुर्यगा अवस्था में अर्थात अपने आत्मस्वरूप में ही देहात्म बुद्धि से रहित होकर, विदेह हो जाने का प्रयत्न करते हैं।

इन समस्त भूमिकाओं का अभ्यास प्रयत्नपूर्वक करने से योगी के प्राण स्वयमेव ही शान्त होकर सुषुम्ना के द्वार पर, महाकुण्डलिनी को जागृति करने के लिए पूरी तरह से स्वस्थ और निर्मल होकर अपने कार्य में लग जाते है। इससे कुण्डलिनी जागरण में बहुत बड़ी सहायता प्राप्त होती है। यह सप्त भूमिकाओं का पालन करना कुण्डलिनी जागरण के लिए अत्यन्त आवश्यक है।

कुण्डलिनी जारगण में प्राणों का निरोध आवश्यक

1. प्राणों का निरोध ध्यान, परमार्थ का ज्ञान और सभी दूषित प्रवृत्तियों का त्याग करने से स्वाभाविक ही होने लगता है।

2. अच्छा सत्संग एवम् वैराग्य का अभ्यास करने से प्राणों की चंचलता समाप्त होती है।

3. प्राणायाम (पूरक, कुम्भक एवम् रेचक) का लम्बे समय तक अभ्यास करना और एकान्त में तीन घण्टे 36 मिनट तक ध्यान का अभ्यास करने से प्राणों का निरोध होता है।

4. प्रणव (ॐ) का उच्चारण अन्तरहृदय से निरन्तर करते रहने पर भी प्राणों का निरोधाभ्यास करते रहने पर भी प्राण का निरोध होने लगता है।

5. कुम्भक प्राणायाम का क्रमशः देर-देर तक अभ्यास करने से प्राण स्तम्भित होजाते है।

6. खेचरी मुद्रा के अभ्यास से प्राणों को गति ऊर्ध्वमुखी करने से शान्त होने लगतेहै।

7. भूमध्य में आन्तरिक संकल्प के द्वारा त्राटक करते रहने से साधक की चेतना और प्राण स्थिरता को प्राप्त होते है।

इस प्रकार प्राण को स्थरता प्राप्त कराने के लिए योग मार्ग में अनेक युक्तियाँ बताई गई हैं।

प्राण निरोध के अनन्तर ही कुण्डलिनी महा विद्या को जाना जा सकता है।

कुण्डलिनी महा विद्या को जानकर कुण्डलिनी को जागृति करके येाग अनगिनत शक्तियाँ सिद्धियाँ प्राप्त करी जा सकतीी है। योग वशिष्ठ ग्रन्थ में भी कुण्डलिनी शक्ति और विद्या के सम्बन्ध में अत्यन्त विस्तार पूर्वक वर्णन मिलता है।

योगिक ग्रन्थों में बड़े प्रयत्न के द्वारा बताया गया है कि प्राण निरोध करने के बजाय, मन को शान्त करना सब से सरल है और मन शान्त करने के लिए भगवान शंकरजी ने सबसे अधिक उपाय बताये है।

मन को पूर्ण रूपेण शान्त करना आत्म तत्व को दृढ भावना बनाना, हृदय गति अथवा प्राण का स्पन्दन रोक देना, यह मन को शान्त करने की तीन मुख्य विधियाँ है। इन तीनों में मन को स्थिर कर लेना सबसे प्रमुख और सरल है। मन को स्थिर करने के साथ ही यह तीनों स्वयंमेव ठीक हो जायेंगे। ऐसा मैंने स्वयं अभ्यास करके प्रत्यक्ष अनुभव किया है। इसके अभ्यास से थोड़े ही समय में प्राणों की गति अर्थात् हृदय की स्पन्दन पूरी तरह शान्त, स्थिर अर्थात बिल्कुल बन्द हो गया। और उससे कुण्डलिनी जागरण का मार्ग अत्यन्त सरल हो जाता है।

कुण्डलिनी महाविद्या

कुण्डलिनी महाविद्या अति प्राचीन काल से ही सबसे प्रमुख अत्यन्त गुप्त और रहस्यमयी विद्या मानी जाती रही है इसीलिए बहुत सारे ऋषि महर्षियों ने स्पष्ट रूप से प्रत्यक्ष प्रमाण के साथ और विशद रूप से इसका वर्णन सर्व-साधारण के लिए अथवा विद्वानों के लिए भी लिखित रूप से नहीं किया। अधिकाँश रूप से गुरूमुख परम्परा के अनुसार इस महाविद्या का उद्देश्य, दीक्षा आदि एक नहीं कितने ही महापुरूषों को दिया गया था। देवता भी इस महा विद्या के के विज्ञान को पूरी तरह से नहीं जानते थे। भगवान विष्णु इस अच्छी प्रकार जानते थे।

महर्षि वशिष्ठ के अनुसार, इस विद्या के जानकार साधक की निद्रा सर्वथा के लिए दूर भाग जाती है अर्थात वे लोग साधक सालों तक बिना निद्रा के रह सकते हैं। वशिष्ठ ने लक्ष्मण जी को यह विद्या अलग से और गुप्त रूप से सिखाई इसीलिए लक्ष्मण जी वनवास के समय चौदह वर्ष तक बिल्कुल नहीं सोए अर्थात उन्हें एकक्षण के लिए भी चौदह वर्ष तक नींद नहीं आई। हनुमान जी भी निद्रा को जीतने वाले विशेष अवतारी पुरूष है। भगवान दत्तात्रेय जी भी इसी कोटि के देवपुरूषों की गणना में आते है। महाभारत काल में पाण्डव पुत्र अर्जुन भी निद्रा को जीतने वाले महापुरूष थे। भगवान श्री कृष्ण और भगवान राम के सम्बन्ध में तो कुछ कहने की हमारी सामर्थ्य नहीं है। वे तो साक्षात परब्रह्म हैं। इसी प्रकार और भी कितने ही महात्मा, योगी सिद्ध पुरूष प्राचीन काल से अब तक हए। कुण्डलिनी महाशक्ति के जागरण के पश्चात राम कृष्ण परमहंस जी की भी निद्रा समाप्त हो गई थी उनकी जीवनी से मालुम होता है कि महात्मा रामकृष्ण जी साधना काल में वर्षों तक नहीं सोए थे। इन सा उदाहरणों से ज्ञात होता है कि उस काल में कुण्डलिनी महाविद्या का प्रचार अत्यन्त गुप्त से विद्यमान था। धीरे-धीरे समय परिवर्तन के साथ यह कुण्डलिनी महाविद्या प्रकाश में आई। त्यों-त्यों हठयोग का प्रचार संसार में बढ़ने लगा ज्यों-ज्यों इसके महान विद्वान, आचार्यगण, सिद्धपुरूष ससार के समक्ष आते गए। कलिकाल में महायोगी मत्स्येन्द्र नाथ, बाबा गोरक्षनाथ, योगी सिद्धनाथ आदि नाथ सम्प्रदाय के अनगिनत सिद्ध योगी कुण्डलिनी महाविद्या पूर्णरूप से जानकार थे। इन सभी सिद्ध महात्मा योगियों के विचार से सोई हुइ कुण्डलिनी शक्ति को योग

साधना से उद्‌बुध किए बिना अर्थात जगाए बिना भक्ति, ज्ञान, कर्म आदि तीनों साधन भी मुक्ति प्राप्ति में समर्थ नहीं हैं। जो भक्ति, ज्ञान और कर्म कुण्डलिनी महाशक्ति को प्रसुप्त स्थिति से जगाने में सहयोगी सिद्ध हो, ऐसे ज्ञान, कर्म और भक्ति ही वस्तुतः ज्ञानयोग, भक्तियोग एवं कर्मयोग कहे जा सकते हैं। इससे सिद्ध होता है कि योगमयी भक्ति ऐसे योग के साथ कर्म और ज्ञान मिलकर, साधना के द्वारा कुण्डलिनी महाशक्ति की निद्रा समाप्त कर देते हैं। तभी आत्मा की परमात्मा में नित्य स्थिति होती है। इससे सिद्ध होता है कि कुण्डलिनी महाशक्ति को जगाए बिना साधक को अपने वास्तविक स्वरूप का साक्षात्कार नहीं हो सकता।

कुण्डलिनी चेतना साधना करने से साधक का चित्त, मन, बुद्धि, पूर्णरूपेण शुद्ध होकर चितरूप में स्थित हो जाता है। और साधक महाशून्य में भ्रमण करने लगता है। ऐसी अवस्था में सब कुछ और सभी वस्तुएँ, सारा संसार ही शून्य दृष्टिगोचर होने लगता है अर्थात सब कुछ शून्य मय हो जाता है। तत्पश्चात महाशक्ति कुण्डलिनी जाग्रत होकर प्रवुद्ध, चिन्मयी, अवस्था को प्राप्त होती है। उस समय सारा संसार भी कुण्डलिनी जागरण के साथ-साथ चिन्मय स्वरूप, चेतन्य स्वरूप धारण कर लेता है। कुण्डलिनी महाशक्ति का जागरण एक विशेष क्रम से होता है। ज्ञान, भक्ति और कर्म की क्रमिक अवस्थाओं में से होते हुए, जिस समय श्रुति, चेतना सुषुम्ना के द्वार पर पहुँच कर परम चेतन्य स्थिति में आलस्य प्रमाद से सर्वथा रहित होकर, साधक अपने प्राणों के स्पन्दन की सुषुम्ना के द्वार पर क्रोध मंत्र 'हुं' शब्द की बार-बार ठोकर देकर कुण्डलिनी महाशक्ति को जाग्रत करने के लिए शब्द करता है। (दस्तक देता अथवा पुकार करता है, दुहाई देता है) अर्थात प्रार्थना करता है, तब कहीं जाकर वह संसार की सर्वोपरि महाशक्ति कुल कुण्डलिनी में चेतन्यता का संचार होता है। निरन्तर प्राण साधना के अभ्यास से निद्राजयी होने का प्रयत्न करने वाले योगी के द्वारा उस महाशक्ति का जागरण सम्भव होता है।

वह जागरण महाशक्ति का बिजली की भयंकर कड़क और चकाचौंध महाप्रकाश की उत्पत्ति के साथ होता है। जब वह महाशक्ति जाग्रत होती है तो योगी में निद्रा का तनिक भी अवशेष नहीं रहता। उसी समय योगी साधक अद्वैत तत्व का प्रत्यक्ष दर्शन कर पाता है और उसे उसकी सिद्धि भी प्राप्त कर पाता है।

यदि कोई कहता है कि मेरी कुण्डलिनी जाग्रत हो गई तो उसके कई जीते जागते प्रमाण हैं। उस साधक से विनम्रता से प्रश्न करिए कि हे कुण्डलिनी साधना के महायोगी आप कहते है कि आपकी कुण्डलिनी जाग्रत हो चुकी है तो क्या आप दस-बीस दिन या तो चार महीने निद्रा के बिना लगातार रह सके है ?

दूसरा प्रश्न करिए श्रीमान योगी जी क्योंकि आपकी कुण्डलिनी महाशक्ति जाग्रत हो चुकी है इसलिए आप कितने दिन महीने तक बिना श्वास-प्रश्वास लिए रह सकते है अर्थात क्या आपकी हृदय गति बिल्कुल बन्द हुई है? मेरे विचार से वह इन दोनों प्रश्नों का उत्तर देने की सामर्थ नहीं रखते होंगे। यदि किसी कुण्डलिनी जागरण का दावा करने वाले योगी को निद्रा पर विजय प्राप्त नहीं है साथ ही अपने प्राणों को स्पन्दन को रोक देने की साधना नहीं आती है तो यह भी बिल्कुल सत्य है कि उस साधक की कुण्डलिनी महाशक्ति का जागरण किंचित मात्र भी कभी नहीं हुआ है।

आज तो ऐसा लगता है कि कुण्डलिनी महाशक्ति को जाग्रत करने वाले तथाकथित योगियों, शिक्षकों, गाइड और गुरूओं की और उनके साथ-साथ उनके जिन तथाकथित ऐसे योगी साधकों शिष्यों की बाढ़ आ गई है। जिसे देखकर आश्चर्य होता है कि इतने लाखों अत्यन्त साधारण स्त्री-पुरूषों की वह परम दुसाध्य कुण्डलिनी महाशक्ति जिसके सम्बन्ध में उन्हें वाचिक ज्ञान दस पाँच प्रतिशत भी नहीं है। संयम नाम की वस्तु को तो वे जानते ही नहीं। नाममात्र की साधना करने का प्रयत्न करते होंगे उनमें से हजारों ऐसे भी हैं जिनका एक भी आसन सिद्ध नहीं है। वह कितने ही आजकल के कुण्डलिनी साधक दो-तीन घंटे भी एक आसन से नहीं बैठ सकते। ध्यान तो उनका लगता ही नहीं है। वे कुण्डलिनी साधक सात्विक आहार-विहार, ब्रह्मचर्य, सम-नियम, प्राणायाम, आसन, प्रत्याहार, धारणा आदि से मीलों दूर हैं। फिर भी अनगिनत लोग आज के इस कुतूहल पूर्णसमय में यह कहते फिर रहे हैं कि हमारी तो कुण्डलिनी महाशक्ति जाग्रत हो चुकी है। मेरे पास ऐसे उच्च्य कोटि के तथाकथित योगी साधक भी आते रहते हैं जिन्होंने अपने मुख से आते ही यह कहा कि मेरी कुण्डलिनी महाशक्ति तो जन्म से ही जाग्रत है। उन्हें देखकर उनसे वार्तालाप करके उनकी वाचालता, चंचलता, स्वाभिमान और उनकी मुखाकृति आदि सभी कुछ स्पष्ट रूप से बता रहे थे कि वह तो सीधे-सच्चे साधारण सदग्रहस्थ मानव की तरह भी नहीं है।

बड़े आश्चर्य की बात है कि ऐसे व्यक्तियों को यह कहने का दुःसाहस कैसे हो पाता है कि हमारी वह पराचेतना कुण्डलिनी महाशक्ति जाग्रत हो चली है।

देखो ! सच्चे साधको, यम-नियम, आसन सिद्धि, शरीर शुद्धि, प्राणायाम, संयम, आन्तरिक शुद्धि, सांसारिक इच्छाओं के त्याग किए बिना, दृढ़ धारणा और ध्यान के बिना कुण्डलिनी महाशक्ति का जागरण कदापि नहीं हो सकता। यह थोड़े से शब्दों में सीधी सच्ची बात है। कुण्डलिनी महाशक्ति के उद्‌बोधन बिना जीवात्मा को ऊर्ध्वगति होना

संभव नहीं। जिस प्रकार पत्थर की रगड़ से एवं अरणी मंथन के द्वारा अग्नि जल उठती है अर्थात जिस संघर्ष प्रयत्न, रगड़ और प्रकार से अग्नि उत्पन्न हो जाती है उसी भाँति महातेज प्रकाश स्वरूपा, विद्युतमयी कुण्डलिनी शक्ति साधना, उपासना प्रणाली के द्वारा निरनन्तर संघर्ष करने के उपरान्त वह दिव्य शक्ति अपनी सुषुप्त अवस्था छोड़कर जाग्रत हो उठती है। उसकी जाग्रति के साथ ही साथ साधक के समस्त आन्तिरक और बाह्य मल समाप्त हो जाते है अर्थात भस्म हो जाते हैं। साधक परम निर्मलता को प्राप्त हो जाता है। उसके अन्दर देखने योग्य सौम्यता, तेज कर्त्तव्यपरायणता, चेतन्यता उसके समस्त कार्यों से स्पष्टतः परिलक्षित होने लगते है।

कुण्डलिनी महाशक्ति जाग्रत होते ही साधक का सम्पूर्ण हाव-भाव सर्वथा परिवर्तित हो जाता है। वह परम सौम्य, शान्त अवस्था में स्थिर हो जाता है।

ईड़ा, पिंगला से संक्रमण करने वाले प्राण, कुण्डलिनी जाग्रति के साथ ही सुषुम्ना नाड़ी में प्रवेश करते है। और सुषुम्ना मार्ग से क्रमशः आगे बढ़ते हुए वह प्राणशक्ति चित्रणी और वज्रा आदि नाड़ियों का भेदन करते हुए ब्रह्मनाड़ी में पहुँच कर आनंद लोक में पदार्पण करता हैं। इसी स्थिति का नाम परम साम्य अवस्था, ऐश्वर्य अवस्था जो वास्तव में गुणातीत है, प्राप्त हो जाती है।

कुण्डलिनी जाग्रति के उपरान्त भिन्न-भिन्न साधकों में भिन्न-भिन्न प्रकार की शारीरिक, मानसिक प्रक्रियाएँ घटित होती है। कितने ही साधकों के सम्पूर्ण शरीर में अति भयंकर उत्ताप उत्पन्न हो जाता है। सम्पूर्ण मेरूदण्ड में बार-बार विद्युत की सी कौंध एवं चमक, प्रकाश उत्पन्न ओर लुप्त होने लगता है। साधक के मस्तिष्क में और सम्पूर्ण शरीर में विद्युत करंट की भाँति झनझनाहट उत्पन्न हो जाती है। कभी-कभी साधक पद्मासन लगाए अपनी साधना में संलग्न होता है तो हटात् नेत्र बन्द स्थिति में, साधक को उसका सम्पूर्ण शरीर चक्के की भाँति तीव्र गति से घूमता हुआ प्रतीत होने लगता है। कभी-कभी ऐसी स्थिति से साधक कम्पायमान हो जाता है। और उस दिन अपनी साधना रोक देता है। किन्तु दो-चार दिन ऐसा होने पर साधक को उस अवस्था का अभ्यास हो जाता है। और उसके साथ ही एक दिव्य प्रकाश मेरूदण्ड से उठता हुआ, ऊर्ध्वगति से ऊपर की ओर साधक की श्रुति चलने लगती है। कभी-कभी और किन्हीं बिरले साधकों में वह परचेतना महा प्रकाश बीच के चक्रों में न ठहरकर पराचेतना, एकदम सीधा त्रिवेणी संगम के स्थान पर अर्थात भूमध्य में स्थित आज्ञाचक्र में तत्क्षण पहुँच जाता है। और उस चक्र के सम्बन्ध में वहाँ निवास करने वाली दिव्य शक्तियों से उसका

क्रमशः साक्षात्कार होने लगता है। काफी समय तक उस त्रिवेणी संगम पर निवास करने वाली दिव्य शक्ति का अर्थात श्रुति का साक्षात्कार स्पष्ट रूप से होता है। उससे वह प्रकाशित, जाग्रत, आनन्दित होता है। अब इससे आगे उस साधक के गुरू प्रदत्त ज्ञान के अनुसार अर्थात उस साधक की इस कुण्डलिनी विज्ञान की जानकारी के अनुसार इस योग के महापथ पर कब, किस समय, कैसे और क्या करना है, साधक की आन्तरिक सूक्ष्म योग्यता पर निर्भर करता है। बहुत से साधक कितनी बार इसी प्रकार योग के विभिन्न चक्रों में पहुँच कर वहाँ की पूरी जानकारी होने के कारण वहाँ की चमत्कृत करने वाली रहस्यमयी बातों, चित्रों, देवी-देवता एवं शक्तियों को देखकर और उनके बारे में बिना पूरी जानकारी लिए, केवल यह सोचकर न जाने इस स्थान पर यह सब क्या है पुनः वापस अपने नीचे की स्थिति पर आ जाते हैं। इस प्रयत्न के द्वारा साधक को कोई विशेष लाभ नहीं होता केवल मात्र इतना ही लाभ हो सका कि साधना के द्वार ऐसे स्थानों तक भी अपनी श्रुति अर्थात चेतना को पहुँचाया जा सकता है। किन्तु इन स्थानों पर पहुँचने से पहले समस्त साधकों को ऐसे दिव्य योग चक्रों स्थानों पर पहुँचकर आगे क्या करना है यह पूर्णरूप से ज्ञान होना परम आवश्यक है अन्यथा उस अच्छे साधक का परिश्रम व्यर्थ हो जाएगा।

कुण्डलिनी साधन योगचक्र एवं विचित्र अनुभव

साधक का एक स्थूल शरीर होता है और दूसरा सूक्ष्म शरीर। इसी प्रकार एक स्थूल प्रकृति होती है और दूसरी सूक्ष्म परा प्रकृति। इस भूलोक (मृत्युलोक) से ऊपर भी भूवर्लोक तथा उससे भी अधिक कितने ही सूक्ष्म लोक-लोकान्तर है। इस प्रकार इस मृत्युलोक में पंच भौतिक शरीर धारी प्राणी होते हैं उसी तरह से भूवर्लोक, स्वर्लोक आदि सूक्ष्म आदि लोकों में भी उन लोकों की प्रकृति के अनुसार वहाँ कार्य करने योग्य प्राणियों के सूक्ष्म शरीर को जैसी आवश्यकता होती है वैसे ही सूक्ष्मतर शरीर धारी जीव वहाँ कार्य करते हैं। यह शरीर इस प्रकार होते हैं–

सबसे ऊँचे प्रकार का आनन्दमय शरीर, उसके बाद विज्ञानमय मनोमय, प्राणमय और सबसे निचले रूप से अन्नमय स्थूल शरीर माना गया है। उन्हें दूसरे नामों से भी पुकारा जाता है–स्थूल देह, वासनामय शरीर, मनोमय शरीर, विज्ञानमय शरीर, आनन्दमय शरीर। आत्मा इन सभी शरीरों से ऊपर की स्थिति का नाम है। विशेष प्रकार की छोटी बड़ी दैविक शक्तियाँ इन सभी सूक्ष्म स्थूल आदि प्रकृतियों से बने हुए शरीरों में काम करती हैं। प्राणमय शरीर (Ether Body) बड़े महत्वपूर्ण काम की वस्तु है। यह प्राणमय शरीर को शक्तिशाली बनाने के लिए सूर्य से शक्ति प्राप्त करनी पड़ती है। वह प्राणमय शरीर सर्वत्र और सभी लोकों में जा सकता है। यह प्राणमय शरीर मानव शरीर में स्नायुगुच्छ के रूप में अर्थात एक घूमते चक्र प्रकाशपुँज के ध्यानस्थिति के अर्न्तगत शरीर में विभिन्न स्थानों पर अर्थात जो स्थान शरीर में इन छोटे-बड़े योग चक्रों के लिए निश्चित किए गए हैं उन स्थानों पर अवस्थित हैं।

यह समस्त योगचक्र और इन चक्रों से सम्बन्धित छोटे विभिन्न योगचक्रों का मनुष्य की रीढ़ की हड्डी से सम्बन्धित है। मनुष्य का प्राणमय शरीर स्थूल देह से ओरा (तेजस) के रूप में बाहर निकला हुआ होता है। सभी योग चक्रों की प्रकाशमयी सूक्ष्म शाखा साधक की रीढ़ की हड्डी (ब्रह्मदण्ड) के भीतर से प्रकाश के रूप में तेजस (ओरा) का बना हुआ कमल की आकृति का पुष्प योगचक्र कहलाता है। साधक के शरीर में सात प्रधान चक्र होते हैं। रीढ़ की हड्डी अर्थात ब्रह्मदण्ड के सबसे निचले भाग से योग चक्र

आरम्भ होते है।

1. मूलाधार 2. स्वाधिष्ठान 3. मणिपुर 4. अनाहत चक्र 5. विशुद्ध चक्र 6. आज्ञा चक्र 7. सहस्त्रार चक्र।

ये चक्र क्रम से मेरूदण्ड के सबसे निचले सिरे पर पहला चक्र। दूसरा गुदामार्ग के ऊपर तीसरा नाभि के ऊपर चौथा हृदय के ऊपर पाँचवा कण्ठ स्थान में छठा दोनों भौंहो के बीच में और सातवाँ चक्र मनुष्य के सिर के ऊपर स्थित होता है। इन योगचक्रों का स्वरूप, इनके रंग, अक्षर, देवी-देवता एवं इन सभी योग-चक्रों की शक्तियों का वर्णन हमारे प्राचीन शक्ति-सम्पन्न परम तपस्वी, अनुभवी, योगी सन्त महात्माओं ने ऊँची योग स्थिति में आकर प्रत्यक्ष अनुभव द्वारा विस्तार के साथ योगी साधकों के कल्याणार्थ बताया है।

शरीर में विभिन्न योग चक्र

सभी मनुष्य साधकों में यह सभी योगचक्र निरन्तर छोटे-बड़े रूप से कार्य करते रहते हैं अर्थात घूमते रहते हैं। सूर्यमण्डल से निकलकर प्राणशक्ति साधक के प्राणमय (Ether Body) शरीर में प्रवेश करती है।

पराध्यान साधना के द्वारा प्रबल इच्छा शक्ति, दृढ़ संकल्प शक्ति और अद्म्य उत्साह के साथ कल्पना के द्वारा सूक्ष्म ध्यान के साथ अपने सूक्ष्म प्राण को योगी इन सभी योग चक्रों में मूलाधार चक्र से आरम्भ करके ले जा सकता है।

मूलाधार चक्र के निचले भाग में सुषुम्ना नाड़ी का मुख होता है। उसके बिल्कुल पास ही एक गुप्त शिवलिंग है। एक महा सर्पिणी जिसे कुण्डलिनी आदिशक्ति कहते हैं वह साढ़े तीन चक्कर लगाकर उस गुप्त शिवलिंग के साथ लिपटकर नीचे की ओर मुख करके सुप्त अवस्था में अवस्थित है। उसके बिल्कुल निकट चार पंखुड़ियों वाला चतुष्कोण आकार का पीले रंग वाला जिसका (लं) बीजाक्षर वाला मंत्र है। पृथ्वी तत्व से सम्बन्धित मूलाधार चक्र जो कितनी ही उच्च कोटि की शक्ति रखता है अवस्थित है। यह स्थान रीढ की हड्डी का सबसे निचला स्थान है।

मूलाधार चक्र

वं
सं
लं
शं
षं

मूलाधार चक्र

1.	यौगिक नाम	:	मूलाधार योग चक्र
2.	अंग्रेजी नाम	:	Perinnal Plexus
3.	स्थान	:	मेरूदण्ड के सबसे निचले भाग में सिवनी नाड़ी के पास गुदा से चार ऊँगली उपर
4.	दल	:	चतु: दल
5.	लोक	:	भू:
6.	यंत्र	:	चतुष्कोण
7.	वर्ण	:	पीला
8.	दलों के अक्षर	:	वं, शं, षं, सं
9.	तत्व	:	पृथ्वी
10.	बीज मंत्र	:	लँ
11.	वाहन	:	एँरावत
12.	गुण	:	गन्ध
13.	देव	:	ब्रह्मा
14.	देव शक्ति	:	डाकिनी
15.	ज्ञानेन्द्रिय	:	नासिका
16.	कर्मेन्द्रिय	:	गुदा (मल द्वार)
17.	ध्यान सिद्धि	:	आरोग्यता, सम्पूर्ण स्वास्थ्य, पृथ्वी तत्व के सम्बन्ध में पूर्ण ज्ञान, भार बड़ा लेने की शक्ति वाक्य शक्ति, आदि

वं
बं
भं
मं
यं
रं
लं

स्वाधिष्ठान चक्र

1.	यौगिक नाम	:	स्वाधिष्ठान चक्र
2.	अंग्रेजी नाम	:	Hypogastric Plexus
3.	स्थान	:	पेडू
4.	दल	:	षट दल
5.	लोक	:	भूवः
6.	यंत्र	:	चन्द्राकार
7.	वर्ण	:	श्वेत
8.	दलों के अक्षर	:	वं, भं, मं, यं, रं, लं
9.	तत्व	:	जल
10.	बीज मंत्र	:	वँ
11.	वाहन	:	मकर
12.	गुण	:	रस
13.	देव	:	विष्णु
14.	देव शक्ति	:	राकिनी
15.	ज्ञानेन्द्रिय	:	जिह्वा
16.	कर्मेन्द्रिय	:	लिंङ्ग.
17.	ध्यान सिद्धि	:	पंच विकार का नाश, गद्य-पद्य का ज्ञान, जल सिद्धि, जल तत्व का पूर्ण ज्ञान आदि।

इसके उपरान्त मूलाधार चक्र से थोड़ा से ऊपर स्वाधिष्ठान चक्र हैं। स्वाधिष्ठान चक्र छः पत्तों वाला जिसका बीजमंत्र है

स्वाधिष्ठान चक्र

जल तत्व से सम्बन्धित है।

श्वेत वर्ण है।

वरूण जिसके देवता हैं।

इसके ऊपर नाभि प्रदेश में दस पत्तों वाला त्रिकोण की आकृति वाला (रं) जिसका बीजमंत्र है। लाल रंग है और अग्नि तत्व है। अनगिनत स्नायुमण्डलों का संचालन इस मणिपुर चक्र से होता है।

इसके ऊपर बारह पत्तों वाला अनाहत चक्र हृदय के ऊपर है। (यं) इसका बीज

मणिपूर चक्र

मंत्र है। इसका रंग सुनहरा है। यह चक्र सभी चक्रों से अलग प्रकार की शक्ति रखने वाला है और यह चक्र सर्वदा शक्ति सम्पन्न रहता है और इस पर ध्यान करने से सभी निचले चक्रों को भी जाग्रत किया जा सकता है। इसकी शक्ति का पारावार पाना

अनाहत चक्र

मणिपूर चक्र

1.	यौगिक नाम	:	मणिपूर योग चक्र
2.	अंग्रेजी नाम	:	Solar Plexus
3.	स्थान	:	नाभि
4.	दल	:	दश दल
5.	लोक	:	स्वः
6.	यंत्र	:	त्रिकोण
7.	वर्ण	:	रक्त (लाल)
8.	दलों के अक्षर	:	डं, फं, पं, नं, धं, दं, थं, तं, णं, ढं
9.	तत्व	:	अग्नि
10.	बीज मंत्र	:	रँ
11.	वाहन	:	मेष
12.	गुण	:	रूप
13.	देव	:	वृद्ध रूद्र
14.	देव शक्ति	:	लाकिनी
15.	ज्ञानेन्द्रिय	:	चक्षु
16.	कर्मेन्द्रिय	:	चरण
17.	ध्यान सिद्धि	:	सृष्टि रचना और उत्पत्ति का ज्ञान, पूर्व जन्म का ज्ञान, भाषा विज्ञान का ज्ञान, अग्नि तत्व की सिद्धि आदि

अनाहत चक्र

1.	यौगिक नाम	:	अनाहत योग चक्र
2.	अंग्रेजी नाम	:	Cardiac Plexus
3.	स्थान	:	हृदय
4.	दल	:	द्वादश
5.	लोक	:	महः लोक
6.	यंत्र	:	षट्कोण
7.	वर्ण	:	हरा
8.	दलों के अक्षर	:	कं, ठं, टं, ञं, झं, जं, छं, चं, ङं, घं, खं, गं
9.	तत्व	:	वायु
10.	बीज मंत्र	:	यँ
11.	वाहन	:	मृग
12.	गुण	:	स्पर्श
13.	देव	:	ईशान रुद्र
14.	देव शक्ति	:	काकिनी
15.	ज्ञानेन्द्रिय	:	त्वचा
16.	कर्मेन्द्रिय	:	कर
17.	ध्यान सिद्धि	:	अनहत, अनन्त नाद को सुनने की सिद्धि, परकाया प्रवेश की सिद्धि, महत्व आनन्द, विभिन्न योग शक्तियाँ, श्रद्धा प्रेम का उदय, वायु तत्व सम्बन्धि सद्धियाँ आदि।

हं
अ
आ
अं
अः

विशुद्ध चक्र

1.	यौगिक नाम	:	विशुद्ध योग चक्र
2.	अंग्रेजी नाम	:	Carotid Plexus
3.	स्थान	:	कण्ठ
4.	दल	:	षोडश
5.	लोक	:	जनः
6.	यंत्र	:	गोलाकार
7.	वर्ण	:	हल्का नीला (धूम्र वर्ण)
8.	दलों के अक्षर	:	अ से अः तक
9.	तत्व	:	आकाश
10.	बीज मंत्र	:	हँ
11.	वाहन	:	हाथी
12.	गुण	:	शब्द
13.	देव	:	पंच वक्त्र
14.	देव शक्ति	:	शाकिनी
15.	ज्ञानेन्द्रिय	:	कर्ण
16.	कर्मेन्द्रिय	:	वाक्
17.	ध्यान सिद्धि	:	वाणी सिद्धि, आकाश तत्व सम्बन्धि सिद्धियाँ, शून्य ब्रह्म का ज्ञान, शब्द ब्रह्म का ज्ञान, संगीत सिद्धि, प्रखर विद्वत्ता, आयु वृद्धि आदि

अत्यन्त कठिन है।

इसके ऊपर कण्ठ स्थान में सोलह पत्तों वाला विशुद्ध चक्र हैं।

हं जिसका बीज मंत्र है।

नीला जिसका रंग है।

विशुद्ध चक्र

यह परम शक्तिशाली योग का विशुद्ध चक्र अनन्त शक्तियों से परिपूर्ण है।

इसके ऊपर भूमध्य में योग का आज्ञाचक्र जिसको दो पंखुड़ियाँ है। इसके (हं क्षं) दो अक्षर विशेष बीज है। इसका रंग गुलाबी रंग में कुछ पीला और बैगनी रंग मिश्रित रहता है। यह बड़ा जटिल प्रकार का चक्र है। इसे जाग्रत करना भी सरल बात नहीं है। इस चक्र पर प्राणों को ले जाने अर्थात कुण्डलिनी महाशक्ति को इस चक्र पर ले जाने से वहाँ प्राणों को आज्ञाचक्र में स्थित कर देने से दिव्य दृष्टि प्राप्त की जा सकती है। कुण्डलिनी के इस स्थान पर पहुँचने से इस चक्र की शक्ति अनन्त गुणा हो जाती है।

इसके पश्चात मस्तिष्क के ऊपरी भाग में सहस्त्र दल योगचक्र अवस्थित है। जो अत्यन्त प्रकाशमय सुन्दर और अति तीव्रगति वाला अनन्त शक्ति से सम्पन्न अत्यन्त रहस्यमय योगचक्र माना जाता है। यह चक्र साधक की आत्मिक, आध्यात्मिक उन्नति उच्च स्तर

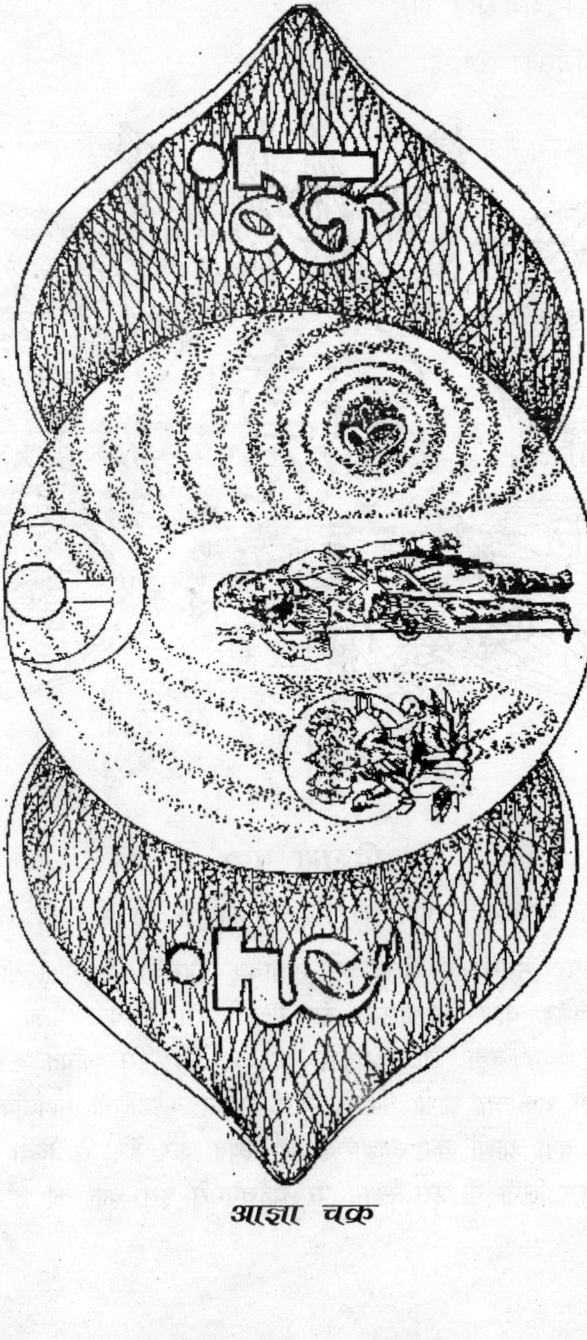

आज्ञा चक्र

हं
ॐ
क्षं

आज्ञा चक्र

1.	यौगिक नाम	:	आज्ञा योग चक्र
2.	अंग्रेजी नाम	:	Meddula Plexus
3.	स्थान	:	भ्रूमध्य
4.	दल	:	द्वि दल
5.	लोक	:	तपः
6.	यंत्र	:	लिंङ्ग.ाकार
7.	वर्ण	:	श्वेत (दूधिया)
8.	दलों के अक्षर	:	हं, क्षं
9.	तत्व	:	मह तत्व
10.	बीज मंत्र	:	ॐ
11.	वाहन	:	नाद
12.	देव	:	अर्द्धनारीश्वर
13.	देव शक्ति	:	हाकिनी
14.	ध्यान सिद्धि	:	दिव्य दृष्टि, दूर दृष्टि, त्रिकाल ज्ञान, आत्म ज्ञान, देव दर्शन आदि

सहस्त्रदल चक्र

1.	यौगिक नाम	:	सहस्त्रदल योग चक्र
2.	अंग्रेजी नाम	:	Brain Plexus
3.	स्थान	:	मस्तिष्क
4.	दल	:	सहस्त्र
5.	लोक	:	सत्यः
6.	यंत्र	:	पूर्ण चन्द्राकार
7.	वर्ण	:	अनन्त वर्ण, परम तेजोमय, स्वर्णिम वर्णमय
8.	दलों के अक्षर	:	अं से क्षं तक
9.	तत्व	:	तत्वातीत
10.	बीज मंत्र	:	विसर्ग
11.	वाहन	:	बिन्दु
12.	देव	:	परात्पर परब्रह्म
13.	देव शक्ति	:	महा शक्ति
14.	ध्यान सिद्धि	:	अनन्त सिद्धियाँ, आकाश गमन मोक्ष प्राप्ति, अनन्त लोक ज्ञान पूर्णता के सन्निकट आदि।

की हो जाने के अनन्तर बहुत बड़ा रूप धारण कर लेता है। इसमें साढ़े तीन मात्रा से युक्त ओंकार शब्द ब्रह्म का ध्यान करने से और अत्यन्त दृढ़ धारणा के साथ कुण्डलिनी महाशक्ति को अर्थात साधक अपने प्राण को कुण्डलिनी शक्ति, सर्पिणी के रूप में मूलाधार में अवस्थित गुप्त शिवलिंग से उठाकर, मूलबन्ध की कठिन साधना के द्वारा क्रोधमंत्र (हुं)

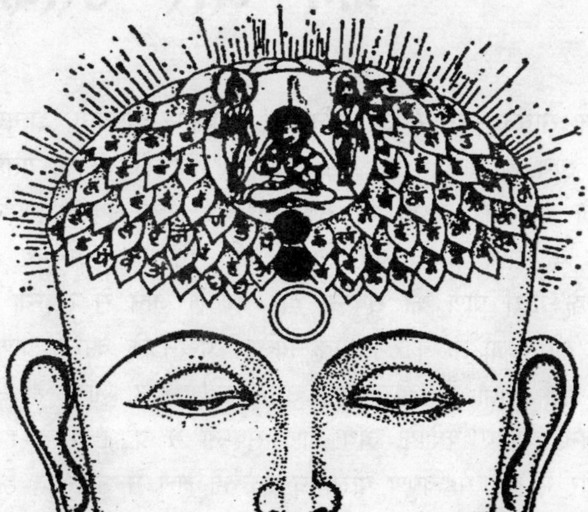

सहस्त्रदल चक्र

के निरन्तर जप और प्रबल इच्छा शक्ति के सहारे जब इस सहस्त्र दल चक्र में ओंकार स्वरूप शिवलिंग में साढ़े तीन चक्कर लगाकर कुण्डलिनी महाशक्ति इस ओंकार स्वरूप साढ़े तीन अक्षर से युक्त ब्रह्माक्षर का ध्यान करते हुए ऊर्ध्वमुखी हो जाती है तो उसकी तीव्र ऊर्जा शक्ति के द्वारा साधक का ब्रह्मरन्ध्र निरन्तर पराध्यान साधना और ध्यान के प्रभाव से फट जाता है और मानव शरीर रूप इस जेल जन्म-मृत्यु के चक्कर से तभी छूट सकता है जब मानव शरीर रूप इस किले के गुप्त द्वार ब्रह्मरन्ध्र से प्राणशक्ति स्वयमेव निकलकर उस परम प्रकाशमय में विलिन हो जाती है उसे ही मोक्ष कहते है।

कुण्डलिनी जागरण का चक्र भेदन क्रम और उसकी विधि

पराध्यान साधना, संयम और निरन्तर निष्काम कर्मयोग, ज्ञानयोग, राजयोग एवं भक्तियोग और साथ ही हठयोग की कुछ आवश्यक विधियों की सहायता लेते हुए उपासक अपने प्राणों को रीढ़ की हड्डी के सबसे निचले भाग सुषुम्ना नाड़ी में प्रवेश कराने के दृढ़ संकल्प के साथ प्रयत्न करे निश्चय ही मैंने स्वयं अनुभव देखा और समझा है। दृढ़ ध्यान के द्वारा प्राण को सुषुम्ना द्वार पर ले जाने से सुषुम्ना महानाड़ी का मुख स्वतः ही ध्यान की ऊर्जा के कारण, एक विशेष स्पन्दन के कारण प्राण शक्ति के कारण स्वाभाविक ही खुल जाता है और प्राण उसमें प्रवेश कर जाता है। तत्क्षण साधक को सावधान हो जाना चाहिए क्योंकि अब प्राण सुषुम्ना में प्रवेश करते ही एक साथ जोकि उपासक के शरीर में कई महत्वपूर्ण परिवर्तन एक ही क्षण में उपस्थित होने वाले हैं इसलिए यह साधक की बहुत बड़ी परीक्षा का समय होता है। यहाँ योगः कर्मसु कौशलम सूत्र की बात पूरी तरह से कार्य में परिणित करनी पड़ेगी। प्राण सुषुम्ना में प्रवेश करते ही शरीर की हृदय गति, रक्त संचार, नाड़ी स्पन्दन (Pulse Beating) प्राण अपान का संयोग कुण्डलिनी महाभयंकर शक्ति कुण्डलिनी का जागरण यह सब बातें एक ही साथ और एक ही क्षण में स्थूल शरीर और आन्तरिक सूक्ष्म शरीर प्रकृति और पराप्रकृति में घटित होने जा रही है। पिछली की हुई समस्त योग साधना तपस्या, ध्यान, धारणा प्राणायाम आसन, प्रत्याहार योगासन आदि सभी इसी समय अर्थात महत्वपूर्ण क्षेत्र के लिए किया गया था प्राण के सुषुम्ना में प्रवेश करते ही इस समय सर्वप्रथम साधक को पूर्ण सावधानी एवं चेतन्यता के साथ दृढ़ इच्छाशक्ति से मूलबन्ध का प्रयोग काफी लम्बे समय के लिए आरम्भ कर देना चाहिए और प्रबल धारणा के साथ सुषुम्ना द्वार पर स्थित उस परम जाग्रत अनन्त सूर्यों के प्रकाशयुक्त महा प्रकाश स्वरूपा कुण्डलिनी को अपनी अदम्य दृढ धारणा के द्वारा मूलाधार की ओर ले जाए। निश्चय ही साधक की संकल्प शक्ति को उस मूलाधार चक्र में प्रवेश करा देगी।

मूलाधार चक्र पृथ्वी तत्व का महत्वपूर्ण योगचक्र है। उस कुण्डलिनी दिव्य शक्ति के पदार्पण होते ही वह प्रीतवर्ण वाली दिव्य प्रकाश मयी ज्योति से वह तुर्द कमल जगमगा

उठेगा और वहाँ निवास करने वाले भगवान गणपति और अन्य देवी देवता अत्यन्त प्रसन्न स्थिति में दृष्टीगोचर होने लगेंगे इसी चक्र पर निरन्तर ध्यान करने से यह चतुर्दल चक्र जो समस्त गन्धों अर्थात सुगन्धों का स्वामी है साधक के समस्त आस-पास के वातावरण शरीर को सुरभित एवं सुगन्धित कर देगा और कुछ ही समय में साधक का सम्पूर्ण शरीर एक अलौकिक कान्ति को प्राप्त कर लेगा। इस चक्र की बहुत सी भिन्न-भिन्न प्रकार दिव्य शक्तियाँ होती है विस्तार से उनका इस स्थान पर वर्णन नहीं हो सकेगा। योग चक्रों से सम्बन्धित पुस्तक में योग चक्रों की शक्ति का वर्णन गुण एवं प्रयोग की विधियाँ बताने का प्रयत्न करेंगे। मूलाधार चक्र से जाग्रत हो जाने के बाद उस प्राण की देवी कुण्डलिनी शक्ति को संकल्प के द्वारा साधक दूसरे योग चक्र जिसका नाम स्वाधिष्ठान चक्र है मूलबन्ध एवं दृढ धारणा का सहारा लेते हुए उस स्वाधिष्ठान चक्र में प्रवेश निश्चय ही प्राप्त होगा।

स्वाधिष्ठान चक्र

स्वाधिष्ठान चक्र में प्रवेश करते ही कुण्डलिनी महाशक्ति के प्रकाश से वह चक्र श्वेत रंग से चन्द्रमा की शुभ चांदनी से कहीं अधिक शीतल, धवल, प्रकाश से युक्ति उस चक्र की शोभा दिखने लगेगी। साधक को अब तक जो महान उर्जा ऑटम से भी अधिक शक्ति, गर्मी वाली वह अद्वितीय शक्ति का दूसरा रूप सौम्य, शान्त शीतलता का नवीन, विचित्र अनुभव उस साधक के प्राण को हो सकेगा। वह आनन्दमय स्थिति में (लं) बीज मंत्र का जप ध्यान उस स्थान पर करे। उस स्वाधिष्ठान योग चक्र की विभिन्न शक्तियों का दर्शन करके आनन्द का अनुभव करे।

मणिपुर चक्र

बाद में साधक अपनी प्राण शक्ति को अर्थात महा प्रकाश स्वरूपा विद्युतमाला कुण्डलिनी महाशक्ति को अपनी अन्तर्प्रेरणा और दृढ़ धारणा द्वारा नाभिस्थान स्थित अग्नि के मणिपुर चक्र पर ले जाने का प्रयत्न करे फलतः वह महाशक्ति अर्थात साधक का प्राण उस दिव्य नाभि मणिपुर चक्र में पहुँच सकेगा उसके पहुँचते ही नाभिचक्र पूरी तरह से अपनी तेजोमय कान्ति को एवं परम प्रकाश को प्राप्त हो जाएगा और उसकी शक्तियाँ भी अग्नि के रक्त वर्ण के रूप में परम दिव्य प्रकाश से युक्त दृष्टिगोचर होने लगेंगे। साधक को अपनी दिव्य कुण्डलिनी शक्ति के प्रभाव से उसके गुप्त से गुप्त रहस्यों का ज्ञान हो सकेगा। नाभिचक्र में निवास करने वाले देवी देवताओं का दर्शन होगा इस चक्र में भी साधक को इस शक्ति के इसी चक्र में भरते हुए देखना चाहिए।

अनाहत चक्र

अनाहत चक्र इसके अनन्तर साधक अपने प्राणों को अपनी विशुद्ध योग धारणा शक्ति के सहारे परम तेजोमय शक्ति को हृदय में स्थित अनाहत चक्र की ओर लाते हुए, यदि कोई कठिनाई मालूम हो तो क्रोध बीज मंत्र का ध्यान भी किया जा सकता है। प्राण को उर्ध्वगति प्राप्त होगी और उसका प्रवेश अनाहत चक्र को जाग्रित कर देगा। वह महाचक्र परम प्रकाश से देदिप्यमान दृष्टिगोचर होगा। समस्त देवी देवता और शक्तियाँ भी जाग्रत रूप में सामने जा जाएँगी। हृदय चक्र से एक प्रकृति का सबसे बड़ा नाद जिसे अनन्त नाद, अनहत नाद ब्रह्मनाद कहते हैं उसका उठना आरम्भ हो जागए। उसको सुनकर साधक का प्राण परम आनन्द को प्राप्त हो जाएगा वह साधक इस चक्र में पहुँचने पर निहाल हो जाएगा। उसे लगेगा कि अब कुछ भी शेष नहीं है।

इस हृदय चक्र पर निरन्तर संयम करने से निचले सभी चक्रों को नव-जीवन प्राप्त कराया जा सकता है। प्राचीन काल में अति उच्च कोटि के तपस्वी ऋषि योगी, सन्त महात्मा, उपासक, कुण्डलिनी साधक और कुछ विशिष्ट ज्ञानी जन इस चक्र की अत्याधिक अद्भुत शक्ति के सम्बन्ध में विस्तृत जानकारी रखते थे।

विश्वामित्र जैसे अनगिनत ऋषि, महर्षि, योगी जब-जब कठोर तपस्या योग साधना में दृढ़ संकल्प के साथ सत्य निष्ठा पूर्वक, घोर तप में लग जाते थे तो इन्द्र आदि देवताओं को अधिकाँश रूप से चिन्ता हो जाती थी कि वह तपस्वी मेरे सिंहासन को छीनने के लिए तपस्या कर रहा है। और इससे चिन्तित होकर उसका तप भंग करने के लिए उर्वशी, रम्भा, मेनका, तिलोत्तमा आदि कितनी ही एक से एक उच्च कोटि की स्वर्ग की सुन्दर अप्सराओं को तपस्वी के पास भेज दिया करते थे। जिससे अधिकांश रूप से वे साधक अपने तप से हट जाते थे अर्थात उनका पतन हो जाता था उनकी साधना भंग हो जाती थी। उनमें से सभी साधक, तपस्वीजन अपने आपको पुनः पूर्व स्थिति शक्ति में पहुँचाने की चमत्कारी योग क्रिया नहीं जानते थे किन्तु विश्वामित्र जैसे मेधावी उच्च कोटि के ऋषियों को किसी अप्सरा आदि के आने से और उनके सम्बन्ध हो जाने पर भी कोई हानि नहीं होती थी अर्थात इस ऋषि की तपस्या, आत्मशक्ति, संकल्प शक्ति में किंचितमात्र भी कोई कमी नहीं आती थी। ऐसे तेजस्वी ऋषि हृदय चक्र पर तत्क्षण पूर्ण संयम करके पुनः गई हुई शक्ति को प्राप्त कर लेते थे। और इस हृदय चक्र की साधना से वे तेजस्वी साधक स्वल्प समय में ही अपनी गई हुई सम्पूर्ण शक्ति को योग की इस अनोखी क्रिया से पुनः प्राप्त करने की क्षमता रखते थे। योगिक सिद्धान्त है कि एक बार जिस तपस्वी योगी भक्त उपासक का ब्रह्मचर्य समाप्त अर्थात

खण्डित हो जाता है तो उसी क्षण से हृदय चक्र से निचले तीनों मूलाधार, स्वाधिष्ठान और मणिपुर चक्र निस्तेज हो जाते हैं। और उससे साधक की सारी शक्ति समाप्त हो जाती है। ऐसी स्थिति में साधक को क्या करना चाहिए। यह अति महत्वपूर्ण प्रश्न है। क्या वह गई हुई संयम तपस्या, साधना की गई हुई शक्ति, किसी विधि से पुनः प्राप्त हो सकती है ? यह अति गुप्त और रहस्यमय ज्ञान की युक्ति अर्थात बात है। हमें आज के साधकों की शोचनीय स्थिति को देखकर दया आती है। और उस विधि को बताने के लिए विवश होना पड़ रहा है। यदि किसी सच्चे साधक का भूल से अथवा अज्ञान से वर्षों से चलती आ रही योग साधना के मध्य, एक बार भी ब्रह्मचर्य खंडित हो जाए तो साधक का सारा परिश्रम व्यर्थ हो जाता है। उन साधकों पर दया अवश्य की जा सकती है जो सच्चे है, गलती से उनका पतन हुआ, साधना में विध्न पड़ा और उनकी प्राप्त होने वाली सिद्धि बीच में ही रह गई। उन सच्चे साधकों को इससे दुखी होने की आवश्यकता नहीं, वे अपने ऊपर कृपा करके पूर्ण उत्साह के साथ सच्ची लगन से पुनः अपनी साधना में लग जाने का संकल्प करें। साथ ही पातंजलि योगसूत्र के अनुसार हृदय स्थान में स्थित अनाहत योग चक्र पर दृढ़ता के साथ निरन्तर 'ऊँ' प्रणव का तेजोमय प्रकाश के मध्य, निरन्तर ध्यान आरम्भ कर दें। बस यह युक्ति तिल की ओट पहाड़ है। तीन घंटे पद्मासन से बैठकर नित्य साधना करने से कुछ ही दिन में साधक की गई हुई शक्ति, पुनः आ जाएगा और इस प्रकार का चमत्कार हो जाएगा कि उसे यह ध्यान ही नहीं रहेगा कि कभी उसका पतन भी हुआ था। अर्थात वह नवीन स्थिति को प्राप्त हो जाएगा।

किन्तु आज के समय में तो स्थिति बिल्कुल ही भिन्न हैं। आज के तथाकथित कुण्डलिनी साधक, साधिकाओं और उनके कुण्डलिनी जगाने वाले शिक्षक, शिक्षिकाओं दोनों का ही ब्रह्मचर्य नियमित रूप से खंडित होता रहता है। फिर भी वे सब तथाकथित कुण्डलिनी साधक, योगी, कुण्डलिनी जाग्रत करने वाले गुरू और स्त्री मुख भी बिल्कुल संयम एवं ब्रह्मचर्य से दूर-दूर तक संबंध नहीं रखते फिर भी गुरू, शिष्य और शिष्याएँ सभी कह रहे हैं, हमारी कुण्डलिनी जाग्रत हैं, और जाग्रत कराते है कैसे हास्य का विषय है। ये सभी तथा कथित योगी, और कुण्डलिनी जागरण की इच्छा रखने वाले सभी साधक, गुरू एक प्रकार से योग विद्या के साथ एक विलक्षण खेल खेल रहे हैं। और संसार को ढोल पीट-पीटकर बता रहे हैं कि हमारी कुण्डलिनी बिना किसी प्रयास के, चुटकी बजते ही जाग्रत हो गई।

योग में निष्ठा रखने वाले सभी विद्वान, भक्त, साधक, और बिशिष्ट जनों को योग के सम्भ्ध में ऐसे अर्नगल प्रचार का जोरदार विरोध करना चाहिए। और योग के

वास्तविक जानकारों को योग के सत्य सिद्धान्तों का प्रचार-प्रसार करना चाहिए।

विशुद्ध चक्र

विशुद्ध चक्र के सम्बन्ध में वार्तालाप करते हैं। अनाहत चक्र की अच्छी साधना के उपरान्त साधक को अपने सम्पूर्ण मनोयोग के साथ कण्ठ स्थान में स्थित विशुद्ध चक्र में अपने प्राणों अर्थात कुण्डलिनी महाशक्ति को अदम्य उत्साह के साथ प्रवेश कराना चाहिए। यह विशुद्ध चक्र सोलह पत्तों वाला हैं। जिसका रंग नीला है और 'हं' जिसका बीज मंत्र है। इस चक्र में प्राणों के प्रवेश करते ही कुण्डलिनी शक्ति के प्रकाश से, यह चक्र परम देदिप्यमान प्रकाश से प्रदीप्त हो उठता है और इस चक्र से सम्बन्धित सोई हुई शक्तियाँ, पूर्ण रूप से जाग्रत हो जाती है। यह चक्र पूरी तरह से घूमने लगता है। और इस चक्र से सम्बन्धित समस्त शक्तियाँ, योगी के अन्दर अपना कार्य करने लगती हैं। इस चक्र पर संयम करने से थाइरोइड ग्लैण्ड से सम्बन्धित सभी विकार दूर हो जाते हैं यह सभी चक्र इस पंच भौतिक शरीर में स्थित सूक्ष्म शरीर (ASRAL BODY) के अन्दर ही अवस्थित होते हैं। यह सूक्ष्म शरीर ही कण्ठ चक्र में वाणी के देवता और शक्ति का निवास है। इस चक्र पर साधना करने से योगी में विभिन्न प्रकार की शक्तियाँ उत्पन्न होने लगती हैं और उसे प्रकृति के अनन्त रहस्यों का ज्ञान होने लगता है। कई नए ऊर्ध्वलोकों के सम्बन्ध में भी साधक ज्ञानवर्धन होता है।

आज्ञा चक्र

कण्ठ चक्र के पश्चात साधक अपनी संकल्प शक्ति को विशेष रूप से उत्साहित करके अपनी कुण्डलिनी महाशक्ति को प्राणों के साथ योग के छठे, चक्र आज्ञा चक्र की ओर बढ़ने के लिए प्रेरित करे। सतत् साधना के अभ्यास से साधक की वह परा ऊर्जा शक्ति कुल कुण्डलिनी भ्रूमध्य में स्थित आज्ञाचक्र में बड़े अनोखे ढंग से प्रवेश करती है। साधक का कुण्डलिनी शक्ति के आज्ञा चक्र में प्रवेश करते ही वहाँ का समस्त वातावरण, विद्युत तरंगों से झंकरित हो उठता है और विभिन्न रंगों की विचित्र प्रकाश किरणों के द्वारा सम्पूर्ण आज्ञाचक्र अर्थात त्रिवेणी संगम का वह स्थान, एक दिव्य ज्योतिर्मय प्रकाश से प्रकाशित हो जाता है और यह प्रकाश ऐसा होता है जो कभी समाप्त नहीं होता। साधक का ज्ञाननेत्र भी इसी स्थान पर स्थित है। जिसे तृतीय नेत्र कहते हैं। और पाश्चात्य देशों के वैज्ञानिक के अनुसार (Sixth Sense) सिक्स्थ सैन्स इसी स्थान पर है। जब साधक आज्ञाचक्र पर, पूर्ण रूपेण संयम, साधना, ध्यान करता है, तो इस चक्र से संबन्धित अनन्त अद्‌भुत बातें, क्रमशः सामने आने लगती है। यदि लगातार इस चक्र पर साधना की जाए तो इस चक्र के गम्भीर रहस्य और अद्वितीय चमत्कार सामने आने लगेंगे।

आध्यात्मिक दृष्टिकोण से आज्ञाचक्र का यह स्थान भौतिक जगत के प्रयागराज में त्रिवेणी, गंगा, यमुना और सरस्वती संगम का स्थान है। योगिक दृष्टि से ईड़ा, पिंगला, सुषुम्ना यह तीनों गंगा, यमुना और सरस्वती के रूप में आज्ञा चक्र नामक प्रयाग राज नामक स्थान के त्रिवेणी संगम का महत्वपूर्ण स्थान निश्चित होता है। इस स्थान से अनगिनत रहस्यपूर्ण कंवदन्तियाँ, घटनाएँ सम्बन्धित हैं। यह चक्र और स्थान अत्यन्त महत्वपूर्ण है। दूसरा कोई भी योग चक्र इसकी समकक्षता नहीं कर सकता। इस स्थान की साधना, परिपक्व हो जाने पर साधक का ज्ञाननेत्र विकसित हो जाता है और उस ज्ञाननेत्र के द्वारा संसार के हर स्थान की हर लोक की और प प्रत्येक शास्त्र की हजारों विद्याओं के ज्ञान की पूरी-पूरी जानकारी उस आज्ञाचक्र पर पहुँचे उपासक को प्राप्त हो जाती है।

भगवान शंकर का अर्धनारीश्वर श्रीविग्रह का निवास इसी स्थान पर है। योगीश्वर भगवान शंकर के इस विचित्र और परम अद्भुत स्वरूप के सम्बन्ध में विस्तृत ज्ञान प्राप्त करने के लिए इसी आज्ञाचक्र की अनन्त गहराइयों में योगी को उतरना पड़ेगा। इस अर्धनारीश्वर उपासना करने के लिए, अनगिनत विधि-विधान, हमारे आगम ग्रन्थों में, विभिन्न योग ग्रन्थों में एवं आध्यात्मिक साहित्य के अन्दर बड़े सारगर्भित रूप में उपस्थित हैं। किन्तु आज साधना विहीन विद्वत जन केवल भाषा ज्ञान और वाचिक ज्ञान रखने के कारण ही इस ज्ञान विज्ञान की गहनता और विचित्रता को पूर्णरूपेण समझने की योग्यता से वंचित हैं। यदि कोई व्यक्ति उपासना के साथ-साथ इससे सम्बन्धित उच्च कोटि के ग्रन्थों का अध्ययन करता है तो उसे इस रहस्यमय योगिक, वैज्ञानिक, आध्यात्मिक रहस्य को समझने और अन्य साधकों को समझाने में देर नही लगेगी। इस आज्ञाचक्र की साधना से भौतिक जगत के प्रयागराज नामक त्रिवेणी संगम के स्थान की अलौकिकता का ज्ञान प्राप्त हो सकेगा। त्रिवेणी संगम पर पहुँचकर साधना करने से, साधक का ज्ञाननेत्र उन्मीलित होता है। उससे अन्तर्दृष्टि प्राप्त होती है और उस सूक्ष्म अन्तर्दृष्टि से साधक को बहुत सारी शक्तियाँ प्राप्त हो जाती है। वास्तव में ऋषियों ने उच्च वैज्ञानिक आध्यात्मिक दृष्टि से इस ब्रह्मण्ड के छोटे से प्रतीक पिण्ड रूप, शरीर को माना है। जो कुछ बाहर इस यावन मात्र ब्रह्माण्ड में दृष्टिगोचर होता है। वही सब कुछ प्रतीक रूप से इस पिण्डरूप मानव शरीर में पूरी तरह से विद्यमान है। सिद्धान्त है, कि जो कुछ भी इस ब्रह्माण्ड की परा प्रकृति में घटित होता है वह सब इस मानव शरीर में भी सूक्ष्म रूप से वैसा ही घटित होता है। यह बड़ा गुप्त रहस्यमय विषय है। वेद के अण्ड पिण्ड सिद्धान्त के अनुसार ही योगियों ने समाधि स्थिति में

अपने अन्तर में उतरकर इस मानवपिण्ड रूपी शरीर में इस बाह्य समस्त संसार को अच्छी प्रकार देखा और जाना है। हमारे अत्यन्त प्रकाण्ड विद्वान योगी, तपस्वीजन बाह्य जगत की भाँति इस शरीर के अन्दर कहाँ कौन-सा तीर्थ किस प्रकार विद्यमान है। और वहाँ कैसे पहुँचा जा सकता है और वहाँ पहुँचकर कब, कैसे क्या किया जा सकता है। इस सम्बन्ध में पूरा-पूरा ज्ञान उन ऋषियों को इस आज्ञाचक्र की साधना से प्राप्त हुआ। वे अच्छी प्रकार जानते थे कि हमारे इस पंच भौतिक मानव शरीर में हरिद्वार तीर्थ, कुरूक्षेत्र, महातीर्थ प्रयागराज, त्रिवेणी संगम, मोक्षदायी काशीपुरी, मथुरा, अयोध्या, द्वारिका, बद्रीनारायण, केदारनाथ, अमरनाथ, चिंतपूरणी कमाख्या, पुष्कर राज, कटासराज, कन्याकुमारी, कैलाश मान सरोवर, विन्ध्यांचल प्रभासक्षेत्र आदि-आदि विभिन्न उच्च कोटि के दिव्य तीर्थ स्थान, इस शरीर में किस-किस स्थान पर अवस्थित है। उन तीर्थों पर साधक को किस विधि और युक्ति से जाना चाहिए और वहाँ पहुँचकर अनन्त पुण्य का संचय कैसी साधना से प्राप्त किया जा सकता है। बाहरी दृष्टि से सूर्यग्रहण के समय कुरूक्षेत्र के स्थान पर बने उस विशाल जलाशय में स्नान करने से साधक विचित्र शक्ति और अनन्त पुण्य को कैसे प्राप्त कर सकता है। बाह्य ग्रहण काल को अपने शरीर की सूक्ष्म प्रकृति में वैसा ही ग्रहण काल किस युक्ति से घटित किया जाए ये बड़ी वैज्ञानिक, आध्यात्मिक और योगिक विधि है।

जब चन्द्र ग्रहण बाह्य जगत में होता है। साधक को उसी समय अपने प्राणों को चन्द्र नाड़ी के आन्तरिक स्थान पर ले जाने से, आन्तरिक सूक्ष्म प्रकृति में चन्द्रग्रहण घटित होने लगेगा। ऐसा आध्यात्मिक ग्रहण उपस्थित करके उत्तर प्रदेश के अनूपशहर से लेकर काशी तक के गंगा तट पर, चन्द्र ग्रहण के समय रहने, स्नान करने एवं उपासना करने से अनन्त रहस्यमयी आध्यात्मिक अनुभूतियाँ होती है। ऐसे ही सूर्य ग्रहण के समय मानव शरीर के हृदय चक्र में अवस्थित कुरूक्षेत्र के ब्रह्मकुण्ड वाले स्थान पर आन्तरिक योगिक दृष्टि से पहुँचकर स्नान और साधना करने से विभिन्न प्रकार के आध्यात्मिक, योगिक लाभ और शक्तियाँ प्राप्त होती हैं। ऐसा सूक्ष्म आध्यात्मिक विवेचन हमारे परम ज्ञानी अन्तर्दृष्टि से युक्त तपस्वी योगियों ने बड़े रहस्यपूर्ण ढंग से योगिक, आध्यामिक सूत्र रूप से साधकों के कल्याण, मनोरंजनार्थ और ज्ञान की पिपासा को शान्त करने के लिए, विचित्र रूप से सम्पूर्ण जगत की परा प्रकृति के सम्बन्ध में ज्ञान विज्ञान की रहस्यमयी बातें एवं साधना बताने का भागीरथ प्रयत्न किया है। उनका धन्यवाद करने के लिए हमारे पास शब्द नहीं है।

उपरोक्त विवरण से सम्बन्धित यह बाह्य जगत में दिखाई देने वाले सूर्य, चन्द्र, संवत्सर, दक्षिणाय और उत्तरायण, सूर्य के संक्रमण, सूर्य, चन्द्रमा और पृथ्वी के सन्धिकाल, अमावस्या, पूर्णिमा, आद्य विभुव, संक्रान्ति आध्यात्मिक योगिक दृष्टि से किस प्रकार घटित होती है।

बहुत सी सिद्धियाँ केवल सूर्य ग्रहण अथवा चन्द्रग्रहण के समय ही होती है। ऐसे योग समय और सन्धिकाल में योगी अपने आन्तरिक शरीर में बाह्य जगत के साथ तांत्रिक दृष्टि से ज्ञानपूर्वक कैसे उपस्थित करे। यदि योगी अपनी साधना और ज्ञान के प्रकाश में बाह्य संसार में होने वाले संधिकालों को भी अपने सूक्ष्म शरीर में भी यथावत प्रगट कर ले तो निश्चय ही अनन्त सिद्धियाँ और शक्तियाँ प्राप्त की जा सकती है। आज इसी रहस्यमय सूक्ष्म, योगिक, आध्यात्मिक ज्ञान विज्ञान की कमी के कारण, आज के साधकों को कुछ भी प्राप्त नहीं हो पा रहा हैं। जब तक आप आन्तरिक प्रकृति और बाह्य प्रकृति में तालमेल विधिपूर्वक नहीं कर पाएँगे तब तक कुछ भी प्राप्त नहीं होगा। जो साधक अपनी आन्तरिक दृष्टि से अर्थात योगिक विधि के अनुसार प्रयागराज पर त्रिवेणी संगम के स्थान में, महाकुम्भ का अवसर जब उपस्थित होता है, बाह्य प्रकार के ज्योतिष ज्ञान के अनुसार पढ़ समझकर आध्यात्मिक सूक्ष्म प्राणों के विशेष संक्रमण के अनुसार, आन्तरिक सूक्ष्म प्राणों को ठीक प्रकार संचालित करके, आज्ञा चक्र में भूमध्य में स्थित, उस त्रिवेणी संगम पर, महा कुम्भ के अवसर पर पहुँचकर साधना करने से कैसा अलौकिक आनन्द पुण्य और दिव्य दर्शन अर्थात अर्धनारीश्वर का साक्षात्कार केवल उस स्थिति में ही सम्भव हो सकता है अर्थात भगवान अर्धनारीश्वर की उस वास्तविक लीला का ज्ञान हमें ऐसे नहीं हो सकेगा। यह उपरोक्त समस्त प्रसंग आज्ञाचक्र से विशेष सम्बन्ध रखता है।

सहस्त्रदल चक्र

यह योग विद्या का सर्वोत्कृष्ट अत्यन्त अद्भुत और परम रहस्यमय योगचक्र है। इस चक्र के सम्बन्ध में आज तक अनगिनत गुत्थियाँ ऐसी हैं जो पूरी तरह से सुलझ नहीं सकी। यह मनुष्य की खोपड़ी में अर्थात सिर में मस्तिष्क स्थान के उपर स्थित है। वास्तविक रूप में यह योग चक्र सूक्ष्म शरीर का बहुत बड़ा भाग है। और यह मेरूदण्ड के भिन्न-भिन्न भागों में स्नायुगुच्छों के रूप में अवस्थित होते हुए भी एक अद्भुत प्रकार के तेजोमय (ओरा) रूप से कमल के आकार का एक तेजोमय चक्र की आकृति के होते हैं जो एक विचित्र प्रकार के अलौकिक प्रकाशमय शरीर के घूमते हुए चक्र की भाँति आन्तरिक सूक्ष्म नेत्रों से दिखाई दे सकते हैं। मैंने स्वयं इन्हें ऐसी स्थिति में देखा

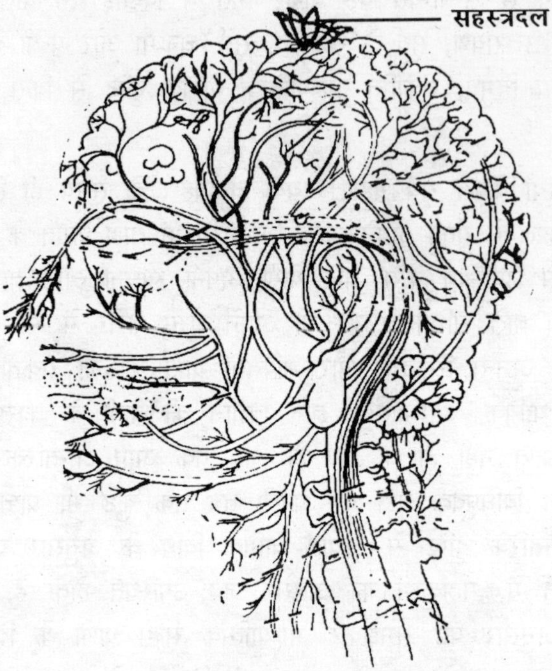

है। वास्तव में यह शत-प्रतिशत ग्रन्थों में लिखी बात बिल्कुल सत्य है। पार्थव शरीर से बिल्कुल सटा हुआ अर्थात एक तेजस के रूप में थोड़ा-सा शरीर से बाहर निकलता हुआ साधक का सूक्ष्म शरीर सूक्ष्म दृष्टि से देखा जा सकता है। आज तो आधुनिक विज्ञान ने भी कुछ ऐसे कैमरे और शीशे विज्ञान के द्वारा बना लिए हैं, जिससे किसी भी व्यक्ति का ओरा स्पष्ट रूप से देखा जा सकता हैं। अभी-अभी अमेरिका से एक मेरे जानकार डाक्टर जो पहले भारत में ही कार्य करते थे और मेरे पास काफी आना-जाना था, वे इस समय अमेरिका में ही एक प्रसिद्ध संस्थान में कार्यरत है। उन्होंने विदेश से आकर मुझे बताया कि उन्होंने स्वयं कोई नवीन प्रकार के शीशों की सहायता से कितने ही लोगों के मुखमण्डल और शरीर से निकलने वाले विभिन्न ओरा (तेजस) व प्रकाश को देखा है। उन्होंने बताया, जैसा कि हमारे भारतीय चित्रों में महापुरूषों देवताओं के मुखमण्डल के चारों ओर एक प्रकाश दिखाया जाता है वैसा ही प्रकाश कम, और अधिक रूप से हर व्यक्ति के शरीर और मुखमण्डल से हर समय निकलता रहता है। आज उन वैज्ञानिक पारदर्शी दर्पणों, शीशों के द्वारा विभिन्न मनुष्यों के शरीर से निकलने वाले सतरज तम आदि कई प्रकार के तेजस, ओरा प्रकाश के दर्शन स्पष्ट रूप से अति सरलता से किए जा सकते हैं। अच्छे उच्च्व विचार के दृढ संकल्पित व्यक्तियों में वह प्रकाश (तेजस) बहुत अधिक रूप से मुख मण्डल के चारों ओर बड़ी परिधि में विद्यमान होता है। जो योगी

उच्च कोटि के सन्त-महात्मा, दिव्य पुरूष, उच्चतम संकल्प वाले व्यक्तियों के शरीर के चारों ओर विशेष रूप से मुख मण्डल के इर्द-गिर्द पीले रंग का सर्वाधिक बड़ी परिधि वाला ओरा (प्रकाश) स्पष्ट दिखाई देता है। हमारे यहाँ उच्च कोटि के अच्छे साधना करने वाले सत्यनिष्ठ व्यक्तियों में यह मुखाकृति के आस-पास सात्विक ओरा कभी-कभी किन्हीं भक्त लोगों को अपने सन्त महात्मा, विद्वानों के चारों ओर कभी-कभी इन चरम चक्षुओं से भी कुछ समय के लिए दिखाई देने लगता है। मुझे कई मेरे भक्तों ने जो बहुत उच्च कोटि के पढ़े लिख इंजीनियर किन्तु परम सात्विक प्रकार के वृद्ध व्यक्ति थे उन्होंने मुझे दिन के समय में प्रत्यक्ष रूप से ऐसे विशेष प्रकार के ओरा (प्रकाश) के दर्शन किए और मुझे बताया। यह बात बिल्कुल सत्य है कि हर व्यक्ति के चारों ओर उसकी भावना और विचारों के अनुसार पीला, लाल और नीला, ऐसे तीन प्रकार के विशेष ओरा (तेजस) निकलते हुए देखे जा सकते हैं। पीला प्रकाश सात्विक सन्त प्रकृति के व्यक्तियों से निकलता है। लाल रंग का ओरा (प्रकाश) राजपुरूषों राजसी प्रवृति के व्यक्तियों के शरीर से उत्पन्न होता है। तामसिक, मार-धाड दूषित विचारों के कारण नीले रंग का जो बुरा प्रभाव करने वाला माना गया है। निकृष्ट कर्म करने वाले व्यक्तियों के शरीर से निकलता है। इस ओरा (तेजस, प्रकाश) के सम्बन्ध में ऋषियों ने बड़ी विस्तृत और महत्वपूर्ण जानकारी अपने योगिक अनुसंधानों के द्वारा प्राचीन काल में ही प्राप्त कर ली थी। और मनुष्य के विभिन्न विचारों के द्वारा सिर के चारों ओर से निकलने वाला यह ओरा उस व्यक्ति से मिलने वाले सभी व्यक्तियों पर उसकी इच्छानुसार और कभी-कभी बिना इच्छा के भी जोरदार प्रभाव डालता है। इस आत्मिक सूक्ष्म प्रकाश (ओरा) का प्रभाव, कई चकित कर देने वाले कार्य भी कर सकता है। जिस आदमी के आज्ञाचक्र और सहस्त्रदल चक्र जितने अधिक विकसित होंगे, उतना ही अधिक चमत्कारी अज्ञात, सूक्ष्म, प्रभाव उस साधक के अन्दर विद्यमान होगा। जिसका आज्ञाचक्र पूर्णरूपेण विकसित हो चुका होगा। और वह सहस्त्र दल चक्र की ओर अपनी महान उर्जा शक्ति को ले जाने के लिए पूर्ण प्रयास में रत होगा उस व्यक्ति का ओरा अत्यन्त महत्वपूर्ण प्रभाव उत्पन्न करने वाला सिद्ध होता है। यदि उस साधक की किसी से कोई कार्य कराने की तनिक भी इच्छा हो जाए तो सामने वाले व्यक्ति को बिना शब्दों के द्वारा अभिव्यक्ति किए भी, उस साधक की सूक्ष्म इच्छा को पूरा करने के लिए बाध्य होना पड़ेगा। और जिस साधक का सहस्त्र दल चक्र में प्रवेश हो चुका है, जैसा कि इस समय हम बताने जा रहे हैं कि साधक अपनी परम सात्विक निष्ठा प्रबल संकल्प के साथ कुण्डलिनी महाशक्ति को अद्म्य उत्साह के साथ प्रणव मंत्र का अर्थात ब्रह्माक्षर, अनन्त नाद का निरन्तर दृढ धारणा के साथ अपने दिव्य श्रवणों के द्वारा अनन्त नाद का ध्यान करते हुए, अपने

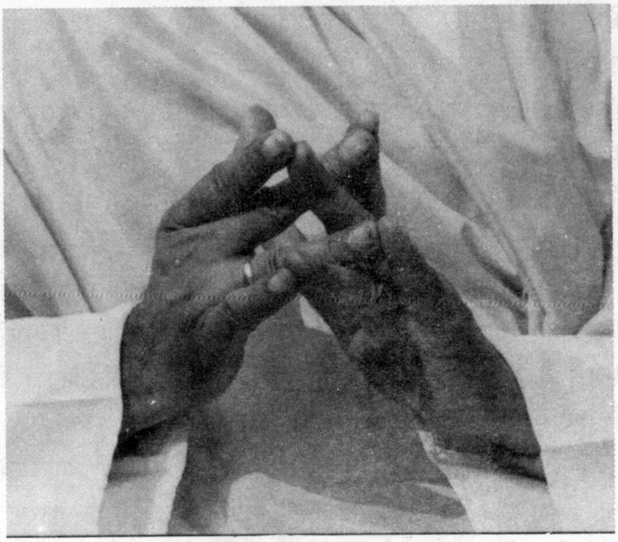

सुरभि मुद्रा

आप को सहस्त्र दल चक्र में प्रवेश करा दे। कुण्डलिनी दिव्य शक्ति के परम प्रकाश से धीरे-धीरे सहस्त्र दल चक्र प्रकाशित होने लगेगा और कुछ समय के परिश्रम से, लगातार ध्यान, धारणा और समाधि की एकता के साथ-साथ अर्थात पातंजल योगसूत्र के अनुसार सहस्त्रदल चक्र पर संयम करने से, वह अद्‌भुत दिव्य योगचक्र साधक के मन-मस्तिष्क और आत्मा को परम प्रकाश की स्थिति में ले आएगा। अर्थात साधक का सहस्त्र दल चक्र, उसके दृढ संकल्प और निरन्तर परिश्रम से पूर्ण रूपेण झंकरित हो उठेगा और उस अलौकिक दिव्य झंकार में ब्रह्मनाद का अद्वितीय शब्द ब्रह्म का उदय होते ही साधक अपनी तन्मयता की उच्च स्थिति को प्राप्त करने की स्थिति के निकट पहुँच जाएगा। यदि इस समय साधक को साधना की तुरीय अवस्था में पहुँचने में अर्थात तुरीय अवस्था को प्राप्त करने में कठिनाई हो रही हो तो साधक को पराविद्या योगदत्त मुद्रा विज्ञान की सुरभि मुद्रा का तत्क्षण अभ्यास पूरे मनोयोग के साथ सम्पूर्ण साधना के साथ-साथ करना आरम्भ कर देना चाहिए। यह सुरभि मुद्रा जिसका दूसरा नाम धेनु मुद्रा भी है यह अत्यन्त रहस्यमय और परम अद्‌भुत प्रत्यक्ष प्रभाव दिखाने वाली, योग मार्ग की आध्यात्मिक उच्च स्थिति प्राप्त करने में परम सहयोगी मुद्रा सिद्ध हुई है। इसका नाम सुरभि होने से यह स्पष्ट हो जाता है कि यह मुद्रा, योग मार्ग की कामधेनु सुरभि गऊ है। और कामधेनु अर्थात सुरभि का वास्तविक अर्थ होता है कि जिसके सब कुछ है, अर्थात जिसे उसकी जानकारी है उसकी समस्त इच्छाएँ पूर्ण होती है। कामधेनु का सीधी-सीधा अर्थ

है कि कामधेनु गऊ जिसके पास होगी उसकी आध्यात्मिक, आदि भौतिक प्रकार की सम्पूर्ण कामनाएँ तत्क्षण अर्थात स्वल्प समय में ही पूर्ण होती है। कामधेनु ऐसा अलौकिक भण्डार है, जिसमें प्रकृति की सम्पूर्ण निधियाँ, सम्पूर्ण, ज्ञान, साधना, विज्ञान, आन्तरिक, बाह्य शक्तियाँ स्थूल और सूक्ष्म प्रकार की, सभी ज्ञात-अज्ञात वस्तुओं के सम्बन्ध में सारी कामनाएँ उस सुरभि के द्वारा अवश्य पूर्ण हो जाती है।

सहस्त्र दल चक्र में पहुँचने से पहले ही बुद्धिमान साधक को अन्य मुद्राओं के साथ-साथ सुरभि मुद्रा का निरन्तर अभ्यास के साथ साधना भी उस सहस्त्र दल चक्र को विकसित और जाग्रत करने के लिए आरम्भ कर देनी चाहिए। इस अलौकिक अद्वितीय मुद्रा के अभ्यास से साधक के वात, कफ, पित्त अर्थात सभी तत्व समता को प्राप्त हो जाएँगे, बिना किसी अन्य प्रयास के।

भारतीय ऋषि, महर्षि अपने-आप में बड़े अदभुत और रहस्यमय व्यक्ति रहे हैं। उन्होंने संसार का सर्वतोमुखी आनन्द लिया है। संसार का कौन-सा विषय ऐसा था अथवा प्रकृति का कौन-सा ऐसा रस था जिसके सम्बष्ध में। उन ऋषि महर्षियों को ज्ञान नहीं था। वास्तव में वे महापुरूष, तपस्वी बहुत बड़े रासायनिक भी थे। और उन्होंने प्रकृति के अद्भुत रसायन शास्त्र पर भी बहुत बड़े-बड़े अनोखे अनुसंधान करके उस मार्ग में भी बहुत बड़ी सफलता सिद्धि और शक्ति प्राप्त कर ली थी। भगवान दत्तात्रेय इस सम्बन्ध में बहुत बड़े ऋषि-मुनि और अब इस कलिकाल में गोरक्षनाथ, मत्सयेन्द्रनाथ, सिद्धनाथ और उन्हीं के काल में हुए नागार्जुन, इस कलिकाल के बहुत बड़े रासायनिक थे। इन वैज्ञानिक ऋषियों ने केवल रासायनिक औषधि के बल पर सिद्धियाँ, शक्तियाँ प्राप्त कर ली थीं। और उन्होंने अपने समय में शत सहस्त्र लोगों को अपनी, उन अद्वितीय अकल्पनीय योगिक शक्तियों के चमत्कार का बार-बार प्रदर्शन भी किया है। योगमार्ग बड़ा विलक्षण मार्ग है। विद्वान ऋषियों, मनीषियों, योगियों ने योगमार्ग में ऊँची से ऊँची स्थिति प्राप्त करने के लिए अत्यन्त गहराई से शरीर विज्ञान, रसायन विज्ञान, मुद्रा विज्ञान, भाषा विज्ञान, शब्द विज्ञान, मुद्रा शरीर विज्ञान, आत्म विज्ञान, संगीत विज्ञान आदि को बहुत गहराई से जानकर अति उच्च्य स्थिति में पहुँचकर, इन सारी विद्याओं को प्रयोग करके इन सत विद्याओं का सहयोग लेकर, मानव शरीर के उस सूक्ष्म शरीर का और आत्मिक शरीर आदि सातों प्रकार के रहस्यमय सूक्ष्म शरीरों के अन्दर स्थित अदभुत योगचक्रों के और कुण्डलिनी महा शक्ति के विकासार्थ साधक अपनी उस दिव्य शक्ति, प्रबल इच्छा शक्ति, धारणा शक्ति के द्वारा अपने सातों चक्रों को जगाने में बताई न, सब विद्याओं प्रयोगों के द्वारा निश्चय ही चरमोत्कृष्ट सफलता पहले भी प्राप्त की थी और अब भी प्राप्त कर सकते है।

सहस्त्र दल चक्र को जगाने के लिए जो गुरूजन ऐसे उच्च कोटि के साधक को मार्ग दर्शन दे रहे हैं, उनका कर्त्तव्य है, कि समस्त योगचक्रों को जाग्रत करने के निमित्त, विभिन्न वैज्ञानिक प्रक्रियाओं और विद्याओं का सहयोग, उस तीव्र गति से आगे साधक को प्रदान करने की व्यवस्था करें।

दिव्य रासायनिक औषधियों के द्वारा साधक के शरीर को परम शक्तिशाली बना दें। जिससे वह साधक प्राण-अपान दोनों के मिलने से कुण्डलिनी महाशक्ति के जाग्रत होने पर, जो आण्विक विस्फोट होता है, अथवा संगीत के उच्च कोटि के राग गाने की अन्तिम तार स्थिति में, जो शब्द ब्रह्म की साधना के द्वारा महान ऊर्जा उत्पन्न होती है, जीवन और मृत्यु का अन्तर समाप्त करने के लिए जिस स्थिति का सामना करना पड़ता है, सहस्त्र दल कमल की पन्द्रहवीं सोलहवीं कला के मध्य शरण होते हुए अमृत बिन्दु का पान करने के लिए जितना कठिन परिश्रम, प्रयास करना होता है, उस सबका सामना करने के लिए उस धमाके, विस्फोट, धक्के आदि को सहज करने की विलक्षण शक्ति, साधक को पहले बताई गई सभी विद्याओं के द्वारा अनोखा सामर्थ्य गुरू जनों को साधक के लिए अपने अद्वितीय ज्ञान के द्वारा उपस्थित अर्थात प्रत्यक्ष कर देना चाहिए। ऐसी सम्पूर्ण सुविधाएँ मिलने पर ही साधक कुण्डलिनी महाशक्ति के सोपान सहस्त्र दल चक्र पर पहुँच सकेगा।

सहस्त्र दल चक्र पर पहुँचकर साधक के क्या-क्या और किस-किस प्रकार के परम आवश्यक कर्त्तव्य है, यह एक बहुत बड़ा विचित्र और अति दुःसाध्य विषय है। जब साधक की वह विचित्र शक्ति महाकुण्डलिनी, इस चक्र पर, जिसे सहस्त्र दल चक्र कहा गया है अर्थात हजार पत्तों वाला किन्हीं अज्ञात कारणों से, यह चक्र एक हजार पत्तों के कमल पुष्प की भाँति दृष्टिगोचर होता है। किन्तु विशेष रूप से गिनने पर 960 पत्ते दृष्टिगोचर होते हैं। इसके मध्य में द्वादश पत्तों वाला परम सुन्दर एक लघु कमल है, उसमें स्फटिक मणि की भाँति उज्जवल श्वेत रंग के अन्तर्गत उस कमल कर्णिका में एक स्वर्णिम आकार का, नेत्रों को सम्मोहित करने वाली शक्ति रखने वाला रंग दिखता है। यह सहस्त्र दल चक्र योग की प्रथम अवस्था में तो लघु आकार का होता है। किन्तु साधक की आत्मिक उन्नति एवं धारण, ध्यान समाधि की एकत्व स्थिति में साधना, उपासना के प्रभाव से यह चक्र जब तीव्र गति से घूमने लगता है तो लगभग एक फुट के आकार का होकर ऊपर की ओर उत्थित हो जाता है। उस समय इसकी छटा देखने योग्य होती है। किन्तु अभी तक यह सहस्त्र दल चक्र पूर्ण विकसित स्थिति में नहीं है जब साधक के परिश्रम के द्वारा, उसके दृढ़ संकल्प, सत्यनिष्ठा, आत्मविश्वास एवं अदम्य उत्साह के सहयोग से कुण्डलिनी महाशक्ति का दिव्य प्रकाश इस योग के सर्वोत्कृष्ट चक्र को,

अपने परम दिव्य उच्च कोटि के विद्युतीय, चुम्बकीय प्रभाव से एवं शक्ति से, इसे तीव्र, अति तीव्र गति से घुमाने लगता है तब इसकी गति अति वेगवती हो जाती है। उस समय इस योगचक्र के अनन्त परम सौन्दर्यमय रंगों का सौन्दर्य देखने योग्य होता है। इसकी उस समय अत्यन्त निराली दैविक आभा होती है। और उस समय, इसमें से एक ऐसी मनमोहक अति उच्च स्तरीय सुगन्ध उत्पन्न होती है, जो समस्त वातावरण के साथ-साथ साधक के आत्मा, मन और सम्पूर्ण शरीर की उन्नति और बाहर से सुरभित कर देती है। जब साधक के इस कमल का विकास इस प्रकार हो जाए तो साधक के बाह्य शरीर पर भी इसका प्रभाव प्रत्यक्ष रूप से देखने को मिलने लगता है। इस सहस्त्र दल चक्र में से अनगिनत शक्तियाँ विकसित होने लगती हैं। जो कि वैसे तो योग के सभी चक्रों के जाग्रत होने पर अर्थात कुण्डलिनी महाशक्ति का योग चक्रों में प्रवेश हो जाने के अनन्तर उन चक्रों में से तरह-तरह की शक्तियाँ, सिद्धियाँ, आनन्द की लहरें प्रस्फुटित होने लगती है।

सात योग चक्रों में से सात प्रकार की शक्तियाँ प्रवाहित होती हैं। जैसे कि इन्द्रधनुष के सात रंग। यह सात रंग न होकर प्रकृति की सात शक्तियाँ है। किसी-किसी स्थान पर इन सात शक्तियों को नव शक्तियों का रूप दिया गया है। और इसी प्रकार सप्त चक्र की बजाय योग के नवचक्रों का विधान बना दिया गया है और उन नवचक्रों की क्रम के अनुसार व्यवस्था की गई है। किन्तु संसार में सप्त शक्तियाँ ही प्रधान है। उनमें भी विशेषरूप से तीन शक्तियों को सर्वप्रमुख माना गया है। जिन शक्तियों को त्रिमूर्ति के नाम से जाना जाता है। भगवान दत्तात्रेय संसार की तीनों दिव्य शक्तियों का एक ही कृत रूप हैं। उनसे बड़ा योगी, सिद्ध अवधूत, परमहंस आज तक इस जगत में नहीं देखा गया। क्योंकि भगवान दत्तात्रेय के रूप में साक्षात ब्रह्मा, विष्णु और महेश ही सशरीर उपस्थित है। अर्थात प्रकृति की सम्पूर्ण शक्तियाँ मूर्ति मन्त होकर अर्थात साकार होकर भगवान दत्तात्रेय जी के रूप में अवतरित हुए। भगवान दत्तात्रेय का जन्म नहीं हुआ, अवतरण हुआ। जब जन्म नहीं हुआ तो मृत्यु भी नहीं हो सकती। यह प्रकृति का नियम है। जिसका जन्म होगा उसकी मृत्यु होगी। अतः भगवान दत्तात्रेय अवतीर्ण होने के समय भी थे, उसके बाद भी थे और इस समय भी इस जगत में विद्यमान हैं। आवाहन करने पर प्रगट हो सकते हैं और समय-समय पर भक्तों के बुलाने पर वे प्रगट भी हुए हैं। भगवान दत्तात्रेय से ऊपर योगविद्या का, आध्यात्म विद्या का, परा और अपरा प्रकृति को जानने वाला, आत्मज्ञानी कोई अन्य नहीं है। वह लीला पुरूष है। भारतीय समस्त ग्रन्थों के अन्तर्गत उन्हें लीला अवतारी महापुरूष कहा गया है। आज तक बड़े-से-बड़े देवताओं ऋषि और तपस्वियों ने उनसे अलग-अलग रूप में शिक्षा ग्रहण

की है। इसलिए समस्त योगचक्रों की और कुल कुण्डलिनी महाशक्ति से सम्बन्धित सम्पूर्ण जानकारी भी उन्हीं की कृपा से प्राप्त करने का प्रयत्न हम सभी साधकों को उन्हीं से करना चाहिए।

इसी प्रकार कितने ही महीनों से अधिक, गहन योग साधना में, मैं स्वयं व्यस्त था। उस कठोर साधना के समय न किसी से बोलते थे न किसी को देखते थे और न ही किसी को सुनते थे अर्थात पूर्ण मौन स्थिति में साधना चल रही थी। साधना की गति को बढ़ाने के लिए भोजन बन्द कर दिया गया। और भोजन बन्द करने के फलस्वरूप शरीर तो अवश्य क्षीणता को प्राप्त हुआ, किन्तु मानसिक स्थिति, संकल्प शक्ति और बलवती हो गई। शरीर का मल भस्म होने लगा। दिन-दिन शरीर की आन्तरिक और बाह्य शुद्धि होने के साथ सतगुणों का उदय होने से समस्त स्नायुमंडल मन और बुद्धि शान्त होते जा रहे थे। इस समय में कुछ महीनों तक केवल एक गिलास गोदुग्ध 24 घंटे में एक समय ही लिया जाता था। शरीर निर्वाह के लिए केवल मात्र एक पाव दूध पर ही साधनामय जीवन चल रहा था। कुछ ही समय में साधना को और तीव्र करने के उद्धेश्य से गोदुग्ध भी बिल्कुल बन्द कर दिया गया। और उसके स्थान पर एक पाव संतरे का रस लेना आरम्भ कर दिया गया। वह भी 24 घंटे में केवल एक बार और अपने आप को पूर्णरूपेण समझा दिया कि इसके अतिरिक्त जीवित रहने के लिए कुछ भी मिलेगा। 24 घंटे साधना बड़े आनन्द के साथ चल रही थी। साधना के लम्बे मार्ग में रोज-रोज नए से नए चमत्कार दृष्टिगोचर हो रहे थे। केवल संतरे का रस लेकर महीनों तक साधना करने से एक अलौकिक प्रकार का अनुभव हुआ। शरीर बुद्धि और आत्मा, भोजन के नाम पर केवल संतरें का रस लेने से परम सात्विकता का उदय हो गया। ऐसी उच्च कोटि की सात्विकता का सूक्ष्म अनुभव मुझे पहले कभी नहीं हुआ था। ऐसी दिव्यता, निर्मलता का आभास भी मुझे कभी नहीं हुआ था। मैं अन्दर और बाहर से मलरहित हो चुका था। परम शान्ति का आवरण जैसे मैंने ओढ़ लिया हो। मानो अब सब कुछ शान्त, स्पन्दन रहित हो चुका है। अब कोई किसी प्रकार का अन्तर्द्वन्द नहीं है।

इस सबके साथ-साथ साधना में जल्दी से जल्दी उन्नति प्राप्त करने की तीव्र इच्छा अन्तर्मन में उठ रही थी। कठोर से कठोर उपासना करने की ललक तन-मन और बुद्धि में जोर मार रही थी। मुझे तो उस समय बाहर का कुछ मान ही नहीं था। एक चक्र की भाँति 24 घण्टे के कार्यक्रम के अनुसार मैंने अपने आपको पूर्णरूपेण व्यवस्थित कर दिया था। धीरे-धीरे साधना में वृद्धि हो रही थी। बस मुझे तो ऐसी धुन थी कि ऐसा क्या करूँ जिसके द्वारा साधना काल में नए से नए आयाम आज देखने को मिल रहे

हैं, वह और तीव्र गति से हर दिन की बजाय हर पहर और हर घंटे में घटित होने लगे। योग चक्रों में नित नई से नई शक्तियों का उदय और अस्त, पग-पग पर दृष्टिगोचर हो रहा था। फिर भी मन पूरी तरह से आश्वस्त नहीं हो पा रहा था। बस अन्तर्मन से यही आवाज बार-बार उठ रही थी कि उपासना और तीव्र करो, और तीव्र करो। इस समय मेरे मन में महात्मा परमयोगी परमसंत कबीर जी का एक दोहा उदय हुआ।

अरे मन यह तन ठाट तंबूरे को।
ऐंठत खूँटि निकसत, राग खजूरी को।।

इन पंक्तियों की याद आते ही मेरे अन्तर्मन मस्तिष्क में उपासना के योगमार्ग के और साधना करने की इस भावना के समुद्र में बड़ी-बड़ी लहरें हिलारें मारने दिन-दिन तीव्रतर होती जा रही थी। सहस्त्रदल चक्र में पदार्पण करने के अनन्तर साधक को नियमित रूप से अपनी साधना आरम्भ करने के लिए पुनः सर्वप्रथम भक्ति और वैराग्यपूर्वक मन-मस्तिष्क और समस्त इन्द्रियों को शान्त करके योग के आसन, प्राणायाम आदि सम्पूर्ण विधियों को करते हुए, अपने प्राणों को मेरूदण्ड के सबसे निचले भाग में दृढ़ संकल्प और धारण के साथ सुषुम्ना नाड़ी के मुख में स्वयं को प्रवेश कराना चाहिए और उसके अनन्तर उसी स्थान पर विराजमान गुप्त शिवलिंग के चारों ओर साढ़े तीन चक्कर अर्थात कुण्डली मारकर एक महा परा ऊर्जा शक्ति कुल कुण्डलिनी नीचे की ओर मुख करके सुसुप्त स्थिति में विद्यमान होती है। क्रोध बीज मंत्र 'हु' का बार-बार पूरी सतर्कता के साथ मूलबन्ध, उड़ियान बन्ध और जालन्धर बन्ध लगाकर साधक ऐसा प्रयोग, उस महाशक्ति को पुनः जगाने के लिए प्रयत्न करे। क्योंकि अब साधक को ऐसा करने का अभ्यास पूर्णरूपेण बन चुका है इसलिए यह सब प्रक्रिया प्रतिदिन पुनः पुनः करने से सरलता होगी। उसमें कोई कठिनाई नहीं आएगी। ऐसा नियमित अभ्यास करने से साधक को, सभी योगचक्रों के सम्बन्ध में नई से नई जानकारी प्राप्त होगी। योगमार्ग के इस अन्तर्जगत का बहुत बड़ा विस्तार है। इस अन्तर्जगत की योगमार्ग से सम्बन्धित शाखाा प्रशाखाओं का इतना बड़ा विस्तार है, कि उसे योगमार्ग का अच्छा साधक भी एक जन्म में पूर्ण रूपेण नहीं जान सकता। फिर भी मैंने जो इस जन्म से पहले जन्म में भी योग साधना के द्वारा, जो भी कुछ अनुभूतियाँ की थी, योगी साधकों को उत्साह वर्धन उवं उपासना करने की उनकी तीव्र लालसा साथ ही उनकी विचित्र मनोदशा को देखते हुए भाँति-भाँति की आशाएँ, उत्कण्ठाएँ, शंकाओं का समाधान करने के निमित्त, योग साधना मार्ग को बहुत सारी अत्यन्त रहस्यमयी बातों, घटनाओं और विधियों को लगातार बताने का प्रयत्न कर रहा हूँ। हो सकता है, मैं आज के सीधे, सच्चे, सरल, जिज्ञासु योग साधकों की

आशाओं के अनुरूप, उनके अन्तर में उठने वाले भिन्न प्रकार के प्रश्नों, शंकाओं, आशा, निराशा का ठीक-ठीक निदान करके उनके आगे बढ़ने में थोड़ा-सा सहयोग प्रदान कर सकूँ, ऐसा मेरा थोड़ा सा स्वल्प प्रयास है।

क्रोध बीज मंत्र को बार-बार अदम्य संकल्प शक्ति के साथ, कल्पना के सहयोग से कुण्डलिनी महाशक्ति को तनिक सा छेड़ने का प्रयास करते ही क्षण्मात्र में उस मूलाधार के सन्निकट ब्रह्मग्रन्थि में विशेष प्रकार की हल-चल आरम्भ हो गई और वह कुण्डलिनी महाशक्ति अपने पूरे स्वरूप में व्यक्त होने के साथ एक पहला जोरदार प्रकाशनाद युक्त धमाका विस्फोट उत्पन्न हुआ। उस विस्फोट के साथ ही शब्द ब्रह्म का उदय हुआ। यही प्रकृति का अनन्त नाद है। यह अनहत नाद है। इसे करने की आवश्यकता नहीं, यह तो सम्पूर्ण जगत ब्रह्माण्ड और प्रकृति के कण-कण से उठ रहा है। पहले भी उठ रहा था और अनन्त काल तक इसी प्रकार होता रहेगा। यह कभी समाप्त न होने वाला अनन्त नाद हैं। नाद के साथ-साथ एक परम प्रकाश उत्पन्न होता है। नाद का आरम्भ होते ही कुण्डलिनी महाशक्ति परम प्रकाश के साथ महान उर्जा के लिए हुए पूर्णरूपेण अवयक्त से व्यक्त हो गई। योगशास्त्र के अनुसार प्रकाश का वास्तविक व्यक्त रूप महा बिन्दु होता हैं। यह महानाद तीन प्रकार का होता है। निरोधिनी, नादान्त और महानाद। और यह महाबिन्दु भी तीन प्रकार का होता है। क्रिया, ज्ञान और इच्छा, इसी प्रकार इन तीनों को दूसरे रूप से भी कहा गया है। ब्रह्म, विष्णु, महेश, सूर्य-चन्द्रमा-अग्नि। इस अनन्त ब्रह्माण्ड रूप सृष्टि में, नाद ही वास्तव में प्रणव है। अर्थात ॐ ओंकार भी उसी को कहते हैं। वास्तव में सत्य मानिए ओंकार ही पूर्णरूपेण शब्द ब्रह्म है। इस ओंकार रूपी शब्द ब्रह्म की पूर्णरूपेण वास्तविकता ऋषियों ने अच्छी प्रकार समझ ली थी। इसीलिए कहा गया है–

"ओंकारम् परमं ब्रह्म सर्व मंत्रेषु नायकम्"

ब्रह्मस्वरूप इस प्रणव से ही बावन मातृकाएँ जिनके द्वारा साधक न्यास करते हैं वे उत्पन्न हुई है। इन सम्पूर्ण मातृकाओ को लोम-विलोम प्रकार से न्यास करने की मंत्र शास्त्र, तंत्र शास्त्र और आगम ग्रन्थों में विशेष व्यवस्था दी गई है। यह 52 मातृकाएँ लोम-विलोम प्रकार से उच्चारित करने पर इनकी संख्या 100 तक पहुँच जाती है। साधक की कुण्डलिनी महाशक्ति इन मातृका रूप कुण्डलों को धारण करने वाले चेतन्य शक्ति हैं, इसलिए ही उसे कुल कुण्डलिनी कहा जाता है।

इस प्रकार समस्त मातृकाओं का न्यास आदि सहित प्रयोग करने से साधक की वह परा कुण्डलिनी शक्ति प्रकाश और नाद के उत्पन्न होते ही मूलबन्ध दृढ़ प्रयोग से

स्थान	मातृका
अकुल	अं, ळं
महाबिन्दु	हं, आं
उन्मना	इं, सं
समना	ईं, षं
व्यापिका	उं, शं
शक्ति	ऊं, वं
नादान्त	ऋं, लं
नाद	ॠं, रं
रोधनी	ऌं, यं
चन्द्रिका	ॡं, मं
बिन्दु	एं, भं
आज्ञा	ऐं, बं
अन्तराल	ओं, फं
लम्बिका	औं, पं
विशुद्धि	अं, नं
अन्तराल	अः, धं
अनाहत	कं, दं
अन्तराल	खं, थं
अन्तराल	गं, तं
मणिपुर	घं, णं
स्वाधिष्ठान	ङं, ढं
आधार	चं, डं
विषुय	छं, ठं
कुल पदम	जं, टं
कुला	झं, ञं

साधक की अदम्य संकल्प शक्ति के द्वारा ऊर्ध्वमुखी होकर मूलाधार आदि चक्रों की ओर बढ़ने लगती है। साथ-साथ वह नाद अपने अन्तिम लक्ष्य सहस्त्र दल कमल में पहुँचने के लिए निरन्तर अन्तर्तम में उठने लगता है और क्रमशः अपनी उस ऊर्ध्वगामिनी परम उर्जा शक्ति के साथ सभी चक्रों को जाग्रत प्रकाशित, झंकरित और शक्ति सम्पन्न करते हुए क्रमशः अपनी उच्च शक्ति के साथ आगे-आगे बढ़ने लगता है क्योंकि इन सभी मातृकाओं और अव्यक्त ब्रह्मनाद का मूलस्थान, वास्तविक स्थान सहस्त्र दल चक्र ही है। सहस्त्र दल चक्र में सारी मातृकाएँ भी अवयक्त रूप से निवास करती हैं। योग शास्त्रों के अनुसार और वास्तविक रूप में भी, मैं प्रत्यक्ष दर्शन के आधार पर शिव शक्ति का निवास स्थान योग का सहस्त्र दल-चक्र ही मानता हूँ। इस स्थान को योगिक भाषा में अकुल नाम से भी सम्बोधित करते हैं इस स्थान पर परात्पर पर ब्रह्म शिव अव्यक्त रूप से और महा शक्ति व्यक्त रूप से विद्यमान हैं।

अकुल्ल नामक जो स्थान बताया गया है, मातृकाओं की उत्पत्ति अकुल में स्पन्दन होने पर किस-किस स्थान से कौन सी मातृका उत्पन्न होती हैं, यह बताने का प्रयत्न करते हैं। अकुल स्थान से अं, ळं। महाबिन्दु से हं और आं । उन्मना से इं, सं । समना से ईं, षं । व्यापिका से उं, शं । शक्ति से ऊं, वं । नादान्त से ऋं, लं । नाद से ॠं, रं । रोधनी से ऌं, यं । अर्ध चन्द्रिका से ॡं, मं । बिन्दु से एं भं । आज्ञा से ऐं और बं । अन्तराल से ओं, फं । लम्बिका से औं, पं । विशुद्धि से अं, नं । अन्तराल से अः और धं । अनाहत से कं, दं । अन्तराल से खं, थं । अन्तराल से गं, तं । मणिपुर से धं, णं । स्वाधिष्ठान से ङं, ढं । आधार से चं, डं । विषुय से छं, ठं । कुल पदम से जं, टं । कुला से झं, ञं । इस प्रकार मातृकाओं का स्वरूप और स्थान बताए गए है। यह मातृकाओं की एक विशेष योगिक तांत्रिक माला है। साधक जब इसे फेरता है तो उसके सूक्ष्म और भौतिक शरीर में एक विशेष प्रकार का स्पन्दन होने लगता है। इस मातृकाओं और बीज मंत्र सहित माला फेरने से समस्त वृतियाँ इधर-उधर भटकना बन्द कर देती है। उन्हे विवश होकर स्थिर होना पड़ता है। किन्तु इन समस्त मातृकाओं को उद्गम स्थान तो प्रणव ही है और प्रणव को ही योगिक भाषा, तन्त्रोक्त भाषा में ओंकार कहा गया है। इस प्रणव स्वरूप ओंकार से ही समस्त स्वर और व्यंजनों की उत्पत्ति हुई है।

मूलाधार चक्र से आज्ञा चक्र तक समस्त योगचक्रों में जो योग चक्रों के कमल पत्रों के रूप में स्वर व्यंजन मातृकाएँ आदि दी गई हैं। वह सब ओंकार से ही उत्पन्न हुई है और ओंकार में ही समहित हो जाती हैं। उन योगचक्रों के दंतों के रूप में मूलाधार प्रथम दलचक्र है। उन सबमें अलग-अलग इन बीजाक्षरों का स्थान विभिन्न चक्रों में उनके

अलग-अलग दलों में अलग-अलग बीजाक्षरों का स्थान निश्चित किया गया है। इसी प्रकार योग के सर्वोच्च सहस्त्र दल कमल चक्र में समस्त स्वर व्यंजन मातृकाओं सहित सभी बीजाक्षरों का निवास है। साधक अपनी श्रुति को साथ लेकर मूलाधार से लेकर क्रमशः स्वाधिष्ठान चक्र, मणिपुर चक्र और इसके निकट विष्णु ग्रन्थि आदि का भेदन करते हुए कुल कुण्डलिनी महा शकित, अनाहत हृदय चक्र का भी भेदन करते हुए, कण्ठ में स्थित विशुद्ध चक्र के समीप ग्रन्थि का भी भेदन करते हुए आज्ञाचक्र पर पहुँचती है। संक्षिप्त में यह कुण्डलिनी महाशक्ति को आज्ञाचक्र तक पहुँचने का विवरण सार्वरूप से बताया गया। इस मार्ग के बीच में और भी अन्य कितने ही रहस्यात्मक शक्तियों का उदय होता है। शब्दों के उच्चारण की भी अवस्थाएँ होती है। जिसे वाणी कहते है। वह परावाणी के द्वारा उत्पन्न होती है। शब्द पहले परावाणी से उत्पन्न होता है। सर्वप्रथम मन में एक जिज्ञासा, वृत्ति उत्पन्न होती है। तत्पश्चात साधक के मन की वृति जिज्ञासानुसार विचार का उदय होता है और सिद्धान्त के अनुसार इस विचार का पराकट्य कहाँ से होता है। वह स्थान परावाणी माना जाता हैं। सर्वप्रथम विचार का स्वरूप सूक्ष्म होता है जो आन्तरिक सूक्ष्म विचार जिह्वा आँशु की थोड़ी सी क्रिया तक पहुँचते है अर्थात आँशु रूप से व्यक्त होते हैं। इसे मध्यमा वाणी माना जाता हैं और जो वाक्य पूर्णरूपेण स्पष्ट सुनाई दे, इस अवस्था में उन्हें वैखरी वाणी कहा जाएगा। पश्चन्ति वाणी में बोले जाने वाले शब्द आँखों को स्पष्ट दृष्टिगोचर होते हैं। मध्यमा वाणी तक आते-आते शब्द आँशु अर्धवाक्य कोई शब्द अथवा कोई मंत्र स्पष्ट उच्चारण के रूप में सुनाई देने लगता है। ऐसा बहुत सारा विषय मूलाधार चक्र से लेकर आज्ञा चक्र तक विस्तृत योगमार्ग में आता है। इसके साथ-साथ मूलाधार से आज्ञाचक्र के छः चक्रों के मध्य और भी कई चक्र अवस्थित हैं, जिनके विषय में प्राचीन योगियों ने भिन्न ग्रन्थों में अलग-अलग स्थानों पर बताया है। इसी प्रकार अनगिनत नाड़ियाँ भी इस योगमार्ग में अवस्थित है।

योग के सहस्त्र दल महाचक्र के नीचे सोलह पत्रों वाले योगचक्र को देखा गया है, जिसका नाम सोमचक्र, चन्द्र चक्र माना गया है। इस सोमचक्र के नीचे छः पत्तों वाला मनश्चक्र अवस्थित है। इस मनश्चक्र से ही साधक के मन में उठने वाले समस्त विचारों का उदय होता है। सहस्त्र दल चक्र योग का सर्वोत्कृष्ट महत्वपूर्ण चक्र है उसके आस-पास सहस्त्रों मनोवहा, आज्ञाव, शब्दवहा रूपवहा, नाड़ियाँ अवस्थित है। गन्धवहा नाड़ियाँ, रस वहा नाड़ियाँ, स्पर्शवहा नाड़ियाँ, मनोवहा नाड़ियाँ आदि सभी नाड़ियाँ सहस्त्र दल चक्र के चारों ओर, सहस्त्रों की संख्या में, आन्तरिक सूक्ष्म नेत्रों के द्वारा देखी जा सकती हैं।

इस प्रकार की मेरी साधना पिछले कितने ही महीने से निराहार, दुग्धाहार, फलाहार

के द्वारा चलती रही। उसमें उपरोक्त बताए गए सारे अनुभव उपासना की सूक्ष्मता के साथ ठीक-ठीक योगमार्ग, ज्ञानमार्ग, भक्तिमार्ग और निष्काम कर्म योग मार्ग का ठीक-ठीक ज्ञान प्राप्त करते हुए, उन सिद्धान्तों पर चलकर उपासना में नए-नए प्रकार के अत्यन्त रहस्यमय, दुसाध्य नए-नए अनुभव, प्रयोग मेरे समक्ष साधना की कृपा से और अज्ञात सूक्ष्म शरीरधारी भगवान दत्तात्रेय जी की महती कृपा से मेरी उपासना भगवान की अनुकम्पा से मन्थर गति से बढ़ रही थी। किन्तु मुझे तो साधना की मन्थर गति से सन्तोष नहीं था। मन मस्तिष्क में जल्दी से कुछ देख लेने की तीव्र लालसा निरन्तर अकुलाहट उत्पन्न करती रहती थी। पूरा परिश्रम करते हुए भी चैन नहीं था। बस अहर्निश यही होता रहता था, कुछ और, कुछ और होना चाहिए। इस छटपटाहट में कितने ही महीनों के बाद कुछ देखने के लिए जो अनजाना है, उसे जानने के लिए, जिसका अनुभव नहीं किया है, जिसे छुआ नहीं है, जिसे सुना नहीं है, उसे छूने सुनने और देखने के लिए, मैंने अपने आपको अर्थात अपने मन, बुद्धि, आत्मा और शरीर को तपोमय साधना के द्वारा और अधिक तपाने का प्रयत्न किया। और अब केवल यथेच्छ पानी (जल) पीकर महीनों तक केवल जल पर निर्भर करते हुए साधना आरम्भ कर दी। काफी समय इस विकट साधना के मध्य तीव्र गति से व्यतीत हो रहा था। किन्तु साथ ही जिन स्थानों और योगमार्गों में मेरा गम्य पहले कभी नहीं हुआ था, उन अगम्य स्थानों पर भी कुछ इस तपोमय उपासना के द्वारा मुझे नवीन प्रकार के अनुभव होने लगे। समय के साथ-साथ धीरे-धीरे शरीर दुर्बल होता जा रहा था। कितने ही महीनों के अनन्तर, अब मेरा शरीर केवल कंकाल मात्र रह गया था। मेरे गुरूजनों, माता-पिता, बन्धु-बान्धव और शुभचिन्तकों के द्वारा, अब मेरी यह स्थिति देखी नहीं जा रही थी। मैं शारीरिक रूप से अत्यन्त दुर्बल अवश्य हो गया था किन्तु आत्मिक रूप से मुझे क्रमशः अत्यन्त महत्वपूर्ण शक्ति प्राप्त होती जा रही थी। मेरा बौद्धिक, आतिक, मानसिक मनोबल बढ़ा था। उसमें किंचित मात्र भी दुर्बलता नहीं थी। दो महीने केवल जल ग्रहण करके, त्रिकाल स्नान करते हुए एवं प्रातः सायं और मध्यरात्रि तुरीय संध्या के समय नियमित हवन करते हुए और शेष समय में निरन्तर आन्तरिक योगसाधना, पराध्यान साधना में लगे रहने से मुझे नित नए अनुभव हो रहे थे।

अब मैं आज्ञा चक्र के अद्‌भुत अनुभवों, और विचित्र दर्शनों को देखने, समझने, अनुभव गम्य करने के बाद उपर की ओर वाले योगमार्ग पर पदार्पण करने की इच्छा कर रहा था।

बहुत से आन्तरिक दिव्य दर्शन, सूक्ष्म रहस्य और अत्यन्त गुप्त बातें तो मैंने

आपके समक्ष बहुत कुछ सोच समझकर नहीं रखी। विचित्र चमत्कारी घटनाएँ और संदर्भ मेरे साथ हुए यदि मैं उन्हें पूर्ण विस्तार से बताऊँ तो आपके आश्चर्य की सीमा नहीं रहेगी।

बड़ी विचित्र बात है कि आज्ञा चक्र के समीप एक और योग का महत्वपूर्ण चक्र है। इसमें छः कोण अर्थात छः दल इस न्रकार हैं, गन्ध, रस, रूप, स्पर्श, शब्द और छटे दल में स्वप्न में होने वालें अनुभव अर्थात सूक्ष्म, स्थिर ज्ञान हैं। इस चक्र पर ध्यान करने से वह कुण्डलिनी महाशक्ति के वहाँ पहुँचने पर वह चक्र एक स्वप्निल, दर्शनीय, अद्‌भुत प्रकाश से देदिप्यमान और झंकरत हो उठता हैं। इसी चक्र के माध्याम से साधक को स्वप्न अवस्था के सम्बन्ध में अर्थात स्वप्न संसार के सम्बन्ध में पूरा-पूरा ज्ञान प्राप्त हो जाता है। वह साधक इस चक्र के जाग्रत होने के अनन्तर सूक्ष्म शरीर द्वारा दुनिया के किसी स्थान पर रहने वाले व्यक्ति के स्वप्न अवस्था में जाकर बहुत-सी बातें बता सकता है, सूचना दे सकता है और उसे कुछ कार्य करने के लिए प्रेरित कर सकता है। एक व्यक्ति को नहीं, एक साथ अनगिनत लोगों को उनकी स्वप्न अवस्था में पहुँच कर, अपनी इच्छानुसार निर्देश कर सकता है। इसी प्रकार किसी रोगी व्यक्ति को स्वप्न में दर्शन देकर और उसके ठीक होने की युक्ति बताकर अथवा आशीर्वाद देकर उसके बौद्धिक और मानसिक विकारों को बिल्कुल दूर कर सकता है। रोगी का मन मस्तिष्क यदि पूर्णरूपेण स्वस्थ ठीक हो जाते हैं, तो क्रमशः शारीरिक रोग भी समय-के साथ-साथ दूर हो जाते है इस चक्र के और भी बहुत कार्य होते है।इस सूक्ष्म योगचक्र के तनिक सा ऊपर योग का एक और सोलह दल वाला योग चक्र रूप कता है। यह भी अपने आप में अद्वितीय और रहस्यमय योगस्थान के रूप में माना जाता है। वस्तुतः यह बहुत बड़ा योग तीर्थ हैं। योगिक भाषा में इसे निरालम्ब पुरी माना गया है। यही दोनों चक्र जिनका अभी-अभी वर्णन किया गया योगी साधक को जब तुरीयातीत अवस्था प्राप्त होने वाली हो तो इस योग के सोमचक्र पर रहना चाहिए। वस्तुतः सत्य रूप से साधना की तुरायातीत अवस्था में यदि कहीं रहा जा सकता है तो यही वह स्थान है। अति उच्च प्रकार के ऋषि, सन्त, महात्मा, देवगण, उच्च साधक अपनी आत्मा अथवा ब्रह्म के तेजोमय रूप के दर्शन इसी स्थान पर करते है। इस स्थान की जितनी प्रशंसा की जाए वह थोड़ी है।

आज्ञाचक्र पर जब साधक पहुँच जाता है तो आज्ञाचक्र के दो दल के अक्षरों स ध अर्थात सोऽम्‌ शब्द की अनुभूति करता है अर्थात उस समय जीव सोडहं स्थिति भ्रमण करता है। सभी संसार की साधारण जीवात्मा जाग्रत, स्वप्न एवं सुषुप्ति इन तीनों ही अवस्थाओं का अनुभव कर पाते हैं। और तुरीय अवस्था या तुरीयातीत अवस्था और

उसका ज्ञान अथवा अनुभव एक मात्र उच्च कोटि के योगियों को ही होता है। उपरोक्त तीनों अवस्थाओं में कुल कुण्डलिनी महाशक्ति साधारण रूप से योग की साम्या अवस्था में विद्यमान रहती है। इसके बाद कुण्डलिनी उपासना करते हुए आज्ञाचक्र में साधक को

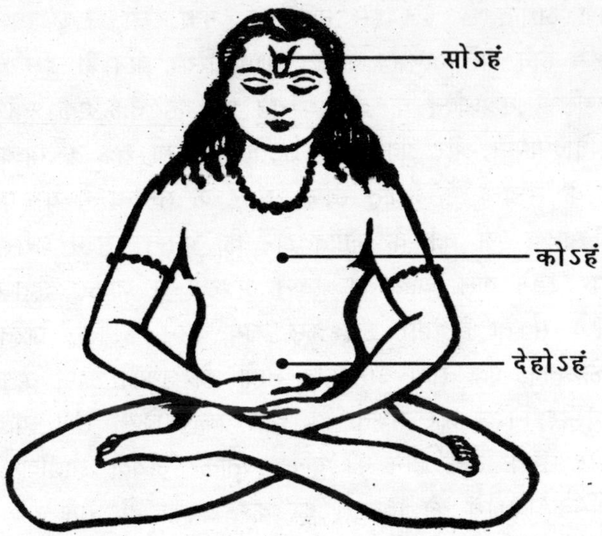

एक विचित्र अव्यक्त शब्द का अनुभव होता है जो शब्द **"सोऽहं"** के नाम से जाना जाता है। यह शब्द केवल आज्ञाचक्र से नीचे जाकर नहीं जाना जा सकता। मेरी उपासना के मध्य जब मैंने जल भी लेना बन्द कर दिया और आज्ञाचक्र पर उस समय मेरा प्राण स्पन्दन कर रहा था, मुझे ठीक-ठीक ज्ञात है कि उस समय मेरा प्राण मेरे हृदय में स्पन्दन नहीं कर रहा था, शरीर के किसी भी अंग में स्पन्दन नहीं कर रहा था। यह पूर्णरूपेण सत्य है। केवल मुझे भूमध्य स्थित ललाट स्थान में जैसे हाथ की नाड़ी (नब्ज पल्स) (Pulse Beat) अर्थात वहाँ प्राय स्पन्दित ऐसा मैंने प्रत्यक्ष अनुभव किया। आन्तरिक श्रवण और सूक्ष्म नेत्रों द्वारा अव्यक्त शब्द **"सोऽहं"** शब्द की वह आनन्दमयी शब्द लहरी काफी समय तक निरन्तर सुनी जा सकी। फिर मैंने हृदय चक्र पर आकर इसे सुनने का प्रयत्न किया तो वह शब्द नहीं सुनाई दिया कुछ और ही बात होने लगी। अनाहत चक्र (हृदय चक्र) के प्रथम मातृका 'क' दृष्टिगोचर हुआ और अन्दर से **"सोऽहं"** शब्द के स्थान पर कोडहं शब्द लगा। आज्ञाचक्र से नीचे उतरने पर जीवात्मा उस ब्रह्म के स्वरुप का दर्शन करने में असक्षम हो जाती है अर्थात वह आत्मा की परमात्मा स्थिति का अनुभव नहीं कर पाती। वहाँ तो स्वयं को जानने का प्रयत्न होता है इसलिए अनाहत्

चक्र पर **'सोऽहं'** की बजाय **'कोऽहं'** इससे आगे चलने पर ही जीवात्मा अपना स्वरूप जानने की सामर्थ्य रखती है। फिर मैंने इससे नीचे उतरने का प्रयत्न किया तो **'देहोऽहं'** शब्द सामने आने लगता है अर्थात जीव अपने आपको यह पंचभौतिक शरीर ही समझता है। नीचे वाले चक्रों में अर्थात मूलाधार चक्र तक यही स्थिति रहती है।

यही जीवात्मा अपनी अदम्य उत्साह और दृढ़ संकल्प शक्ति के सहारे कुल कुण्डलिनी महा शक्ति को पहले बताई विधि अनुसार जाग्रत करके बन्ध, मुद्रा आदि विभिन्न क्रियाओं का सहारा लेते हुए, समस्त चक्रों का भेदन करते हुए आज्ञा चक्र तक पहुँचत-पहुँचते ब्रह्मस्वरूप का अनुभव करने लगती है।

अब ऐसी बात समझने के अनन्तर, इन योगिक क्रियाओं को और मन मस्तिष्क एवं समस्त इन्द्रियों की चंचलता समाप्त हो जाने के अनन्तर कठोर तप स्वरूप उपासना करते-करते बाह्य शरीर की प्रतीत न के बराबर हो चुकी थी। जल भी न ग्रहण करने के कारण उस विचित्र अवस्था में पहुँचने से पहले मैंने कहीं पढ़ लिया था कि मनुष्य का भोजन, पानी मनुष्य के अन्दर ही उपस्थित है। भोजन की आवश्कता तो मुझे थी नहीं न ही इच्छा थी। किन्तु जल छोड़ने से कुछ कष्ट हो रहा था। शरीर की अवस्था बड़ी विचित्र होने लगी थी। वायु से जल प्राप्त करने वाली खेचरी मुद्रा की एक विशेष विधि का, त्राटक करते हुए मैंने थोड़ा-सा प्रयोग किया। उससे मेरी जल पीने की इच्छा बिल्कुल शान्त हो गई और अब मुझे आवश्यकता होती तो मैं खेचरी क्रिया को करके साथ-साथ त्राटक भी करता था और उससे मुझे बिना बाह्य प्रकार के स्थूल जल को ग्रहण किए बिना मेरी पिपासा शान्त हो जाती थी। इस प्रकार कुछ दिन उपासना बड़ी विचित्र प्रकार से चली और जिन बालों अनुभव, घटनाओं को उससे पहले मैं गप्प मानता था, जब वह प्रत्यक्ष अनुभव हुईं तब मुतझे भलीभाँति समझ आ गया कि हमारे ऋषि मुनियों द्वारा योग मार्ग, योगचक्र, योगविधियों और समस्त क्रियाओं के सम्बन्ध में जो भी छोटी-बड़ी साधारण-असाधरण जानकारियों अनुभव, अनुसंधान, चमत्कार आज तक के नवीन-प्राचीन वैज्ञानिकों, योगियों द्वारा किए गए है, वे सभी अक्षरशः सम्पूर्ण रूप से सर्वथा सत्य हैं। उनमें संदेह के लिए बिल्कुल स्थान नहीं है। जो लोग संदेह प्रश्न करते हैं समझ लो वे पश्रिम नहीं करना चाहते। ज्ञान प्राप्त करने की, सत्संग करने की उनकी केवल वाचिक इच्छा है। बस वे तो यही चाहते हैं कि बिना कुछ किए, सब कुछ उन्हें करा कराया प्राप्त हो जाए। बढ़िया-बढ़िया भोजन बिना बनाए, उनको बिना परिश्रम किए उसका आनन्द प्राप्त हो जाए। ऐसा कैसे सम्भव हो सकता है। बिना किए कोई कुछ नहीं दे सकता। प्रकृति का भी यही नियम है। परिश्रम पुरूषार्थ करिए और कुछ पाइए। मुझे भी कठोर परिश्रम के उपरान्त ही थोड़ा सा अनुभव हो पाया।

अब मैंने प्रयत्न आरम्भ किया कि मैं अपने प्राणों को संकल्प के साथ ध्यान के द्वारा शरीर में जहाँ चाहूँ वहाँ ले जाऊँ। निर्जल और निराहार रहने की अवस्था में उपासना की गति पहले की अपेक्षा काफी अधिक तीव्र गति से चल रही थी। मेरा कार्य केवल 24 घंटे उपासना करने का ही था। पद्मासन लगाकर सम्पूर्ण रात्रि प्राणों को शान्त करने, स्थिरता प्राप्त करने और अपने प्राणों को संकल्प एवं ध्यान के साथ एक स्थान से दूसरे स्थान पर पूर्णरूपेण ले जाने वाला कार्य अति उत्साह से चल रहा था। निरन्तर साधना करने से अब आन्तरिक, योगिक क्रियाएँ करने में कठिनाई नहीं होती थी। अब प्रयत्न किया गया कि मेरे प्राणों का स्पन्दन शरीर में अन्य स्थानों की अपेक्षा केवल नाभि स्थान पर ही प्राणों का स्पन्दन पूर्णरूपेण होने लगे। नाभि पर संयम करते ही अर्थात धारणा, ध्यान और समाधिस्थ होते ही नाभि पर स्पष्ट रूप से प्राणों का स्पन्दन ज्ञात होने लगा। उस समय ज्ञान पुरस्सर जानकारी करने पर यह स्पष्ट ज्ञात हो गया कि अब हृदय, हाथ की नाड़ी या शरीर के किसी अन्य भाग में केवल नाभि को छोड़कर अन्य किसी स्थान में मैं नहीं हूँ। मैं अर्थात मेरा प्राण। अब नाभि पर ही केन्द्रित है और वह वहाँ स्पन्दित हो रहा है। इस प्रकार पुनः मैंने संकल्प किया कि मेरे प्राण समस्त शरीर को छोड़कर केवल पैर के अंगुष्ठ के अग्रभाग पर ही स्थिर हो जाएँ। थोड़े से प्रयत्न के द्वारा ही प्राणों का स्पन्दन केवल अंगुष्ठ के अग्रभाग में ही होने लगा। मैंने कभी बहुत पहले किसी स्थान पर पढ़ा था कि अर्जुन ने अपने प्राणों को अंगुष्ठ के अग्रभाग पर स्थिर करके एक पैर के केवल अंगुष्ठ पर खड़े होकर भगवान शंकर की कठोर साधना, पशुपात अस्त्र प्राप्त करने के लिए बड़ी लगन के साथ की थी। ऐसा जब प्रत्यक्ष अनुभव करके देखा तो उन वाक्यों में बहुत बड़ी सत्यता पाई। हमारे प्राचीन शास्त्रों में उपासना, तपस्या, योग साधना के सम्बन्ध में जो कुछ भी वर्णन विभिन्न प्रकार से लिखा गया है, वह सब बिल्कुल सत्य है। उसमें तनिक भी इधर उधर नहीं किया है। हमारे प्राचीन ऋषि, मुनि, विद्वान, तपस्वी, बड़े सुलझे हुए आदर्श सत्यवादी थे। उन्हें किसी भी बात को अथवा किसी रहस्य को घुमा कर कहने की या असत्य लिखने की कोई आवश्यकता नहीं थी। न ही कोई लाभ था। इसीलिए ऋषियों ने स्पष्ट तरीके से कठोर बात को कठोरता के साथ ही लिखा। और जो साधना तपश्चर्या दुसाध्य और अत्यन्त कष्टप्रद थी, उसे उसी प्रकार बताया गया। मैंने जहाँ तक साधना के सम्बन्ध में प्रत्यक्ष कर्म अभ्यास किया और आगे भी जो करूँगा। मुझे ऐसा विश्वास है कि जैसा हमारे सत्यनिष्ठ, दृढ प्रतिज्ञ, निष्ठावान ऋषियों ने योगमार्ग को प्रदर्शित किया है वह पूर्णरूपेण वैसा ही सामने आएगा। यह उपासना का मार्ग अत्यन्त विचित्र और दुर्लभ है। मैं अब आज्ञा चक्र से ऊपर अर्धनारीश्वर के दर्शन करके सहस्त्रदल चक्र की ओर बढ़ जाने

का संकल्प लिए हुए, साधना मार्ग में धीरे-धीरे अग्रसर हो रहा था। शरीर अत्यन्त क्षीणकाय हो चुका था। किन्तु मन और आत्मा अत्यन्त प्रबल और पूर्णरूपेण स्वस्थ थे। आज्ञाचक्र में ईड़ा, पिंगला, सुषुम्ना अर्थात गंगा, यमुना, सरस्वती, तीनों महानद ललाट स्थान में जो वास्तव में त्रिवेणी संगम का स्थान है जो केवल एक होकर गंगा का रूप धारण करके भगवान शंकर के निवास स्थान, काशीपुर की ओर चलने लगती है। त्रिवेणी संगम की वह धारा गंगा के रूप में सहस्त्र दल चक्र में कुण्डलिनी महाशक्ति को साथ लिए बड़े उत्साहित, अपने विकट रूप के साथ कहने का तात्पर्य यह है कि अब यह तीनों शक्तियाँ, तीनों महानद त्रिवेणी की संयुक्त धारा के रूप में तीन की बजाया एक होकर कुण्डलिनी महाशक्ति अपने आदिनाथ भगवान शंकर काशीपति से मिलने के लिए, ब्रह्मरूप में एकाकार हो जाने के लिए, पूर्ण सज्जा और तैयारी के साथ सहस्त्रदल कमल में परम प्रकाश के साथ प्रवेश करने लगेगी। इसके वहाँ प्रवेश करते ही सहस्त्र दल कमल का कण-कण पूर्णरूपेण नई चेतना से प्रकाशित, झंकरित और प्रफुल्लित हो उठा। अब वह कमल अधोमुखी से ऊर्ध्वमुखी होने जा रहा था। जीव जब यहाँ तक पहुँच जाता है तब भी उसे जन्म जन्मान्तर के पूर्व अननिगत संस्कार अपने शुभाशुभ पूर्व जन्मों में किए कितने ही कार्यों का स्मरण हो आता है। जब तक जीव के समस्त पूर्व जन्म कृत अशुभ संस्कार (कर्म) समाप्त नहीं हो जाते, तब तक उसका पूर्णरूपेण उद्धार नहीं होता है इसलिए काशी नगरी की बड़ी लम्बी चौड़ी परिधि में कितने ही विशेष उच्च कोटि के परम कल्याणकारी अनन्त पुण्यों को देने वाले तीर्थ गंगा नदी के किनारे-किनारे उपस्थित हैं। मैंने साधना के अन्तर्गत अपने ध्यान और संकल्प के द्वारा अपनी श्रृति को अर्थात प्राणों को काशी के कपाल मोचन तीर्थ में ले जाकर उस त्रिवेणी की धारा अर्थात गंगा की धारा में स्नान किया उस धारा को वहाँ गंगा नहीं कपाल मोचन तीर्थ से जाना जाता है जहाँ स्नान करने से भगवान शंकर को लगा ब्रह्महत्या का पाप वह समाप्त हो गया था। बह्महत्या अर्थात ब्रह्मा जी का सिर जो भगवान शंकर ने पूर्वकाल में काटा था, वह ब्रह्महत्या के रूप में भगवान शंकर के हाथ में चिपक गया था। उस सिर को अपने हाथ से अलग करने के लिए भगवान शंकर समस्त पृथ्वी के अनगिनत तीर्थों की यात्रा करते हुए उनमें स्नान करते हुए, जब काशी में कपाल मोचन तीर्थ के उस स्थान पर पहुँचकर गंगा में स्नान कर रहे थे, तत्क्षण वह ब्रह्महत्या के रूप में ब्रह्मजी का सिर, भगवान भोलेनाथ के हाथ से छूटकर गंगा में प्रवाहित हो गया। अर्थात भगवान ब्रह्महत्या से मुक्त हो गए। इसीलिए उस स्थान का नाम कपालमोचन तीर्थ पड़ा। मैंने अपनी योगिक स्थिति में उस स्थान पर पहुँचकर अपने योगमार्ग में और आगे बढ़ने के लिए उस आन्तरिक कपालमोचन तीर्थ में बहती गंगा में स्नान किया। जिससे यदि कोई मेरे अवशेष कर्म

बचे हों तो उनके भार से मैं मुक्त हो जाऊँ और अपनी साधना में निर्द्वन्द होकर आगे बढ़ जाऊँ। अपने सूक्ष्म शरीर के द्वारा स्नान करते ही मैं बहुत हल्कापन महसूस करने लगा। मैं पूर्णरूपेण शान्त, परम सात्विक स्थिति को प्राप्त कर चुका था। सारी रात्रि व्यतीत हो चुकी थी। अन्न जल ग्रहण किए बहुत समय व्यतीत हो चुका था। मेरा बाह्य शरीर अत्यन्त दुर्बल क्षीणकाय हो चुका था। प्रातःकाल की संध्या के लिए मैं उठना ही चाहता था। रात भर के परिश्रम के बाद मैंने सोचा मैं आधा घण्टा इसी आसन पर विश्राम कर लूँ और मैं उसी आसन पर विश्राम निमित्त लेट गया। मेरे पिता प्रातःकाल ब्रह्ममुहुर्त में ही मुझे देखने के लिए आये और पूजा स्थल पर द्वार पर ही मुझे देखा तो उन्हें कुछ ऐसा आभास हुआ कि आज लीला समाप्त हो गई अर्थात उनका पुत्र अब जीवित नहीं है, क्योंकि दूर से देखने पर शरीर अत्यन्त क्षीण और कंकाल स्वरूप केवल हड्डियों का ढाँचा ही दीख रहा था उसमें जीवन नाम का कोई चिन्ह दृष्टिगोचर नहीं हो रहा था। सामने ही भगवती की दिव्य मूर्ति और हवनकुण्ड था बिना शब्द किए दुखी मन अश्रुधारा बहाते हुए कर बद्ध होकर अनुनय भाव से, कातर भाव से प्रार्थना कर रहे थे, कि इसकी आँख थोड़ी देर के लिए खोल दिजिए। हठात् मेरी आँखे खुल गई। मैंने देखा मन्दिर के द्वार पर मेरे पिता प्रार्थना की मुद्रा में आँखों से अश्रुधारा बहाते हुए प्रार्थना कर रहे हैं। मैं आँख खुलते ही बाहर आया और पिता को नमस्कार किया और क्यों कि मैं बोलता नहीं था कितने ही महीनों से मौन धारण किया था। संकेत से पूछा क्या बात है ? क्यों दुखी हो रहे है? पिताजी ने बड़े दुखी मन से आज्ञा दी कि अब देखा नहीं जाता हम आज्ञा देते हैं, अतः यह हठ छोड़ दो। साथ ही यह भी कहा कि पुनः चाहो दुबारा उपासना कर लेना, बहुत समझाने पर भी नहीं माने। मजबूर होकर हमें अपना हठ छोड़ना पड़ा। माता-पिता की आज्ञा मानना जरूरी है, क्योंकि नहीं तो पिछली सारी उपासना बेकार हो जाएगी। इसलिए यह उपासना यही छोड़ दी।

धीरे-धीरे फल का रस आदि चिकित्सकों के निर्देशन में धीरे-धीरे बढ़ाया गया। क्रमशः दूसरी कुछ फल, दुग्ध आदि का सेवन किया गया। तदउपरान्त कुछ दिन में सब्जी का सूप लिया गया। तदनन्तर छिलके वाली मूंग की दाल का जल, इसके अनन्तर दलिया, खिचड़ी आदि आरम्भ हुए। कुछ समय में वास्तविक भोजन पर आ गए। 10-12 महीने के अनन्तर स्वास्थ्य परिवर्तित हुआ और पूर्णरूपेण स्वस्थ्य लाभ होने पर अगली उपासना पर बैठने की तैयारी आरम्भ की गई। एक वर्ष का समय स्वास्थ्य ठीक होने में व्यतीत हो गया। इस एक वर्ष में जैसी योगिक आध्यात्मिक पहले चल रही थी, उससे 25-30 % कुछ कम अर्थात 70 % पूर्व रूप से ही उपासना पूरे वर्ष चलती रही। बस इतना ही अंतर था अतः उपासना आहार लेते हुए संसार के अन्य अध्ययन कार्य, वार्तालाप,

आवश्यक व्यायाम आदि करते हुए भी उपासना चल रही थी। घर के सदस्यों से अनुमति लेकर 6-7 महीनो के लिए अगली उपासना पर पूर्णरूपेण मौन और कटिबद्ध होकर दृढ़ संकल्प के साथ यह अगली उपासना आरम्भ हो गई। पूर्व की भाँति ही नियमित उपासना, संध्या, त्रिकाल अग्निहोत्र, स्वल्प भोजन आदि करते हुए उपासना चल रही थी। भोजन एक महीने के अनन्तर बन्द कर दिया। कुछ महीने केवल दूग्ध पर रहकर उपासना आरम्भ हो गई। पूर्व की भाँति ही कुण्डलिनी महाशक्ति को पूर्व क्रम के अनुसार सुषुम्ना में प्राणों का प्रवेश कराकर, मन, प्राण, बिन्दु को स्थिरता की स्थिति में पहुँचाकर, श्रुति को ऊर्ध्वगमिनी बनाकर, समस्त आवश्यक तत्व योग, हठ योग, की मुद्राओं का साधन करते हुए, विभिन्न योग चक्रों में से होते हुए पुनः पूर्व में की गई उपासना के योगिक मार्ग से चलते हुए, आज्ञाचक्र के उपरान्त सहस्त्रदल चक्र पर पहुँचने का प्रयास आरम्भ किया गया। यहाँ तक पहुँचने के लिए पहले की अपेक्षा काफी सरलता हुई, क्योंकि यहाँ तक का रास्ता पहले देख लिया गया था और यहाँ तक पहुँचने के लिए पहले बहुत अधिक परिश्रम किया गया था।

उपासना करते हुए ज्ञात नहीं किसी प्रमादवश कुछ क्षण के लिए मुझे नीदं आ गई। तत्क्षण आभास हुआ कि कोई सद्‌गुरू सूक्ष्म शरीर धारी, जिनके चारों ओर दिव्य आलोक दिख रहा था उन्हेंने अपने पैर का अंगूठा मेरे शीवनी प्रदेश को छूकर संकेत किया और मुझे स्पष्ट शब्दों में सुनाई दिया यह मूलाधार चक्र है। प्राणायाम अथवा श्वास-प्रश्वास क्रिया को करके, संकल्प के द्वारा, इस मूलाधार चक्र से कुण्डलिनी महाशक्ति को दृढ संकल्प के साथ जगाकर, मूलबन्ध, जालंधर बन्ध, उड़ियान बन्ध लगाकर दृढ धारणा के साथ इस शक्ति को क्रोध बीज मंत्र की ठोकर के द्वारा अदम्य साहस के साथ ऊपर की ओर उठाकर ले जाओ। यही परम प्रकाश महान उर्जा शक्ति तुम्हारे संकल्प के साथ जैसे बादलों में विद्युत की सरसराहट और गर्जन तर्जन और कड़क का शब्द करता है। वही शब्द करती हुई, तेरी वह शक्ति कुण्डलिनी, बिना किसी गतिरोध के मेरूदण्ड में से होती हुई, उपर की ओर सरसराहट के साथ अग्रसर होने लगेगी, किन्तु कभी-कभी साधक को ऐसा अनुभव होता है, किं मेरूदण्ड में इस परा ऊर्जा महा विद्युत लता के संक्रमण से साधक का सारा स्नायुमण्डल, समस्त नाड़ियाँ कहीं फट न जाएँ, कभी-कभी बड़ा कष्ट भी होता है। कभी-कभी ऐसा लगता है कि मेरी वह पराशक्ति जो मूलाधार में सुषुप्त थी, अब जाग्रत होकर अति विकट रूप में गर्जन-तर्जन करती हुई अपने लव्य की ओर ऊर्ध्वगामिनी होकर तीव्र गति से मार्ग में आने वाले विभिन्न चक्रों का भेदन करते हुए अर्थात चक्रों के सभी आवरणों को छिन्न-भिन्न करती हुई वह अपनी पूर्ण शक्ति सहित आगे बढ़ने से रोकने वाले सभी अवरूद्धों को तोडना चाहती है। मुझे इससे

कष्ट भी होने लगा। मुझे ऐसा ज्ञात हुआ कि जो साधक अपने लक्ष्य पर पहुँचने के लिए जल्दी करते हैं जिससे शरीर शुद्धि पूर्ण रूपेण नहीं हो पाती है। जिसके लिए योग की आसन, प्राणायाम, प्रत्याहार, धारणा, ध्यान, षटकर्म, मुद्राएँ आदि सम्पूर्ण क्रियाएँ पूरी तरह से किए बिना इस महा शक्ति को उतावलेपन में छेड़ देते है तो ऐसा कष्ट अनुभव होता है। यह बात ठीक है मुझे तो सर्वदा से ही जल्दी लगी रहती है और इस उपासना में शीघ्र ही कुछ महत्वपूर्ण चमत्कार देखने की इच्छा से अनन्त रहस्यमयी प्रभावों को जानने के लिए, सब कुछ सम्पूर्ण साधनाएँ जल्दी-जल्दी करके, थोड़े समय में ही, बहुत कुछ देख लेने की इच्छा से इस विचित्र प्रकार का कष्टदायक अनुभव सामने आया। इस महाशक्ति के जबरदस्त झटके और उसकी तीव्र गति के कारण मुझे बहुत बड़ा असहनीय धक्का लगा। दर्द और कष्ट के कारण, वह महाशक्ति को मेरी श्रुति उपर न चला सकी और वह पीछे से पूरी तरह सहयोग न मिलने के कारण धीरे-धीरे वापस लौटने लगी। किन्तु अब मुझमें ऐसी शक्ति नहीं रही थी ।मैं पूर्णरूप से थक चुका था और लगभग अर्धमूर्छित स्थिति में आ गया था। थोड़ी देर में सब कुछ शान्त हो गया। मैंने अपने आपको जाग्रत होने के अनन्तर समझाया और अपने आपको पुनः स्नान आदि के अनन्तर स्वस्थ स्थिति में आकर विचार किया और थोड़ी देर विश्राम करने के लिए लेट गया फिर थोड़ी देर में कोई सद्गुरू आए और मुझे अर्धस्वप्न अवस्था में निर्देश दिया कि प्रथम बार के प्रयास में कार्य पूरा नहीं हो सका। पुनः प्रयन्त करो।

सूक्ष्म शरीर धारी रूप ने मुझे साहस, शक्ति, प्रदान की। उनके हाथ से दिव्य तेज निकला और उसके प्रभाव से मेरूदण्ड, समस्त स्नायु मंडल पूर्णरूपेण स्वच्छ और स्वस्थ हो गया और पुनः पहले की भाँति वह महा शक्ति की प्रक्रिया, मेरूदण्ड में बिजली की भाँति बार-बार चकाचौंध करने वाला प्रकाश, कभी एकदम ऊपर कभी एकदम नीचे आता था। इस प्रकाश, वह शक्ति पुन देदिप्यमान प्रकाश के प्रभाव से मेरा समस्त बाह्य शरीर रोमांचित हो रहा था। साथ ही समस्त बाह्य अन्तर, बाहर चारों ओर कुछ दिखाई नहीं देता था। एक विचित्र प्रकार का शब्द घोष, जो मेरे तन-मन की सुध-बुध को समादर किए दे रहा था। ऐसा दिव्य अनन्त नाद उस महाशक्ति के गर्जन, तर्जन के साथ लगातार मेरे शरीर से प्रकाशित ऊपर की ओर उठ खड़े हुए, दिव्य योगचक्र स्वरूप कमल चक्रों में से एक दिव्य गन्ध मेरे समस्त शरीर एवं वातावरण में व्याप्त हो चुकी थी। मेरी श्रुति को, मन मस्तिष्क को, एक अनोखी मादकता चढ गई थी। न जाने उन अज्ञात सूक्ष्म आत्माओं ने अर्थात सद् गुरूओं ने अपने संकल्प के द्वारा मुझे क्या पिला दिया था। मेरे नेत्र ध्यान की अर्ध उन्मीलित स्थिति में पहुँच गए थे। श्रुति उर्ध्वगामिनी हो चली थी। इन्द्रियों ने अपना कार्य छोड़ दिया था। मुझे कुछ थोड़ा-सा ध्यान आया। सन्त ज्ञानेश्वर के वाक्य। महा कुल

कुण्डलिनी शक्ति के जाग्रत होने पर ज्ञानेश्वर जी को अनुभव हुआ था। वे ज्ञानेश्वरी के 14-15 वें मन्त्र अर्थात श्लोक में बताया है, बिल्कुल वैसा ही बल्कि ज्यादा ही मुझे सारा अनुभव हुआ। हटात् पुनः एक दिव्य प्रकाश मेरूदण्ड के सबसे निचले स्थान में उपस्थित हुआ। और बड़ी सरसराहट के साथ मेरी श्रुति, प्राण, कुण्डलिनी महाशक्ति को ऊर्ध्वगामिनी बनाकर समस्त मेरूदण्ड में से होते हुए, वह विद्युत लता सहस्त्रदल कमल में अर्थात अपने अन्तिम लक्ष्य के सान्निकट पहुँच गई। वह स्थान भगवान शंकर का इस मानव शरीर का सर्वोच्च स्थान काशी माना जाता है। काशी में पहुँचकर शरीर छोड़ने से जन्म-मृत्यु का चक्कर सर्वदा के लिए छूट जाता है। ऐसा हमारे अधिकाँश धार्मिक ग्रन्थों में वर्णन मिलता है। इसका मतलब तो यह हुआ कि जो भी कोई कीट-पतंग, जन्तु-जीव, मानव का कॉशी में जो इस लोक में भारतवर्ष के उत्तर प्रदेश मे गंगा किनारे स्थित है, उस स्थान पर जाकर मर जाने से मोक्ष प्राप्त हो जाएगा। मुझे तो इस बात में बहुत बड़ा रहस्य दिखाई देता है यह शब्दिक रूप से सीधी सी लगती है, किन्तु यह सीधी नही है। इसके पीछे कोई योगिक, आध्यात्मिक रहस्य अवश्य है। मैंने इस बात पर अध्ययन मनन सत्संग और विशेष रूप से ध्यान आरम्भ कर दिया और बार-बार ब्रह्मविद्या के अनुसार वायुमण्डल में घूमती हुई मेधावी ऋषियों की सूक्ष्म शरीरधारी सद्गुरूओं की आत्माओं से प्रार्थना की कि योगिक आध्यात्मिक दृष्टिकोण से काशी के सम्बन्ध में क्या वैज्ञानिक रहस्य है ? कृप्या उस ज्ञान से मुझे अवगत कराया जाए। उनसे प्रार्थना के अनन्तर उन आत्माओं ने मुझे आश्चर्यचकित कर देने वाले अद्भुत वैज्ञानिक योगिक तान्त्रिक रहस्यों का उद्घाटित किया। इस भौतिक संसार में जो स्थान सहस्त्र दल चक्र वास्तव में वह चक्र जिसमें भगवान शंकर का निवास स्थान माना जाता है। मानव शरीर में जिसे हम आज्ञा चक्र कहते हैं वहाँ त्रिवेणी संगम है। उसके उपरान्त ईड़ा, पिंगला सुषुमना– गंगा, जमुना, सरस्वती के रूप में बहती हुई जिस स्थान पर पहुँचती है, उस स्थान में सहस्त्र दल चक्र जो मनुष्य के कपाल में स्थित हैं वही भगवान शंकर का निवास स्थल काशी है, और कपाल के ऊपरी भाग में आदिक नाम के स्थान पर एक ब्रह्म रन्ध्र है। समझाने के लिए किसी छोटे बालक को जो नवजात शिशु है, उसके सिर पर ध्यान के देखिए कपाल के स्थान पर ऐसा स्थान दिखता है जहाँ पर चमड़ी में स्पन्दन हो रहा है। उस स्थान को ब्रह्मरन्ध्र कहते हैं। वह मानव शरीर का दशम द्वार है और यह सर्वोच्च प्रकार का अन्तिम गुप्त और सूक्ष्म द्वार है। शेष मानव शरीर में नौ द्वार और है। हमारे शास्त्रों में ये बात कई स्थानों पर बड़ी युक्ति से समझाई गई है कि मनुष्य के प्राण मृत्यु के समय जब शरीर के नीचे वाले भागों से निकलते है तो वह नरक आदि लोकों को प्राप्त होता है। जिस जीव के प्राण मुह, आँख, नाक कान आदि के द्वारा मृत्यु के समय निकल कर जाते है, वह स्वर्ग आदि लोकों को प्राप्त होता है ओर जिस पुण्यात्मा, आध

यात्मिक योगविद्या के जानकार, जीव का प्राण भगवान शंकर के निवास स्थान काशी, अर्थात योग के सहस्त्र दल चक्र मे पहुँचकर साधना के द्वारा उपरी ब्रह्माण्ड में पहुँचकर ब्रह्मरन्ध्र को अपनी संकल्प शक्ति योग शक्ति अर्थात कुण्डलिनी महाशक्ति के जबरदस्त धक्के से खंडित करके, अर्थात फाड़कर निकल जाता है, उसका निश्चय ही मोक्ष हो जाता हैं। मेरे विचार से काशी की ठीक-ठीक व्याख्या इस आख्यान के द्वारा साधकों की कुछ समझ में आ गई होगी कि इसे मोक्षदायिनी काशी क्यों कहते है, क्योंकि इस सहस्त्रदल चक्र के उपर ही एकमात्र ब्रह्मरन्ध्र नामक ऐसा गुप्त मार्ग है, जहाँ से निकलने वाले जीव को नहीं पकड़ सकता। जो जीवात्मा मृत्यु के हाथ आ जाती है, वह तो निश्चय ही जन्म मृत्यु के चक्कर में बार-बार घूमती रहती है। किन्तु जो जीव मानव शरीर के निचले नौ स्थानों से प्राण न छोड़कर इस महत्वपूर्ण गुप्त, आध्यात्मिक, सहस्त्र दल चक्र में अपने प्राणों को ले जाकर, ब्रह्मरन्ध्र नामक इस स्थान से अपने प्राण उत्सर्ग करते है वह सीधे परात्पर परब्रह्म के सन्निकट उनके लोक में, उस साक्षात ईश्वर, परम प्रकाश के सान्ध्यि में निवास करते है। अर्थात तदाकार स्थिति में चले जाते है। काशी के सम्बन्ध में अर्थात इस सहस्त्र दल चक्र के योग चक्र में अनेक रहस्यपूर्ण अद्‌भुत तथ्य हमारे शास्त्रों में एवं गुरूजनों ने बताए हैं, जो भाग्यवश ही जानने के लिए दुर्लभ सत्संग में प्राप्त होते हैं।

काशी सहस्त्रदल चक्र के सम्बन्ध में कुछ और आवश्यक रहस्य

सहस्त्र दल चक्र के अत्यन्त अदभुत अनगिनत रहस्य हैं। योगमार्ग, ब्रह्ममार्ग, अघोर साधना, तान्त्रिक साधना, श्मशान साधना सिद्धि, कुण्डलिनी महाशक्ति और सहस्त्र दल योग चक्र के सम्बन्ध में, एवं उसके रहस्यों के सम्बन्ध में, जब तक पूरी-पूरी जानकारी साधक को नहीं होती है, तब तक आध्यात्मिक मार्ग में और अन्तर्त के मूल रहस्य नहीं खुलते हैं। कुण्डलिनी महाशक्ति और प्राण के उपयोग करने की ठीक-ठीक विधि जब तक साधक नहीं जानता, तब तक उसे इस अलौकिक योगमार्ग का आनन्द नहीं प्राप्त हो सकता।

कुण्डलिनी महाशक्ति बड़ी अदभुत, अद्वितीय और विचित्र प्रकार कार्य करने वाले जो साधारण मनुष्यों की समझ में न आ सकें, ऐसे विलक्षण प्रकार के कार्य करने वाली शक्ति है।

श्मशान किसे कहते हैं ? साधारण रूप से श्मशान में कौन ले जाए जाते हैं ? श्मशान में जाकर साधना करने से क्या कोई विशेष सिद्धि होती है ? काशी के महान श्मशान का अर्थ क्या है ? क्या कोई अघोर साधना का उच्च प्रकार की योगिक साधना के साथ कोई सम्बन्ध है ? हमारे ब्रह्म ग्रन्थों में, जिन्हें आगम ग्रन्थ कहते हैं, बड़ी अद्भुत साधना, सिद्धियों का वर्णन किया गया है। यजुर्वेद में भगवान शंकर को प्रसन्न करने के लिए एक परम शक्तिशाली अघोर मंत्र का उल्लेख आता है। इस मंत्र के सम्बन्ध में एक अघोर कल्प ही बना दिया गया है। इस अघोर कल्प के अन्तर्गत, भगवान भूतनाथ परम शिव को प्रसन्न करने और अद्वितीय प्रकार की योगिक शक्तियाँ प्राप्त करने के लिए योगेश्वर, चिता की भस्म धारण करने वाले भगवान भोलेनाथ की कृपा से अघोर मंत्र की साधना के द्वारा अद्भुत योग शक्तियाँ प्राप्त हो जाती हैं।

अघोर मंत्र–

ॐ अघोरेभ्योऽथ घोरेभ्यो घोरघोरतरेभ्यः।
सर्वेभ्यः सर्वशर्वेभ्यो नमस्तेअस्तु रूद्ररूपेभ्यः।।

यह परम शक्तिशाली अघोर मंत्र है। अघोर समप्रदाय के योगी विभिन्न विधि विधानों के साथ इस मंत्र के द्वारा श्मशान में बहुत लम्बे समय तक सम्पूर्ण रात्रि अर्थात तुरीय संध्या के समय विशेष रूप से, बड़े लम्बे-लम्बे समय तक साधना में रहते थे। दीपावली महारात्रि, शिवरात्रि और होली महारात्रि, इन विशेष अवसरों पर तो विशेष रूप से बड़ी कठोर साधनाएँ की जाती हैं। इस मंत्र के द्वारा भूत-भावन, आशुतोष चन्द्रमोलि भगवान शिव की अमोघ शक्ति प्राप्त करने के लिए अघोर साधना का विधान कांशी के महान श्मशान में 40 दिन, 51 दिन, 101 दिन तक करने की विधियाँ मंत्र शास्त्री बताते हैं। किन्तु इन सिद्धियों के पीछे एक रहस्य हैं, और प्रश्न उठता है कि आज सिद्धियाँ क्यों नहीं होती। उसका एक विशेष कारण है, इस प्रकार की सिद्धियों के सम्बन्ध में आए श्मशान आदि के विवरण का आध्यात्मिक अर्थ, सिद्धि करने वाला और अधिकांश केवल मंत्र ग्रन्थों को पढ़कर सिद्धि करने वाले साधारण मंत्रज्ञ, योगी, साधको को उसका वह गुप्त रहस्य मालुम नहीं है। ऐसी सिद्धियों के सम्बन्ध में जो विवरण उपासकों को बताए जाते है या पढ़ने से प्राप्त होते हैं, वह साधक उनका अर्थ साधारण अर्थात अपनी बुद्धि से लगा लेते हैं। जैसे श्मशान शब्द का अर्थ यही किया जाएगा कि जिस आदमी को मृत्यु हो, उसे गई श्मशान में ले जाया जाता है। केवल इतना ही शाब्दिक अर्थ, सर्वसाधारण एवं उपासकों को मालूम है, किन्तु साधना की दृष्टि से श्मशान का अर्थ बाहरी, साँसारिक श्मशान नहीं। यदि ऊँचे साधक, स्वयं शरीर को ही श्मशान बनाकर उसमें बैठकर साधना की जाए। अब प्रश्न उठता है कि स्वयं को श्मशान कैसे बनाया जाए। अच्छे योगी को योगिक क्रियाओं के द्वारा, स्वयं के मन को एकाग्र करके अपने प्राणों को मेरूदण्ड के सबसे निचले भाग में सुषुम्ना नाड़ी के द्वार पर संकल्प के द्वारा मूलबन्ध, उड़ियान बन्द, जालन्धर बन्द आदि का दढ़ अभ्यास करते हुए अपने प्राणों को सुषुम्ना नाड़ी में प्रवेश कराने का प्रयास करना चाहिए। ऐसा प्रयोग करने पर साधक अपनी तीव्र इच्छा शक्ति के प्रभाव से प्राणों को सुषुम्ना नाड़ी में प्रवेश करा सकता है। इसके विभिन्न प्रयोग शास्त्र में बताए गए हैं। जिसके द्वारा साधक के प्राण पूर्णरूपेण शान्त हो जाते हैं, अर्थात उसका हृदय स्पन्दन, धड़कन बन्द हो जाती है। सम्पूर्ण शरीर में रक्त संचार की क्रिया भी एक प्रकार से रूक जाती है। और उसके प्राणों का स्पन्दन ध्यान के साथ सुषुम्ना में होने लगता है। सुषुम्ना नाड़ी योग का एक विशेष मार्ग है। समस्त योग के चमत्कार सुषुम्ना नाड़ी में प्रवेश के अनन्तर ही प्राप्त होते है। सुषुम्ना में प्राणों का प्रवेश कर जाने का अर्थ यही हुआ कि साधक का यह शरीर श्मशानवत बन गया।

हमारे विशिष्ट ग्रन्थों में बताया गया है कि मन, प्राण और बिन्दु एक-दूसरे पर निर्भर करते है। तीनों में से एक के शान्त होने पर तीनों ही शान्त हो जाते हैं। मन

की शान्ति से अनन्त शक्तियाँ प्राप्त होती है। मन शान्त तभी होता है जब प्राण शान्त होते है। इस प्रकार प्राण को सुषुम्ना में प्रवेश कराकर, शरीर को स्पन्दन रहित करके अर्थात हृदय की धड़कन को बन्द करने के अनन्तर साधक शरीर को श्मशान बनाकर, ऐसी स्थिति में विशेष उच्च कोटि के मंत्रों की ऊँची साधना करने के लिए अपने ही शव बने शरीर पर बैठकर ध्यान के द्वारा अघोर मंत्र की साधना करने से अर्थात उस मंत्र का जप और ध्यान करने से, स्वल्प समय में विशेष प्रकार की शक्तियाँ प्राप्त की जा सकती हैं, किन्तु अत्यन्त खेद है, कि आज के समय में साधक जन इस प्रकार की योगिक, आध्यात्मिक श्मशान में तो पहुँच नहीं सकते उपरोक्त बताए गए शव पर बैठकर साधना करने की योग्यता भी नहीं है फिर बाहर के श्मशान में पहुँचकर किसी अज्ञात शव पर बैठकर साधना करना तो आज की दुनियाँ में अति कठिन होगा।

आज तो साधक बस इतना ही कर सकता है कि श्मशान में बैठकर मंत्र का जप, ध्यान, साधन कर ले। यदि किसी शव पर बैठने का प्रयत्न किया तो श्मशान की बजाय कारागार में ही जाना पड़ेगा। इसी प्रकार काशी के महान श्मशान का आध्यात्मिक, योगिक अर्थ कुछ और ही है। जब साधक अपने प्राणों को मूलाधार चक्र के समीप कुण्डलिनी शक्ति के पास दृढ़ संकल्प के द्वारा पहुँच, बन्द साधना के दृढ़ प्रयोग, क्रोध मंत्र के द्वारा कुल कुण्डलिनी को ताड़न करने की विधि का प्रयोग करके, उस महा उर्जा शक्ति को जाग्रत करने के अनन्तर, उसे ऊर्ध्वगति बनाकर क्रमशः समस्त योगचक्रों का योगिक कुशलता के साथ, सबसे ऊँचे योगचक्र सहस्त्र दल तीनों गंगा, यमुना, सरस्वती महा नदियों की त्रिवेणी संगम के उपरान्त बनी महा गंगा नदी के किनारे बसी सहस्त्र दल कमल के मध्य गंगा नदी के तट, पर काशी के महा श्मशान में अपनी चेतना शक्ति को पहुँचाकर और वहाँ स्थिरता प्राप्त करके, उस अलौकिक, आध्यात्मिक, अद्‌भुत भूतवाहन भगवान शंकर के निवास स्थल महा श्मशान में स्थिर होकर, अपनी योग अग्नि को करके साधना में लग जाए, तो निश्चय ही उस उद्‌भट आत्म शक्ति सम्पन्न साधक को अलौकिक दिव्य महा कुण्डलिनी शक्ति का उपयोग एवं अन्य योगिक, तान्त्रिक मानसिक, शक्तियों का उपयोग करना आ जाएगा। कुण्डलिनी महा शक्ति का वास्तविक प्रयोग, जिस स्थान सहस्त्र दल कमल को जिक्र किया वह परम सिद्धिदाता स्थान है। उस स्थान पर वेदों में आए सद्योजात मंत्र की सिद्धि भी प्राप्त की जा सकती है। इसी प्रकार वामदेव के अन्य परम शक्तिशाली दुर्लभ मंत्र का प्रयोग भी ऐसे श्मशान में पहुँचकर ही किया जा सकता है। यह दोनों मंत्र साधकों की जानकारी के लिए उपस्थित करते हैं।

वेद

सद्योजात कल्प का वेद मन्त्र :-

ॐ सद्योजातं प्रपद्यामि सद्योजातायवै नमोनमः।
भवे भवे नाति भवे भवस्वमांभवोद् भवाय नमः।।

वामदेव कल्प का वेद मन्त्र

वामदेवाय नमो जेष्ठाय नमः श्रेष्ठाय नमो रूद्रय नमः।
कालाय नमः कलविकरणाय नमो बल विकरणाय नमो
बलायनमो बल प्रमथनाय नमः।।
सर्वभूत दमनाय नमो मनोन्मनाय नमः।।

यह अघोरमंत्र, वामदेव मंत्र और सद्योजात मंत्र तीनों ही वेदमंत्र हैं। अत्यन्त अदभुत शक्तिशाली और अनन्त रहस्यों को अभिव्यक्त करने वाले साधना के मंत्र हैं। प्राणों को सुषुम्ना में ले जाकर, हृदय स्पन्दन बन्द करके ऐसी योगिक स्थिति में पहुँचकर, अपनी चेतना को बनाए रखकर, निद्रा अवस्था में जाए बिना, जाग्रत अवस्था में यदि मंत्रों का देवता और शक्ति सहित परम प्रकाश के मध्य दृढ़ धारणा के साथ जप, साधना करें तो, निश्चय ही प्राचीन काल में जो सिद्धियाँ शक्तियाँ, अलौकिक करामात, हमारे पूर्वजों को प्राप्त थीं वही शक्तियाँ ठीक विधि से उपासना करने पर अवश्य प्राप्त हो सकती है। हे उपासको ! आप अच्छी प्रकार जानते हैं पानी गर्म करने से अर्थात उबलने से ही वाष्प (Steam) अर्थात शक्ति उत्पन्न होगी और उस वाष्प भाप से बड़े-बड़े इंजन चलाए जाते है, इसलिए साधक का सर्वप्रथम कर्त्तव्य है कि जल को, अग्नि जलाकर गर्म करे और वाष्प (Steam) उत्पन्न करे और उसके द्वारा उसे इकट्ठा करके उसका उपयोग करे। आजकल साधकजन पानी गर्म करने का प्रयास तो करते हैं, किन्तु जिस गर्मी से पानी से भाप बनने लगे इतनी अग्नि नहीं जला रहे है और महीनों, सालों तक थोड़ी-थोड़ी साधना करते हुए समय व्यतीत कर रहे हैं फिर कहते हैं शक्ति तो अतुल हुई ही नहीं। आप ही समझ लीजिए कि आप क्या कर रहे है ? अरे भाई ! आप जरा-जरा सी धाम-फूस और छोटी-छोटी लकड़ियों से अग्नि जलाकर उससे पानी गर्म करके कैसे वह वाष्प उत्पन्न कर पाएँगे। यदि इस प्रकार दस-तीस साल भी थोडी-थोड़ी अग्नि जलाते रहे तो पानी कभी उबलेगा ही नहीं। आज वैज्ञानिक समय है सभी पढ़े-लिखे लोगों को पता है कि (100 सेंटीग्रेड फारेनहाइट) के तापक्रम पर अग्नि जलाने से पानी उबलने लगेगा, इससे कम अग्नि पर पानी नहीं उबलेगा अर्थात सिद्धि प्राप्त नहीं होगी इसीलिए अपने सारे प्रयत्नों के द्वारा इतनी उर्जा शक्ति उत्पन्न करिए, जिससे इतनी उच्च

कोटि की एकाग्रता प्राप्त हो जाए कि मंत्र जाग्रत हो जाए। वह शक्ति सिद्धि उत्पन्न हो जाए। निश्चय ही यदि इन वैज्ञानिक, सिद्धान्तों का ध्यान रखते हुए साधकगण उपरोक्त कही विधियों और अपनी कुल कुण्डलिनी शक्ति को जाग्रत करके, प्राणों के स्पन्दन को बन्द करके, मानसिक स्थिरता प्राप्त कर लें, तो अपने सूक्ष्म शरीर के द्वारा बड़े-बड़े अदभुत कार्य संसार में संम्पादित कर सकते है।

यह बहुत बड़ी दुलर्भ और कठिन बात नहीं है। हमें तो बहुत सारी बातें बताने के लिए इतना बड़ा शब्दों का अम्बार विद्वानों और साधकों के लिए खड़ा करना पड़ा। बिना इतनी बड़ी भूमिका बनाए इतनी रहस्य पूर्ण बात समझ में आनी अत्यन्त कठिन प्रतीत हो रही थी। इन उपरोक्त शब्दों के अम्बार को देखकर साधकजन यह न समझे कि यह उपासना कठिन है। नहीं, यह तो आपके समझने का फेर है कि यह बड़ी दुर्गम बात है। वास्तव में यदि साधक ठीक युक्ति से समझकर इस साधना में अग्रसर हो तो थोड़े से प्रयास और निरन्तर, नियमित साधना के अभ्यास से ऐसा क्या कुछ दुर्लभ है जो प्राप्त नहीं हो सकता। साधकजन अपने सभी संदेहों और शंकाओं का निवारण करके सीधे-सच्चे सरल तरीके से इस ओर चले तो निश्चय ही मैं सत्य कहता हूँ, मैंने स्वयं साधना करके प्राणों को शान्त किया है। और उस स्थिति का पूर्णरूपेण अवलोकन किया है मुझे कुछ छुपाने की आवश्यकता नहीं किन्तु इतना निवेदन करने का मेरा अधिकार अवश्य है, कि जो साधक इस ओर बढ़ना चाहे वे आवश्यक नियम, संयम, अभ्यास का पालन अवश्य करे। मैं ऐसे आवश्यक नियमों का पालन करने वाले बुद्धिमान साधकों की सहायता करने को तैयार हूँ। बहुत बड़ी साधना तपस्या या युद्ध स्तर पर हंगामा झमेला संघर्ष न करने पड़े ऐसी सीधी-सादी कुण्डलिनी जागरण की दुर्लभ विधि, जो करने में अत्यन्त सरल हो। जिसके परिणाम अत्यन्त ही चमत्कारी अद्‌भुत होंगे। ऐसी विचित्र योगिक, शास्त्रोक्त, रहस्यात्मक आश्चर्यचकित कर देने वाली अनोखी विधि आपकी जानकारी में लाई जा सकेगी। आप चाहें तो अपने अपने आवश्यक साधना के नियमों पर चलकर, उन सीधे साधे उपासना के नियमों को समझकर, अपने जीवन को साधना पथ पर चलाकर मेरे पास आइए या उस अनोखी विधि को स्वयं प्रयोग करके देखिए। निश्चय ही आपका कल्याण होगा। योगमार्ग में अच्छी स्थिति, संतोष, योग्यता, सिद्धि अवश्य प्राप्त होगी। किन्तु इतनी सी शर्त है कि आप, अपने उपर कृपा करके शान्त, सरल हृदय से, सच्ची धारणा और लगन के साथ इस योग के मार्ग पर गम्भीरता और बुद्धिमानी से आगे बढ़ने का प्रयत्न करें।

एक विचित्र विधि

साधक अपने नित्य कर्म स्नान से निवृत होकर शान्त, एकान्त, सुरभित, सुगन्धित, पवित्र स्थान में सर्वप्रथम कुशा का आसन उसके ऊपर गर्म कपड़ा, कम्बल आदि का आसन और उसके ऊपर हो सके तो मृगचर्म अथवा साधारण मोटा स्वच्छ आसन बिछाकर, अपने इष्ट मन्त्र से आसन शुद्धि, भूशुद्धि आदि क्रियाएँ करके, नित्यकर्म सन्ध्या, वन्दन, गायत्री जाप, आदि करने के उपरान्त, सर्वप्रथम एक मिनट के लगभग कपालभाँति प्राणायाम करें। तत्पश्चात नाड़ी शोधन (लोम-विलोम) प्राणायाम दस-पाँच मिनट अवश्य करें। तदनन्तर साधक अपने नेत्र बन्द करके वैराग्य मुद्रा, ध्यान मुद्रा अथवा योगमुद्रा की स्थिति में पद्मासन लगाकर अन्तर्तम में उतरने का प्रयत्न आरम्भ करें। पहले-पहले नवीन साधक को नेत्र बन्द करने पर कुछ भी दिखाई नहीं देगा। हो सकता है केवल अन्धकार ही दृष्टिगोचर हो। उपासना करने वाले उपासक को अन्तर्तम के अन्धकार में ही, और अधिक गहराई में उतरने का प्रयत्न लगातार करते रहना चाहिए। उस महा गहरे गम्भीर अन्धकार को हटाते हुए उसमें कुछ ढूँढ़ते हुए क्रमशः इसी प्रकार का प्रयत्न लम्बे समय तक साधक

ध्यान मुद्रा

वैराग्य मुद्रा

को अपने पूरे प्रयत्न के साथ करते रहना चाहिए, चाहे कुछ दिखे या न दिखे। ऐसे उस गनह अन्धकार के सागर में आपको काफी समय तक चलते ही जाना है। धैर्य छोड़ने की बात नहीं है। धैर्य छोड़ने से कुछ नहीं होगा। एक समय ऐसा आएगा कि इस अन्धकार की काली चादर का अन्त अवश्य हो जाएगा। ध्यान करते-करते साधक के हृदय में कुछ नई हलचल होने लगेगी। नवीन प्रकार के नदी, पर्वत, आकाश, नक्षत्र, तारे आदि दृष्टिगोचर होने की स्थिति बनेगी। किन्तु साधक का अब और अधिक कर्तव्य हो जाता है कि इन सब पर ध्यान न दे, सामने कहीं दूर अपने लक्ष्य को प्राप्त करने का संकल्प लिए ध्यान में तब तक रहे जब तक प्रकाशमय ज्योति के दर्शन होने लगे। निश्चय ही सारे विघ्नों और उस अंधकार का अन्तर लगातार साधना करने से मिट जाएगा और एक परम ज्योतिर्मय प्रकाश का दर्शन आपको अपने अन्तर्तम में दृष्टिगोचर होने लगेगा। कभी-कभी साधक को जैसे-जैसे उसकी मानसिक एकाग्रता अच्छी स्थिति को प्राप्त होती जाएगी उसे अनन्त नादों का श्रवण होने लगेगा। पहले एक सन्नाटे की सी आवाज जेसे जंगल में झिंगुर बोलने की किन-किन-किन शब्द की आवाज कुछ समय में अतर से सुनाई देगी। साधक उस प्रकाशपुंज के साथ यह शब्द सुनते हुए, और आगे बढ़ने का प्रयत्न करता रहे। कुछ ही समय में वंशी वादन का शब्द साधक के अर्न्त से आरम्भ होजाएगा। इस शब्द को भी अधिक न सुनकर प्रकाश का ध्यान करते हुए साधक को और आगे चलने का प्रयत्न करना चाहिए। इसके बाद वीणा बजने का शब्द

अन्तर से उठने लगेगा। इससे भी और उपर जाने का प्रयत्न योगी, उपासक को निरन्तर करते रहना चाहिए। ध्यान और धारणा के साथ मृदंग वादन का उदय होगा। इसी प्रकार निरन्तर प्रयत्न करते-करते कहीं दूरी पर बज रहे तीव्र घण्टा नाद का शब्दघोष सुनाई देने लगेगा। और उसके साथ ही 'तुरई' बजने का शब्द उपस्थित होगा। इस प्रकार क्रमशः एक के बाद एक दस प्रकार के नाद होते है उन सबका उदय और अस्त होगा। यह साधना का नादानुसंधान होगा। अन्तिम में मेघ गर्जन अर्थात मेघनाद कहीं दूर से बादलों के उमड़ने-घुमड़ने के साथ तीव्र बिजली की कड़क के साथ मेघों का गर्जन-तर्जन सुनाई देने लगेगा। इस नाद के आरम्भ होने पर साधक को कुछ विचित्र प्रकार का आनन्द आने लगता है। इस प्रकार कुछ दिन यह मेघनाद सुनो और आगे बढ़ने का सहज संकल्प करते हुए उपासक को जिस समय समस्त नाद बन्द होकर, केवल ब्रह्मनाद, जिसे कहते है, उसका उदय हो तब उस साधक को सहज समाधि प्राप्त हो जाती है अर्थात उसकी श्रुति निचले वाले मूलाधार चक्र आदि से ऊर्ध्वमुखी होकर क्रमशः उपर उठते-उठते अनहत चक्र (हृदय चक्र) तक पहुँच जाती है। और उस स्थान पर ओंकार का वह अन्तिम ब्रह्मनाद निरन्तर चलता रहता है। बुद्धिमान साधक को भलीभाँति समझ लेना चाहिए कि ओकार नाद अन्तिम और आदि ब्रह्मनाद है। इसका आदि, अन्त कुछ भी नहीं है। पहले भी था, अब भी है और आगे भी निरन्तर होता रहेगा। इस नाद को, ओंकार रूपी शब्द को कोई करता न हीं, नहीं करने से होता है इसीलिए इसे अनहत नाद कहते हैं इसका आदि, अन्त कुछ भी नहीं है इसीलिए इसे अनन्त नाद कहते हैं। और इसका वास्तविक नाम ब्रह्मनाद है अर्थात ओंकार ही प्रणव है और प्रणव ही ब्रह्म अद्वार रूप ओंकार है। साधक का कर्तव्य है कि निरन्तर इस शब्द ब्रह्म की उपासना में अर्थात ओंकार स्वरूप इस अनहत नाद में अपने आपको सहज स्वभाव से लय करके, यदि साधक उपासक इस समय अपने हृदय की स्थिति का एक क्षण क लिए अवलोकन करे तो निश्चय ही उसे ज्ञात हो जाएगा कि उसका प्राण इस साधना से स्थिरता को प्राप्त हो चुका है अर्थात उसका हृदय अब स्पन्दित नहीं हो रहा है। इसका दूसरा नाम या स्थिति इस प्रकार कहेंगे कि उसका मन पूर्णरूपेण शान्त है उसे समाधि प्राप्त हो चुकी है।

किसी सन्त ने कहा है–

संतो सहज समाधि भली है।
जब से दया भई सतगुरू की,
सुरति न अनत चली है।। टेक।।

जहँ-जहँ जाऊँ सोइ परिक्रमा, जो कुछ करौं सो पूजा।
घर बरखंड एक सम लेखौं, भाव मिटावौ दूजा।। टेक।।

शब्द निरन्तर मनुवा शांचा, मलिन वासना त्यागी।
जागत-सोवत, ऊठत-बैठत, ऐसी तारी लागी।।

आँख न मूँदूँ, कान न रूधूँ, काया कष्ट न धारूँ।
उधरे नैनन साहे देखूँ, सुंदर बदन निहारू।।

कहहिं कबीर यह उन्मनि रहनी, सो परगट कहि गाई।
दुख-सुख के वह परपरम पद, सो पद है दुखदाई।।

अनाहत नाद का शब्द सन्त दादूजी महाराज ने अपने शब्दों में ऐसे कहा है–

(दादू) सबद अनाहद हम सुन्याँ, नखसिख सकल सरीर।
सब घट हरि हरि होते है, सहजै ही मन धीर।।

महात्मा दादू अपनी साधना का अनुभव बताते हैं–

अंतरिगति हरि हरि करै, तब मुख की हाजति नाहिं।
सहजै धुन लागी रहै, दादू मनही माँहि।।

शब्द ब्रह्म की महिमा–

नाभि कमल में सब्द गुँजारै। नौ सै जारी मंगल उचारै।।
रोम रोम झुणकार झुणक्कै। जैसे जंतर ताँत ठुणक्कै।।

माया अच्छर इहाँ बिलाया। ररंकार इक गगन सिधाया।।
पश्चिम दिसा मेरू की घाटी। बीसो गाँठ घोर से फाटी।।

त्रिकुटी संगम किया सनाना। जाय चढ़या चौथे अस्थाना।।
जहाँ निरंजन तख्त बिराजै। ज्योति प्रकाश अनंत रवि राजै।।

अनहद नाद गिणत नहिं आवै। भाँति भाँति का राग उपावै।।
स्रवै सुषुम्ना नीर फुँहारा। शून्य सिखर का यह विवहारा।।

झरै पणंग मोती सा ढलकै। जाकी ज्योति अखन-सी मलकै।।
सागर जहाँ बिना घर भरिया। हंसा बास तास मध करिया।।

सुखमण मोती करे अहारा। निज हंसा का यह ही चारा।
सुन सायर हंसा का बासा। भवसागर सुख माया उदासा।।

बिन देख्याँ परतीत न आवै। तासूँ कैसे भेद बतावै।
अर्ध-अर्ध कमला जहाँ फूल्या। भँवर रूप होय हंस ।।झूल्या।।

अनहत नाँद साधन से साधक के समस्त मल नष्ट हो जाते हैं और निरन्तर साधना करते-करते ओंकार शब्द ब्रह्म के प्रभाव से जन्म-जन्मान्तर के अशुभ कर्मों का सम्पूर्ण नाश होने के अनन्तर साधक का चित्त वास्तविक शान्ति और स्थिरता को प्राप्त होता है। और उसके द्वारा कुण्डलिनी महाशक्ति अर्थात साधक को अपनी श्रुति जाग्रत करने में कोई कष्ट नहीं होता। और बिना मल नष्ट हुए अर्थात बिना पूर्व तैयारी के, शरीर शुद्धि, आत्म शुद्धि विचार शुद्धि, आदि के कुण्डलिनी महाशक्ति को जाग्रत करना खतरे से खाली नहीं है। इसलिए सभी साधकों को सावधान किया जाता है कि कुण्डलिनी महविद्या के सम्बन्ध में अपने संरक्षक, साधना का निर्देश करने वाले निदेशक, अनुभवी गुरू आदि के द्वारा कुण्डलिनी साधना में आने वाले अनगिनत अवरोधों के बारे में पूरी-पूरी जानकारी उपासना आरम्भ करने से बहुत पहले ही भलीभाँति प्राप्त कर लेना अत्यन्त आवश्यक है। कुण्डलिनी महाशक्ति की साधना आरम्भ करते ही प्राणों की गति बड़ी विचित्र हो जाती है। मुझे उपासना आरम्भ करने के समय एक विचित्र अनुभव हुआ जैसे ही ध्यान एकाग्रता की स्थिति में पहुँचा तो हटात् प्राणों की गति में अर्थात साँस लेने के तरीके में या ऐसे कहा जाए कि हृदय के स्पन्दन में, एक अजीब तरह के झटके से लगने लगे। शास्त्रोक्त भाषा में कहूँ तो प्राणों की मण्डूक गति हो गई, जैसे मेढ़क नामक जीव अपने चारों पैरों से अन्य जीवों की भाँति नहीं चलता वह उछल-उछल कर अर्थात कूद-कूद कर चलता है। प्राणों की गति जब इस प्रकार मण्डूक गति से अग्रसर होने लगे तो साधक को अपने आपको सावधान की स्थिति में ले आना चाहिए और स्वयं को समझाने का प्रयत्न करना चाहिए कि मैं तो स्पन्दरनरहित हूँ, यह खटखट तो हृदय धड़कन की आवाज है, इससे मेरा कोई सम्बन्ध नहीं है। इसे शान्त हो जाना चाहिए और अन्तर्तम में जाने का प्रयत्न करना चाहिए। जब मैंने ऐसा किया तो कुछ ही समय में हृदय गति का शब्द क्रमशः अत्यन्त सूक्ष्म होता चला गया। और दूसरी ज्ञान दृष्टि से सूक्ष्मता के साथ अपना अवलोकन करने पर स्पष्ट ज्ञात हो गया कि हृदय का स्पन्दन अत्यन्त स्वल्प मात्रा में हो रहा है। किन्तु ऐसा निरीक्षण करते ही वह तत्काल तेजी से पुनः चलने लगा। दुबारा कोशिश करने पर प्राणों की गति सर्प की तरह टेढ़ी होकर चलने लगी। और प्रयत्न करने पर उसकी गति पक्षी के समान उड़कर चलने

की सी होने लगी। इसके आगे और अधिक प्रयास करने पर वानर की भाँति दो-तीन छलाँग एकदम लगाकर काफी उपर पहुँच जाना। इस प्रकार हृदय गति में कई प्रकार के अदभुत अनुभव होते हैं। तत्पश्चात निरन्तर बिना किसी चिन्ता के साधना करते रहने पर प्राण समत्व की स्थिति में पहुँच जाते हैं। और साधक की श्रुति उसकी चेतना शक्ति अर्थात महा उर्जा शक्ति जो विद्युत स्वरूपा है, सर-सर-सर करती हुई मेरूदण्ड में से ऊपर की ओर अग्रसर होने लगती है और किसी-किसी दिन ध्यान आरम्भ करते ही अर्थात ब्राह्मि संसार से ध्यान हटते ही सारा शरीर ध्यान में एक चक्के की भाँति घूमने लगता है, जैसा मुझे स्वयं अनुभव हुआ। कभी-कभी साधक को इस प्रकार के ध्यान में घूमने पर कुछ चिन्ता सी हो जाती है, किन्तु मैं अपने अनुभव के आधार पर कहता हूँ कि साधक को अपने कार्य में निरन्तर लगे रहना चाहिए। थोड़ी देर में वह घूमना बन्द हो गया। और वह अनन्त प्रकाशमयी शक्ति उपर की ओर जब कण्ठ तक पहुँच जाती है तो आँख कान अपना कार्य करना बन्द कर देते हैं। साधक का बोलना बन्द हो जाता है। यह महा शक्ति जब तक कण्ठ में नहीं पहुँचती तब तक वार्तालाप किया जा सकता है। जब मेरी चेतना शक्ति उपर की ओर चलने लगी तो मुझे बड़ी तीव्र गर्मी अनुभव होने लगी। सारे शरीर में एक विचित्र प्रकार की अकुलाहट, बेचैनी, कुछ अशान्ति सी कैसे मैं अन्दर ही अन्दर उबल रहा हूँ। एक विचित्र प्रकार की अनुभूति होने लगी। ऐसी इच्छा होने लगी कि किसी बर्फ से ढके हुए पर्वतों के बीच में पहुँच जाऊँ। ये परेशानी अपने पिता और भाइयों को बताने पर उन्होंने सर्दी के मौसम में भी, मेरे चारों ओर खस की चिकें पानी में भिगोकर लगाईं। मेरे आस-पास तीन-चार बर्फ की सिल्लियाँ रखी गई। फिर भी मुझे आन्तरिक उस महान उर्जा के ताप से छुटकारा नहीं मिल पा रहा था। अपने साधना काल में नाड़ी शोधन नामक प्राणायाम को महीनों पहले से ही कई-कई घण्टे तक किया जा रहा था। उसके कारण मेरी गन्ध को ग्रहण करने की शक्ति अर्थात नासिका की गन्ध ग्रहण करने शक्ति, अति तीव्र हो गई। मुझे अपने साधना स्थल पर बैठे-बैठे वहाँ से एक-दो मील की दूरी पर बागों के अन्दर खिले हुए नवीन पुष्पों की बड़ी विचित्र-विचित्र गन्ध आने लगी। भगवती की उपासना भी निरन्तर चल रही थी, इससे कितनी ही बार ऐसा भी हुआ श्मशान विहारिणी शिवा देवी की उपासना के कारण मुर्दों के जलने की गन्ध का भी काफी-काफी देर तक आभास होता रहता। कई वैधराजों ने मेरे माथे और समस्त शरीर पर मलयागिरी चन्दन का लेप बार-बार कराया। बहुत अच्छी सुगन्ध वाले बहुत सारे पुष्प मेरे कमरे में भर दिए गए। इन सब चीजों से काफी शान्ति अनुभव हुई। इसके पश्चात अच्छी प्रकार सावधानी के साथ खेचरी मुद्रा को करते हुए अपनी श्रुति को मस्तिष्क में जहाँ चन्द्रमाँ का पन्द्रहवीं और सोलहवीं

कला के मध्य निवास है, और भगवान आशुतोष चन्द्रमौली विराजमान हैं। उस स्थान से चन्द्रमाँ की, कला विशेष से जो अमृत बिन्दु का श्रृण होता रहता है। उस पर ध्यान केन्द्रित करके नेत्रों को आन्तरिक दृष्टि से उलट कर, खेचरी साधन के द्वारा काफी-काफी देर तक चन्द्रमाँ की शीतलता का ध्यान अंत्यधिक प्रगाढ़ता से करते रहने से और आन्तरिक त्राटक चन्द्रमाँ पर करने से स्वाभाविक ही गले में कोई पीने योग्य जल की भाँति पदार्थ एकत्र हो जाता और विवश होकर उसे मुझे पानी की तरह नीचे की ओर उतार लेना पड़ता अर्थात निगलना पड़ता। इस प्रकार उपासना करते-करते घण्टों व्यतीत हो जाते और बार-बार ऐसा पीने योग्य द्रव गले में एकत्र होता और मैं उसे पान कर लेता। काफी लम्बे समय तक ऐसी उपासना और ध्यान चलते रहने से, मुझे लगी, वह भयंकर गर्मी धीरे-धीरे शान्त हो गई। इस प्रकार का विचित्र अनुभव कई बार मुझे हुए और अलग-अलग प्रकार के उपाय करने पर उससे शान्ति हुई।

कभी-कभी तो इस महान उर्जा शक्ति और अपनी श्रुति को ऊपर ले जाने के प्रयास में मूर्छा तक आ जाती।

कुण्डलिनी महाशक्ति की साधना करने वाले व्यक्तियों को बुरे स्थानों पर जाने से अथवा दूषित विचार वाले लोगों से मिलने पर, उसके आन्तरिक उपासना के कारण विकसित चक्र बन्द हो जाते है अर्थात कुछ मुर्झा जाते हैं। अधखिली स्थिति में पहुँच जाते हैं। यदि ऐसे शान्त उपासक, साधक, किसी मन्दिर, साधना स्थल, अच्छे शान्त तीर्थ स्थल, यज्ञ वाले स्थान पर पहुँचते हैं तो उनके वह योगचक्र स्वरूप कमल के पुष्प ऊर्ध्वमुखी हो जाते हैं और उनमें नवीनता का संचार हो जाता हैं ऐसा स्पष्ट लक्षित होने लगता है इसलिए अच्छे साधकों को दूषित वातावरण वाले स्थान पर नहीं जाना चाहिए और अधिकाँश रूप से ऐसे शान्त, उपासना, प्रार्थना, सत्संग, कीर्तन उच्च कोटि के तीर्थ स्थलों पर ही रहना चाहिए और अपनी साधना में सत्यनिष्ठा के साथ लगे रहना चाहिए इससे पता चलता है कि वातावरण का प्रभाव भी साधक और साधना पर विशेष रूप से पड़ता है।

कुण्डलिनी साधना के सम्बन्ध में और भी कई विशेष बातें

प्राणायाम आदि विभिन्न क्रियाओं से भी साधक अपनी प्राण शक्ति ऊर्ध्व गामिनी बना सकता है। भिन्न-भिन्न योगमार्गों में किसी दिव्य शक्ति, श्रुति को ऊर्ध्वगामिनी बनाने की भिन्न-भिन्न विधियाँ बताई गईं हैं। इस महा शक्ति को साधन करने के लिए महाबन्द,

मूलबन्द, जालन्धर बन्द, उडियान बन्द, महामुद्रा, शक्ति चालिनी मुद्रा, बजरौली मुद्रा, महावेद और खेचरी मुद्रा। इन हठयोग की दस मुद्राओं के द्वारा साधना करके भी उस कुल कुण्डलिनी शक्ति को षटचक्रों का भेदन करके सहस्त्रदल चक्र कमल में पहुँचाया जा सकता है। इन मूलाधार आदि छः चक्रों के ऊपर वाले स्थान पर हठयोग विद्या के अनुसार कई विचित्र स्थान है, उन्हें भी योगमार्ग में महत्वपूर्ण स्नायुगुच्छ योगचक्र का स्थान दिया गया है। उनमें सबसे प्रमुख स्थान भ्रमर गुफा नामक स्थान को दिया गया है। दूसरा स्थान गोल्लाट, तीसरा स्थान औटेपीठ त्रिकूट चौथा, पाँचवाँ स्थान श्रीहाट। इन स्थानों पर श्रुति को भेजने से बड़े-बड़े दुलर्भ अनुभव प्राप्त होते हैं।

त्रिकूट नामक योगचक्र के देवता ब्रह्म है। रजोगुणा प्रधान है। सूपीत वर्ण है। ओंकार उसका अक्षर है। ऋग्वेद से इसका उदभव हुआ है। जाग्रत उसकी अवस्था है। वैखरी उसकी वाणी है। उसकी अन्तिम स्थिति सलोकता है।

श्रीहाट नामक योगचक्र के विष्णु देवता हैं। मोती का सा रंग है वह सतोगुण प्रधान है। ओंकार अक्षर है। यजुर्वेद से उसका उदभव है और स्वप्न उसकी अवस्था है। और उससे मुक्ति की समीपता प्राप्त होती है। मध्यमा वाणी है।

गोल्लाट योग चक्र का शिव देवता है। श्वेत वर्ण है। वह तमोगुण प्रधान म कार अक्षर है। सामवेद से उसका उदभव है और सुषुप्ति अवस्था है पश्चन्ति वाणी है। मुक्ति की सरूपता है। औठपीट योगचक्र का देवता ईश्वर है। विद्युत वर्ण है। सतगुण से युक्त ओंकार 'ॐ' अक्षर है। अर्थवेद इसका उद्भव है। तुरीय अवस्था है। परावाणी है और मुक्ति की सायुज्यता इसका फल है।

भ्रमर गुफा नामक योग विशिष्ट चक्र है। भ्रमर जप के द्वारा इस तक पहुँचा जा सकता है। सदाशिव देवता हैं। कृष्ण वर्ण है। सतगुण, अर्धमात्रा, सूक्ष्म वेद, उन्मनि अवस्था और इसकी वाणी परातपर है। केवल्य मुक्ति इसका फल है। इन पाँचों अत्यन्त रहस्यमय गुप्त योगचक्रों के द्वारा भी इनकी रहस्यमयी साधना करने से भी केवल्य मुक्ति प्राप्त की जा सकती है अर्थात, पर ब्रह्म के केवल्य धाम की प्राप्ति जीवात्मा को इस पवित्र साधना से हो सकती है। राजयोग के अभ्यास से भी अनन्त शक्तियाँ, सिद्धियाँ प्राप्त होती है। बहुत से योगियों ने कितनी ही योग सिद्धियों को सर्व साधारण में योग मार्ग के प्रति श्रद्धा, निष्ठा, भक्ति करने के लिए योग मार्ग की बहुत-सी शक्तियों का प्रदर्शन भी किया है। एक योगी ने अग्नि के बीज मंत्र 'रं' का निरन्तर रक्तवर्ण के त्रिकोण में अग्नि तत्व का ध्यान और अग्नि के बीजमंत्र का निरन्तर जप तथा साथ ही प्राणायाम करके अपने कपाल को इतना अधिक तपा लिया अर्थात गर्म कर लिया

कि वहाँ उपस्थित लोगों को उसे हाथ लगाना कठिन हो गया। इसी प्रकार आज से कुछ सौ वर्ष पूर्व भारतवर्ष के महाराष्ट्र प्रान्त में अपनी बहन मुक्ताबाई से अपने नाभिचक्र में अग्नि के बीजमंत्र का त्रिकोणाकार में रक्तवर्ण में उर्जा महाशक्ति का ध्यान करने से, तत्काल अपनी पीठ को सन्त ज्ञानेश्वरजी महाराज ने इतना गर्म कर लिया कि उनकी पीठ पर उनकी बहन ने अपने सब भाइयों के लिए भोजन, रोटियाँ, मालपूए आदि सरलता के साथ, बिना किसी ब्राह्य अग्नि का साधन किए बना लिए। यह क्रियाएँ राजयोग, हठयोग, ध्यानयोग की सम्मिलित क्रियाएँ थी। मंत्रयोग में भक्तियोग भी आ जाता है। मंत्र जप से भी आन्तरिक सूक्ष्म प्रकाश अर्थात आत्म तत्व का साक्षात्कार किया जा सकता है।

अर्थात श्रुति को जाग्रत किया जा सकता है। इसी प्रकार राजयोग, लययोग, नादयोग, योग, अष्टांग योग, ज्ञान योग, कर्मयोग, सांख्य योग, अनासक्ति योग, ओंकार उपासना, पराध्यान साधना, शब्दयोग, वागयोग हो सकती है। नादानुसंधान योग, स्वर विज्ञान आदि के द्वारा भी अपनी श्रुति, महान ऊर्जा शक्ति को ऊर्ध्वगामिनी बनाया जा सकता है। उसमें सबसे सरल विधि अपनी आन्तरिक मूलशक्ति अर्थात सूक्ष्म श्रुतिको, प्राणों को एकाग्र करने अथवा उर्ध्वमुखी करने के लिए एकमात्र, कुछ आवश्यक सम्पूर्ण शरीर की क्रियाओं के साथ-साथ केवल श्रद्धा, सत्य निष्ठा, सच्चे उत्साह के साथ ध्यान साधना निरन्तर करते रहने से ही उस महान शक्ति का जागरण सम्भव हो जाता है।

जिसमें भाग्यवश गुरूकृपा अथवा देवकृपा आदि के द्वारा उस चेतना शक्ति को जाग्रत होना है तो वह महान शक्ति कोई न कोई बहाना बनाकर साधक में जाग्रत होती है और उसे अपनी विभिन्न प्रकार की उपलब्धियों, शक्तियों, विधियों और चमत्कारों से निहाल कर देती है। जब वह दिव्य आन्तरिक प्रेरणा, स्त्रोत रूपा प्राणशक्ति किसी साधक में विकसित होने लगती है तो उसे कुछ करने की आवश्यकता नहीं होती। साधकों का कल्याण करने वाली शक्ति साधक से वह सब क्रियाएँ, साधनाएँ आदि स्वाभाविक ही एक के बाद एक कराती रहती हैं। और एक दिन ऐसा आता है कि साधक को पता भी नहीं लगता और वह अपनी उपासना की चरम सीमा तक पहुँच जाता है।

एक और साधन भी है जिसका वर्णन अति विचित्र है। ब्रह्मविद्या के अनुसार इस संसार के समस्त आकाशमंडल और वायुमण्डल में असंख्य साधारण-असाधारण, सूक्ष्म शरीरधारी बड़ी-बड़ी विचित्र आत्माएँ, निरन्तर भ्रमण करती रहती है। कितने ही उच्च कोटि के सिद्ध पुरूष, योगी, महात्मा, सिद्ध पुरूषों की सूक्ष्म शरीरधारी दिव्य आत्माएँ, केवल इसीलिए शून्य में ब्रह्ममुहूर्त और तुरीय संध्या में विशेष रूप से भ्रमण करती हैं कि कोई श्रद्धावान साधक अपनी साधना में निरन्तर लगा हुआ है और उसकी साधना

में कुछ कठिनाई आ रही है, तो ऐसी आत्माएँ उसे सहायता प्रदान करने की इच्छा रखती है।

सभी योगमार्गो के साधकों और उपासकों को अपनी उपासना में बैठते ही सर्वप्रथम यह विचार करना चाहिए कि मेरे आस-पास के वायुमण्डल में घूमती हुई कोई आत्मा है तो मेरी उपासना में सहायता करें। बार-बार विभिन्न शब्दों में ऐसी धारणा, उपासना करने से कुछ ही दिन में साधक पर ऐसी अज्ञात सूक्ष्म आत्माओं की कृपा होने लगेगी। और वह परम उच्च्च कोटि की दिव्य आत्माएँ जो योगमार्ग का विशेष ज्ञान रखती हैं, साधक को अपनी शक्ति के द्वारा अर्थात अपने सूक्ष्म प्रवाह, विचार द्वारा क्रमशः वह सम्पूर्ण रहस्यमयी योगिक क्रियाओं और उस पराशक्ति, महा कुण्डलिनी को जगाकर, ठीक मार्ग पर चलाने और उसका युक्तियुक्त प्रकार से उपयेाग करना सिखा देती है। साधक समझता है कि यह सब मुझे अपने आप ही समझ आ गया। वस्तुतः हुआ ऐसा कि साधक की प्रार्थना द्वारा और उपासना में आगे बढ़ने की सदूइच्छा के द्वारा साधक के आस-पास के शून्य में उपस्थित सिद्ध पुरूषों की आत्माओं ने साधक को अपनी तीव्र संकल्प शक्ति के द्वारा सूक्ष्म निर्देश दिए और उससे उसे अपनी साधना में वह कार्य करने की प्रेरणा मिली फलतः उसे अपनी उपासना में आगे बढ़ने के लिए अत्यधिक सरलता प्राप्त हो गई।

प्रणव उपासना

सम्पूर्ण उपासनाओं में श्रेष्ठ

ओंकार साधना ही एक ऐसी साधना है जिसके द्वारा साधक की सम्पूर्ण इच्छाएँ पूर्ण हो सकती हैं। इस उपासना के द्वारा कुछ प्राप्त नहीं हो सकता। यह उपासना सांसारिक रूप से भी सब कुछ प्रदान कर सकती है और अपने आध्यात्मिक, दैविक रूप से साधक को उच्च कोटि की दिव्य शक्तियाँ, समृद्धियाँ, चमत्कार एवं विशुद्ध आध्यात्मिक दृष्टि से आत्मदर्शन, ईश दर्शन अर्थात पराशक्ति कुण्डलिनी का जागरण कराने में भी, यह प्रणव साधना के बारे में पूरी-पूरी प्रशंसा विस्तार के साथ की गई है। साथ ही इसके विभिन्न प्रयोग और कितने ही गुप्त रहस्य विशेष रूप से बताए गए हैं। इस शब्द ब्रह्म की उपासना करने का योगिक दृष्टि से सभी को अधिकार है। संसार का कोई भी यह न समझे कि मुझे इसका अधिकार नहीं है। सम्पूर्ण साधक जगत को चाहे वह कोई भी हो उसमें स्त्री-पुरूष, बालक मनुष्यमात्र सभी समाहित हो जाते है। यह तो ब्रह्माक्षर है। समस्त जड़-चेतन के कण-कण से ओंकार शब्द का नाद अहर्निश प्रस्फुटित हो रहा है। समस्त संसार के कण-कण में यह ब्रह्मनाद समाहित है। इस ब्रह्माक्षर से कुछ भी नहीं बचा। यह तो सब जड़-चेतन, सम्पूर्ण प्रकृति के सूक्ष्म अति सूक्ष्म भाग में व्याप्त है। बस केवल देर इतनी ही है कि कोई साधक इस प्रणव जप, की ध्यान की साधना अपने पूर्ण मनोयोग के साथ आरम्भ कर दे और दृढ़ निश्चय तथा परम आनन्द के साथ नित्य नियमित रूप से अपने अभ्यास को बिना किसी विघ्न के करते रहने का प्रयत्न करे। बिना किसी के बताए हुए भी ब्रह्म की उस उच्च स्तरीय शक्ति द्वारा, यह चेतन्य शब्द साधक से स्वयं ही सब कुछ करा लेगा। साधक किसी भी स्थिति में अपनी साधना न छोड़े। प्रतिदिन ठीक नियत समय पर दो तीन-चार बार साधना का जो भी नियम बनाया है। नित्य निरन्तर लगे रहना ही साधक का कर्तव्य है। फिर ऐसी हो ही नहीं सकता कि इस प्रणव साधना में कोई महत्वपूर्ण सफलता न मिले।

नाद बिन्दु के सम्बन्ध में इस परात्पर परब्रह्म, परमशक्ति का स्वरूप सत-सहस्त्र सूर्यों के समान और कोटि-कोटि नादबिन्दु के प्रकाश से युक्त बताया गया है। भृगु संहिता, उमा संहिता, शिव संहिता, योगतत्व उपनिषद, सन्यास उपनिषद, पातंजल योग दर्शन, योग

उपनिषद, माकण्डेय पुराण आदि प्राचीन महाग्रन्थों में इस उपासना का बहुत बड़ा वर्णन, प्रभाव एवं उपासना से होने वाले अनन्त लाभो का वर्णन अलग-अलग शब्दों में किया गया है। इन प्राचीन शास्त्रों में स्पष्ट लिखा है और योगियों ने प्रत्यक्ष कर्म अभ्यास के द्वारा यह अनुभव भी किया है कि एकमात्र इस शब्द ब्रह्म के जप ध्यान से साधक के समस्त पाप नष्ट हो जाते हैं। एक अन्यत्र स्थान पर लिखा है कि दस प्रकार के नादों में से नौ नादों का सुनना छोड़कर साधक को धीरे-धीरे केवल ओंकार नाद सुनने के लिए ही आगे बढ़ते जाना चाहिए। यदि किसीं स्त्री-पुरूष, बालक, साधारण-असाधारण कैसे भी साधक को ओंकार नाद का स्वाभाविक ही शब्दघोष सुनने लगे अथवा अन्तर हृदय से यह प्रणव नाद होने लगे तो बहुत बड़े भाग्य का उदय समझना चाहिए और सब कुछ छोड़कर तीव्र गति से इस ब्रह्मनाद की साधना में तत्परता से लग जाना चाहिए। आपका कल्याण बहुत निकट ही है। ओंकार का इस प्रकार स्वाभाविक ही किसी साधक में प्रगट होना, कुण्डलिनी जाग्रत होने का सबसे बड़ा प्रमाण है। शिव संहिता आदि ग्रन्थों में विशेष रूप से लिखा है कि साधक एकान्त में तीव्र घण्टानाद स्वर की भाँति ओंकार

शब्द का जोर-जोर से उच्चारण करने का अभ्यास करे और साथ ही एकाग्रता की स्थितिमें पहुँचने का प्रयत्न करे तो निश्चय ही, उसके समस्त योगचक्र तीव्र उच्चारण से झंकरित हो उठते है और उनको जगाने वाली कुण्डलिनी महाशक्ति को भी ऊर्ध्वमुखी होने की प्रेरणा प्राप्त होती है। ओंकार का धीरे से भी उच्चारण करने से समस्त प्रकार के पाप नष्ट हो जाते है। लम्बे स्वर में बोलने से परम शान्ति प्राप्त होती है। मानसिक रूप से बोलने से मन को शान्ति प्रदान करता है। मानसिक रूप से ओंकार का ध्यान, जप करने के साथ ही साथ प्रकाशपुँज का भी ध्यान करने से पूर्वजन्म में किए हुए समस्त पापों का क्षय हो जाता है। ओंकार जप समस्त दुखों विघ्नों को हरने वाला है। ओंकार जप का दीर्घकालीन पूर्ण एकाग्रता के साथ समस्त इन्द्रियों को अपने कार्यों से हटाकर मन को एकाग्र करके अर्न्तम में उतरकर ओंकार का जप करने से अर्थात ध्यान करने से प्राण-अपान का एकत्व होता है और इसी साधना से मन और बुद्धि शान्त होते है। ऐसे ही परमात्मा, जीवात्मा का साक्षात्कार होता है। योग शास्त्रों में साधना की ऐसी अवस्था को घट अवस्था के नाम से जाना जाता है। यदि कोई साधक 24 घण्टे में दो-दो घण्टे चार बार बैठकर ओंकार का एक वर्ष तक जप और ध्यान नियमित रूप से अपने आपको अनुष्ठानमय प्राकृतिक जीवन में चलाते हुए, यह साधना करे तो ईश्वरीय शक्ति का अनुभव होता है। ओंकार जप से साधक के प्रमाद, संशय, आलस्य, भ्रान्ति, अकर्मण्यता आदि विघ्नों का नाश हो जाता है। ओंकार सारे संसार का मूल है। ओंकार ही एक ऐसा शब्द है जो भूत, भविष्य और वर्तमान में सर्वदा जीवित था, जीवित है और रहेगा।

ओंकार की ध्यान साधना से योगशक्ति को बहुत बड़े रूप से बढ़ाया जा सकता है। बुद्धि की शक्ति को भी अनन्त प्रतिभा से सम्पन्न किया जा सकता है। ओंकार उपासना करने वाले साधक की स्मरण शक्ति, आशा में बहुत अधिक, सैंकड़ों गुणा बढ़ जाती है। वस्तुतः ओंकार साधना, योगमार्ग की सर्वोपरि साधना है। योगविद्या, की ओंकार साधना से साधक की समस्त शक्तियाँ, सूर्यकान्त मणि की भाँति जिस प्रकार सूर्य की सभी किरणों को इकट्ठा करके एक जगह डालने पर वहाँ ज्वलनशील पदार्थों में अग्नि उत्पन्न हो जाती है। इसी प्रकार योग साधना से मन की वृत्तियाँ एकत्र होकर, अलौकिक शक्ति का निर्माण करती हैं। और उसके बल पर बड़े-बड़े चमत्कार हो सकते है। ओंकार साधना, योगविद्या की शक्ति से साधक, इस हद तक जा और कहाँ तक कैसे-कैसे संभव-असंभव कार्य कर सकता है और क्या नहीं कर सकता, इसे अभी तक किसी सीमा में बाँधा नहीं जा सका है। साधना की योगशक्ति का अर्थात प्रणव की अनन्त शक्तियों का कोई पारावार नहीं है। आत्म विवेक, प्रणव विवेक और योग के द्वारा संसार से निवृत्ति रूप लक्ष्य की प्राप्ति होती है। इस तरह से आत्मा को जानकर ओंकार अर्थात

प्रणव के साथ मिल जुलकर, ब्रह्माक्षर ओंकार में स्वयं को लय कर देना चाहिए। वास्तव में साधक की यह जीवात्मा ओंकार का अक्षर स्वरूप है। ओंकार 'अ' 'ऊ' और 'म' और एक आदि मकारान्त के अकार का दीर्घ उच्चारण आत्मा के वेदों में बताए स्थूल, सूक्ष्म बीज एवं साक्षी ये चार स्वरूप हैं। इसी प्रकार की आत्मा की चार कलाएँ हैं। निवृत्ति, प्रतिष्ठा, विद्या और शान्ति। इस तरह से इस साढे तीन मात्रा से युक्त चतुर्विद भेद वाले, ओंकार स्वरूप आत्मतत्व की अकार प्रथम मात्रा है। इसका जाग्रत ध्यान तेजोमय रूप से करना चाहिए। अकार के साथ जाग्रत ध्यान में, तेज का ध्यान रखते हुए, स्वयं को जाग्रत अवस्था में रखते हुए इन्द्रियों द्वारा आत्मा को देखने का प्रयत्न करना चाहिए। प्रणव की यह प्रथम मात्रा 'अकार' क, ख, ग आदि सभी अक्षरों में समाहित है। अर्थात अकार ही ब्रह्म है।

ऊँ की दूसरी मात्रा 'उकार' स्वप्नावस्था के ओरा के समान होता है। इसी प्रकार ओंकार की तीसरी मात्रा लय स्थान के समान होने से मकार की सुषुप्ति स्थान है और वह प्रज्ञा, बुद्धि के समान है। इन तीनों मात्राओं में किसी प्रकार का भेद, साधक न समझें। 'अ' को ऊ में और ऊ को म में और मकार को नाद रूप अ मात्रा में लय करने का प्रयत्न करे। उपासक का परमात्मा के साथ अभेद होता है। द्वितीय मात्रा उकार का तेजस (ओरा) के साथ और मकार का प्रज्ञा, बुद्धि के साथ अभेद होता है। किन्तु ओंकार अक्षर के अन्त में होने वाला ओंकार रूप अर्धमात्रा का शब्द जिसे तुरीय कहा जाता है, उस अर्धमात्रा की उपलब्धि, सिद्धि, समझ हो जाने पर फिर कुछ भी शेष नहीं रहता। वास्तव में यही आत्मा का अथवा ओंकार का चतुर्थ पाद है। इसका उच्चारण किया नहीं जाता हो जाता है। वास्तव में ओंकार की तीन मात्रा तो उच्चारित होती ही है, किन्तु उसकी अगली मात्रा, चतुर्थ पाद का केवल गुंजन मात्र, आन्तरिक, सूक्ष्म अनहत प्रकार का अव्यवहारीय उच्चारण है। यह उच्चारण अद्वतीय, परम आनन्दमय और सर्वथा प्रपंच शून्य है। इसलिए यह सत्य है कि कुण्डलिनी महाशक्ति के जागरण का अन्तिम प्रतिफल अज्ञात से अर्थात शून्य से एवं ब्रह्मचक्र से अनहत् शब्द रूप ओंकार की प्राप्ति ही हैं। और यह अद्वितीय है। अनहत्, अनन्त नाद ही ओंकार नाद है। और यही कुल कुण्डलिनी महाशक्ति की सिद्धि का अन्तिम प्रसाद है। और वस्तुतः यही आत्मा का वास्तविक स्वरूप हें यह पराध्यान साधना, प्रणव साधना ओंकार, साधना अत्यन्त उच्च्व कोटि की साधना है। इस प्रकार, इस परम आनन्दमय कुल कुण्डलिनी महासाधन की परम रहस्य, ओंकार साधना के रूप में संक्षेप में इस रहस्य का दिग्दर्शन, साधकों के ज्ञानवर्धनार्थ, आत्म आनन्द एवं उनकी जिज्ञासा को शान्त करने के लिए इसका वर्णन किया गया।

तान्त्रिक दृष्टि से षट्चक्रों की कुण्डलिनी साधना

अब आगे आने वाले समय में मनुष्यों तप नहीं कर सकेंगे क्योंकि तब उनकी शारीरिक शक्ति इतना परिश्रम करने की नहीं होगी। सम्भवतः सभी मानव वेद पाठ विहीन होंगे, कमजोर और अल्पायु वाले होंगे। योग साधना के परिश्रम को सहन नहीं कर सकेंगे। इसलिए आगम ग्रन्थों में बताए गए तान्त्रिक दृष्टि से सरल से सरल योग साधना करने से सिद्धि, शक्ति प्राप्त की जा सकती है।

आन्तरिक और बाह्य दृष्टि से तान्त्रिक साधना दो प्रकार की होती है। अब हम अति संक्षिप्त और सूक्ष्म प्रकार से षट्चक्रों के स्वरूपों को और उनमें निवास करने वाली शक्ति एवं देवताओं को साथ ही षटचक्रों के भेदन के सम्बन्ध में प्राण शक्ति, कुल कुण्डलिनी महा उर्जा शक्ति को, समस्त ग्रन्थियों के भेदन के साथ क्रमशः षटचक्रों से होते हुए, ऊपर शिव शक्ति के स्थान पर पहुँचने के लिए जो योगमार्ग बताया गया है उसका अत्यन्त रहस्यमय विवरण बताते हैं।

देवी भागवत में

न योगो नभसः पृष्ठे न भूमौ न रसातले।
ऐक्यं जीवात्मनो राहयुर्योगं योगविशारदाः।।

आत्मा-परमात्मा के मिलन का नाम ही योग है। योगिक क्रियाओं की सिद्धि के प्रकार को ही साधन कहते हैं। मानव शरीर में 3 लाख 50 हजार नाड़ियाँ हैं। इन नाड़ियों में चौदह नाड़ियाँ प्रधान हैं। ईड़ा, पिंगला, सुषुम्ना, हस्त जिह्वा, गान्धारी, सरस्वती, ऊषा, वारूणि, शंखनि, पयस्विनी, अलम्बूषा, यशस्विनी एवं शिवोदरी इनमें भी सुषुम्ना, ईड़ा, पिंगला आदि मुख्य प्रधान नाड़ियाँ हैं।

सूक्ष्म अति सूक्ष्म, ब्रह्मरन्ध्र स्थान में सहस्त्रदल कमल योगचक्र के मध्य और सुषुम्ना नाड़ी के अन्तर्गत, चित्रा नाड़ी में एक गुप्त, दिव्य मार्ग है। महा कुण्डलिनी, शक्ति इसी सुषुम्ना नाड़ी में से होती हुई चित्रा नाड़ी में से गमन करते हुए ब्रह्मरन्ध्र नामक मार्ग से परम शिव में, जो आनन्दायक और अमृतमय है, उनके साथ मिल जाती है। कुण्डलिनी

महाशक्ति सुषुम्ना नाड़ी को चारों ओर से घेरकर सुषुम्ना के द्वार को बन्द करके, मूलाधार के नीचे मेरूदण्ड के अन्तिम स्थान के निकट, साढ़े तीन चक्कर लगाकर एक स्वयंभू गुप्त शिवलिंग से लिपटकर, नीचे मुँह करके और अपनी पूँछ को अपने मुँह में लेकर, निद्रित अवस्था में है। कुण्डलिनी महाशक्ति को भुजंगिनी भी कहा है, अर्थात वह सर्प का आकार लिए है। और वह अपनी परम देदिप्यमान अवस्था में निद्रामग्न है। यही स्थान मूलाधार चक्र है, जिसका पीला रंग है, चतुष्कोण आकार है। वागदेवी, वर्णमयी, बीज मंत्र स्वरूपा सत, रज, तम तीनों गुणों से युक्त, इस चक्र की प्रकृति देवी है। इस योगचक्र के मध्य में "लं"बीज सिद्ध है। इस स्थान की शक्ति डाकिनी हैं, सुषुम्ना मार्ग खोलने के लिए साधक को अपने प्राणों का स्पन्दन रोकना होगा। और प्राण शक्ति, प्रबल इच्छा शक्ति के साथ दृढ़ और सूक्ष्म ध्यान की सहायता से सुषुम्ना द्वार पर स्पन्दित करना होगा। साथ ही क्रोध बीज मंत्र से कुण्डिलीनी महाशक्ति को बार-बार ताड़ित करना होगा। साथ ही मूलबन्द जालन्धर बन्द, उडियान बन्द तीनों बन्दों का दृढता के साथ साधन करते हुए, जैसे ही कुण्डलिनी महाशक्ति परम प्रकाश उर्जा शक्ति के साथ अट्टहास करती हुई जाग्रत हो और सुषुम्ना द्वार के मुक्त होते ही साधक अपने प्राण को अर्थात श्रुति को सुषुम्ना द्वार में प्रविष्ट करा दे और अपनी प्रबल इच्छा शक्ति के साथ सुषुम्ना में प्रवेश करने के लिए कुण्डलिनी महाशक्ति को परम शान्त, श्रद्धा भक्ति के साथ करे। तत्क्षण कुल कुण्डलिनी मूलाधार में प्रवेश कर लेगी। मूलाधार चक्र अपने सम्पूर्ण स्वरूप में जाग्रत हो जाएगा।

मूलाधार के उपर बड़ा विचित्र स्वाधिष्ठान नामक चक्र है, जिसके छः दल है अर्थात यह षटकोण दल हैं। इसकी शक्ति शकणी देवी वहाँ निवास करती हैं। जो योगी लोग इस चक्र में निवास करते हैं, अपने प्राणों को स्थिर कर लेते है उनको अणिमा आदि शक्तियाँ, सिद्धियाँ प्राप्त हो जाती है।

स्वाधिष्ठान के उपर नाभिचक्र है जिसे मणिपुर दस दल का चक्र कहते है। इसकी शक्ति लाकिणी देवी है जो साधक के इस चक्र में निरन्तर ध्यान करते है उनके रोग और दुख की निवृति हो जाती है। इस चक्र की सिद्धि द्वारा, परकाया प्रवेश भी किया जा सकता है। इस चक्र पर ध्यान करने से भूगर्भ दर्शन, जमीन के नीचे की औषधियाँ रसायन विज्ञान, सिद्ध पुरूषों के दर्शन करने की विचित्र सामर्थ्य प्राप्त हो जाती है। यह विचित्र प्रकार का महा शक्तिशाली योग चक्र है।

इसके उपर बारह दलों वाला अनाहत चक्र है। पवन देव इस चक्र में निवास करते है। इसका 'यं' बीजमंत्र है। काकिणी देवी इसकी शक्ति है। इस अनाहत चक्र

की महिमा अनन्त हैं। इससे अनन्त शक्ति प्राप्त हो सकती है।

इसके उपर सोलह दलों से युक्त कण्ठचक्र का स्थान है। आकाश का विचित्र गोलाकार मण्डल है। इसका 'अं' बीज है। भगवान शक्ति है। यह महाकाल का स्थान है यह विशुद्ध चक्र अमूल्य रत्नों की खान है।

शरीर में विभिन्न लोक

इसके उपर दो दलों वाला ललाट स्थान में भूमध्य में आज्ञा नामक चक्र श्वेत वर्ण का स्थित है। आकिणी देवी इसकी शक्ति हैं। उज्जवल श्वेत वर्ण चन्द्रमा की तरह इस स्थान पर प्रकाश विद्यमान है। जो योगी इस स्थान का ज्ञान प्राप्त कर लेते है उनके शोक दुख ताप आदि समाप्त हो जाते हैं। इसी स्थान से ईड़ा पिंगला सुषुम्ना अर्थात गंगा, यमुना, सरस्वती एक होकर भगवान शिव के निवास स्थान काशी अर्थात सहस्त्र दल की ओर प्रस्थान करती है। कुण्डलिनी महाशक्ति इसी क्रम से इन षटचक्रों का भेदन करती हुई, भूमध्य में आज्ञाचक्र में स्थित अर्धनारीश्वर को नमस्कार करके त्रिवेणी के मार्ग से होती हुई सहस्त्रदल चक्र कमल में पहुँचने से पहले बिन्दुपीठ, नादपीठ, शक्तिपीठ कापलदेश में इन तीनों का भेदन करती हुई ओंकार नाद की गुंजार के साथ मेघगर्जन करती हुई, निरालम्बपुरी के सोमचक्र, ज्ञानचक्र आदि में से होती हुई, सहस्त्र दल कमल के अन्दर प्रवेश कर जाती है।

यह संक्षिप्त वर्णन षटचक्र भेदन का साधकों की सरलता के लिए उपस्थित किया गया है, जिससे साधक षटचक्रों के सम्बन्ध में थोड़े शब्दों के अन्तर्गत ही सरलता से उसकी गम्भीरता को समझ सके। अन्यथा कुण्डलिनि महाशक्ति और षटचक्रों के विस्तृत विवेचन को पढ़ने के उपरान्त साधक को इतनी विस्तृत बातें पढ़ने और सुनने को मिली हैं, कि इससे कई प्रकार के भ्रम शंकाएँ उत्पन्न हो जाती हैं इसलिए यह अति संक्षेप में कुण्डलिनी यात्रा का वर्णन स्पष्ट रूप में कर दिया है।

सहस्त्रदल चक्र

आज्ञाचक्र के उपरान्त शरीर सर्वोच्च भाग, मस्तिष्क में एक हजार दल वाला एक योग चक्र सुषुम्ना नाड़ी के अन्तिम में व्यवस्थित है। और सुषुम्ना नाड़ी वहीं से अधोमुखी हो कर साधक के मूलाधार चक्र के नीचे योनि मंडल तक पहुँच जाती है। सहस्त्रदल के अति विशाल परम तेजस्वी सूर्य के समान केसरिया के साथ थोड़ा-सा रक्त वर्ण मिश्रित इन कमल पत्रों का वर्ण है। जब तक कुल कुण्डलिनि महाशक्ति अर्थात साधक की चेतना शक्ति इस स्थान पर नहीं पहुँचती, तब तक यह परम शक्तिशाली सहस्त्रदल पद्म योगचक्र अधोमुखी ही रहता है। इसके समस्त पत्रों पर ऐसे क्षय पर्यन्त समस्त मातृकाएँ उपस्थित हैं और उसके साथ-साथ पत्रों पर विलोम, अनुलोम आदि पद्धतियों के द्वारा मातृकाएँ बीज मन्त्रों सहित योगिक क्रम के अनुसार व्यवस्थित हैं। त्रिकोण यन्त्र अकथादि सहित विद्यमान है। इस माहायन्त्र के चारों ओर योग विज्ञान का सुधा सागर है और यह महायन्त्र ही वास्तव में मणिपीठ के नाम से जाना जाता है। उस मणिपीठ के मध्य में ओंकार प्रणव स्वरूप नाद बिन्दु है और नाद बिन्दु के ऊपर सर्वोच्च हंस पीठ है। इस परम उच्च स्थान, हंस पीठ पर साधक को अपने परात्पर परब्रह्म, परमेश्वर, शिव स्वरूप अपने गरूदेव का ध्यान करना होता है। वस्तुतः योग के मार्ग में योगीश्वर कहलाने वाला है तो भगवान शिव ही हैं। यह हंस पीठ का स्थान साक्षात शिव का ही निवास स्थान है। यही वास्तविक निर्वाण अर्थात मुक्तिमोक्ष देने वाला सर्वोच्च स्थान है। दूसरी भाषा में, इस सहस्त्रदल कोष को ही परम आनंदमय कहते हैं। सांख्य दर्शन के अनुसार, शिव शक्ति को ही पुरूष और प्रकृति आदि शब्दों के द्वारा जाना गया है। तांत्रिक तंत्र शास्त्र के अनुसार इसी स्थान पर कुण्डलिनि महाशक्ति परात्पर पर ब्रह्म शिव से मिलती हैं और पौराणिक दृष्टिकोण से आनंदकंद, नंद, नंदन और प्रकृति महाशक्ति जगत जननी राधा अर्थात श्री राधा-कृष्ण एवम् बैकुण्ठ निवासी लीला पुरूषोत्तम भगवान लक्ष्मी नारायण का निवास स्थान भी यही सहस्त्रदल योग चक्र माना गया है। यहाँ पहुँचकर साधक कृत्य कृत्य हो जाता है।

इसी स्थान के सन्निकट सहस्त्रदल चक्र गें गंगा के तट पर अर्थात सोमना के सन्निकट काशी का महा श्मशान उपस्थित है। अघोर मार्ग, वाम मार्ग और आध्यात्मिक एवं तांत्रिक दृष्टि से यह महा श्मशान साधना की परम पुनीत जागृत, तेजस्वी, तपोस्थली है। इस महा श्मशान में कोई समय ऐसा नहीं होता, जबकि किसी न किसी शव की चिता धू-धू करके न जल रही हो। यह स्थान वैराग्य का जन्म स्थल हैं। यहां उत्पन्न होने वाला वैराग्य स्थायी होता है। इस स्थान पर साधक अपने प्राणों के स्पन्दन को सर्वथा के लिए बंद कर के ही प्रवेश पा सकता है। उसके उपरान्त साधक इस साधना के महातीर्थ में गंगा में स्नान करने के उपरान्त अपनी विकट साधना में संलग्न हो जाए। अपने ही शव पर जो स्पन्दन रहित हो चुका है इस महा श्मशान में बैठ कर साधक अघोर मन्त्र, सद्योजात मन्त्र और वामदेव कल्प के 'वामदेवाय नमः' आदि वेद मन्त्रों का अनुष्ठान आरम्भ करे और निरंतर करता ही रहे। इस स्थान पर पहुँचने के अनंतर बुद्धिमान और परम पुरूषार्थी साधक को इच्छा सुख-दुख, भूख प्यास, गर्मी, सर्दी आदि कुछ भी कष्ट नहीं देंगे। जब तक साधक चाहे जिस स्थिति में रह सकता है। अभी हमने पहले ही बताया है मन, प्राण, बिन्दु को शान्त और स्थिर करके उपासना में लग जाने से सिद्धि, शक्ति साधक को आँवलवत हो जाएगी। अर्थात् ऐसे साधक के लिए कुछ भी दुर्लभ नहीं है। निरंतर साधना करते-करते साधक की जीवात्मा कुछ ही समय में साक्षात नारायण की त्रिलोक में दुर्लभ शक्ति और सामर्थ्य को प्राप्त कर सकती है। इसमें तनिक भी संदेह नहीं क्योंकि इस स्थान के पास ही भगवान का वह अक्षय दुर्लभ अकथनीय, अवर्णनीय धाम है, जिसका वर्णन गीता में आनंद कंद परब्रह्म भगवान श्री कृष्ण ने स्वयं अपने मुख से किया है।

गीता का श्लोक–भगवान श्री कृष्ण के परमधाम का वर्णन

न तद् भासयते सूर्यो, न शशांको न पावकः।
यद् गत्वा न निवर्तन्ते, तद्धाम परमं मम।।

अध्याय 15, श्लोक-6

कुण्डलिनी के सम्बन्ध में सावधानियाँ

बिना पूर्व तैयारी के उसके सम्बन्ध में अच्छी जानकारी के बिना कुण्डलिनी जैसी महाशकित को उतावलेपन में छेड़ना किसी भी प्रकार ठीक नहीं होगा। बिजली की तारों को छेड़ना, जबकि उस तार को जो बिजली के बहुत अधिक उर्जा शक्ति रखने वाले तार हैं, जिनमें खतरनाक विद्युत प्रवाह दौड़ रहा है उन्हें बिना अच्छी जानकारी के नहीं छेड़ना चाहिए। समस्त सावधानियों की भी पूरी जानकारी व्यक्ति को होनी चाहिए, तभी उसे उन विद्युत से भरे तारों को अदल-बदल करनी चाहिए। असाधारण शक्ति का विद्युत प्रवाह जिन तारों में दौड़ रहा हो उनसे तो ओर भी अधिक बचकर रहना चाहिए अन्यथा कुछ ही क्षण में व्यक्ति समाप्त हो सकता है। इसी प्रकार कुण्डलिनी शक्ति पराविद्युत शक्ति का केन्द्र है। काल से भी अधिक भयंकर सर्पिणी है। अग्नि से भी अधिक शक्तिशाली है। उसकी तीव्रता और चलने की गति का भी कोई पारावार नहीं हैं यह प्रकृति की परम ऊर्जा शक्ति कुल कुण्डलिनी इच्छा शक्ति के द्वारा जगाई जाती है। जब तक योगसाधना के द्वारा मन, ओर शरीर पूरी तरह से शुद्ध और संयत न हों गए हो तब तक इस योगशक्ति कुण्डलिनी उर्जाशक्ति को संभालना अत्यधिक कठिन होगा। अनाड़ी साधक, अयोग्य निर्देशक व अयोग्य गुरू अथवा स्वयं पुस्तक आदि पढ़कर अपनी थोड़ी बहुत समझ के अनुसार जिज्ञासावश कुण्डलिनी शक्ति को छेड़ना किसी महान कष्टदायी दुर्घटना को निमंत्रण देने के समान होगा।

कुण्डलिनी महाशक्ति कोई तजुरबा करने की या अनुसंधान एवं चमत्कार देखने की वस्तु नहीं हैं, यदि, असमय में अपरिपक्व साधना के समय कामवासना को नियंत्रण किए बिना, संयम का ठीक-ठीक ध्यान न रखते हुए, कुण्डलिनी जैसी दु:साध्य उर्जा शक्ति को जगाना किसी प्रकार भी न्यायसंगत नहीं होगा। जिस साधक की इच्छा शक्ति, संकल्पशक्ति पूर्णरूपेण बलशाली नहीं हो गई है, अर्थात कमजोर संकल्प शक्ति वाले साधक इस भयंकर महा सर्पिणी को छेड़ने का जोखिम न उठाएँ। इससे तो यही अच्छा होगा कि इस विकट शक्ति को किंचितमात्र भी छेड़ने का प्रयास बुद्धिमान साधक को नहीं करना चाहिए।

यदि इस अति तीव्र गति वाली महाशक्ति को सम्पूर्ण प्रकार की पूर्व तैयारी के

बिना जगाने से साधक की समस्त स्नायुमण्डल को अस्त-व्यस्त करके बहुत बड़ी हानि पहुँचा सकती है और साथ ही उपासक के सूक्ष्म शरीर में स्थित तत्वों एवं ऊँचे प्रकार के आनन्द आदि कोषों में बहुत बड़ी तकनीकी की गड़बड़ी उपस्थित हो सकती है जिससे शरीर की सात्विक व्यवस्था छिन्न-भिन्न होने की संभावना है। इससे जीवन भी नष्ट हो सकता है। साधक की अथवा साधक के वाचाल, अयोग्य, दिखावा करने वाले आधुनिक तथाकथित कुण्डलिनी ज्ञान के शिक्षक कहलाने वाले निदेशकों के अल्प ज्ञान के कारण यदि इस योग शक्ति को जगाने का प्रयत्न करने पर यह विकट शक्ति कहीं नीचे की तरफ दौड़ पड़ी तो साधक एवं साधिका दोनों में ही कामशक्ति भयंकर रूप से जाग्रत हो जाएगी। वह साधक चाहे वह कोई भी हो वह अपनी वासना पर बिल्कुल नियंत्रण नहीं रख सकेगा। अयोग्य स्थिति में इसे छेड़ने के परिणाम वे उपासक अधिकाँश रूप से व्यसनी, कामुक, बेशरम, राक्षस की भाँति आचरण करने वाले, दुष्ट हो जाते है।

कुण्डलिनी शक्ति का जाग्रत हो जाना किसी प्रकार भी व्यर्थ नहीं जाता। यदि कुण्डलिनी के जगाने पर साधक को कुछ अति नीच प्रकार की एकाध शक्तियाँ भी प्राप्त हो गई तो वह और भी अति निकृष्ट कार्य करने में लग जाएगा और वह व्यक्ति प्रकृति के विरूद्ध उल्टे-सीधे कार्य करने लगेगा। कभी-कभी ऐसे लोग विक्षिप्त दिशाहीन, लक्ष्यहीन होकर इधर-उधर भटकते रहते हैं। कभी-कभी ऐसे लोग अपनी निकृष्ट शक्तियों के द्वारा लोगों को अपनी अनुचित इच्छाओं की पूर्ति के लिए गलत कार्य कराने लगते हैं। कभी-कभी ऐसे लोग अपने आपको तान्त्रिक, महायोगी बहुत-सी सिद्धियों से सम्पन्न व्यक्ति बताने लगते हैं, और लोगों को अपनी कुछ योग्यता के भरोसे ठगने लगते है जिससे कालान्तर में उनका नाश हो जाता है। बहुत से पापों का बोझ अपने ऊपर इकट्ठा कर लेते हैं। जो साधक अज्ञान में इस शक्ति को जगाने का दुःसाहस करते हैं, कभी-कभी उनकी महत्वकांक्षा, अहंकार, स्वाभिमान, लोभ, क्रोध आदि आश्चर्यजनक रूप से बढ़ जाते है। वे निर्दयी महालोभी एवं महाविलासी प्रवृति के बन जाते है। और कभी-कभी इस शक्ति के दुष्परिणाम स्वरूप साधक साधिकाएँ सदैव के लिए भयंकर रोगों के शिकार हो जाते हैं। ऐसे साधक जिन्होंने उलटे तरके से इस विद्युत शक्ति को छेड़ने की अनुचित चेष्टा की है, कुण्डलिनी शक्ति उन्हें जला देगी। इसका अति भयंकर परिणाम बताया जा चुका है।

यदा-कदा ऐसा भी होता है कि यह योग शक्ति पूर्व जन्म में की गई साधनाओं के प्रभाव से सीधे-सच्चे, भावुक साधक साधिकाओं में केवल हल्की-सी भक्ति भाव से साधन कीर्तन सत्संग आदि करने से भी यह अपने आप जाग्रत होने लगती है। ऐसे समय में यदि साधक परम सात्विक, सरल, अभिमान रहित, काम, क्रोध, लोभ आदि

से दूर रहते हुए प्राकृतिक भोजन पर निर्भर करते हुए, उस साधरण साधना मय साधक जीवन चल रहा है तो ऐसे साधक को कोई हानि नहीं होती केवलमात्र उस शक्ति के जाग्रत होने पर थोड़ी गर्मी, अनुभव होती है। और कभी-कभी थोड़े समय के लिए वे चेतना रहित हो जाते है। वह भी कोई चिन्ता और भयंकर जोखिम की बात नहीं होती। साधक के सम्बन्धियों, को ऐसे समय में किसी योग्य आध्यात्मिक व्यक्ति, संत, योगी आदि से उस साधक का उपचार कराना चाहिए। इससे साधक की रक्षा हो सकेगी।

बहुत से साधक इस विचित्र, चकित कर देने वाली, योगिक शक्ति को कई जन्मों के परिश्रम के बाद जगा पाते हैं।

कुण्डलिनी महाशक्ति साधक को हर जन्म में बार-बार जगानी होती है। बार-बार जगाने से इसे अगले जन्म या इसी जन्म में भी पुनः जगाने में सरलता होती है। साधक अपने स्वभाव इच्छाशक्ति, परिश्रम, आदि के अनुसार अलग-अलग प्रकार से कुण्डलिनी महाशक्ति को जगाने का अनुभव करते है। कुण्डलिनी शक्ति के सम्बन्ध में आगे बढ़ने वाले सभी साधकों को बुरे विचारों से दूर रहना चाहिए। किसी प्रकार के नशीले पदार्थ, तम्बाकू, बीड़ी, सिगरेट, शराब, भंग, गाँजा, अफीम आदि का प्रयोग न करें। दुराचरण से सर्वदा, सर्वथा दूर रहें। साधक को सर्वप्रकार की तीव्रता, उतावलोपन जल्दी चंचलता आदि से दूर रहना अत्यन्त आवश्यक है।

मनमाने ढंग से इस मार्ग पर चलने से खाँसी, श्वास रोग, हिचकी, आँख, कान, सिर आदि में दर्द और भी बहुत सारी पेंचीदा बिमारियाँ होने की संभावना रहती हैं। माँस, मदिरा आदि तामसिक आहारों से दूर रहें। भूख से कम खाएँ। ऐसे योगी, साधको साधिकाओं को दूसरे साधारण लोगों, सगे-सम्बन्धियों से भी अपने को अलग रखना चाहिए। दूसरों के कपड़े पहनना, उनपर बैठना, उनका साबुन आदि इस्तेमाल करना ठीक नहीं। किसी से डरना भी नहीं, डराना भी नहीं। इस साधना मार्ग में अपने उपर होने वाले शुभाशुभ प्रभावों, को केवल अपने योग्य गुरू के सिवाय अन्य किसी को नहीं बताना चाहिए। हो सके तो साधक को अपना कमरा भी अलग रखना चाहिए। अपना जीवन सर्व प्रकार योग के नियमों की मर्यादा में ठीक चलाना चाहिए। यह कुछ आवश्यक बातें और नियम सावधान रहने के लिए बताए गए है। इन्हें जानकर इस मार्ग के चलने वाले पथिक, अपने जीवन में इन सूचनाओं से लाभ उठाने का प्रयत्न करें।

कुण्डलिनी से सम्बन्धित आवश्यक सूचना

योग की सर्वप्रधान सुषुम्ना नाड़ी के अनगिनत नामकरण किए गए हैं। इसे महापथ,

श्मशान, शाम्भवी, ब्रह्मरन्ध्र, शून्यपदवी, सरस्वती, आदि कितने ही नामों से सुषुम्ना नाड़ी को सम्बोधित किया है। इसी प्रकार कुण्डलिनी महाशक्ति को भी विभिन्न नामों से जाना जाता है। कुण्डलिनी, कुमारी, अपराजिता, कुण्डले, मूलाधार निवासिनी, कुटिलांगी, भुजंगिनी, सर्पिणी महाकुण्डलिनी, पर ब्रह्म रूपिणी, शब्द ब्रह्ममयी, अनेक आकृतिधारिणी, विसतन्तु स्वरूपा, मूलविद्या, यवल्याम कुटिलरूपिणी, भुजंगाकारा, शक्ति चालिता, अधोमुख सर्पिणी, विद्युतलता, ईश्वरी, अरून्धती आदि ऐसे अनेक नामों से कुण्डलिनी को शास्त्रों में सम्बोधित किया गया है।

उपनिषद में इसे नाचिकेत अग्नि के नाम से जाना जाता है। पाश्चात्य भाषा में इस स्पिरिट फायर कहा जाता है। कुछ लोग SERPENT-FIRE कुछ लोग COSMIC ELECTRICITY कहते है।

वैज्ञानिकों ने और योगियों ने कुण्डलिनी महाशक्ति की गति को प्रकाश की गति से भी अधिक तेज़ गति वाली बताया है। वैज्ञानिकों के अनुसार प्रकाश 1 लाख 85 हजार मील एक सेकेण्ड में प्रकाश चलता है। और कुण्डलिनी महाशक्ति की 3 लाख 45 हजार मील प्रति सेकेण्ड गति है।

यह कुण्डलिनी महाशक्ति युगों, युगों तक अर्थात अनगिनत वर्षों तक मूलाधार में सोती ही रहती है। कुण्डलिनी उत्थान अर्थात जागरण के अनन्तर ही सच्ची समाधि प्राप्त होती है। समाधि को अनेक नामों से जाना जाता है। उन्मनी, अमरत्व, लय, मनोनमनी, राजयोग, शून्य, हत्वं, परम पद, अशून्य, अनमनस्क, निरंजन, निरालम्ब, अद्वैत, सहज, तुरीया, जीवनमुक्ति, असम्प्रज्ञात, जड़ समाधि, और चेतन्य समाधि।

यह जानकारी साधकों को कुण्डलिनी महाशक्ति साधना, योग अभ्यास, उच्च कोटि के योगिक, आध्यात्मिक, उच्च कोटि के ग्रन्थों के अध्ययन के सहायता करेगी।

स्वर विज्ञान से प्राप्त अद्‌भुत सिद्धियाँ

कुण्डलिनी साधना के समकक्ष

योगिक दृष्टि से ऐसी विशेष प्रकार की स्नायुमण्डल की शुद्धि हो जाने से साधक के शरीर में इन नाड़ियों की प्राणायाम आदि क्रियाओं से, पहले ही शुद्धि हो जाने के कारण, छोटी बड़ी आध्यात्मिक और योगिक शक्तियों का, साधक के शरीर में प्रवेश पाने वाला मार्ग स्पष्ट, साफ और स्वच्छ हो जाता है। सर्वप्रथम विभिन्न प्राणायाम आदि क्रियाओं को नियमित रूप से करते रहने से सबसे पहले ईड़ा, पिंगला, आदि दोनों सूर्य, चन्द्र स्वर नाड़ियाँ पूर्ण स्वच्छता को प्राप्त हो जाने के कारण साधक अपने प्राणों को सूर्य नाड़ी अर्थात पिंगला अपने संकल्प के अनुसार, आन्तरिक शरीर में सभी स्थानों पर संकल्प के साथ ले जा सकता है। इसी प्रकार चन्द्र स्वर, ईड़ा नाड़ी अर्थात उल्टे स्वर से भी अपने प्राणों को प्रबल इच्छा शक्ति के द्वारा आन्तरिक शरीर में किसी भी स्थान पर ले जाकर स्थिर करने का मार्ग स्पष्ट हो जाता है।

ईड़ा, पिंगला अर्थात चन्द्र, सूर्य स्वर योगी के शरीर में बाईं नासिका के रूप में चन्द्र स्वर और दाई नासिका के रूप में सूर्य स्वर विज्ञान के अनुसार माने गए हैं। वह अपने नामों के अनुसार ठण्डे, गर्म स्वभाव वाले होते हैं, चन्द्र स्वर ठण्ठा और सूर्य स्वर गर्म होता हैं। यह दोनों स्वर मनुष्य के शरीर में चन्द्र, सूर्य के रूप में विद्यमान हैं। इन्हीं स्वरों के द्वारा सभी प्राणी मात्र, श्वास, प्रश्वास लेते रहते हैं। इस स्वर विज्ञान के अनुसार साधक बारह से प्रन्द्रह श्वास-प्रश्वास एक मिनट में लेता हैं, अर्थात 24 घण्टे में 21 हजार 600 के लगभग श्वास प्रश्वास की संख्या पूरी होती है। योगमार्ग के द्वारा मन को शान्त करने वाली विभिन्न क्रियाओं के द्वारा, जो व्यक्ति इन 21,600 श्वासों की संख्या को 24 घण्टे में प्राणायाम, राजयोग, लययोग, जययोग, ध्यानयोग आदि विभिन्न क्रियाओं के द्वारा, अपने श्वास-प्रश्वास पर जितना अधिक नियंत्रण योगिक, आध्यात्मिक युक्तिों के द्वारा कर लेगा अर्थात अपने श्वास-प्रश्वास को निश्चित संख्या से जितना कम करता जाएगा उस जीव अर्थात प्राणी की आयु उतनी अधिक बढ़ जाएगी।

सभी प्राणीमात्र की आयु का मानदण्ड योगिक विचार के अनुसार श्वास-प्रश्वास पर, उनकी निश्चित संख्या पर निर्भर करता है। कहा भी जाता है कि देखो भाई अब इस प्राणी की साँसों की संख्या पूरी हो गई है, अर्थात इसकी आयु अब समाप्त हो गई है। इससे सिद्ध होता है कि आयु का मापदण्ड दिन, मास, वर्ष आदि के द्वारा नहीं नापा जाता है। किसी की आयु उसके निश्चित साँसों पर निर्भर करती है इसलिए योगिक साधनों क्रियाओं और विशेष प्राण क्रिया के ऊपर निर्भर करता है।

मन और प्राण दोनों में से यदि कोई एक स्थिर अर्थात शान्त हो जाए तो दोनों ही शान्त हो जाते है। योगिक सिद्धान्त और प्रत्यक्ष कर्म अभ्यास के द्वारा भलीभाँति देखा जा चुका है। और पूर्णरूपेण सिद्ध हो गया है, कि साधन और प्राण दोनों में से किसी एक के शान्त, स्थिर होते ही उस प्राणी, साधक, योगी की श्वास क्रिया बन्द हो जाने पर आयु घटना बन्द हो गया है। यह बात अपने में स्वयं सिद्ध है। जब किसी जीव या साधक का श्वास-प्रश्वास चल ही नहीं रहा है और वह योगमार्ग में जिसे समाधि स्थिति कहते हैं उसमें चला गया है। इस समाधि स्थिति में पहुँचने पर किसी साधक या प्राणी की मृत्यु नहीं हो सकती और उसका शरीर भी प्राकृतिक कारणों से नष्ट नहीं होता।

यह समाधि दो प्रकार की होती है, जड़ और चेतन। ज्ञानमार्ग और योगमार्ग के द्वारा इस समाधि को कई नामों और प्रकारों वाली बताया गया है। यह बहुत बड़ा समाधि का विस्तृत विषय है।

उपरोक्त विवरण से सिद्ध होता है कि साधक, योगिक क्रियाओं द्वारा एवं अन्य प्राकृतिक क्रियाओं के द्वारा भी चन्द्र, सूर्य नाड़ियों में अर्थात स्वरों में चलने वाले प्राणों को नियंत्रित कर सकता है।

योग विज्ञान के एक भाग, स्वर विज्ञान के द्वारा जिसका उपदेश स्वयं योगीश्वर भगवान शंकर ने अति प्राचीन काल में, संसार के उपदेश दिया था। यह स्वर योग विज्ञान कई अति गहन और अत्यन्त सूक्ष्म विद्याओं और विज्ञानों को अपने अन्दर समाहित किए हुए है। सम्पूर्ण शरीर विज्ञान, तत्व विज्ञान, योग विज्ञान, आयुर्वेद शास्त्र, ज्योतिष विज्ञान, मुद्रा विज्ञान आदि इस स्वर विज्ञान के सहयोगी विज्ञान है।

इस विज्ञान के द्वारा बहुत बड़े-बड़े चमत्कार किए जा सकते हैं। इसे योग की अति सूक्ष्म, चमत्कारी महत्वपूर्ण शक्तियाँ, सिद्धियाँ प्राप्त करने का मार्ग बताया गया है।

इस विज्ञान के द्वारा साधक अपने आन्तरिक शरीर की प्रकृति पर नियंत्रण सकता

है और बाह्य प्रकृति पर भी इस विज्ञान के द्वारा बहुत कुछ अदल, बदल अर्थात परिवर्तन की शक्ति स्वर विज्ञान के सिद्ध योगी साधक को प्राप्त हो जाती है। इसके बहुत से प्रत्यक्ष उदाहरण, प्राचीन काल से आज तक विभिन्न सन्त महात्माओं ने प्रत्यक्ष रूप से देखे है। इस स्वर शास्त्र के द्वारा भूत, भविष्य और वर्तमान का ज्ञान, एक विशेष परिस्थिति में पहुँचकर हो जाता है। उसके द्वारा दूसरों और स्वयं भी लाभान्वित किया जा सकता है।

स्वर शास्त्र के द्वारा वह योगी साधक बहुत से प्राकृतिक रहस्यों को जानने की शक्ति प्राप्त कर लेता है। अपने और दूसरों के बारे में शक्ति प्राप्त कर लेता है। अपने और दूसरों के बारे में श्वास-प्रश्वास की अति सरल से उलट-फेरों को करने से प्रकृति और शरीर की सात्विक स्थिति में बहुत सारे प्रत्यावर्तन लोम-विलोम प्रकार से अनुवर्तन, तत्वों की घटन क्रिया एवं तत्वों को प्रत्यावर्तन करने भी स्वर विज्ञान के साधक को अधिकार हो जाता है।

इस विज्ञान के अनुसार संसार के अनगिनत लाखों से भी अधिक संख्या वाले अच्छे बुरे सांसारिक, आध्यात्मिक, शारीरिक, मानसिक, राजनैतिक, सामाजिक सभी शुभाशुभ कार्यों को करने का इन्हीं चन्द्र स्वर आदि के समय में और इनमें व्यतीत होने वाली पंच तत्वाटक विशेष घड़ियों में दुनियाँ के समस्त कार्यों को विभाजित किया गया हैं। यदि स्वर विज्ञान के अनुसार कार्यों की सूची बनाई जाए तो वह एक ग्रन्थ का आकार ले लेगी। इसलिए इनके सम्बन्ध में अति सूक्ष्म रूप से ही इस स्थान पर विवरण दिया जायेगा।

चन्द्र स्वर के चलते समस्त शुभ कर्म मनुष्य मात्र को करने चाहिए। और सूर्य स्वर के चलते समय अधिकाँश रूप से सभी अशुभ कार्यों हथियार चलाना यन्त्र-तन्त्र की रचना, युद्ध, काटना, छाँटना, कठोर योगिक साधना, राजपुरूषों से मिलना, वाद-विवाद करना, भोजन, स्नान, कठिन और क्रूर कर्म, ये सभी और इसके साथ और भी बहुत से कर्म दक्षिण सूर्य स्वर, पिंगला नाड़ी में करने चाहिए। इसी प्रकार आत्म-चिन्तन मोक्ष, ज्ञान, आध्यात्मिक विज्ञान, आत्मा परमात्मा को समझने का प्रयन्त करना आदि सम्बन्धी सभी कार्य और कुण्डलिनी आदि महाशक्तियों को जगाने का सर्वोपरि कर्म सुषुम्ना नाड़ी में प्राणों के चलते समय करना सर्व प्रकार सिद्धि शक्ति और शान्ति देने वाला होगा।

स्वर विज्ञान के बहुत ऊँचे अभ्यास से साधक के प्राण मन और समस्त इन्द्रियाँ शान्त स्थिर होकर दृढ़ संकल्प और ध्यान के द्वार प्रबल इच्छा शक्ति के सहयोग से महत्वपूर्ण संयम द्वारा सुषुम्ना द्वार तक पहुँचकर कुण्डलिनी शक्ति को पीड़ित करके त्रिबन्द

का दृढ़ अभ्यास और प्रबल योगिक धारणा के साथ, सुषुम्ना में कुण्डलिनी महाशक्ति के साथ स्वयं भी प्रवेश प्राप्त कर लेता है। यह योगिक साधक अपनी साधना के प्रभाव से दृढ़ संकल्प, प्रबल धारणा, विश्वास, श्रद्धा, भक्ति और अपनी अटूट लगन के सहयोग से प्राणों की गति को ऊर्ध्व बनाकर श्वास-प्रश्वास कों अर्थात हृदय की गति को नितान्त बन्द करके, योग के ऊँचे लक्ष्य की ओर निर्द्वन्द होकर बढ़ने लगता है।

इससे पहले मन को शान्त करने वाले भगवान शंकर द्वारा बताए विभिन्न प्रकार के चार सौ के लगभग साधनों के द्वारा, प्राणों को उन विभिन्न, मन शान्ति के श्वास-प्रश्वास की गति में इच्छानुसार विशेष प्रकार की स्थिरता लाने के निमित्त में से किसी भी उपाय का प्रयोग करने पर श्वास-प्रश्वास नियंत्रित हो जाते हैं। और उसके द्वारा अलग-अलग स्थिति में, श्वास-प्रश्वास, प्राणों को स्थिर कर देने पर स्वर विज्ञान के योगी साधक को विभिन्न प्रकार की शक्तियाँ, आनन्द वाक, सिद्धि, दूर दृष्टि, दिव्य दृष्टि, योग की विभिन्न सिद्धियाँ, शून्य मानसिक आध्यात्मिक और वैज्ञानिक विद्याओं के सम्बन्ध में महत्वपूर्ण ज्ञान की प्राप्ति होना आदि कितनी ही मानवमात्र को चकित कर देने वाली सिद्धियाँ शक्तियाँ प्राप्त होती हैं। इस स्वर विज्ञान द्वारा साधक अपने प्राणों को अर्थात अपनी कुल कुण्डलिनी, महान उर्जा शक्ति को सुषुम्ना मार्ग के विशेष स्तरों पर स्थिरता प्राप्त करा के, कुण्डलिनी मार्ग योग साधना की भाँति ही अनन्त विभूतियाँ प्राप्त कर सकता है और उनका उपयोग भी कुण्डलिनी मार्ग की अपेक्षा स्वर साधना मार्ग द्वारा अत्यन्त सरल है।

यदि इस स्वर साधन, योग विद्या की साधना के द्वारा साधक की इच्छा, कुण्डलिनी योगमार्ग से प्राप्त होने वाली योगमार्ग की अनन्त विभूतियों, सिद्धियों के समकक्ष ही योगिक, आध्यात्मिक, दिव्य, चमत्कारिक, सूक्ष्म शक्तियाँ प्राप्त करने की हो तो निश्चय ही बिना कुण्डलिनी शक्ति को छेड़े, अत्यन्त सहज अवस्था और योगमार्ग के द्वारा अर्थात स्वर साधना के माध्यम से ही, वह सभी कुछ यथावत प्राप्त किया जा सकता है। इसमें तनिक भी सन्देह नहीं।

वैसे तो कितने ही योगमार्ग, भारतीय योग विज्ञान के अन्तर्गत योगीश्वर ने बताए हैं। उन सबके द्वारा ही कुण्डलिनी महाशक्ति की सिद्धि प्राप्त करने अर्थात उसे जाग्रत करने के उपरान्त, जिस-जिस प्रकार की अलौकिक ऋद्धियाँ-सिद्धियाँ प्राप्त होती है, अन्य अनगिनत योग साधना के द्वारा ही प्रकारान्तर से कुण्डलिनी साधना का नाम लिए बिना भी वही कार्य सम्पादित होगा।

यह बात सुनने के अनन्तर साधक प्रश्न कर सकता है, इन सभी योगसाधनाओं में हल्की दृष्टि से अर्थात परिणाम को देखते हुए कोई अन्तर नहीं है, तो यह सब मार्ग

भिन्न भिन्न बनाने की आवश्यकता क्या थी ? वस्तुतः यह अत्यन्त रहस्यमय प्रश्न है। संसार के सभी जीव साधक, उपासक, भजन करने वाले एक ही विचार के अथवा एक ही मति के नहीं होते। और सभी साधकों को एक या दो प्रकार से काम करना, लक्ष्य प्राप्ति करने में रूचि नहीं होती। सभी जीवों की पूर्वजन्म में की गई साधना के अनुसार, उनकी रूचि होती है। कोई साधक अत्यन्त सहज, सरल, भक्तिमार्ग के द्वारा अपना लक्ष्य साधन करना चाहते है। कुछ मन्त्र शास्त्र के द्वारा लक्ष्य प्राप्ति की इच्छा करते हैं। उनमें से कुछ अष्टांग योग के माध्यम से कितने ही साधक ज्ञानयोग, राजयोग, हठयोग, नादयोग, स्वर योग, संगीत योग, समाधि योग, तपयोग, जपयोग, आदि सरल और कठिन साधनाओं के द्वारा योग की उच्चतम रहस्यमयी शक्तियों को प्राप्त करने की अपनी रूचि के अनुसार इच्छा करते हैं। यदि भाग्यवश साधक की रूचि को समझने वाले सुलझे हुए गुरू, गाईड, शिक्षक, मार्ग दर्शक, मिल गए, तो साधक अपने इच्छित लक्ष्य को बड़ी सरलता से प्राप्त कर लेता है।

कितने ही साधक ऐसे होते हैं, जिन्हें सरल साधनाएँ करने में रूचि नहीं होती। वह अति कठिन, विचित्र, वक्रगति से चलने वाली दुसाध्य साधना के द्वारा ही अपनी मनोकामना पूर्ण करना चाहता है। कुल कुण्डलिनी महाशक्ति योगमार्ग की वस्तुतः अघोर मार्ग, वाममार्ग आदि कठोर एवं दुर्गम, सरलता से समझ न आने वाली, अति विकट साधनाएँ हैं। इसी प्रकार तन्त्र योग में भी अत्यन्त पेचीदा, दुःसाध्य, दुर्लभ, दुर्गम योगसाधनाएँ कुण्डलिनी योग की भाँति ही उपस्थित है। ऐसा देखा गया है कि बहुत से साधकों को सीधी-साधी, सरल और सहज भाव से की जाने वाली योग साधनाएँ करने में बिल्कुल आनन्द नहीं आता। उन्हें तो अत्यन्त कठोर और कठिन परिश्रम एवं दुर्गम विधि-विधान और मार्गों वाली, विचित्र योग साधनाएँ ही अच्छी लगती है।

कुण्डलिनी साधना मार्ग में साधक को प्रत्येक पग पर असम्भावित रहस्यमयी, और पहले देखी न सुनी, चकित कर देने वाली विचित्र घटनाएँ, दृश्य, आदि उपस्थित होने की सम्भावनाएँ रहती है।

कुण्डलिनी महाशक्ति अणु, परमाणु, शक्तियों से भी शत-सहस्त्र गुणी विकट शक्तिशाली, महानतम ऊर्जा शक्ति मानी गई है। कुण्डलिनी शक्ति को छेड़ने से जिस प्रकार का आन्तरिक और सूक्ष्म विस्फोट होता है, वह हजारों सूर्यों से भी अधिक शक्ति और प्रकाश वाला होता है। जिसके द्वारा संसार में क्या कुछ संभव नहीं है। अणु और आत्मा दोनों एक ही संस्कृत की धातु से बने हुए शब्द है। अर्थात उनका उत्पत्ति स्थान एक ही है। अणु के सम्बन्ध में आज खोज प्रत्यक्ष हो चुकी है। किन्तु आत्मा के सम्बन्ध

में आधुनिक विज्ञान ने अभी पहला कदम भी आगे नहीं बढ़ाया है। जरा गम्भीरता से विद्वान, साधकजन और समस्त वैज्ञानिक विचार तो करें कि जब अणु और परमाणु की अत्यन्त रहस्यमय महान ऊर्जा शक्ति और उसकी विभिन्न शक्तिशाली धाराओं शाखाओं के सम्बन्ध में अभी तक नए-नए अनुसंधान सामने आ रहे हैं, किन्तु अणु, परमाणु की अभी तक पूरी-पूरी शक्ति की कोई निश्चित अवधि या कोई निश्चित मापदंड स्थापित नहीं किया गया है। तो फिर हम समस्त संसार के साधक विद्वान, वैज्ञानिक बड़ी सरलता से अनुमान लगा सकते हैं और निश्चित कर सकते हैं कि जो आत्मा अणु का भी अणु है उसकी शक्ति का क्या ठिकाना होगा। जब आज अणु के विस्फोट से ही संसार आश्चर्य चकित हो रहा है तो जो वस्तु अणु का भी अणु है उस आत्मा रूप सूक्ष्मतम अणु का विस्फोट होने पर कैसा महा प्रकाश और कैसी विचित्र महाशक्ति का प्रादुर्भाव होगा। उसका अनुमान लगाना आदमी की बौद्धिक शक्ति के बाहर की बात है। किन्तु मेरे प्राचीन तपस्वी, मेधावी अत्यन्त सूक्ष्म प्रकार के वैज्ञानिक, ऋषि-महर्षि ने, अणु के भी अणु, आत्मा के सम्बन्ध में पराविज्ञान के द्वारा, उच्चतम योगिक क्रियाओं तकनीकों एवं सूक्ष्म अनुसंधानों द्वारा, कुण्डलिनी साधना जैसे दुर्गम मार्गों का अवलम्बन लेकर आत्मा के रहस्यों और शक्तियों को जानने का भागीरथ प्रयत्न युगों-युगों से निरन्तर करते आए हैं और अतीत के बहुत लम्बे-चौड़े समय में प्राचीन वैज्ञानिक और तपस्वियों ने आध यात्मक योग मार्ग की इस आत्म शक्ति का एक बार नही असंख्य बार विस्फोट करके स्वयं भी देखा है और अनगिनत अवसरों पर संसार को भी प्रत्यक्ष दिखाया है। हमारा प्राचीन मानवमात्र का इतिहास, जिसमें देव, दैत्य, दानव और मानव सभी आ जाते है। प्राचीन काल में बड़ी-बड़ी विकट और दुर्लभ शक्ति रखने वाले सुर-असुर दैत्य, दानव और तपस्वी मानव उत्पन्न होते रहे हैं। समस्त विश्व का इतिहास इन सबका साक्षी है।

विश्व के उन महा पराक्रमी दैत्य, दानव और मानवों के पूरे-पूरे नाम और विवरण, आज भी उनके सम्बन्ध में उपस्थित किया जा सकता है। वह सबका सब अर्थात उनका दिव्य पराक्रम, उनकी मोह शक्ति, ज्ञान-विज्ञान एवं साधना के सम्बन्ध में आश्चर्य चकित कर देने वाला वर्णन, हमारे प्राचीन, वैज्ञानिक, ऐतिहासिक और उन आध्यात्मिक ग्रन्थों में उपस्थित है। उनकी दुर्लभ शक्तियों के अनुसंधानों, उपासनाओं की पूरी-पूरी व्यवस्थित पद्धति, आज भी हमें साधना, अनुसंधान, वैज्ञानिक पद्धति विधि-विधानों के साथ पूर्ण रूप से प्राप्त हैं।

खेद है कि ऐसी अद्भुत वैज्ञानिक आध्यात्मिक, आत्मिक एवं आण्विक खोजों को करने वाले बुद्धिमान परम साहसी, उदभट्ट, साधकों की सर्वत्र, बहुत बड़ी कमी का अनुभव हो रहा है। हमने इस सृष्टि संवत, तदानुसार कलियुग के संधिकाल के, साढ़े पाँच हजार

वर्ष व्यतीत होने के अनन्तर, विक्रमादित्य राज्य के संवत 2055 के दशक में ऐसे प्राचीन वैज्ञानिक अनुसंधानों मन्त्र साधनाओं एवं योग साधनाओं के सम्बन्ध में, बहुत से अनुसंधान करने का प्रयत्न किया है। उनमें से मन्त्र विज्ञान, तत्वयोग, मुद्रा विज्ञान, तन्त्र विज्ञान, रसायन विज्ञान, वृक्षा आयुर्वेद विज्ञान आदि के सम्बन्ध में, अद्‌भुत विज्ञान के सहयोग से कुछ सफलताएँ प्राप्त की है। ऐसे साधकों का आहवान करते हैं कि वे साधकगण अपने प्राचीन, वैज्ञानिक ऋषियों की धरोहर इन महान शक्ति शाली उपासनाओं को पुनः परिश्रम करके संसार के समक्ष इनकी महान शक्तियों का प्रत्यक्ष परीक्षण करके दिखावें।

हमने प्रयत्न किया है कि प्राचीन दुःसाध्य और अत्यन्त कठिन कुण्डलिनी महा ऊर्जा शक्ति अणुशक्ति जैसी कुण्डलिनी महाशक्तियों के सम्बन्ध में पुनः नवीन अनुसंधान उपासना, करके इस भौतिक युग के समक्ष उपस्थित करें।

आज की परिस्थितियों के देखते हुए, आज के साधकों में शारीरिक, मानसिक, भौतिक शक्ति प्राचीन काल जैसी तो हो नहीं सकती। इसलिए उनके लिए कुछ सरल प्रकार की, जाने वाली उपासना पद्धतियों को विशेष रूप से विकसित करना होगा। उपरोक्त वर्णन में, जैसा कि हमने बताने का प्रयत्न किया और कई प्रकार के उदाहरण के द्वारा यह सिद्ध करने का प्रयत्न किया, कि कठिन और सरल उपासना पद्धतियों में कोई अन्तर नहीं है। इसलिए इच्छुक साधक किसी भी साधना मार्ग से चलकर अपनी संकल्प शक्ति के अनुसार, अपने अन्दर से महा ऊर्जा शक्ति अणु-परमाणु द्वारा जैसी शक्ति प्राप्त होती हैं, आत्म निर्भर, आत्म चिन्तन, आत्म साधना के द्वारा वैसी ही शक्ति प्राप्त की जा सकती है।

स्वर साधना के द्वारा पहले साधक को अति अल्प शक्ति रखने वाले प्रयोग करके देखने चाहिए। तदउपरान्त थोड़ा और कठिन चमत्कारी प्रयोग करने का साहस किया जाए। तदअनन्तर और बड़े प्रयोग करने का अभ्यास करके धीरे-धीरे साधना की उच्च स्थिति में पहुँचने का प्रयास किया जाए, तो निश्चय ही साधक में और उसकी शारीरिक, बौद्धिक, मानसिक एवं आत्मिक शक्तियों में अद्‌भुत प्रकार का परिवर्तन समय एवं साधना के साथ-साथ क्रमशः विकसित होता जाएगा।

साधक को सर्वप्रथम, चन्द्र नाड़ी अर्थात वाम (उल्टा) स्वर और पिंगला नाड़ी दक्षिण (सीधा) स्वर इन दोनों के सम्बन्ध में पूरी तरह जानकारी प्राप्त कर लेनी चाहिए। चन्द्र स्वर, ईड़ा नाड़ी का प्रभाव ठण्डा, शीतल चन्द्रमा की तरह सभी गुणों से सम्पन्न होता है। सूर्य स्वर, पिंगला नाड़ी (उल्टा स्वर) सूर्य की भाँति करोड़ों की शक्ति रखने वाला होता है। सुषुम्ना नाड़ी इन दोनों के मध्य में है और वह आध्यात्म से अर्थात आत्मा

से सम्बन्ध रखने वाली विशेष चमत्कारी है, इसलिए उसका स्वभाव इनसे भिन्न और अत्यन्त शक्ति सामर्थ्य वाला है। श्वास प्रश्वास अर्थात प्राण शक्ति का संक्रमण, साधना से चन्द्र और सूर्य नाड़ी में अर्थात स्वरों में भी अदल-बदलकर चलता रहता है। प्राणायाम ध्यान, साधना, ज्ञान साधना और अन्य योगिक क्रियाओं द्वारा साथ ही मन शान्त करने वाले भगवान योगीश्वर द्वारा बताए गए अनेकों प्राण शान्त कराने वाले अर्थात प्राणों को सुषुम्ना में शक्ति प्राप्त करने वाले विधि-विधानों को प्रत्यक्ष अभ्यास द्वारा करने का यत्न करना चाहिए। साधक सर्वप्रथम अपनी सात्विक ध्यान साधना ज्ञान साधना, तत्व साधना आदि करते हुए अपने प्राणों का उल्टे, सीधे वाम-दक्षिण ईड़ा-पिंगला आदि नाड़ियों में चलने के निश्चित क्रम को अच्छी प्रकार समझने का प्रयत्न करे। ऐसा ज्ञान हो जाने पर प्राणों को योगीश्वर के कथनानुसार और ऋषियों के मार्ग दर्शन के अनुसार समस्त मन बुद्धि इन्दियों आदि को शान्त करके भ्रमर जप आदि ज्ञान पुरस्सर और योगिक प्रयत्न द्वारा मन प्राणों को शान्त, स्थिर करके पूर्ण स्थिरता की स्थिति में दृढ़ संकल्प के साथ दृढ़ और स्थिर होकर ध्यान में, ध्यान के द्वारा ही साधना की उच्च स्थितियों में पहुँचने का प्रयत्न करना, साधक को अपेक्षित है। जब इस प्रकार की स्थिरता स्वाभाविक रूप से साधक को प्राप्त हो जाती है तो उसके लिए योग की कई प्रकार की दुर्लभ सिद्धि, शक्तियाँ, अत्यन्त सहज मार्ग से प्राप्त होने में तनिक भी कठिनता नहीं होती।

कुछ आवश्यक प्रयोग

सभी साधकों को अपने शरीर को शक्तिशाली और निरोग बनाने के लिए स्वर बदलने का अभ्यास बहुत अच्छी प्रकार कर लेनी चाहिए। स्वर शास्त्रानुसार, एक नासिका से साधारण रूप से एक घण्टे तक श्वास चलता है और अगला घण्टा आरम्भ होने से एक घण्टे तक प्राणी की दूसरी नासिका से श्वास स्वाभाविक ही चलने लगता है, यह एक प्राकृतिक नियम है। शुक्ल पक्ष, अर्थात चाँदनी पक्ष में पहली, दूसरी, तीसरी, सातवीं, आठवीं, नवीं, तेरहवीं, चौंदहवीं और पन्द्रहवीं तिथियों में सूर्य उदय होते ही एक घण्टे तक उल्टी नासिका अर्थात ईड़ा नाड़ी से साधारण रूप से मनुष्य का श्वास चलेगा और शुक्ल पक्ष की चौथी, पाँचवी, छठी, दसवीं, ग्यारहवीं, और बारहवीं तिथियों में सीधी, दक्षिण नासिका, पिंगला नाड़ी से श्वास चलने का नियम है।

और इसी प्रकार अन्धेरे पक्ष में जिसे कृष्ण पक्ष कहते हैं उसकी पहली, दूसरी, तीसरी, सातवीं, आठवीं, नौवीं, दसवीं, तेरहवीं, चौदहवीं, पन्द्रहवीं तिथियों में दिन के आरम्भ से एक घण्टे तक दक्षिण (सीधी) नासिका से अर्थात पिंगला नाड़ी से श्वास चलता है। और कृष्ण पक्ष की 4,5,6,10,11वीं और 12 वीं तिथियों में चन्द्र नाड़ी, ईड़ा अर्थात

वाम स्वर से साँस चलने का प्राकृतिक नियम है।

स्वर जानने का तरीका

जब कभी साधक किस समय कौन-सा स्वर चल रहा है यह जानना चाहे तो अपने एक नासिका को बन्द करके दूसरे से श्वास को थोड़ा किसी से बाहर निकाले उसी समय उस नासिका को बन्द करके दूसरी नासिका से पहले की भाँति श्वास बाहर निकालने का प्रयत्न करे। ऐसा दो चार बार करके देखने से स्पष्ट मालूम हो जाएगा जिस नासिका से श्वास बिना जोर लगाए साफ सरल प्रकार बाहर आता हो और दूसरी नासिका से कुछ रूककर बाहर आता हो, तो समझ लेना चाहिए, जिस नासिका से सरल स्वाभाविक रूप से बिना जोर लगाए बाहर भीतर साँस आता जाता है तो वही नासिका नाड़ी चल रही है।

स्वर विज्ञान का विशेष रहस्य पंच तत्व

पृथ्वी, जल, अग्नि, वायु, एवं आकाश यह पाँचों पंच तत्व कहलाते हैं। स्वरों के उदय, अस्त के साथ-साथ पंच तत्वों का भी अर्थात पंच महा का भी उदय अस्त प्राकृतिक नियमानुसार होता रहता है। इस स्वर विद्या के ज्ञान की पूर्णता पंच तत्वों की ठीक-ठीक गति विधि, उदय-अस्त, उनका प्रत्यावर्तन होना आदि योगी साधक के आन्तरिक मेरूदण्ड के सुषुम्ना मार्ग में स्थित चक्रों में ध्यान करने से समस्त क्रियाएँ, तत्वों का घटना-बढ़ना, उदय-अस्त सब कुछ ठीक-ठीक ज्ञान किया जा सकता है।

योगचक्रों का संक्षिप्त परिचय

मूलाधार चक्र साधक के शरीर में योनि स्थान के निकट सुषुम्ना द्वार के पास सीवनी नाड़ी में स्थित है। मूलाधार पृथ्वी तत्व, इसका पीला रंग, आकार चतुष्कोण, गुण गन्ध, कर्मेन्द्रि गुदा, ज्ञानेन्द्री नासिका, मन के विकारों में पृथ्वी तत्व की प्रधानता होता है। मूलाधार चक्र में पृथ्वी तत्व का ध्यान करने से शरीर के पृत्वी तत्व के विकार नष्ट हो जाते है।

प्रयोग

रात्रि के अन्तिम पहर में पद्यासन या वज्रासन से सीधे बैठकर साधक को पृथ्वी तत्व, पीला रंग, उसका बीज **'लं'** चतुष्कोण (चौकोर) मूलाधार चक्र में ऐसा ध्यान करने से जब साधक की नासिका विभिन्न प्रकार की सुगन्धियों से भर जाए तो इस चक्र को

सिद्ध जानना चाहिए।

स्वाधिष्ठान योग चक्र (HYEOGASTRIC PLEXUS)

इस योगचक्र का स्थान मूलाधार चक्र से थोड़ा-सा ऊपर जननेन्द्रिय के पास माना जाता है। यहाँ जल तत्व का प्रधान्य है। श्वेत रंग, चन्द्राकार आकृति, रस इसका गुण है। कर्मेन्द्रि जननेन्द्रि मूत्र मार्ग, ज्ञानेन्द्रि जीह्वा (जीभ), रस तत्व के परिणाम काम, क्रोध, मोह आदि। इसका बीज मंत्र **'वं'**। इस चक्र पर ध्यान करने से क्षुधा, पिपासा सहन करने की शक्ति उत्पन्न हो जाती है। अथाह जल में घुसने की शक्ति प्राप्त होती है। पहले की तरह अमृत वेला में उठकर इस चक्र पर चन्द्राकार आकृति में श्वेत रंग के साथ **'वं'** बीजमंत्र का जप और ध्यान करना चाहिए।

नाभिचक्र-मणिपूर योग चक्र (EPIGASTRIC-PLEXUS)

नाभि में यह स्थित है। इसका रंग-लाल, गुण-रूप, आकृति त्रिकोण, कर्मेन्द्रि नेत्र **'रं'** बीजमंत्र है। इस चक्र पर के लाल रंग क तिकोने आकार में 'रं' बीज पर ध्यान करने से गर्मी सहने की शक्ति, बहुत अधिक खाने की शक्ति साधक को प्राप्त हो जाती है। पूर्वोक्त प्रकार से ब्रह्ममूहुर्त में ऐसा ध्यान करना चाहिए।

अनाहत् योग चक्र-हृदय चक्र (CARDIAC PLEXUS)

हृदय के स्थान में यह वायु तत्व का हरे रंग वाला छः कोण की आकृति वाला योग चक्र है। **'यं'** बीज मंत्र, गुण-स्पर्श, कर्मेन्द्री-हाथ, ज्ञानेन्द्री-त्वचा, ब्रह्ममुहुर्त में सूर्य उदय से पूर्व इस चक्र पर 'यं' बीज मंत्र का निरन्तर ध्यान करने से इनकी सिद्धि होने पर वायु में उड़ने जैसी शक्ति प्राप्त हो जाती है।

विशुद्ध योग चक्र, कण्ठ चक्र (CARUTIF-PLEXUS)

यह कण्ठ में स्थित है। नीला रंग, अण्डाकार आकृति, इसका गुण शब्द, कर्मेन्द्रि वाणी, ज्ञानेन्द्री कर्ण (कान), **'हं'** बीजमंत्र, इसका रंग विचित्र प्रकार का नीला रंग, शून्य का ध्यान, प्रातःकाल की और अष्ट सिद्धियों की शक्तियाँ प्राप्त होने का फल बताया गया हैं।

कई विभिन्न विंधियाँ

एक साफ सुथरा दर्पण लेकर उसके ऊपर साधक जोर से साँस मुख के द्वारा छोड़े। यदि उस पर चोकोर आकृति बन जाए तो शरीर में पृथ्वी तत्व का उदय है।

इसी प्रकार साँस छोड़ने से अर्धचन्द्राकार आकृति बने तो जल तत्व। ऐसे ही साँस छोड़ने पर तिकोन बन जाए तो अग्नि तत्व और इसी प्रकार शीशे पर श्वास डालने से बिन्दु-बिन्दु गोल आकृति बन जाए तो आकाश तत्व अभिव्यक्त हो रहा है।

हर तत्व का अर्थात पाँचों तत्वों के पाँच रंग हैं। आँख को जोर से बन्द करने से ललाट में ध्यान से देखने पर पीला रंग ध्यान में आए तो पृथ्वी तत्व, सफेद रंग ध्यान आए तो जल तत्व, रक्त वर्ण ध्यान आए तो अग्नि तत्व, बादल की तरह का हरा रंग दिखाई दे तो वायु तत्व, नीला और विचित्र रंग दिखाई दे तो आकाश तत्व का उदय समझना चाहिए।

आकाश तत्व शरीर में उदय होने की स्थिति पर श्वास का परिमाण 20 अंगुल होता है। वायु तत्व के समय 8 अंगुल का परिमाण है। अग्नि तत्व के समय 4 अंगुल का, जल तत्व के समय 16 अंगुल का, जब श्वास 12 अंगुल चले तो पृथ्वी तत्व माना गया है।

मुख के स्वाद से तत्वों की पहचान

बिना कुछ खाए मुख का स्वाद हल्का मीठा हो तो पृथ्वी तत्व कषैला स्वाद हो तो जल तत्व, कड़वा हो तो अग्नि तत्व, खट्टा हो तो वायु तत्व, तीखा हो तो आकाश तत्व का उदय शरीर में समझना चाहिए।

शास्त्रों में आए इस विज्ञान से सम्बन्धित कुछ विशेष श्लोक

श्वास गति

मध्ये पृथ्वी ह्याधश्चापश्चोर्ध्वं वहति चानलः।
तिर्यग्वायुप्रचारश्च नमो वहति संक्रमे।।

आकार आकृति

चतुरस्त्रं चार्द्धचन्द्रं त्रिकोण वर्तुलं स्मृतम्।
विन्दुभिस्तु नमो ज्ञेयमाकारैस्तत्त्व लक्षणम्।।

स्थान रंग

आपः श्वेताः क्षितिः पीता रक्तवर्णो हुताशनः।
मारूतो नीलजीमूत आकाशो भूरिवर्णकः।।

अंगुल प्रमाण

अष्टाङ्गु.लं वहेद्वायुरनलं चतरङ्गु.लवारूणम्।

स्वाद

माहेयं मधुरं स्वादु कषायं जलमेव च।
तिक्तं तेजो वायुरम्ल आकाशः कटुकस्तथा।।

तत्वों का समय

आकाश तत्व दस पल तक रहता है। वायु तत्व बील पल, अग्नि तत्व 30 पल, जल तत्व 40 पल, पृथ्वी तत्व 50 पल, अर्थात आकाश तत्व 4 मिनट, वायु 8 मिनट, अग्नि 12 मिनट, जल 16 मिनट और पृथ्वी 20 मिनट के समय तक यह तत्व क्रमशः विद्यमान रहते है।

अत्यन्त विशेष और चमत्कारी

यह विज्ञान विद्या बहुत ही अनोखी प्रतिमा रखने वाला शास्त्र है। इसके द्वारा सांसारिक, शारीरिक, मानसिक, बौद्धिक एवं अत्यन्त उच्च प्रकार के योगिक और आध्यात्मिक कार्यों में सिद्धि प्राप्त की जा सकती है।यह विज्ञान आध्यात्म योग साधना, आत्मिक उन्नति, मोक्ष प्राप्ति के साथ-साथ सर्व प्रकार की साँसारिक शक्ति, सिद्धि और आनन्द प्राप्त कराने

शरीर में पंच तत्व

की क्षमता रखता है। यह विज्ञान अपने में कई विचित्र विद्याओं, शास्त्रों को समाये हुए है। इस स्वर शास्त्र के स्वास्थ्य विज्ञान, तत्व विज्ञान, योग विज्ञान, आध्यात्म विज्ञान, मन्त्र विज्ञान सिद्धि और शक्तियों का रहस्य, यह सब विद्याएँ इस स्वर शास्त्र के अन्तर्गत आ जाती हैं। स्वर शास्त्र के साथ साधक को इन सबका ज्ञान भी हो जाता है अर्थात इस सारी विद्याओं को भी साधक को भलीभाँति जानना पड़ता है। स्वर विज्ञान के साधक को योगी कहकर बुलाया जा सकता है, क्योंकि इस विज्ञान के साधक को साँसारिक सिद्धियों के साथ-साथ आध्यात्मिक प्रकार की सिद्धियाँ भी प्राप्त हो जाती हैं। स्वर शास्त्र के अनुसार उल्टे स्वर में शान्तिकर्म और पौष्टिक कर्म किए जा सकते है।योगाभ्यास, परमात्मा के दर्शन, दिव्य रासायनिक औषधियों का सेवन और समस्त प्रकार की रासायनिक औषधियाँ बनाना एवं उनका प्रयोग करना, उच्च कोटि के यज्ञ, दान आदि करना भी पृथ्वी तत्व या जल तत्व अथवा दोनों के सन्धिकाल में या दोनों में, से एक में वाम स्वर चन्द्र नाड़ी के चलते हुए, यह कार्य आरम्भ करने से सफलता प्राप्त होती है।

सीधा दक्षिण स्वर, पिंगला नाड़ी, सूर्य स्वर के चलते हुए पृथ्वी तत्व या जल तत्व अथवा दोनों की उपस्थिति में तन्त्र-यन्त्र आदि की रचना, तप जैसी कठोर योगिक साधना से उच्च कोटि की संगीत शिक्षा, वाममार्ग के सभी कर्म दक्षिण स्वर में साधने से सफलता प्राप्त अवश्य होती है। योगाभ्यास में धारणा, ध्यान, समाधि, आत्मचिन्तन, मोक्ष साधन आदि अधिकांश आध्यात्मिक कार्य सुषुम्ना नाड़ी में दोनों का संक्रमण होने पर करे तो सिद्धि प्राप्त अवश्य होती है।

प्राचीन काल में अधिकांश उच्च कोटि के परम बुद्धिमान, भजन करने वाले सन्त, महात्मा, स्त्री-पुरूष अपने गुरूओं की कृपा द्वारा किसी को, विशेष परिस्थिति उत्पन्न हो जाने पर शाप कैसे दिया जाता है और किस स्थिति में दिया जाता है उस समय वाम स्वर या दक्षिण स्वर कौन-सा स्वर चलना चाहिए, या दोनों में से कोई नहीं यह बात उच्च कोटि के जानकार, विद्वान गुरूजन अपने शिष्यों को अवश्य बताते थे। इसी प्रकार किसी को आशीर्वाद कब, किस स्वर के चलते हुए दिया जाए यह भी एक बड़ा विज्ञान है इसे भी गुरूजन अपने शिष्यों को सिखाते है।

आज तो किसी अच्छे योग्य योगी, सन्त, महात्मा को भी शाप या आशीर्वाद देना, सच पूछो तो बिल्कुल नहीं आता, क्योंकि उनके गुरूजनों ने उन्हें सिखाया ही नहीं। यह शाप या आशीर्वाद देना स्वर विज्ञान का बहुत बड़ा रहस्य है।

स्वर विज्ञान की सहायता से और अपने गुरूजनों से स्वर विज्ञान की ठीक-ठीक दीक्षा प्राप्त करने से साधारण, सद्‌गृहस्थ, स्त्री-पुरूष अपनी मनचाही पुत्र या पुत्री परम

तेजस्वी, वीरांगना पुत्री, राजचिन्हों से विभूषित परम तेजस्वी पुत्र, इसी प्रकार समस्त शास्त्रों में पारंगत पुत्र या परम विदूषी पुत्री कैसे प्राप्त की जा सकती है, इसका सम्पूर्ण विवरण स्वर विज्ञान की दीक्षा द्वारा प्राप्त किया जा सकता है। सर्वगुण सम्पन्न, परम मेधावी पुत्र कैसे प्राप्त किया जा सकता है।

सभी कार्यों में भाग्य आपका साथ किस प्रकार देने को विवश होगा इसका उपाय क्या है ?

आपत्ति, मृत्यु, रोग आदि का समय पहले ही कैसे ज्ञान किया जा सकता है ? इसका उपाय क्या है ?

क्या अपनी आयु को साधक घटाने, बढ़ाने का अधिकार रखता है अथवा नही? आने वाले शुभाशुभ को कैसे रोका जा सकता है?

यह सब इस विज्ञान द्वारा सम्भव हो सकता है। आज तक इस विज्ञान के बहुत बड़े-बड़े जानकार, सिद्ध पुरूष जिन्हें बहुत बड़ी अलौकिक कुण्डलिनी महा विज्ञान के समकक्ष अर्थात वैसी ही सामर्थ्य, शक्ति प्राप्त की, ऐसे महात्मा सतयुग में ही नहीं, इस कलिकाल में ई. सन 1800 में भारत की राजधानी दिल्ली में उपस्थित थे। मुगल बादशाह बहादुरशाह जफर शहन्शाह के समय में महात्मा चरणदास और उनकी बहन सहजोबाई जो बहुत बड़ी विदुषी, संत थी और दोनों ही योगिक सिद्धियों से सम्पन्न थे। अन्तिम मुगल बादशाह बहादुर शाह को महात्मा चरणदास जी ने अपनी योग और स्वर विज्ञान की सिद्धियों द्वारा इस कलिकाल में कितने ही चमत्कार दिखाए थे। नादिर शाह बादशाह के आने से 6 महीने पूर्व स्वामी चरणदास जी ने मुगल बादशाह को, इसकी पूर्व सूचना दे दी थी और साथ ही यह भी कह दिया था कि नादिरशाह आज से ठीक 6 महीने बाद दिल्ली में अपनी तलवार द्वारा कई दिन तक कत्लेआम कराएगा। आज इतिहास इसका साक्षी है कि महात्मा चरणदास जी की भविष्यवाणी के अनुसार दिल्ली में ठीक उसी समय कत्लेआम हुआ।

जिस समय आक्रमणकारी नादिरशाह का राज्य स्थापित हो गया और उसने दिल्ली के सम्बन्ध में बहुत सारी जानकारियाँ प्राप्त की तो, उसे बताया गया कि दिल्ली में निवास करने वाले स्वामी चरण दास जी ने अपनी दैविक, रूहानी ताकत से आपके आने की ठीक-ठीक तारीख आज से 6 महीने पहले ही बता दी थी। और यह भी बता दिया था कि नादिरशाह के हुकुम से दिल्ली में 3 दिन तक सामूहिक नरसंहार होता रहेगा। नादिर शाह को यह बात जानकर बड़ा आश्चर्य हुआ और उसने कहा कि उस चमत्कारी फकीर, दरवेश को हमारे सामने बुलाओ। हुकुम होते ही सिपाही दिल्ली में चरखेवालान

नामक जगह पर जहाँ सन्त चरणदास जी का आश्रम था वहाँ से उन्हें बुलाने लालकिले से चल दिए। उसके साथ ही चरणदास जी को यह सब बातें अपने आश्रम में बैठे-बैठे ही अपनी योगिक विद्या, स्वर विज्ञान की सिद्धि से मालूम हो गई कि उन्हें बुलाने के लिए बादशाह ने सिपाही भेज दिए हैं। बस यह मालूम होते ही महात्मा स्वामी चरणदास जी ने स्वर विज्ञान की अर्थात स्वर साधना की शक्ति का प्रयोग किया मन को एकाग्र कर अपनी श्वास की गति को सात अंगुल प्रमाण में स्थिर करके प्रचण्ड वेग से ध्यान करते ही तत्क्षण नादिरशाह के समक्ष प्रगट हो गए जबकि नादिरशाह बादशाह के सिपाही रास्ते में ही थे। इधर दूसरी ओर आश्रम में बैठे सभी भक्तगणों के सामने ही चरणदास जी अदृश्य हो गए थे। अदृश्य होने वाली शक्ति स्वर विज्ञान के अनुसार योगी साधक को तभी प्राप्त होती है जब वह अपने श्वास प्रश्वास की गति को बारह अंगुल से घटाकर एक अंगुल पर स्थिर कर देता है इसका तात्पर्य यह था कि स्वामी महाराज अपने श्वास-प्रश्वास की क्रिया अर्थात प्राणों की गति पर पूरा नियंत्रण रखने का सामर्थ्य रखते थे।

इसीलिए ऐसे कितने ही अद्‌भुत चमत्कार उन्होंने अपने समय में प्रदर्शित किए जब स्वामी चरण जी नादिरशाह के सामने लाल किले में अज्ञात से हठात प्रगट हो गए तो बादशाह को आश्चर्य हुआ फिर भी उसने पूछा अरे फकीर तू कौन है ? स्वामी चरण दास जी ने कहा जिसे बुलाने तूने सिपाही भेजे हैं, मैं वही हूँ। बादशाह ने कहा हमने सुना है तुम खुदा की कुदरत में बहुत कुछ दखल रखते हो। कोई चमत्कार करिश्मा दिखाओ। बादशाह के ऐसा कहने पर स्वामी ने बड़ी सरलता के साथ उत्तर दिया। मैं तो राम नाम अर्थात भगवान का नाम लेना जानता हूँ और कोई चमत्कार नहीं जानता। बादशाह के कई बार कहने पर भी कोई चमत्कार नहीं दिखाया। बादशाह ने नाराज होकर उन्हें जेल में बन्द कर दिया। रात हो गई। सब सो गए। मध्य रात्रि में स्वामी चरण दास इच्छा करते ही अपने सूक्ष्म शरीर से जहाँ बादशाह सो रहे थे, वहाँ पहुँचकर उसकी चारपाई को लात मारी और बादशाह से कहा उठ सोने का वक्त नहीं है। परमात्मा का नाम ले भजन कर। बादशाह उठा और उसने सोचा यह फकीर दिल्ली का जाना माना, प्रभावशाली व्यक्ति है। सिपाहियों ने इसके प्रभाव में आकर छोड़ दिया होगा। बादशाह ने चरणदास जी को स्वंय जाकर ताले में बन्द करके ताली अपने साथ ले आए। जैसी ही बादशाह निद्रा में गए तत्क्षण चरणदास जी ने पुनः बादशाह के पास प्रगट होकर चारपाई को लात मारकर कहा परमात्मा का नाम ले सोने का वक्त नहीं है। बादशाह नादिरशाह को अब बड़ा आश्चर्य हुआ कि यह फकीर मेरे ताले में बन्द करने के बाद भी कैसे आ गया, फिर उसने महात्मा जी को कुछ नहीं कहा और उन्हें अदब के साथ बैठाया और सलाम किया। और कहा वास्तव में आप पहुँचे हुए फकीर हैं। मैं आपकी

बन्दगी करता हूँ और उसने स्वामी चरण दास जी के आश्रम की गद्दी के लिए, दिल्ली के आस-पास के काफी गाँव जागीर के रूप में दे दिए। उनकी जागीर आज तक भी चली आ रही है, जो कि मुगल बादशाह जफर और नादिर शाह दोनों के द्वारा दी गई थी। महात्मा चरण दास जी ने भक्ति सागर नामक ग्रन्थ लिखा और उसमें स्वर विज्ञान के सम्बन्ध में बड़े विस्तार से बताया। इसी प्रकार अपने उस भक्तिसागर ग्रन्थ में योग साधना के सम्बन्ध में बहुत-सी बातें बड़े-बड़े योगिक चमत्कारों के रहस्य, जन कल्याणर्थ बड़े विस्तार से बताए है। मैंने स्वयं उनमें से कितने ही प्रयोग प्रत्यक्ष रूप से करके देखे। वास्तव में वे बिल्कुल सत्य है और चमत्कार करते हैं। स्वर विज्ञान से वैसी ही शक्ति लगातार अभ्यास और परिश्रम करने से सरलता के साथ प्राप्त हो सकती हैं। जैसी कुण्डलिनी विज्ञान द्वारा कठिनता से प्राप्त होती है। कहने का तात्पर्य यह है कि जो शक्तियाँ कुण्डलिनी महाविज्ञान के द्वारा प्राप्त होती है। वही शक्तियाँ मन्त्र विज्ञान, जप योग, लय योग, राजयोग, भक्तियोग, स्वर विज्ञान आदि के द्वारा भी यथावत प्राप्त की जा सकती है।

आज तक देश-विदेश, हिन्दु-मुसलमान, सिख-इसाई, जैन, बौद्ध, पारसी आदि सभी जातियों में योग एवं आध्यात्मिक, कुण्डलिनी, स्वर विज्ञान, सहजयोग आदि के द्वारा उच्च कोटि का सूक्ष्म अज्ञात शक्तियाँ, योगी, ऋषि-महर्षि, सन्त, महात्मा, दरवेश फकीर Saint (सेन्ट) आदि समस्त संसार में स्थान-स्थान पर विभिन्न देशों और भिन्न-भिन्न समय पर ऐसे सद्पुरूष उत्पन्न होते रहे हैं। कितने ही महापुरूष तो अति उच्च कोटि की आध्यात्मिक, उच्चतम शक्ति, सुपर नेचुरल पावर अनन्त लोकों में पहुँचने के साथ-साथ, उनके सम्बन्ध में सूक्ष्म अति सूक्ष्म रहस्यों को बताने और जानने की शक्ति रखने, वाले महामनीषी लोग समय-समय पर संसार में अवतीर्ण होते रहे हैं।

इस समय 20वीं सदी के अन्तिम काल और 21वीं सदी के आरम्भिक एक दो दशकों में आकाशीय खगोल में कुछ ऐसे अनोखे ग्रहयोग बन रहे हैं कि जो अब से पूर्व इस प्रकार के कभी नहीं बने थे। आकाशीय तत्वों को अत्यन्त सूक्ष्मता के साथ अध्ययन करने से, खगोलीय शास्त्रानुसार और प्राचीन काल में हुए शक्ति सम्पन्न भविष्यवाणी सम्बन्धी सूक्ष्म तत्वों को और प्रकृति के रहस्यों को जानने वाले तपस्वी, वैज्ञानिक, सिद्धि-सम्पन्न, ऋषि-महर्षि और महापुरूषों ने भारतवर्ष में ही नहीं अपितु संसार के विभिन्न भागों में उत्पन्न हुए, ऐसे मेधवी कितने ही पुरूषों ने अपने-अपने आध्यात्मिक ज्ञान के अनुसार 20वीं और 21वीं सदी के मध्य आने वाले दो-तीन दशकों में, समस्त विश्व में होने वाली विभिन्न प्रकार की साहित्यिक, वैज्ञानिक, राजनैतिक और सबसे महत्वपूर्ण आध्यात्मिक क्रान्ति के सम्बन्ध में और उन्नति के सम्बन्ध में अत्यन्त महत्व पूर्ण भविष्यवाणियाँ की है।

हम और आप इस 20वीं सदी के अन्तराल के आस-पास उपस्थित और उत्पन्न होने वाली सभी आत्माएँ बड़ी भाग्यशाली हैं क्योंकि उन्हें आने वाले समय में बहुत ही थोड़े-थोड़े अन्तराल के साथ अपने-अपने देशों और समस्त संसार में सभी प्रकार के ऐतिहासिक, खगोलीय, राजनैतिक, वैज्ञानिक एवं आध्यात्मिक आदि क्षेत्रों में महत्वपूर्ण जाग्रति उन्नति, परिवर्तन, क्रान्ति आने के लक्षण आन्तरिक सूक्ष्म प्रकृति में दिव्य चक्षुओं द्वारा दृष्टिगोचर हो रहे हैं। इसमें अब से पहले हुए अलौकिक आध्यात्मिक क्षेत्र में जागे हुए महापुरूषों ने, आने वाले महत्वपूर्ण परिवर्तनों के बारे में बहुत पहले ही जान लिया था और अपने-अपने शब्दों में समय-समय पर इस प्रकार की आश्चर्य जनक बातें बताते रहे हैं।

आध्यात्मिक भविष्यवाणी

आने वाले समय में बड़े-बड़े मेधावी, वैज्ञानिक, क्रान्तिकारी, विद्वान जल्दी-जल्दी सामने आएँगे। आज वैज्ञानिक क्षेत्र में जो भी उच्चतम प्रकार की उन्नति दृष्टिगोचर हो रही है भविष्य में जो अनुसंधान इस क्षेत्र में होने जा रहे है, उनके सामने अब तक की समस्त वैज्ञानिक उपलब्धियाँ बहुत छोटी दृष्टिगोचर होने लगेंगी। इसी प्रकार अति तीव्रता से राजनैतिक क्रान्तियाँ सामने आएँगी। वैचारिक दृष्टिकोण से भी संसार के उच्च कोटि के मनीषी लोग मानवमात्र के कल्याणार्थ अति उच्चतम प्रकार की एक वैचारिक क्रान्ति की कल्पना, साथ ही उसकी सुदृढ़ व्यवस्था संसार के समस्त महामानवों के समक्ष प्रस्तुत करेंगे। शीघ्र ही एक वैचारिक, मानसिक, बौद्धिक, परिवर्तन संसार में आया ही चाहता है।

आने वाले समय में समस्त संसार की दृष्टि भारत से प्रसारित होने वाले महत्वपूर्ण संदेशों की ओर आकर्षित होगी। कुछ ही वर्षों में राष्ट्रसंघ जैसी बड़ी विश्व संस्थाओं का मुख्य कार्यालय भारतवर्ष में होगा।

धीरे-धीरे समस्त मानवमात्र में एक अति उच्च कोटि की नवचेतना का अविर्भाव होने जा रहा है क्योंकि इसका एक बहुत ही सूक्ष्म और महत्वपूर्ण कारण है जैसे किसी एक साधक में अपनी सूक्ष्म आत्मा अथवा कुण्डलिनी महाशक्ति को जगाने की इच्छा उत्पन्न होती है और वह किसी जगे हुए अज्ञात शक्ति सम्पन्न सद्गुरू (Invisible Helper) के द्वारा सूक्ष्म आध्यात्मिक सहयोग देने पर उसकी कुण्डलिनी महाशक्ति, आत्मचेतना, जग जाती है अर्थात उसमें क्रान्ति आ जाती है। इसी प्रकार अब आने वाले समय में संसार रूप विराट साधक में, एक आध्यात्मिक क्रान्ति उत्पन्न हुआ चाहती है। अब तो ऐसा लगता है कि सारे विश्व की महान ऊर्जा शक्ति कुल कुण्डलिनी जाग्रत होने के लिए विश्व चेतना के रूप में प्रयत्नशील हो चुकी है। और विश्व अन्तर्आत्मा के उस साधक की वह परम क्रान्तिकारी अज्ञात, सुषुप्त पराशक्ति, जिसे कुण्डलिनी महाशक्ति कहते हैं, जाग्रत होने के लिए तैयार है।

विश्व की इस आन्तरिक सूक्ष्म महान उर्जा, पराशक्ति के जाग्रत होते ही, समस्त संसार को एक अनोखी आध्यात्मिक, वैचारिक, सैद्धान्तिक चेतना जो मानवमात्र के ज्ञान

के स्तर को सम्पूर्ण रूप से परिवर्तित और प्रकाशित (Enlightment) कर देने के लिए संसार के मेरूदण्ड में परम चेतना शक्ति का अविर्भाव बड़े चमत्कारी ढंग से निकट भविष्य में होने जा रहा है। फलतः एक अत्यन्त सीधे-सादे सरल, परम वैज्ञानिक, उच्च कोटि के आध्यात्मिक सिद्धान्ताें के पर आधारित समस्त विश्व के मानवमात्र का कल्याण एवं विकास करने वाले, विश्वधर्म का, विश्व योग का पूर्ण सन्देश मानव को अपना वास्तविक स्वरूप प्रदान करने के लिए प्रगट होने वाला है। आने वाले समय में समस्त विश्व के अनेकों महापुरूष अपने-अपने देशों में इसका प्रचार, प्रसार अपनी शक्ति के अनुसार करेंगे।

आने वाले निकट भविष्य में जहाँ इतनी बड़ी आध्यात्मिक क्रान्ति का सूत्रपात होने जा रहा है उसके साथ-साथ विशेष प्रकार के महायुद्ध, प्रलय के समान प्रकृति की विचित्र घटनाएँ, विचित्र प्राकृतिक उपद्रव, दुर्घटनाएँ आदि भी भविष्य में इस संसार के रंगमंच पर, प्रकृति की ओर से एक विचित्र आश्चर्यचकित दृश्य के रूप में दृष्टिगोचर होंगे। किन्तु यह समस्त प्रकार के प्राकृतिक उपद्रव, युद्ध, राजपरिवर्तन खण्ड प्रलय आदि घटनाएँ, उस आने वाली परम शक्तिशाली आध्यात्मिक क्रान्ति, प्रकाश, शान्ति, और आनन्द के समक्ष बहुत छोटे हैं। आने वाले समय में बड़े-बड़े आध्यात्मिक जागे हुए महापुरूषों के दर्शन अवश्य हो सकेंगे। हम बड़ी उत्सुकता से उस दिव्य समय को प्रतीक्षा कर रहे हैं। बस जिन साधकों की बुद्धि समय रहते, आध्यात्मिकता की ओर अभी से चिन्तन और प्रयास आरम्भ करने में लग जाएगी, उन्हें आने वाले समय के उपरोक्त परिवर्तनों का पूरा-पूरा आनन्द प्राप्त हो सकेगा।

अब तक संसार में कई प्रकार की क्रान्तियाँ हो चुकी हैं। अधिकांश रूप से संसार के सभी देश स्वतन्त्र हो चुके हैं। यदि कुछ देश स्वतन्त्रता के लिए प्रतीक्षा कर रहे हैं, तो वे भी निकट भविष्य में स्वतन्त्र हो जाएँगे। इसी प्रकार वैज्ञानिक क्रान्ति, आण्विक दृष्टिकोण से अपनी उच्चतम सीमा पर पहुँच चुकी है। ये दोनों क्रान्तियाँ होने पर भी संसार में शान्ति का साम्राज्य नहीं है। इसलिए एक क्रान्ति और शेष रह गई। उसके द्वारा निश्चय ही शान्ति, आनन्द और प्रकाश का उदय और अनुभव होगा। जैसे एक साधक में उच्चतम प्रकार की आध्यात्मिक क्रान्ति के लिए कुण्डलिनी महाशक्ति का जागरण और उसका उच्चतम विकास आनन्द, शान्ति और प्रकाश के उद्‌भव के निमित्त अत्यन्त आवश्यक है, उसी प्रकार विश्व शान्ति के लिए विश्व की महान उर्जा शक्ति का (कुण्डलिनी महाशक्ति) जाग्रत होकर, मानवमात्र का सभी दृष्टि से उत्थान विकास, शान्ति, आनन्द और प्रकाश के दर्शन के निमित्त, मानवमात्र के कल्याणर्थ यह आनन्ददायक दृश्य उपस्थित होने जा रहा है।

अद्भूत चमत्कारी विचित्र पुस्तकें
संक्षिप्त विवरण

ऐसा ज्ञान विज्ञान जीवन में पहली बार पढ़ते ही चमत्कार, क्या आप जानते हैं कि आपके आस पास क्या हो रहा है।ये पुस्तकें आपको बदल सकती हैं। हमारी पुस्तको का रहस्य धर्म, जीवन, संसार और कुदरत का रहस्य, इन्हें पढ़कर जानें जीवन में आनन्द ही आनन्द कैसे, जोरदार सफलता के लिए पढ़े। भाग्योदय की कुंजी आपके हाथ में जोरदार हिप्नोटिज्म शक्ति, सम्मोहन शक्ति, दृढ़ संकल्प, विचार शक्ति, योग आध्यात्म, ज्ञान विज्ञान, जानने के लिए हमारी विचित्र पुस्तकों को पढ़ें।

मुद्रा विज्ञान { हिन्दी } — मूल्य 75 रु.

यह मुद्रा विज्ञान के सम्बन्ध में कुछ विशेष मुद्राओं पर महत्वपूर्ण जानकारी देती है। ज्ञान मुद्रा के सम्बन्ध में कई महत्व के रहस्य का वर्णन दिया गया है। साधक में, विधार्थी अर्थात करने वाले में विलक्षण स्मर्ण शक्ति प्रतिभा प्राप्त करने की विचित्र योगिक विधि दी गई है। सिद्धि सूत्र, पराविद्याओं की अदृश्य शक्तियों से सम्पर्क, मानव शरीर का आध्यात्मिक योगिक रहस्य, चौरासी सिद्धों के बारे में, स्वर विज्ञान पंच प्राण, आश्चर्य जनक कई प्राचीन ऋषियों की चमत्कारी विद्याओं का गुप्त विवरण, संगीत नृत्य कला आदि में मुद्रा, मानव शरीर पर कुछ ही क्षणों में प्रभाव दिखाने वाली योग मुद्रायें, योग का विचित्र वैज्ञानिक रहस्य, धनवान बनने के चमत्कारी वेद मन्त्र, और मुद्रायों आदि ऐसे विभिन्न आश्चर्य जनक प्राचीन विद्याओं के अनन्त रहस्यों का वर्णन किया गया है। दिव्य दृष्टि, गायत्री मुद्राएं, स्वप्न विज्ञान, कर्ण पिशाचिनी मन्त्र, हठयोग की मुद्राएं विस्तार से वर्णित हैं।

पराविद्या मुद्रा विज्ञान { हिन्दी } — मूल्य 90 रु.

यह मुद्रा विज्ञान पराविद्या के विचित्र चमत्कारी रहस्य को बताती है इसमें मतसंजीवनी नामक एक अत्यन्त शक्तिशाली और चमत्कारी 3 क्षण के थोड़े समय में ही हार्ट अटैक { हृदय रोग } पर चमत्कारी कार्य दिखाती है। इस प्रकार और भी विचित्र वैज्ञानिक गुप्त विद्याओं के सम्बन्ध में, मानव जीवन में चमत्कार कैसे हो, सिद्धि शक्ति कैसे प्राप्त करें। विचित्र योगिक वैज्ञानिक रहस्यों, लुप्त प्रायः प्राचीन भारतीय विद्याओं के योगियों, सिद्ध साधना उपासना विचित्र रहस्यमय योग की मुद्राओं के लिए पढिये।

पराध्यान साधना की चमत्कारी विधि जानकर अपनी सम्मोहन शक्ति बढ़ाकर संसार के सभी क्षेत्र में विजय प्राप्त करने का रहस्य जानिए। ब्रह्मनाद, तर्पण का रहस्य, अनहद नाद आदि मुद्राओं और प्राचीन, विद्याओं का जानकारी के लिए परलोक, की आत्माओं से सम्पर्क विभिन्न प्रकार के चमत्कारी प्राणायाम, यज्ञ चिकित्सा आदि।

पराविद्या गायत्री { हिन्दी } मूल्य 60 रु.

प्रेत आत्माओं से मिलिए { हिन्दी } मूल्य 75 रु.

यह पुस्तक दिवंगत आत्माओं, पित्रों, सूक्ष्म शरीरों के सम्बन्ध में कितने ही विचित्र रहस्यों का उद्घाटन करती है। इसमें प्रेत आत्माओं से सम्पर्क की सत्य घटनाएं वर्णित हैं। मंत्र के प्रत्यक्ष प्रभाव, प्रभावशाली प्रत्यक्ष, प्रभाव, प्रभावशाली प्रत्यक्ष सिद्धि मंत्र, सैंकड़ों बार प्रत्यक्ष टैस्ट किए गए मंत्र, प्रेत आत्माओं से आप भी सम्पर्क स्थापित कर सकते हो, आत्मायें आपकी रक्षा तथा आश्चर्य जनक सहायता भी कर सकती ह भूतों के उपद्रव और विचित्र उपाय, आत्मायें असंभव कार्य भी कर सकती है।

फलित ज्योतिष दर्शन {हिन्दी} मूल्य 65 रु.

यह पुस्तक ज्योतिष का भविष्यफल जानने के लिए बेजोड़ है। इससे जो लोग इस विद्या को बिल्कुल भी नहीं जानते वे भी इस पुस्तक की सहायता से सरल तरीके से बिना पत्री के भी अपने तथा अपने मित्रों के संबंध में काफी कुछ जान सकते हैं। केवल अंग्रेजी जन्म तिथि के द्वारा भी काफी कुछ जाना जा सकता है। यदि जन्म का मास ज्ञात हो तो भी बहुत कुछ साधारण भविष्य फल ज्ञात हो जाता है।

चमत्कारों की कुंजी { हिन्दी } मूल्य 75 रु.

क्या, क्यों, कैसे और कब { हिन्दी }मूल्य 95 रु.

इस पुस्तक के नाम के अनुसार यह आपके जीवन के जलते हुए प्रश्न हैं, क्या करें, कब करें, कैस करें और कब न करें। भाग्यशाली बनने के लिए क्या करें, चश्मा उतारने का विचित्र उपाय, क्या हम सबको मुँह धोना आता है व नहीं, स्नान कैस आज के समय में सिद्धियाँ और सिद्ध पुरूष कहाँ चले गये, क्या आप सबको मलमूत्र त्याग करना टीक से आता है, हमारे सैकड़ों से भी अधिक उत्सव त्यौहार, व्रत आदि का रहस्य क्या है। मन्दिर में होने वाली पूजा-पाठ की अजीबो गरीब विधियों का क्या कोई चमत्कारी रहस्य है और उसके कोई लाभ है। क्या आज भी अज्ञात दैविक शक्तियों से सम्पर्क स्थापित किया जा सकता है। अपनी आकृति को सुन्दर और आकर्षक कैसे बनाया जाये, दिन में सोने से क्या हानि होती है

KUNDALNI A COSMIC ENERGY Rs. 225/-

The book, is the attempt in the same series. Authored by the Marvel Yogi of 20th Century, His Divine grace Achraya Shree Keshav Dev ji Maharaj who himself is a thaumaturge. As he under went personally, extra ordinary mystical experiences, with in his meditation period for almost more then sixty years. He has practically proved the unavoidable importance of the Kundalni Mahashakti for the present and coming generations. Achraya Shree, has done, unique brilliance dazzling discovery on Kundalni

चमत्कारी योग आसन { हिन्दी } मूल्य 50 रु.

केशव संहिता- मुद्रा विज्ञान { हिन्दी } मूल्य 60 रु.

संसार की विचित्र पुस्तक { हिन्दी } मूल्य 75 रु.

इस पुस्तक में मानव जीवन के हर क्षेत्र में सफलता प्राप्त करने वाले सैकड़ों रहस्यों, विधियों का विवरण दिया गया है। भाग्यशाली कैसे बने, ऋषियों का शंखनाद, जलनेति का चमत्कार चश्मा उतारें, यज्ञोपवीत, गणेश क्रिया का रहस्य, सांप भगाने का चमत्कारी मन्त्र, वेद पाठ और यज्ञ से भाग्योदय कैसे, कुछ अनुभूत सिद्ध प्रयोग, मृत्यु तुल्य कष्ट का पूर्व ज्ञान, कौवे की चमत्कारी जानकारी सम्पूर्ण स्त्री शरीर के विचित्र लक्षण, चिन्ह और उसके चकित करने वाले फल, वीर्य वर्धक शक्तिशाली प्रयोग, आंवला, रसायन का चमत्कार, अंगों के फड़कने का चमत्कार, दिव्य सिद्ध रात्रियां, सूक्ष्म शरीर की विचित्र यात्रा सभी ग्रहों के चमत्कारी, उपाय, कुत्तो के सम्बन्ध में अद्भुत बातें, रसायण विज्ञान आदि अनगिनत अनुभूत अचूक विषयों की जानकारी के लिए अवश्य पढ़िये।

अनन्त रहस्यों की कुंजी { हिन्दी } मूल्य 65 रु.

वास्तव में यह पुस्तक भारतीय वैज्ञानिक ऋषियों की अनोखी साहित्यिक कृति हैं। इसमें अछूते परम शक्तिशाली गुप्त विद्याओं के रहस्य उपस्थित है। पराविद्या, ब्रह्मविधा, शब्द शक्ति, कायाकल्प, विद्या का पूर्ण विवरण, अद्भूत चिकित्सा, कुण्डलिनी का चमत्कार, शुक्राचार्य की चमत्कारी मृतसंजीवनी विद्या बुढ़ापा दूर हो सकता है, त्राटक के चमत्कार रहस्यमय क्रिया अनन्त चमत्मकारों की कुंजी मूलबन्ध , आवंला रसायण, चमत्कारी मूत्र चिकित्सा, गौमूत्र का चमत्कार, हृदय रोग की विचित्र चिकित्सा, संगीत और हृदय रोग चमत्कारी ज्ञान का भण्डार दिव्य शक्ति वाले आज भी काम-विज्ञान के रहस्य, रक्तचाप, आप भी जादू कर सकते हैं, प्रेत आत्माओं से मिलिए आदि के सम्बन्ध में पढ़ें।

चमत्कारी अनुभूत चिकित्सा { हिन्दी } मूल्य 30 रु.

यह छोटी सी पुस्तक बड़ी विचित्र है। इसमें छोटी छोटी घरेलू सर्व सुलभ वस्तुओं, औषधि, चमत्कारी जड़ी-बूटियों से कितने ही रोगों की चिकित्सा करने की विधि बताने का प्रयत्न किया गया हैइसमें मिश्रित विभिन्न चिकित्सा प्रणालियों के द्वारा कितने ही कष्टों, रोगों को दूर करना जैसे योग चिकित्सा, मंत्र विज्ञान, यंत्र विद्या मुद्रा विज्ञान, प्राकृतिक चिकित्सा, बायोकैमिक पद्धति, हाम्योपैथी आयुर्वेद जड़ी बूटी, सर्व सुलभ वस्तुएं उपवास, अनुभूत, सिद्ध प्रयोग, ब्रह्मी अंजीर, अजवायन, बादाम, आदि औषधियों के अनुभूत प्रयोग बताए गए है।

सिद्ध यज्ञ मंत्र संग्रह { हिन्दी } मूल्य 20 रु.

यह परम उपयोगी लघु पुस्तक है। इसमें अब तक अनगिनत साधकों व्यक्तियों, चमत्कारी सिद्ध मन्त्र, स्तोत्र, स्तुति, पाठ, सिद्ध यन्त्रों आदि का नित्य, यज्ञ, हवन आदि की युक्ति आश्चर्य जनक चमत्कारी सरल विधियों के प्रयोग बताए गए हैं। इस छोटी सी पुस्तक से साधकों को अनन्त लाभ हुए है।